U0120789

近世中国

TENSION AND LIMITS
Revolution of
the Central Soviet Area, 1933-1934

中央苏区的革命

(1933~1934)

黄道炫　著

社会科学文献出版社
SOCIAL SCIENCES ACADEMIC PRESS (CHINA)

目　录
CONTENTS

引子　历史的弹性

　　1933 年秋国共的第五次"围剿"和反"围剿"开始时，位于赣南、闽西的中央苏区正处于全盛时期。虽然在此之前长江流域与中央苏区可以形成掎角之势的几个大的苏区如鄂豫皖、湘鄂西已经相继被国民党军占领，但当时仍然不会有太多人想到，一年之后的秋天，这一中共控制的最大的苏维埃区域就会在国民党军强大压力下，随着主力红军的战略转移而易手。失败的结局使中共不得不走上长途跋涉之路，寻找继续生存、发展的机会，突围中的艰难也导致了中共在夺取政权前最重要的一次领导层变换。同样让人很难预想到的是，经历了如此惨痛的挫折，在对手看起来已是奄奄一息的中国共产党及其武装，很快又能重新振作，在陕北站住脚跟；而且这次失败实际上就是中共夺取全国政权前最后的一次战略性失败，从此中共的革命夺取政权之路大有直济沧海之势。

　　失败总不是件让人愉快的事，与中共从胜利走向胜利的历史进程的描述相比，对于中共历史上这样一次重要的失败经历，具体的研究和阐述不是很多，有许多问题我们尚不能得其详，简单的原则论述和具体的历史运行脉络也常常相差不可以道里计。而当我们重复当年更多的是基于政治考虑的结论，以"左"的错误为这次失败定性时，往往忽视了其中包含的历史的、社会的诸多因素。政治定性的高屋建瓴后面，被断送的可能是一个个正在具体影响着社会历史的细节，历史离开了细节，总让人想到博物馆那一具具人体骨骼，的确，那是人，但那真的还是人吗？

其实，翻开中共壮丽历史的长卷，在欣赏波澜壮阔的胜利画面之余，偶尔体味一下这一段别样的经历，也许可以别有一番滋味在心头。如果考虑到成败、祸福之变，谁又能说，这样的失败就完全没有意义呢?! 就整个苏维埃运动而言，后人（虽然是外国人）曾有过中肯的评断："尽管苏维埃运动遭到失败，但是政治、军事和社会经济活动的经验以及经受过组织和动员苏区居民的各种方式的尝试和失败的考验，使得中共到 30 年代中期成了东方各国共产党中唯一拥有实际上执政党经验的党，拥有绝无仅有的农村工作经验以及军政骨干的党。这（加上其他条件）也成为抗日战争年代里党员人数和武装力量较快增长和发展的基础。"① 这样的说法放到第五次反"围剿"的这一时段中，也并非就没有针对性。苏维埃运动是中共革命过程中逼不得已也是不可或缺的阶段，中共革命本身就是一个从不可能到可能的创造奇迹的过程，因此所谓的超越阶段之类的说法更多只具有逻辑上的意义。作为中共首次独立领导的革命运动，苏维埃革命基本奠定了中共武装革命的思想和逻辑基础，建立了中国共产革命的第一个中央政权，通过对苏区的独立控制，显现出中共的政治理念、动员能力和控制艺术。事实上，虽然具体的权力结构和运作方式此后续有调整，但中共革命的几个重要原则诸如武装斗争、群众路线、土地革命、社会再造等，在这一时期已经牢固确立，由苏维埃革命开始，中共走上了武装夺取政权、革命建国的道路。

苏维埃革命高歌猛进的初期阶段，中共把革命的能动性发挥到了极致。1927 年国共分裂时，中共几乎是白手起家开始武装反抗，仅仅数年后几十万人的武装即蓦然挺立，缔造出国共合作共同北伐后的又一个传奇。中共在这其中表现出的让人感觉无穷无尽的能

---

① 《共产国际、联共（布）与中国革命档案资料丛书》第 7 册，中央文献出版社，2002，第 20～21 页。

量，不仅当年的对手为之震惊，即连多年后的览史者，也很难不为之倾倒。不过，神话般的故事到 1930 年代中期暂时画下了一个逗号，再强的张力也有自己的极限，中共在多种境遇下实现的超常发展，到这时，似乎终于到了该停歇一下的时候了。从历史的大势看，1934 年中共遭遇的挫折，以博古等为首的中共中央不甚成功的领导固然不能辞其咎，但这些被历史推上中心舞台的年轻人，其实本身也是历史的祭品。无论和共产革命中的前人或者后人相比，他们改变了的或者可以改变的东西实属有限，在滚滚的历史大潮面前，他们难以担当引领潮流的重任，更多时候乃是随波逐流。他们没有也不可能改变历史的航向。后人从他们身上看到的许多问题，既不一定是他们的造作，也不一定为他们所独有。对此，毛泽东曾在中共内部会议上中肯谈道：

> 对于任何问题应取分析态度，不要否定一切。例如对于四中全会至遵义会议时期中央的领导路线问题，应作两方面的分析：一方面，应指出那个时期中央领导机关所采取的政治策略、军事策略和干部政策在其主要方面都是错误的；另一方面，应指出当时犯错误的同志在反对蒋介石、主张土地革命和红军斗争这些基本问题上面，和我们之间是没有争论的。即在策略方面也要进行分析。[①]

毛泽东的评判，主要是从中共内部着眼，而邓小平则从国共相争的大背景，透视过当年"围剿"与反"围剿"成败得失的幕后玄机：

> 如果有同志参加过十年苏维埃时期的内战，就会懂得这一

[①] 毛泽东：《学习与时局》，《毛泽东选集》第 3 卷，人民出版社，1991，第 938 ~ 939 页。

点。那时不管在中央苏区，还是鄂豫皖苏区或湘鄂西苏区，都是处于敌人四面包围中作战。敌人的方针就是要扭在苏区边沿和苏区里面打，尽情地消耗我苏区的人力、物力、财力，使我们陷于枯竭，即使取得军事上若干胜利，也不能持久。[①]

中共两位超重量级人物的论断，客观、公正、独具慧眼，为我们提供了历史多样性认识的范本。

如果不是过分执着于结果的话，面对 1933～1934 年苏维埃革命的历史进程，冷静地想一想，中共在赣南、闽西这样一个狭小地区内，依靠极为有限的人力、物质资源，在国民党军志在必得、几倾全力的进攻下，竟然能够坚持一年之久，最后又从容撤退，本身也是足够令人惊叹的。何况，无论是事后诸葛的我辈，还是当年那些参与创造历史的人们，只要不是抱有"革命高潮"的狂热，对于此时国际国内背景下，红军在国民党统治中心区江南的可能命运，应该都或多或少会有不那么乐观的预判。中共和红军的成长，如毛泽东当年论述的，很大程度上就是利用着国民党内部的分化和统治力量不平衡所取得的。仔细排列一下当时各苏区的名称，诸如鄂豫皖、闽浙赣、湘鄂赣、湘赣、湘鄂西、鄂豫陕、川陕等，就可以发现一个有趣的现象，所有这些苏区都位于数省交界的边区，都利用着南京政府控制软弱的条件，力量、地域的因素在其发展中的独特作用，绝对不能低估。然而，这一切，到 1930 年代中期，已在悄悄发生着变化。随着地方实力派挑战的相继被击退，南京中央自身不断强化，对全国的控制力逐渐加强，中共可以利用的地方因素明显弱化，回旋空间被大大压缩。当国民党军大军压境、全力挤迫、志在必得时，成长中的中共最好的命运大概也就只能是顺利摆

---

① 邓小平：《跃进中原的政治形势与今后的政治策略》，《邓小平文选》第 1 卷，人民出版社，1994，第 97 页。邓小平接下来还谈道："要是按照毛主席的方针，由内线转到外线，将敌人拖出苏区之外去打就好了，那样苏区还是能够保持，红军也不致被迫长征。可惜'左'倾机会主义者不这样做，中了蒋介石的计。"

脱，韬光养晦，以求东山再起了。

这是一个中共成长壮大的时代，但远不是中共掌握政权的时代，超常的能量，也无法突破可以做、可能做、不能做的限界。中共在中央苏区的发展，本身在某种程度上就是毛泽东、朱德发挥自己的天才剑走偏锋（比如在军事上的天才创造、对力量的精准把握）的结果，从这一角度理解，中共的西走川陕，或许只不过是另一种形式的剑走偏锋。

所以，也许我们可以坐下来，平心静气，不抱成见，尽可能避开历史进程中现实需要带来的政治口水，更多通过当年的而不是后来的，描述性的而不是价值评判的历史资料，回首这一段曾经不那么愿意直面的历史。历史展现虽然不会像文学作品那样罗曼蒂克、激动人心，但却可能更有益于后人了解历史的本然进程，以从中汲取养分、获得智慧。实际上，每一代人都有他们自己的思考，面对着他们自己的问题，别人很难越俎代庖，因此，作为一个以国共第五次"围剿"和反"围剿"为聚焦点的研究，本书或许承担不起总结经验的责任，也未必真的能够提供若干教训，更多的只是想呈现一种面对历史的方式，即尽可能不在预设前提的背景下，去面对原初的过程。尽管，原初的历史是如此复杂，复杂得也许会让人感觉混乱，但光怪陆离既然提供给了世界，应该也就预备给了历史。

平心而论，即便自己的亲身经历我们也未必能洞察秋毫，何况那已经永远逝去的人和事，因此，原初的历史和我们的认知之间，恐怕总是会存在距离，所谓历史的弹性大概就是由此而来吧。在无限丰富的可能面前，历史研究者没有理由不谨慎和谦卑以对。当然，这绝不意味着放弃对历史本真的探求，在不确定的可能中勠力逼近那确定的唯一，是历史研究者无法逃避的宿命，否则，我们因何而存?!

一 中央苏区的炼成

1. 中央苏区的成长

1930 年代，中央苏区成为全国各苏区中的"中央"，绝非浪得虚名。由于朱毛红军在赣南一带的出色表现，早在 1930 年前后，这里已经成为中共中央和共产国际关于中国革命道路问题讨论的重心。1930 年 7 月底，共产国际执行委员会致信中共中央，将建立巩固的农村根据地问题作为开展农村武装斗争的必要条件，强调："完全掌握农民武装斗争的一切形式，尤其是直接着手组建惟一能保证我们巩固胜利的正规部队，只有在牢牢占领并保持具有巩固和进一步扩大苏维埃政权的足够政治经济前提的根据地的条件下才有可能"；同时指出："我们越是迅速地具有这样的根据地，越是迅速到把武装斗争从各种独特的游击战变为正规军作战形式，我们就越能迅速地保证从组织上掌握农民革命运动，就越能迅速地保证无产阶级对农民的领导，从而保证革命的胜利。"[①] 根据这一判断，8 月 8 日，共产国际再电中共中央，进一步指出：

---

① 《共产国际执行委员会就红军建设和游击运动问题给中共中央的指示信（1930 年 7 月 29 日）》，《共产国际、联共（布）与中国革命档案资料丛书》第 9 册，中央文献出版社，2002，第 241～242 页。

必须选择和开辟能保证组建和加强这种军队的根据地。对根据地的基本要求是：相当程度是农民运动，从容组建的可能性，获得武器的前景和保证今后能夺取一个有足够工人居民的大的行政政治中心的发展前景。目前显然赣南、闽南、粤东北地区首先能够成为这样的根据地。[①]

这里提到的三个地区此时只有赣南地区已经有大规模的红军活动，而先后在这一地区活动过的朱德、毛泽东、彭德怀率领的部队，正是中共武装的精英。当时共产国际代表判断，在所有红军部队中，"朱德和毛泽东的军以及处在他们影响下的两个军（第3军和第12军）是最好的。彭德怀的军以及在他影响下的两个军（第8军和第16军），与他们差别不大"。[②] 中共中央也明确肯定："四军是中国红军主力的主力"。[③] 显然，已有根据地基础，又拥有优良红军和坚强领导人的赣南更有可能满足共产国际建立中心根据地的要求。不过考虑到自己远在千里之外，毕竟对当地情况不太熟悉，共产国际并不想在这样的具体问题上遽下定论，在有关电报后面不忘补充说："更详细地核实这一情况只能在当地进行"。[④] 这是1927年莫斯科在中国遭遇挫败后，指导方式开始调整的一个例证。

共产国际提出这一计划，正是此时实际控制中共中央的李立三错误向着最为极端的方向发展之时，某种程度上，这本身就是为着减消李立三的错误而提出的。因此，在被狂热中的中共中央冷藏了近一个月后，随着进攻长沙的失败及李立三总暴动方针的破产，尤其是1930年9月中共六届三中全会召开，共产国际这一指示开始

---

① 《共产国际执行委员会给中共中央政治局的电报（1930年8月8日）》，《共产国际、联共（布）与中国革命档案资料丛书》第9册，第278页。

② 《盖利斯给别尔津的信（1930年10月20日）》，《共产国际、联共（布）与中国革命档案资料丛书》第9册，第412页。

③ 《中共中央特派员涂震农报告纪要（1930年6月）》，油印本。

④ 《共产国际执行委员会给中共中央政治局的电报（1930年8月8日）》，《共产国际、联共（布）与中国革命档案资料丛书》第9册，第278页。

得到更多重视。首先是关于建立苏区中央局的意见得到落实。6、7月间，共产国际数次要求中共中央在苏区"成立有权威的中央局，采取一切措施尽可能加强红军"，① 但正沉浸在革命高潮美好想象中的中共中央当时对此无暇顾及。周恩来同年底谈道，这时的中共中央"对于苏维埃区域的工作，并不放在党的工作之第一位……同时反对我在国际提出的建立根据地的意见，认为是右倾，保守观念。六月间，国际来电提出建立苏区的中央政府，也未被重视"。②8 月底，李立三的狂热渐现退潮之势后，根据共产国际指示，周恩来在中共中央总行委主席团会议上提出成立苏区中央局的建议。10月 17 日，中共中央政治局会议最终确定了中共苏区中央局成员名单。同时，周恩来"在政治局提出自己前往苏区的建议"，由于大家都认为"他在政治局里简直是改进党的工作和改造党不可替代的人物"，③ 这一提议未能通过，但体现了此时中共中央开始高度重视苏区建设。接着，中共中央初步明确了中央根据地的范围，10月 24 日，中共中央政治局在关于苏区的工作计划中谈道："我们现在确定湘鄂赣联接到赣西南为一大区域，要巩固和发展它成为苏区的中央根据地。环绕着它的首先是赣东北与湘鄂边两个苏区根据地，再则，鄂东北与闽粤赣两个苏区也很重要。"④ 决定："在中央苏区立即设立中央局，目的在指导整个苏维埃区域之党的组织，同时，并在苏区成立中央军事委员会以统一各苏区的军事指挥。"⑤这是我们看到的中共中央文件中首次提出中央苏区这一概念。此

---

① 《共产国际执行委员会东方书记处给中共中央的电报（1930 年 6 月 19 日）》，《共产国际、联共（布）与中国革命档案资料丛书》第 9 册，第 175 页。

② 《少山（周恩来）同志关于反立三路线问题在中央工作人员会议上的报告（1930 年 12 月 1 日）》，抄件。

③ 《共产国际执行委员会远东局给共产国际执行委员会的信（1930 年 10 月 20日）》，《共产国际、联共（布）与中国革命档案资料丛书》第 9 册，第 396页。

④ 《关于苏维埃区域目前工作计划》，《中共中央文件选集》第 6 册，中共中央党校出版社，1991，第 429 页。

⑤ 《关于苏维埃区域目前工作计划》，《中共中央文件选集》第 6 册，第 431 页。

后，随着形势的发展，文件中提到的赣南和闽粤赣（即闽西）两块根据地实际成为中央苏区的组成部分。1931 年 2 月，共产国际代表使用了"江西的主要根据地"① 的提法，3 月，共产国际远东局的报告中出现"朱［德］—毛［泽东］的中央（苏）区"② 这一概念，中央苏区的地位已经初步奠定。

赣南及赣西南苏区受到共产国际和中共中央的高度重视，当然和这里卓有成效的苏区建设密不可分，毛泽东、朱德、彭德怀等军政领导人在其中起着不可替代的作用。而随着苏维埃区域的持续壮大，共产国际和中共中央的关注不断加强，这里作为全国苏维埃中心的地位也更加巩固。1931 年 11 月，苏维埃临时中央政府在江西瑞金成立，由此，赣南、闽西作为中央苏区的地位终于实至名归。

随着共产国际和中共中央日益重视根据地建设，一大批军政领导人陆续进入中央苏区，中央苏区更是人员流向的重点。1930 年 9 月到 1931 年 4 月，中共中央政治局共向中央苏区派出 67 人，其中 57 人到达。③ 苏区中央局也正式在中央苏区开始运行。1931 年底，周恩来进入中央苏区。1932 年下半年，共产国际东方地区书记处鉴于中共中央机关在上海难以立足，建议将中共中央迁往中央苏区。④ 11 月，王明致信联共（布）驻共产国际代表团，正式提出

①　《盖利斯给别尔津的信（1931 年 2 月 10 日）》，《共产国际、联共（布）与中国革命档案资料丛书》第 10 册，第 56 页。

②　《共产国际执行委员会远东局给共产国际执行委员会的信（1931 年 3 月 28 日）》，《共产国际、联共（布）与中国革命档案资料丛书》第 10 册，第 200 页。

③　《雷利斯基给共产国际执行委员会东方书记处的信（1931 年 6 月 10 日）》，《共产国际、联共（布）与中国革命档案资料丛书》第 10 册，第 323 页。

④　关于这一时期中共中央的名称，有关论著多采用"临时中央"的提法，严格说，这一名称并不准确。由于中共不能公开活动等多种原因，自 1928 年六大后，中共党的代表大会未按期举行，六大产生的中央委员会一直延续到 1945 年七大。没有证据表明，这一时期，六大的中央委员会曾经在领导体系上发生动摇，"临时中央"的说法不能获得合理的根据。现在通常所谓"临时中央"，实际是指 1931 年六届四中全会后，由于中共中央机关被破获，向忠发等中共中央领导人被捕，中共中央政治局被迫紧急改组，组成临时中央政治局。应该

"将中央迁往中央苏区"。① 年底，共产国际决定："采纳王明同志的建议，将中共中央、共青团中央和赤色工会总理事会从上海迁往苏区。"② 1933 年初，中共中央迁往中央苏区，中央苏区成为中共中央的指挥中心。

大批领导人进入中央苏区，一时间使这里人才济济，并使苏区原有的组织体系发生巨大变化。虽然共产国际对毛泽东、朱德等苏区创建者予以高度评价，指示"对于毛泽东，必须采取最大限度的克制态度和施行同志式的影响，为他提供充分的机会在中央或中央局领导下担任负责工作"。③ 中共中央则强调："我们坚主采取一切方法，根据党的路线，缩小争论；无严重破坏纪律之事，则绝不

指出，临时中央政治局只是相对中央领导机构而言，不能放大到中共中央这一概念，没有任何资料显示，当时中共中央使用过"临时中央"这一提法。而且，即就临时中央政治局而言，其组成后报请共产国际批准，1931 年 11 月 3 日，共产国际执行委员会通过决议，"批准中共关于临时中央局组成人员的提议"。（《共产国际执行委员会政治书记处政治委员会会议第 192（Б）号记录（1931 年 11 月 3 日）》，《共产国际、联共（布）与中国革命档案资料丛书》第 13 册，中共党史出版社，2007，第 65 页）在当时状况下，这意味着临时中央政治局的合法化，所以此后共产国际文件不再使用临时中央政治局，而是直称中共中央政治局。（参见《共产国际执行委员会政治书记处政治委员会会议第 204（Б）号决议（1931 年 12 月 27 日）》，《共产国际、联共（布）与中国革命档案资料丛书》第 13 册，第 83 页）对此，博古在 1941 年 9 月政治局会议上曾提到，自己"始终没有临时中央及交出的观念"。（转见杨奎松《毛泽东与莫斯科的恩恩怨怨》，江西人民出版社，2008，第 52 页）盛岳也回忆："在它管事期间没有人把它当成临时机构，它也没有用临时中央名义下发文件。大家都把它当成中央，它自己也是这样认为的。共产国际也确实承认它是中央。"（盛岳：《莫斯科中山大学和中国革命》，现代史料编刊社，1980，第 271 页）1934 年 1 月，中共中央在瑞金举行六届五中全会，选举产生新一届中央政治局和中央书记处，四中全会后组成的政治局完成其历史使命。

① 《王明给联共（布）驻共产国际执行委员会代表团的信（1932 年 11 月 2 日）》，《共产国际、联共（布）与中国革命档案资料丛书》第 13 册，第 253 页。

② 《共产国际执行委员会政治书记处政治委员会第 284 号记录（1932 年 12 月 3 日）》，《共产国际、联共（布）与中国革命档案资料丛书》第 13 册，第 253 页。

③ 《共产国际执行委员会政治书记处给中共中央的电报（1933 年 3 月 19～22 日）》，《共产国际、联共（布）与中国革命档案资料丛书》第 13 册，第 354 页。

应采取任何组织结论。"① 而像周恩来这样的新领导人对毛泽东也相当尊重，1932 年 6 月，他向中共中央报告："毛泽东身体极弱，他仍留在高山地区工作，他失眠，胃口也不好。但他和部队一起活动，在主持作战行动时精力充沛，富有才华。"② 但是一批党内现有地位高于毛泽东、朱德等领导人的到来，使毛泽东不再可能像从前那样成为苏区事实上的掌控者，而越来越被有意无意地置于边缘位置。尤其当中共中央把毛泽东视作右倾方针的代表时，不仅是他本人，他的工作作风、思想方式、应对办法都遭到质疑，与其有关的一批富有实际经验的苏区原有干部也被冷落甚而被斗争，这对苏区长远建设、发展并不有利。

历史运行真是十分复杂，正因为毛泽东、朱德等的出色表现，使赣南、闽西苏区成为中共活动的中心，而这种中心的到来，却又不可避免地影响到毛泽东等在苏区的权威。对于毛泽东而言，确实难免会有情何以堪的感觉。当然，也不能简单地认为中共中央就是摘桃派，中共中央实际上的接管中央苏区，首先是由中共严格的组织纪律所决定，在这方面，个人或团体没有讨价还价的余地；其次，各个苏区的发展固然包含着领导人的天才创造，但毕竟是在中共中央统一领导之下，与中共中央的指导和帮助不能分开；另外，中共中央到来前，中央苏区在肃 AB 团等问题上犯下严重错误，领导威信其实已经受到影响，黄克诚回忆其与红军干部何笃才间的一段经历，颇值参考：

何笃才是有功的干部之一。但由于他在古田会议之前朱、毛的争论当中，反对毛泽东的正确意见，从此便不受重用……他曾对我说过，毛泽东这个人很了不起！论本事，还没有一个

---

① 《任弼时年谱》，人民出版社、中央文献出版社，1994，第 196 页。
② 《周恩来给中共中央的电报（1932 年 6 月 10 日）》，《共产国际、联共（布）与中国革命档案资料丛书》第 13 册，第 166 页。

人能超过毛泽东，论政治主张，毛泽东的政治主张毫无疑问是最正确的。我问他：既然如此，你为什么要站到反对毛泽东的一边呢？他说，他不反对毛泽东的政治路线，而是反对毛泽东的组织路线。我说：政治路线正确，组织路线有点偏差关系不大吧？他说：不行！政治路线、组织路线都不应该有偏差，都是左不得，右不得的。我问他：毛泽东的组织路线究竟有什么问题？他说：毛泽东过于信用顺从自己的人。对待不同意见的人不能一视同仁，不及朱老总宽厚坦诚……对何笃才的这番话，我是在一年以后才品味出其中的某些道理。本来，毛泽东同志在中央革命根据地军民中，已经有了很高的威望，大家都公认他的政治、军事路线正确。然而，临时中央从上海进入中央苏区后，轻而易举地夺了毛泽东的权，以错误的政治、军事路线，代替了正确的政治、军事路线。其所以会如此，苏区的同志相信党中央固然是一个重要原因。但是，如果不是毛泽东在组织路线上失掉了一部分人心，要想在中央苏区排斥毛泽东，当不会是一件容易的事情。[1]

除了新中央与老干部之间的冲突外，中共中央到来后，即就活跃于第一线的领导人而言，当时强有力的领导核心也远未形成，领导者之间、前方与后方之间的掣肘现象常有发生。周恩来在指挥第四次反"围剿"时就抱怨："关于行动部署，尤其是许多关联到战术上问题的部署，请求中央、中央局须给前方活动以机断余地和应有的职权，否则命令我们攻击某城而非以训令指示方针，则我们处在情况变化或不利的条件下，使负责者非常困难处置。"[2] 即使是被认为同处留苏阵营的张闻天和博古，暗中也不是没有相互角力，张闻天后来曾谈到他和博古此一时期的分歧，认

---

① 《黄克诚自述》，人民出版社，1994，第100～101页。
② 《周恩来军事文选》第1卷，人民出版社，1997，第255页。

为："他曾经写了一篇文章《关于苏维埃的经济政策》，暗中是驳我的个别意见的。"① 广昌战役后，围绕着战役方针问题，中共中央内部也有争论。张闻天回忆，广昌战役后的一次会议上，他曾质疑："我批评广昌战斗同敌人死拼，遭受不应有的损失，是不对的。他（指博古——引者注）批评我，说这是普列哈诺夫反对1905 年俄国工人武装暴动的机会主义思想。我当时批驳了他的这种污蔑，坚持了我的意见，结果大家不欢而散。其他到会同志，没有一个表示意见。"② 杨尚昆后来也谈到了这场争论，他回忆的会议结果是"恩来同志当场调停，宣布散会"。③

当然，在第五次反"围剿"开始前，这些问题还不明显，而且苏区正处于其发展的高峰期。1933 年的第四次反"围剿"在周恩来、朱德指挥下，首次在红军中运用大兵团伏击战法，取得重大胜利，毛泽东也不吝美言，赞誉其为"空前光荣伟大胜利"。④ 第四次反"围剿"胜利后，国民党军在江西处于守势，红军乘机在赣中、赣东北一带积极活动，扩大苏区范围，中央苏区疆域进一步扩大，跨有闽赣两省数十个县。到第五次反"围剿"前夕，中央苏区在江西达到极盛，除占据赣南一半以上地域外，北延到南城、黎川地区，面积在 4 万平方公里左右。

随着中央苏区的不断壮大，人才空前集聚并拥有了中共中央机关的中央苏区领导层当然不是毫无作为。七大的建军报告初稿中曾写道："事实上以毛泽东同志为首的党的正确路线，本身是一个发展的东西一个发展的过程，是在不断克服困难和错误之中把自己坚强起来，我们更应该坚持这种服从真理追求真理的正确态度。"⑤

① 张闻天：《从福建事变到遵义会议》，《遵义会议文献》，人民出版社，1985，第76～77 页。

② 张闻天：《从福建事变到遵义会议》，《遵义会议文献》，第 77 页。

③ 《杨尚昆回忆录》，中央文献出版社，2001，第 95 页。

④ 毛泽东：《新形势与新任务》，《红色中华》第 97 期，1933 年 7 月 29 日。

⑤ 《在七大的建军报告（初稿）》，1945 年 3 月 1 日。

这一判断在苏区时期其实同样适应。也就是说，虽然毛泽东在苏区发展壮大中表现的卓越才能超乎于包括博古在内的中共中央许多人之上，但不能认为苏区建设就一定会由于毛泽东地位的变化而升降。中共中央进入苏区后取得了一些值得列举的政绩：1933年，在连续两年歉收后，中央苏区迎来了苏维埃政府建立后的第一个丰收年，产量接近革命前的水平，毛泽东1933年对才溪乡的调查展示的虽是比较好的状况，但仍有一定的代表性："暴动后（一九二九至一九三一年），生产低落约百分之二十。一九三二年恢复了百分之十，今年（一九三三）比去年增加二成（杂粮如番薯、豆子、芋子、大薯等，则比去年增加了百分之五十），超过了暴动前百分之十。暴动后全区荒了许多田，去年开发了一小部分。今年大开，开了一千三百多担。"[1] 虽然收成的好坏和自然气候有着一定的关系，但土地明确归农户所有等一系列刺激农民生产积极性的措施在其中起到的作用仍不可忽视。同时，中共中央在经济、劳动等政策上也作出了一系列比较符合实际的决策。军队和地方的正规化建设由于中共中央的到来都有了长足的进展。第四次反"围剿"时，由于对军队基本战斗技能培训明显加强，红军将领深切感受到："射击技能之不够在过去成为部队普遍的现象，而这次战斗中射击技能之进步并成绩确有不可抹煞之事实。"[2]

中共中央到来后，随着大批具有相当文化水准人员的陆续进入，中央苏区的文化教育空前发达。各种杂志、报纸纷纷创刊，反映着当时中共中央的态度，舆论批评的气氛尚较活跃，并由此给后人留下了更完整、全面认识中央苏区的珍贵史料。在肃反问题上，虽然肃反扩大化趋势仍不能克服，但富田事变前后的严重肃反错误已被纠正，党内的所谓"残酷斗争"主要体现在思想方面，组织

---

[1] 毛泽东：《才溪乡调查》，《毛泽东农村调查文集》，人民出版社，1982，第344页。

[2] 《大龙坪附近战斗详报》，《中央苏区第四次反"围剿"》（《江西党史资料》第20辑），中共江西省委党史资料征集委员会、中共江西省委党史研究室编印，1991，第126页。

上的措施明显比此前谨慎，即使是被集中批判的对象罗明，也没有遭受肉体上的摧残。大批干部的到来也使监督体系和民主决策有了一定的发展。军队正规化建设正在加强，干部的使用更程序化，苏维埃政权的组织体制有了相当程度的提高。这些，代表着苏维埃政权军事、政治上不断发展的现实和趋势，中共中央作为工作的主持者在其中发挥的作用不应完全抹杀。所以，1944 年六届七中全会决议中明确指出："自四中全会至遵义会议期间，党中央的领导路线是错误的，但尚有其正确的部分，应该进行适当的分析，不要否定一切。"① 这一说法是中肯的。

当然，和毛泽东时代注重实际、认真调查研究、在实践中艰辛探索从而迅速使苏区获得发展壮大相比，毛泽东逐渐淡出决策层后，中央苏区确实存在着一些严重的问题，毛泽东曾谈道："在1927～1935 年而特别是 1931～1935 年时期我党曾经因为政策过左而陷于孤立，处于极端危险的地位。"② 他所作的更具体解释是：

> 土地革命战争时期，党内机会主义的主要特点是"左"……把赤白对立绝对化；对中小资产阶级实行过左政策；片面强调工人利益而把工商业很快搞垮了；主张地主不分田、富农分坏田，并损伤了一部分中农的利益。当然，我们党在农村中还是有群众的，不能说是在农民中完全孤立。总之，土地革命战争时期实行"左"的政策的结果，我们没能孤立蒋介石，而是孤立了自己。③

出现这些问题，既有苏区本身的原因，也有中共中央指导的失误，既可看作探索中的失误，也不能忽视理论指导和实践上的欠

① 《杨尚昆回忆录》，第 214 页。
② 《毛泽东年谱 1893～1949》（下），中央文献出版社，2002，第 282 页。
③ 毛泽东：《在杨家沟中共中央扩大会议上的讲话》，《毛泽东文集》第 4 卷，人民出版社，1996，第 230 页。

缺。毕竟，经过国民党方面的数次破获和打击后，1931 年在上海成立的中共临时中央政治局是一个十分年轻的领导群体，两位主要领导人秦邦宪、张闻天分别只有 24 岁、31 岁。即使考虑到中共是一个年轻的政党，秦、张两人的年龄和经历仍然显得太过单薄，在如此复杂的形势下，完成对中国革命的指导确实有些力不从心。值得注意的是，毛泽东在这里并没有以他个人的政治沉浮作为苏区政策变化的时点，这应属客观的实事求是态度。事实上，面对当时民族危机和政治生存的复杂局势，中共党内出现各种各样的问题不足为奇，而在克服这些问题的道路上，也凝聚着许许多多中共党人的心血。作为当时中共中央的主要领导人之一，王明虽然远在数千里外的莫斯科，但他当时的动向仍值得特别重视。

2. 新形势与新任务

1931 年 10 月，共产国际执行委员会针对"日本资产阶级报纸关于蒋介石和共产党人进行谈判的传言"通过决定："责成东方地区书记处给中共中央发去电报，说明共产党人在任何情况下都不同蒋介石进行谈判。"[1] 共产国际专门就此一问题作出决定，粗粗看，似只是对既有方针的继续，细细观察，却可发现其背景并不简单。

日本发动九一八事变，对远东乃至世界格局都是一个重大挑战。就苏俄而言，日本的威胁已经十分现实，尽力防止其北进成为苏俄重要战略利益。在此背景下，苏俄极力防止刺激日本，11 月 19 日，苏联外交人民委员李维诺夫在与广田见面时明确表示："苏联政府在与其他国家的关系中一贯实行严格的和平与和平关系的政策。它重视维护和巩固与日本现存的关系，对各国间的冲突奉行严

---

[1] 《共产国际执行委员会政治书记处政治委员会第 185 号记录（1931 年 10 月 3 日）》，《共产国际、联共（布）与中国革命档案资料丛书》第 13 册，第 41 页。

格的不干涉政策。它期待日本政府努力维护现存的两国关系，并在自己的行动和命令中应考虑不要破坏苏联的利益。"① 因此，此时中共方面和蒋介石的任何接触，都有可能导致日本作出国共在苏俄指导下携手抗日的判断，对日苏关系稳定显然不利，这是苏俄方面极力要避免的。

虽然苏俄不愿公开刺激日本，但面对日本的侵略野心，又不能不慎谋应对之策。中苏两国出于战略利益的需要开始明显表现出接近势头。1931 年 7 月初万宝山事件刚发生时，苏俄即通过莫德惠向南京政府提议恢复邦交，表示："现今日本觊觎满蒙，国境方面中日紧张。当此时机，中国政府何不重订对苏对日政策，采对俄亲善方针而使本国能专心对付日本？果能如此，中国之对日实力必占优势，而造福于今日之中国。"② 对此，南京政府虽屡经讨论，终以双方意识形态差异，拒绝苏方提议，断言："苏俄对莫代表之表示，真心不外利用中国。苏俄狡猾，断无轻弃侵略野心之可能。故对莫代表所转告之各种建议，我绝不许可，并应予以反驳。"③ 9 月底，为应对九一八事变成立的国民党中央特种外交委员会讨论了对苏复交问题，在此问题上开始采取弹性态度，强调："对俄复交事可进行但不必立刻实行，以保留与欧美交涉之作用并为有条件之交涉。"④ 1932 年 6 月 6 日，国民党中央政治会议通过决议，决定与苏俄进行复交的秘密谈判。12 月 12 日，中苏双方互换照会，宣布自即日起，中苏两国正式恢复正常的外交与领事关系。不久，南京政府任命颜惠庆为驻苏大使，苏俄政府派遣鲍格莫洛夫为驻华

① 《苏联对外政策文件集》第 14 卷，莫斯科，1968 年俄文版，第 672 页。
② 《东北政治委员会致蒋介石、国民党中央党部及国民政府电（1931 年 7 月 6 日）》，日本外务省记录 A.6.1.0.5，转见鹿锡俊《1932 年中国对苏复交的决策过程》，《近代史研究》2001 年第 1 期。
③ 《刘尚清致张学良等电（1931 年 7 月 9 日）》，日本外务省记录 A.6.1.0.5。
④ 《中央政治会议特种外交委员会第 1 次会议记录（1931 年 9 月 30 日）》，刘维开编《国民政府处理九一八事变之重要文献》，台北，近代中国出版社，1992，第 6 页。

大使。

苏俄对南京政府态度的变化，不可能不导致其对中国革命政策的调整。虽然出于对日本反应的顾虑，这种调整进行得小心谨慎，而且在南京政府坚持武力"剿共"的前提下，中共与南京方面的武力对抗之路也不会有任何改变，但微调的迹象其实已经在逐渐显露，1931 年 11 月后任中共驻共产国际代表的王明 1945 年谈道：

> 在 1932～1935 年期间……我逐渐对一些政治问题和组织问题起了些思想上的变化，因而在有些政策问题方面，与当时当权的其它教条主义同志有些原则的分歧，例如在政治上——在 1932 年春不同意临时中央对上海十九路军抗战是反动性战争的估计，不同意他们反对"工农兵学商联合"的口号；同年冬，代中央写了提议在满洲实行抗日民族统一战线政策致满洲党的信；在 1932 年～1933 年长期向米夫说服和斗争的结果，通过国际致电中央提议修改对富农、土地、工商业、劳动政策等方面的"左"倾错误，并写了经济政策一文；1934 年底在新条件与新策略等文中提出了建立抗日反蒋的统一战线的口号；1935 年代中央起草八一宣言及写《新形势与新政策》一文等。在组织上——不同意临时中央在白区乱用"右倾机会主义"大帽子，乱打党和团的许多地方组织和干部；不同意临时中央在苏区反"罗明路线"，反毛主席及其它同志的斗争等。①

1945 年当时，王明正处于被痛打的落水狗地位，他的这些表态没有得到多少重视。撇开王明这段话自我表功的成分，可以看出，王明实际上道出了苏俄和共产国际新形势下调整中国革命政策的过程。

---

① 《王明致任弼时并转毛泽东信（1945 年 4 月 20 日）》。

　　1932 年 9 月，在共产国际执委会第 12 次全会上，王明发言提到了民族革命斗争中的统一战线问题，但论者一般以为这还只是此前中共已经提出的下层统一战线的翻版。不过，到 1933 年 1 月，随着他先后起草的《中华苏维埃临时中央政府、工农红军革命军事委员会宣言》及《给满洲各级党部及全体党员的信——论满洲的状况及我们党的任务》（简称“一·二六”指示信）的发表、发出，表明王明的思想确实已在发生不应忽略的变化。前一宣言表示为反对日本帝国主义侵入华北，中华苏维埃政府与工农红军革命军事委员会愿在立即停止进攻苏维埃区域，保证民众的民主权利，武装民众创立义勇军以保卫国家的独立统一与领土完整的条件下，与任何武装部队订立作战协定。① 这一表态区别于此前中共“要兵不要官”的兵运政策，开始突破下层统一战线的框框。后一指示信则明确提出：“我们总策略方针，是一方面尽可能的造成全民族的（计算到特殊的环境）反帝统一战线来聚集和联合一切可能的，虽然是不可靠的动摇的力量，共同的与共同敌人——日本帝国主义及其走狗斗争。另一方面准备进一步的阶级分化及统一战线内部阶级斗争的基础，准备满洲苏维埃革命胜利的前途。”信中强调在执行反日统一战线策略时应高度注意：

　　　　坚持和保存自己政治上和组织上的独立性，即无产阶级的政党自由的和不留情的批评和揭穿统一战线内团体中的一切不澈底，动摇，叛变，变节，投降的企图和事实。坚决的无情的反对右倾分子把夺取无产阶级领导权的策略，变为投降和作资产阶级尾巴的一种企图和趋势。但同时要和“左”倾关门主义，及在政策的实际工作中想跳过现在阶段的企图和趋势宣布无情的战争，因为这可过早的破坏或完全不可能造成现在所

———————————

① 《中华苏维埃临时中央政府、工农红军革命军事委员会宣言》，《红色中华》第 48 期，1933 年 1 月 28 日。

规定的必须的统一战线。并且这在客观上实际是帮助日本帝国主义。①

同月，王明发表《东三省情形与抗日统一战线策略》一文，重复了指示信的基本内容，同时批评："中国共产党底东三省组织，犯了许多策略上的错误。东三省组织不懂得和不善于实行反日的统一战线的策略。"②

1933年11月，在共产国际执委会第13次会议上，王明发表讲演，就苏维埃建设和军事政策，提出了一系列值得重视的观点。对于中共正在面对的第五次"围剿"，王明强调，中共中央正在执行的军事政策的一个重要部分是：

> 反对那种"左"的冒险的倾向，其具体表现，就是完全否认有暂时地部分地军事策略上的退却底可能和必要（例如，为避免和敌人过大力量底作战；或者为的抽出时间准备和找到好的机会再作进攻等等），就是对于保存红军实力有第一等意义这一点估计得不足或根本不了解，机械地了解巩固根据地任务，甚至以为可以牺牲大量红军力量去达到这一目的。③

对于苏区的经济政策，王明肯定："苏维埃中央政府发表了专门关于合作社条例（譬如在中央苏区在这一个时期中就成立了五百个以上的生产、消费和信用合作社）；关于国家和私人的借贷条例；关于允许在苏区工商业投资条例；关于征求专门人材启事；关于工人监督生产和在苏维埃监督之下允许土地买卖的条例；以及关

---

① 上海中央局：《斗争》第44期，1933年6月10日。
② 《陈绍禹（王明）救国言论选集》，中国出版社，1938，第306页。
③ 王明：《革命、战争和武装干涉与中国共产党底任务》，《王明言论选辑》，人民出版社，1982，第362页。

于禁止不断平分土地的指令。"① 同时他批评："许多党和苏维埃组织对于在中农当中的工作注意得不够，而且有时候对中农的关系不正确（首先就是左倾幼稚的态度）。"② 这些，或者是中共中央已经采取的，或者是王明希望中共中央做到的，其核心内容都体现着纠正此前过激方针的思路。

王明讲演中有一段话特别引人注目："在党和群众组织当中，有许多同志对于党的任务底了解和执行，时常是一成不变地、琐碎地、教条式地，时常是不曾估计具体的主观和客观的条件，不曾在新的条件之下，用新的方法做工作，全党应当在这个问题方面，起一个根本的转变。"③ 王明在此要求不能教条地、一成不变地对待党的任务，而应根据主客观实际，在新条件下采用新方法。颇具意味的是，正是王明，日后被作为是这一时期教条主义的代表人物遭到批判，王明这个名字，在许多人心目中，几乎成了教条主义的代名词。

当然，王明强调应抛弃教条的态度并不等于他本人就不教条，评判历史人物，更应该注意的不是其原则阐述，而是其实际作为。就此看，这一阶段，王明确实表现出了比较理性的态度。1933 年12 月底，王明在莫斯科与即将回国的中共干部谈话时，批评中共中央滥用机会主义帽子对待干部，强调这样做使得"中国党的同志差不多没有一个没有机会主义的错误，失了'机会主义'原来的政治上的严重性"；同时，"大家都骇怕，因此压杀了同志们的积极性和创造性"。④ 次年 4 月，他和康生两次致信中共中央，再次批评党内斗争"对于缺点和错误的过分或夸大的批评"及"党

---

① 王明：《革命、战争和武装干涉与中国共产党底任务》，《王明言论选辑》，第325 页。
② 王明：《革命、战争和武装干涉与中国共产党底任务》，《王明言论选辑》，第364 页。
③ 王明：《革命、战争和武装干涉与中国共产党底任务》，《王明言论选辑》，第371 页。
④ 转见周国全、郭德宏《王明年谱》，安徽人民出版社，1991，第 66 页。

内斗争方式"不策略的弱点，明确表示不赞成中共中央反罗明路线时，"将各种的错误，都说成罗明路线的错误，甚至于把那种在政治上和个人关系上与罗明路线都不必要的联在一起的错误，都解释成罗明路线者"。①

王明在这一问题上的态度，客观上起到了保护毛泽东的作用。和在中央苏区的中共中央领导人不同，远在莫斯科的王明既不会感到毛泽东的潜在威胁，也不需要通过批评前任来证明自己的正确，因此，他可以以平静的态度来对待毛泽东。1934年3月，当苏区中央提出"毛泽东已长时间患病，请求派他去莫斯科"②时，有王明参加的共产国际书记处会议作出决定："认为他不宜来莫斯科。必须尽一切努力在中国苏区将他治好。只有在中国苏区绝对不能医治时，他才可以来苏联。"③这一决定对毛泽东当然有着不同寻常的意义。

1934年前后，王明通过对国内外形势的系统分析，提出了关于中国革命一些不应忽视的新思路。在谈到针对国民党军的兵运工作时，他明确指出：

> 我们现在对于敌人军队提出的任务，已经是夺取敌人军队要比瓦解敌人军队更重要些……在空前未有的民族反帝高潮之下，只要我们作了相当的工作，有时候甚至于简直不充分的工作，就有很大的可能，把这个军队从帝国主义后备军和中国反革命的武装支柱，变成为反对日本和其他帝国主义以及卖国贼底战斗力量。

---

① 转见周国全、郭德宏《王明年谱》，第69页。

② 《李竹声给皮亚特尼茨基的电报（1934年3月27日）》，《共产国际、联共（布）与中国革命档案资料丛书》第14册，中共党史出版社，2007，第101页。

③ 《共产国际执行委员会政治书记处政治委员会会议第367号记录（1934年4月3日）》，《共产国际、联共（布）与中国革命档案资料丛书》第14册，第103页。

我们的军事工作，现在当然仍和以前一样，主要的是夺取士兵群众。但是，我们现在同样应当注意在敌人的下级以至中级军官成分当中的工作。譬如，在下级军官和各种军事学校的青年学生当中，有许多是真正热诚的所谓"爱国志士"，他们真正愿意为民族解放与日本及其他帝国主义拼命。①

王明要求争取中下级军官，并把争取敌人军队看作比瓦解敌人军队更重要的任务，表明中共对国民党军队的判断已在持续发生变化。1934 年 11 月，王明进一步谈道，在武装保护祖国的旗帜下，中共不仅可以夺取南京部队中的很大一部分中下级军官，而且还有更多的可能：

在一定的条件之下，甚至一部分高级将领，在自己军队和广大民众底革命情绪逼迫之下，不能不实行公开的反日反蒋武装行动，同时，就不能不允许共产党和革命组织在他们统治范围内公开宣传和活动自由，结果时常形成很便利的条件，可以使我党不仅有夺取很大部分军队，而且甚至整师整军的队伍到革命运动方面来。

我们党在敌人军队中工作的目的，已经不仅是在于使之瓦解，而且更多注意于夺取他们到武装挽救祖国斗争方面来。②

这一系列的认识，事实上已经相当程度上触及抗日民族统一战线的理论问题，为共产国际七大期间，中共提出建立除少数人之外的各政治力量抗日大联合奠定了基础。王明主持起草的"八一宣言"宣示的统一战线方针，是苏俄和共产国际调整中国革命政策

---

① 王明：《革命、战争和武装干涉与中国共产党底任务》，《王明言论选辑》，第 370 页。
② 王明：《六次战争与红军策略》，《王明言论选辑》，第 411～412 页。

的逻辑结果。作为共产国际执行委员会书记处成员，中国党的代表，王明在中国问题上的看法，对共产国际的政策也应有其重要影响。

中共驻共产国际代表团及王明在苏俄、共产国际指导下作出的政策转变，和其处身莫斯科，相对离开国内国共对立的残酷环境，可以盱衡国内及世界大势有着十分重要的关系。莫斯科政策总体向民族统一战线发展的趋向，折射出国内国际局势已在悄悄发生深刻变化，提示着中国革命在形势成熟时，有可能也有必要作出新的抉择。其潜流所及，会出乎很多人意料之外。只是这些对当年处身国共对抗前沿的中共中央而言，还太过遥远，生存，尚为中央苏区的不二法则。

3. 从毛泽东眼中走进苏区

（1）土地占有状况

和王明相比，中央苏区时期的毛泽东还没有可能对国内国际政治变化作出全面思考，他的全副精力都投入到了苏区的壮大发展中。第五次反"围剿"期间，毛泽东虽已淡出中共中央最高决策层外，但其在中央苏区的影响仍然不可小觑，正如共产国际代表谈到的，即使中共中央很多领导人到达苏区后，"毛泽东迄今还是有声望的领袖"，① 而此时中共中央的一系列决策，其实也或正或反地都可以看到毛泽东的影子。几十年之后，重新梳理这一段历史时，最能体会到毛泽东风格特点的，是他注重调查研究的思想和工作作风。尤其是其《寻乌调查》，留下了当年赣南社会生活的真实风貌，成为回顾这一段历史不可多得的宝贵材料。

作为一个信仰马克思主义的革命家，毛泽东的调查对中央苏区

---

① 《埃韦特给皮亚特尼茨基的报告（1932 年 10 月 8 日）》，《共产国际、联共（布）与中国革命档案资料丛书》第 13 册，第 217 页。

的阶级分化状况投入了相当大的热情，应该说，虽然有明显的政治目的，但其实地调查仍有着相当的客观性。从调查细致、数据详尽的《寻乌调查》看，当时寻乌全县农村人口成分是：大地主（收租 500 石以上的）占 0.045%，中地主（收租 300 石到 500 石的）占 0.4%，小地主（收租 200 石以下的）占 3%，富农（有余钱放债的）占 4%，中农（够食不欠债的）占 18.255%，贫农（不够食欠债的）占 70%，手工工人占 3%，游民占 1%，雇农占 0.3%。土地占有情况是：公田占 40%，地主占 30%，农民占 30%。① 这一调查结论和更广泛的调查数据对照看，有着相当的一致性。相对而言，并不是在实地所作的《兴国调查》，有关数据就值得斟酌，该调查认为兴国永丰圩地主、富农占地达 70%，公田为 10%，中农占地 15%，贫农为 5%，并由此得出结论：“真正的剥削阶级（地主富农），人数不过百分之六，他们的土地却占百分之八十。其中富农占去百分之三十，公堂土地又有许多在富农掌握中，若不平分富农的土地，多数人土地不足的问题便难解决。”② 因为不是实地调查，结论未给出实际的数据加以支撑，而由一个圩的狭小地区推导出土地政策的做法和毛泽东一贯强调的深入、全面调查然后得出结论的做法也不尽相同。之所以会这样，了解一下毛泽东做调查的背景就可以知道，当时正是中共中央根据共产国际指示要求进一步打击富农、与党内所谓“富农路线的发展”③ 作斗争之时，毛泽东调查中关于平分富农土地的说法，和这一指示是分不开的。以中共的组织原则，即使像毛泽东这样注重实际、独立性极强的领导人，在一些重大原则问题上，也无法摆脱居于发号施令地位的指导者的命令。问题在于，关于苏区阶级分化、土地关系的判断，和正确制定土地政策、深入开展土地革命有着极其重要的关系，即连身

① 毛泽东：《寻乌调查》，《毛泽东农村调查文集》，人民出版社，1981，第 105 页。
② 毛泽东：《兴国调查》，《毛泽东农村调查文集》，第 200 页。
③ 忠发：《中央政治局报告》，《中共中央文件选集》第 7 册，第 6 页。

在实地的毛泽东尚且无法独立做出自主深入的调查研究，遑论当时远离苏区农村实际的中共中央。

关于江西、福建这两个苏维埃革命基本区域的土地占有情况，除毛泽东的调查外，还有来自多方面的不同材料。当时，一些有关机构也对土地占有情况作过调查。据1933年福建上杭的调查，该县43293户居民中，地主占3.6%，占地30.5%；自耕农（实际即富农和富裕中农）占5.3%，占地5.4%；自耕兼租种农户占88.4%，占地64.1%；佃农占2.7%。① 福建龙岩1943年调查自耕农、半自耕农占66.62%，佃农占33.38%。② 赣县七鲤乡抗战中期调查的500户居民中，地主占4.2%，自耕农和半自耕农占37%，佃农占45.2%，雇农占0.4%，其他13.2%。③ 中共赣东北党对江西乐平的调查也显示，该地土豪、自耕农、半自耕农、佃农、雇农的占地比例分别是2%、40%、30%、5%、5%。④ 这些调查结果显示的数据虽然在分类上有所区别，但从不同角度反映的土地分配状况是相近的，即以自耕农和半自耕农占人口相当多数，地主占有远超过其人口比例的土地，一般自耕农和半自耕农也拥有相当数量土地。

南京政府土地专门人员所作的苏区土地占有情况调查较多强调土地的分散情况，其对江西新干的调查结果显示："新干第四区谦益村，自耕农占百分之四一点二一，半自耕农占百分之四六点二一，佃农占百分之八点四九，雇农占百分之三点六四。"⑤ 这一数据中，自耕农和半自耕农占据了绝对的优势，虽然这和福建上杭调

---

① 《上杭县概况初步调查》，《统计月刊》第3卷第3期，1933年3月。
② 林诗旦、屠剑臣：《龙岩之土地问题》，龙岩县政府编印，1943，第69～70页。
③ 李柳溪：《赣县七鲤乡社会调查》，江西省地方行政干部训练团，1941，第108页附表。
④ 《鄱阳党团工作报告（1927年11月）》，《闽浙皖赣革命根据地》，中共党史出版社，1991，第58页。
⑤ 丰城、清江、新干三县特派土地督察员报告，1933年12月22日《江西民国日报》。

查有相似之处，但和江西全省数据有一定差异，不排除其在选样上有偏向自耕农占优势地区的可能。因此，他们的调查结论多是："安远、寻乌、信丰三县，大都聚族而居，各村之土地，为各村民所有者，占大多数。"[①] 莲花、永新、宁冈三县，"以前均系小农作业之自耕农制，纯粹收租之地主，与贫无立锥之佃农，均占极少数，大地主则尤为稀少"。[②] 其调查结果具体可列表如下。

表 1　苏区部分地区土地占有状况调查

单位：%

地区 \ 亩数	安远、寻乌、信丰 3 县	莲花琴亭村 193 户	龙州等 17 村 393 户
5 亩以下	70	74.6	72.77
5～10 亩	20	19.2	11.45
10～20 亩	5	3.6	3.56
20 亩以上	2		
无田	3	2.6	12.22

从表 1 看，各地拥有土地的农户达到总数的 90% 左右，完全无地的农户数量不多，最多的也只是稍高于 10%，但每户拥有土地在 5 亩以下的缺地少地农户比例很高，普遍在 70% 以上，证明农民缺地少地的现象还是很严重的。虽然，这些调查在对象选择和数据统计上可能不无偏颇，如只是对不同土地占有量的户数作了统计，却没有对其土地占有数作出说明，有意无意地将土地占有不平衡的现象加以模糊。但有理由相信，它仍然反映了苏区土地占有的部分实况。

之所以这样说，一方面是上述数据可以得到当时中共内部有关报告的证实，如关于湘赣边苏区的报告中就明确提出"边界的经

① 安远、寻乌、信丰三县特派土地督察员报告，1935 年 1 月 23 日《江西民国日报》。
② 《莲花、永新、宁冈三县收复区土地处理督察处报告》，国民政府军委会南昌行营第二厅《军政旬刊》第 37、38 期合刊，1934 年 10 月 31 日。

济本来是一个小农经济区域，自耕农甚多"，[1] 江西万安也是"自
耕农占全县人口大半"；[2] 另方面，我们还可以把上述调查数据和
1950 年前后江西、福建土地改革专门机构在农村所作的一系列调查
加以对比，相互得到印证。虽然由于时代的不同，两者间不一定具
有完全的可比性，如可以发现，在不少地区，1940 年代末的土地集
中程度略高于抗战前。浙江丽水城区第一、第四行政街地主抗战前
占地 661.4 亩，抗战后达到 837.2 亩，占有率提高了 13 个百分点。[3]
江西丰城小袁渡乡战前地主占有土地（包括公田）达 28.72%，解
放前夕为 30.5%。[4] 不过，相反的例子也并不罕见，湖北二十个典
型乡（土地一般集中区）战前地主富农占地 32.29%，解放前夕为
28.95%。[5] 浙江丽水南明乡 4 个村 1939 年地主、富农占地高达
64.48%，1948 年为 58.82%。[6] 总起来看，无论是集中或分散，抗
战前和解放前夕两时期偏差不是十分剧烈。而地处苏维埃革命中心
区的福建，1931 年和 1935 年两年自耕农的比例都是 27%，[7] 反映

---

① 《杨克敏关于湘赣边苏区情况的综合报告（1929 年 2 月）》，《中央革命根据地
史料选编》（上），江西人民出版社，1982，第 18 页。

② 《中共江西省委转录赣西各县及二团给赣西特委的报告（1929 年 6 月 2 日）》，
《江西革命历史文件汇集（1929 年）》（一），中央档案馆、江西省档案馆编印，
1987，第 209 页。

③ 《丽水县城区第一、第四行政街农村调查》，《浙江省农村调查》，华东军政委
员会土地改革委员会编印，1952，第 182 页。

④ 《江西丰城县小袁渡乡解放前社会情况调查报告》，《中南区一百个乡调查资料
选集·解放前部分》，中南军政委员会土地改革委员会调查研究处编印，1953，
第 124 页。

⑤ 《湖北二十个典型乡调查材料之一》，中南军政委员会土地改革委员会调查研究
处编印，1951，第 3 页。

⑥ 《浙江农村土地关系变化情况》，《浙江省农村调查》，第 5～6 页。有意思的是，
该文一开始就判断在抗战前到解放前的十余年中，浙江农村呈现出"富者愈
富、贫者愈贫"，土地所有权集中到少数剥削阶层的趋势，但其所举两例一是
本例的地主、富农占有率有所减少，另一例地主、富农占有率稍有增加
（2.38%），似乎并不足以证明其论点。

⑦ 郑林宽、黄春蔚：《福建省租佃制度之统计分析》，《民国时期社会调查丛编》
二编乡村经济卷（下），福建教育出版社，2009，第 927 页。

出革命前后的地权变化也并不剧烈。由于存在着此消彼长的状况，如果从大的范围衡量，总体上增减变化应不会很大，1940年代末的数据尚能代表1920～1940年代土地占有状况。下面二表所列就是以1950年前后闽、赣两省土地改革专门机构调查结果形成的综合数据。

表2　福建土地占有情况调查*

单位：%

地区	福安、寿宁等5县7村	南平、古田、沙县3县	福州鼓山区后屿村	永定	连城	武平	福建66县
地主人口	6.25	4.81	1.11	5.73	2.01	3.06	3.17
地主占地	47.95	45.85	7.78	6.79	9.82	9.7	13.5
富农人口	3.45	6.03	1.81	3.3	2.38	3.66	2.64
富农占地	11.38	15.81	7.71	3.64	2.99	6.14	5.17
中农人口	18.07	22.23	18.35	34.82	33.46	36.4	39.8
中农占地	18.23	26.51	35.54	22.28	17.61	29.3	32.36
贫农人口	50.33	45.65	37.47	53.43*	54.74*	51.91	39.99
贫农占地	20.4	13.32	19.99*	17.94*	14.73	19.6	13.9

　　*本书所列凡以阶级划分各表均省略了地主、富农、中农、贫农之外的非主流社会阶层，各表统计总和不一定为100%。占地比例中永定、连城、武平公田面积分别达48.31%、52.07%、35.09%。

　　资料来源：《闽东北农村土地租佃剥削情况调查》、《后屿各阶级（层）田地占有表》、《鳝樟各阶级（层）田地占有表》、《南塘各阶级（层）田地占有表》、《七保村各阶级（层）田地占有情况表》，《福建省农村调查》，华东军政委员会土地改革委员会编印，1952，第3、22页；《永定县志》卷5，中国科学技术出版社，1994，第二章第二节；《连城县志》卷4，方志出版社，2005，第二章第一节；《武平县志》卷4，方志出版社，2007，第二章第一节；《南平专区土地、赋元情况调查》，1950年12月13日《福建日报》；《土地改革前华东各省（区）市农村各阶级（层）土地占有情况统计表》（附表一），《华东区土地改革成果统计》，华东军政委员会土地改革委员会1951年编印，第4页。

　　从上述调查材料看，占人口7%左右的地主、富农占地最多的超过60%，最少的仅6.3%，规模较大、较具代表性的两个调查中，福建66县不到20%，江西28村则为30.4%。江西丰城小袁渡乡抗战前地主占地包括公田在内为28.72%，被认为是"土地集

表3 江西土地占有情况调查

单位：%

地区	于都银坑区	南康县樟木乡	九江县石门乡	宁都县刘坑乡	江西苏区（土地委员会统计）	江西瑞金6个区	江西28村*	江西公略县**
地主人口	1.78	2.6	4.4	6.14（包括富农）	3～4	2.18	3.85	
地主占地	6.3	13.8	24.44（包括公田）	66.95（包括公田）	20～30	11	17.8	20.1
富农人口	2.33	5.6	1.89		5～6	3.7	5.2	
富农占地	3.85	10.9	2.39		20	6.6	12.6	15.8
中农人口	15.88	25.24	38.67		20～30	20.16	28.8	
中农占地	19.86	39.1	36.1		30	16.2	32.2	15.1
贫农人口	76.63	62.79	42.5	93.86（包括中农）	30～50	63.3	54	
贫农占地	38.45	35.18	16.3	33	20	30.5	21	15.5

* 江西28村包括12个苏区村、9个游击区村、7个白区村，涉及人口29354人。
** 公略县为苏区时期由吉安、吉水划属。

资料来源：《银坑区土改运动总结》，江西省农协第二工作团1950年编印，第3页；方志纯：《南康樟木乡分村深入斗争经验》，《江西省土地改革重要文献汇编》（上），江西省土地改革委员会1954年编印，第205页；《江西九江县石门乡解放前的社会情况调查报告》、《土地革命至解放前夕的刘坑乡》，《中南区一百个乡调查资料选集·解放前部分》，第146、102页；艾德加·斯诺著《红色中国杂记》，党英凡译，群众出版社，1983，第47～49页；《瑞金县六个区土改前后各阶层土地占有状况一览表》，《瑞金县志》，中央文献出版社，1993，第332～333页；刘俊秀：《江西农村阶级关系与各阶层土地占有的初步研究》，1950年9月3日《江西日报》；《江西苏区中共省委工作总结报告》，1932年5月，《中央革命根据地史料选编》上，第459页。

中程度为一般乡"。① 表3中的南康樟木乡所在的潭口区是南康"主要封建堡垒之一"，"樟木乡新田村尤为全区突出之封建堡垒"，② 但

① 《江西丰城县小袁渡乡解放前社会情况调查报告》，《中南区一百个乡调查资料选集·解放前部分》，第117页。
② 方志纯：《南康樟木乡分村深入斗争经验》，《江西省土地改革重要文献汇编》（上），江西省土地改革委员会编印，1954，第205页。

其地主、富农占地只有 24.7%。可以看出，这些数据基本是以 30% 为中轴。相对而言，占人口 40% 左右的贫雇农占地数据比较一致，多在 20% 左右。将上述数据和前述多种调查综合看，闽、赣两省农村以自耕农为主的构架可以成立，以往关于地主、富农占地 80% 以上的说法作为一种政治宣传在有关调查中并没有得到证实。① 甚至还有一些无地主村：福建崇安"阶级划分亦不甚显著"，"官埠头、官庄、黄龙洲三个村落到 1952 年土地改革时，均没有村民被评上'地主'或'富农'成分的"；② 江西瑞金象湖镇黄埠头"八百口人，没有地主，有两家富农"。③ 江西宁都刘坑乡是上述数据中地主占地唯一超过 60% 者，但该统计包括公田，且该乡地主出租土地中有 70% 属于皮骨田，即业主占有田底权（所有权），佃农占有田面权（使用权），佃农租额要比一般的皮骨全田低 20%～30%，这和一般意义上的地主占地有一定区别。④ 所以，严格说，

---

① 作为一种政治宣传，有时具体调查和结论本身就相互冲突，如江西宜春一个村的调查显示，该村地主占地 18.98%，贫农人口占 58.4%，占地 45%，贫农占地比例应是较高的，但其结论却是"占百分之九十的农民却无田耕种"。见马成礼《江西省袁州专区农村情况调查》，1950 年 7 月 17 日《长江日报》。

② 王日根：《清代前期福建地域间基层社会整合组织的比较研究》，《区域·社会·文化——"区域社会比较研究"国际学术研讨论集》，重庆出版社，2000，第 162 页。

③ 孙淑芸访问黄易稼记录，江西瑞金，2004 年 5 月 31 日。此外，在江西大部分地区，小地主占绝大多数。江西 5 个土改重点乡 2879 户中，被定为大地主的有 17 户，占地数量仅为百亩以上。而占地 50 亩以下的小地主占到地主总数的 70.8%。见《五个一类乡调查情况综合》，江西省委调研科编印，1952，第 1 页。另外，应予说明的是，这些无地主村反映的是自耕农占绝对优势的状况，而不是另一种"无地主村"显示的村外地主集中占地状况。

④ 其实，这种所有权和使用权分离的状况在当时东南农村如江西、浙江、福建等地广泛存在。费孝通在江苏吴江庙港乡开弦弓村的调查注意到当地土地占有"分为两层，即田面和田底"（费孝通：《江村经济》，戴可景译，江苏人民出版社，1986，第 126 页），而江苏常熟"全境大都是这样"。且由于地主衰落，使用权出卖后"往往无力赎回，佃农也常藉此刁难地主"（《调查日记》，国民政府行政院农村复兴委员会：《江苏省农村调查》，上海商务印书馆，1935，第 83 页），所有权权益大幅贬值。1930 年代后期及 1940 年代，使用权价格常常高于所有权，地主对土地的控制受到很大限制。

这一统计应有一定水分。事实上，土地改革前江西有关专业部门的调查结论就指出：

> 从全省范围来说明，估计地主土地约占百分之二十五，某些地方占百分之三十到四十，甚至占百分之五十以上；富农土地约占百分之十五，某些地方可能占百分之二十到二十五，公田约占百分之十，某些地方可能占百分之十五到二十，个别县区约占百分之四十以上。[①]

这一结果，和近年学者提出的全国范围综合估计地主、富农占地约50%的结论比（有理由认为，这一结论可能还是存在着某种程度的高估），闽、赣两省地主、富农占地比例在全国当不算高。无怪乎1950年代初湘、鄂、赣、粤、豫五省农村进行的调查中，江西和河南一起，被列为土地较为分散的地区。[②] 而从江西、福建两省调查材料看，福建土地集中程度还要低于江西。

肯定这一地区土地集中的有限性，并不等于从总体上否认这一地区存在土地占有严重不平衡现象。有意思的是，当时来自各方面

---

① 刘俊秀：《江西农村阶级关系与各阶层土地占有的初步研究》，1950年9月3日《江西日报》。稍后江西的调查结果仍显示，解放前夕地主、富农、公田占地"一般多的可达40%，少的15%至20%（苏区）"（张日震：《江西土改试点工作情况》，《中南土改简报》第4期，1950年12月），和刘俊秀的结论无实质差距。然而该调查材料一开始就声明："对各阶层的土地占有关系的认识……过去的认识是有偏差的。过去估计地主、富农、公田只占土地百分之二十至三十"，但如上文所示，调查的最终结论实际和这一估计并没有区别。这种自相矛盾的表述显现的心态，在当时的调查中有相当的代表性，即事实和理论间的落差造成调查者相当程度的困惑和不安。

② 张根生：《中南区各省农村社会阶级情况与租佃关系的初步调查》，《新区土地改革前的农村》，人民出版社，1951，第26～28页。1930年代也有调查认为江西"大地主绝少，百亩以上者仅千分二三，十亩不足者，占百分之七十四，可证明农场面积之狭小，与土地之过细分割，同时可确知本省绝无土地集中之现象"。见王世琨《南昌实习调查日记》，萧铮主编《民国二十年代中国大陆土地问题资料》第172种，台北，成文出版社，1977，第84984～84985页。

的多个报告都提供了现在常被认为是土地集中并不十分严重的数据，但调查者往往都得出土地分配非常不均的结论。① 在被一些不无片面的夸大的宣传数字范导多年后，也许当时的实际数字已不足以引起人们的重视，甚至会被作为相反观点的论据。其实，应该说，在这些更符合农村实际状况的数据后面，体现着的仍是农村占地的不平衡局面。这一点，从各阶层人均占有土地数中可以得到更清晰的反映。

表 4　地主与贫农人均占地比较

地　区	福建 66 县	南平、古田、沙县 3 县	福州鼓山区鳝樟村
地主人均占地（亩）	7.47	21.76	2.1
贫农人均占地（亩）	0.61	0.67	0.41
地主/贫农（倍）	12.24	32.48	5.12

　　资料来源：《土地改革前华东农村各阶级（层）土地占有情况统计》，《华东区土地改革成果统计》，第 2 页；《南平专区土地、赋元情况调查》，1950 年 12 月 13 日《福建日报》；《鳝樟各阶级（层）田地占有表》，《福建省农村调查》，第 23 页。

　　由表 4 可见，地主人均占地一般在贫农的 10～30 倍，少数地主、富农占地极不集中地区这一比例在 10 倍以下。福安南塘保贫雇农人均占地 0.39 亩，地主为 5.81 亩，是前者的 14.9 倍，这在闽赣两省农村中被认为是属于一般集中的，是较多出现的比例。虽然闽赣两省地权分布不像曾经认为的那样集中，但地主与贫农间人均占有土地的差距，仍然隐含了土地革命的可能。可以看到，在赣南、闽西地区大多数调查中，占人口一半左右的农村贫困阶层，其人均占有土地不足一亩。以当时的生产能力，这样的占地数量不足以保证基本的生存。而如果以人均均分土地，当时闽、赣农村人均普遍能达到两亩左右，勉强可在正常年景维持温饱。因此，当苏维

---

① 如一份关于常熟的调查报告发现这里"有五亩及十亩以下者，占全农户百分之七十一，而所得耕地仅百分之四十四，在四十亩以上的农户，仅占百分之三，所得耕地反占百分之十九"，对此，作者认为"其分配非常不均"。见余觐如《常熟农村现状调查》，上海 1934 年 10 月 10 日《大晚报》。

埃革命以平分土地相号召时，其对多数农民产生的吸引力是不言而喻的。而人口膨胀、战争、政治不靖及国际环境影响形成的生活困窘，更埋下了农民求变情绪的根芽。

（2）中农问题

在有关1920年代至1940年代中国农村社会的描述中，地主、富农和贫雇农作为社会对立的两极，往往受到充分的重视，而在这两极间的一个庞大社会阶层——中农却常常遭到忽视。其实，当时的调查材料反映出中农在农村中具有不可替代的地位和影响。

由于中农是作为一种阶级分析的方法而提出的名词，1949年前，除受马克思主义影响得出的调查（如国民政府行政院农村复兴委员会的调查）成果外，大部分调查并不使用中农这一概念，而是以地主、自耕农、佃农进行种类划分，即使受中共影响进行的调查，对中农的定义也不尽相同，因此中农在人口中的比例和社会中的影响难以得到准确反映。土地革命广泛开展后，随着中共积累起更多阶级划分经验，中农形象渐渐鲜明，毛泽东给中农下的定义是：

> 中农许多都占有土地。有些中农只占有一部分土地，另租入一部分土地。有些中农并无土地，全部土地都是租入的。中农自己都有相当的工具。中农的生活来源全靠自己劳动，或主要靠自己劳动。中农一般不剥削别人，许多中农还要受别人小部分地租债利等剥削。但中农一般不出卖劳动力。另一部分中农（富裕中农）则对别人有轻微的剥削，但非经常的和主要的。①

对于强调阶级分析的中共党人而言，中农的划分具有相当重要的意义，也是研究者不能忽视的话语。

从采用中农概念的多项调查提供的数据看，中农人口和占地比

---

① 毛泽东：《怎样分析农村阶级》，《毛泽东选集》第1卷，第128页。

例在农村通常是最大的阶层，一般达到当地农村的 30% 左右。从
人口比例看，中农在农村各阶层中比例一般仅次于贫农。福建 66
县的调查中，中农人口高达 39.8%，数量上非常接近贫农。中农
人口高于贫农在各阶层居第一位的地区也不在少数，据安徽安庆专
区调查，"中农在本专区是一个很大的阶层，一般占农村总人口的
百分之三十到五十，占有土地亦为百分之三十到五十……怀宁三民
村中农人数占百分之四十五点七八，占有土地占百分之四十六点五
八"。① 安徽宣城东里村中农占总人口（2894 人）的 49.1%，已
几乎接近半数。在有关调查中，只有国民政府行政院农村复兴委
员会对浙江永嘉进行的调查中，中农比例不到 10%，远远低于普
通数字。但在这一调查中，贫雇农人口比例达到 74.06%（一般为
40%~50%），占地也达到 43.14%（一般为 20% 以下），大大超
出一般数，应是在中、贫农的划分上和通常标准有所差异。② 中农
在农村人口中占有的重要地位，使其成为影响农村的一个不可忽视
的因素。

　　作为社会经济发展水平的标志之一，一般而言，在经济相对发
达地区，中农比例较高，而在相对贫穷、落后地区，中农比例要低
一些。苏区由于多处山区，经济相对落后，中农发育受到影响，较
之社会平均指标要低一些，但即使如此，中农仍占相当比例。福建
龙岩"贫富无甚悬殊，是以中人之家，最居多数"。③ 湘鄂西苏区
中农占到 33%，贫农为 50%。④ 江西 28 村 1950 年的统计数字是中

①　《安庆专区农村土地关系》，《安徽省农村调查》，华东军政委员会土地改革委
　　员会编印，1952，第 30 页。
②　该调查中，占地在 10~20 亩的农户有 5 户被定为贫农，即使以平均人口达到 5
　　人的较大值计算，其人均土地占有量也在 2 亩以上，一般而言，这样的农户多
　　被视为中农。参见《浙江省农村调查》（农复会本），上海商务印书馆，1934，
　　第 413~424 页。
③　《龙岩教育之观察》，《福建教育周刊》第 212 期，1934 年 11 月 19 日。
④　《关于湘鄂西具体情形的报告》，《湘鄂西苏区革命历史文件汇集（1931~1934
　　年）》，中央档案馆、湖北省档案馆、湖南省档案馆编印，1986，第 269 页。

农占 28.8%，贫农占 54%，雇农占 2.53%，其中苏区 12 个村中农占 22.55%，贫农占 63.29%，雇农占 1.18%。① 福建长汀土改前中农人口占 35%，地主、富农人口比例不到 3%；② 建宁中农占人口的 28.17%。③ 赣南的南康樟木乡土改时统计全乡人口为 4878 人，其中中农 1231 人，占 25.24%。④ 可见，即便在苏区，中农人口仍占到 1/4 左右。

从占地比例看，中农占地一般稍稍超过人口比例达到 35% 左右，或居于第一，或次于地主居第二。浙、皖、闽、苏南 235 县中农占地为 33.65%，⑤ 江西 28 村中农占地 32.2%，其中苏区 12 村为 30.42%；⑥ 南康樟木乡全乡土地 4508 亩，其中中农占 1762 亩，占 39.1%。⑦ 这样的比例在闽赣地区具有普遍性。闽西由于公田比例庞大，中农占地比例稍小一些，长汀土改前中农占地 17.6%，但这一数据是以公田占有 49% 为背景的，而且其在各阶层中仍然属于占地比例最高者，远高于地主、富农的 7%。⑧

从人均占地看，中农"稍高于全乡每人平均土地数的较多"。⑨虽然如此，在中央苏区，由于可耕作土地较少，中农人均拥有土地

---

① 刘俊秀：《江西农村阶级关系与各阶层土地占有的初步研究》，1950 年 9 月 3 日《江西日报》。

② 《长汀县土改前后各级层土地占有情况表》，《长汀县志》，三联书店，1993，第 125 页。

③ 《土改前后各阶层占有土地、山林情况统计表》，《建宁县志》，新华出版社，1995，第 111 页。

④ 方志纯：《南康樟木乡分村深入斗争经验》，《江西省土地改革重要文献汇编》（上），第 205 页。

⑤ 《土地改革前华东农村各阶级（层）土地占有情况统计》，《华东区土地改革成果统计》，华东军政委员会土地改革委员会编印，1952，第 2 页。

⑥ 刘俊秀：《江西农村阶级关系与各阶层土地占有的初步研究》，1950 年 9 月 3 日《江西日报》。

⑦ 方志纯：《南康樟木乡分村深入斗争经验》，《江西省土地改革重要文献汇编》（上），第 205 页。

⑧ 《长汀县土改前后各级层土地占有情况表》，《长汀县志》，第 125 页。

⑨ 《安庆专区农村土地关系》，《安徽省农村调查》，第 30 页。

的绝对值仍然很低，福安古田七保村中农人均占地 1. 27 亩,[①] 南塘保中农人均占地 1. 11 亩。[②] 这个数字在当时土地收获量低下的情况下，并不足以做到自给自足，所以相当部分中农还要佃入土地耕种。

从生产资料主要是耕牛占有情况看，中农更具有较大优势。据对福建 14 县 22 个村的调查，耕牛占有情况是：中农占有耕牛总数的 55. 69%，贫雇农占有 32. 63%，富农占有 8. 76%，地主占有 1. 12%，其他阶层占有 1. 8%。[③] 古田县七保村全村耕牛 72 头，10 户地主没有一头，2 户富农占有 14 头，102 户中农占有 40 头，178 户贫农占有 15 头。[④] 江西九江县石门乡解放前中农占有耕牛、农具的比例分别达到 46. 6% 和 50. 47%。[⑤] 湖南桂阳樟市乡中农占有耕牛、农具的比例最高，分别为 41. 88% 、45. 31%。[⑥] 中农在人口、土地及生产资料占有上的重要地位，使其动向对农村社会具有不可忽视的影响。

苏维埃革命时期的中共话语中，中农一直是联合的对象，只是在联合的地位和紧密度上随着判断的变化有所差异。苏维埃革命早期，中共曾认为："至于自耕农亦只能希望他们在土地革命中中立，这并不是说我们现在就抛弃自耕农、中农、小商人，而且还是要联络他们。"[⑦] 这是从较松散的层面谈论联合中农。随着苏维埃

---

① 《七保村各阶级（层）田地占有表》，《福建省农村调查》，华东军政委员会土地改革委员会编印，1952，第 69 页。
② 《南塘各阶级（层）田地占有表》，《福建省农村调查》，第 61 页。
③ 《二十二个村（保）各阶级（层）占有耕牛情况表》，《福建省农村调查》，第 189 页。
④ 《七保耕牛占有情况表》，《福建省农村调查》，第 79 页。
⑤ 《江西九江县石门乡解放前的社会情况调查报告》，《中南区一百个乡调查资料选集·解放前部分》，第 146 页。
⑥ 《湖南桂阳县樟市乡解放前的政治经济情况调查》，《中南区一百个乡调查资料选集·解放前部分》，第 37～38 页。
⑦ 《中共致安徽函（1927 年 8 月 25 日）》，《第一第二次国内革命战争时期土地斗争史料选编》，人民出版社，1981，第 168 页。

革命的深入进行，中农在农民革命中的地位得到更充分的认识，中共六大决议已经把联合中农放到战略高度予以考量，强调：

> 联合中农是保证土地革命胜利的主要条件。贫农与农村无产阶级在工人阶级领导之下而斗争，是土地革命的主要动力，而与中农联合是保证土地革命胜利的主要条件，中国共产党提出之没收一切地主土地分配给无地或少地的农民的政纲，必能得到广大的中农群众的拥护。因为中农群众也是受地主阶级各种封建剥削压迫群众中的一部份。①

虽然就理论上而言，中共从未怀疑过中农的重要性，但中农和贫雇农毕竟是具有不同经济利益和经济地位的两个群体，尤其在动荡的政治运动期间，这种利益冲突更容易被诱发。作为一个马克思主义政党，从阶级分析立场出发，中共对贫雇农的信任度当然要高于中农，"依靠对象"和"联合对象"的提法明显表明了两者在中共心目中的不同地位。从中共的阶级分析系统出发，被定位为农村中小资产阶级的中农，确实难以和贫雇农的半无产阶级和农村无产阶级身份相比。在此背景下，像贫农团这样被认为是"乡村苏维埃政权的柱石"②的贫雇农的群众组织，在阶级话语中拥有绝对强势地位，有报告写道：

> 由开始组织以来，对于贫农、雇农中很有效力，因在平分土地与反富农斗争中特别表现了它的力量。一般贫农、雇工许多问题多找贫农团，多有乡苏维埃是另外的"官府"，而贫农团是他们的"家庭"之势……有时因反富农斗争与当地苏维

---

① 《中共第六次全国代表大会关于农民问题决议案》，《第一第二次国内革命战争时期土地斗争史料选编》，第 245 页。
② 《中央政治局关于苏维埃区域目前工作计划（1930 年 10 月 24 日）》，《中共中央文件选集》第 6 册，第 454 页。

埃有不同意见，该贫农团即说苏维埃袒护富农，苏维埃即说贫农团侵占中农。一个要斗，一个不要斗，在发生冲突时，多系苏维埃负责人被贫农团捆打。[①]

贫农团和苏维埃之间围绕着中农问题的冲突，颇具意味。尽管苏维埃本身就是一个以保护贫苦大众利益为职志的阶级政权，但面对贫农团这样纯粹的阶级组织，在阶级话语具有压倒性的政治优势背景下，有时也会显得力不从心，遑论贫农和中农之间的直接对垒。所以，中共在组织贫农团时，虽然一直强调"贫农团的会员虽只限于贫农以下的人，但绝对不是反中农的；相反的，它应在一切活动中吸引中农于其周围"，[②] 但正如贫农团与苏维埃政权在对中农的判断发生冲突时所显示的，作为农村两个具有重大影响的阶层，贫农和中农的利益并不总能一致，当双方利益发生冲突时，中农的命运事实上就已经被决定了。苏区社会政治的排异性及在阶级话语下置身中农和贫农间的尴尬处境于此显露无遗。

当然，中共对中农的重视确实是真诚的，尽力使中农成为苏区社会的主流阶层，符合中共的战略利益，因此，中共一再要求："应推选中农的积极分子到苏维埃政府机关及各种委员会中去参加工作，应组织中农到农村中各种补助团体如文化教育组织以至武装组织中去，以巩固与中农的联盟。"[③] 张闻天 1933 年更从动态角度具体阐发了制定正确的中农政策的意义："中农在中国苏维埃区域内占最大数量。在许多区域内虽是贫农出身的农民占多数，但是在从土地革命之后，这些贫农将逐渐的变为中农。这一特点，

---

① 《关于湘鄂西具体情形的报告（1932 年 12 月）》，《湘鄂西苏区革命历史文件汇集》第 1 册，第 302 页。
② 《中央政治局关于苏维埃区域目前工作计划（1930 年 10 月 24 日）》，《中共中央文件选集》第 6 册，第 454 页。
③ 《中央政治局关于苏维埃区域目前工作计划（1930 年 10 月 24 日）》，《中共中央文件选集》第 6 册，第 454 页。

对于我们有极重大的意义。如若我们不能巩固同中农的联合，苏维埃革命是没法胜利的。"张闻天明确指出："在开展农村中的阶级斗争，我们不要一刻忘记联合中农，这需要我们党的领导同志，最审慎的细心来感觉它们每一个的情绪与他们的要求。"① 张闻天的文章，诚恳而又苦口婆心，体现出中共中央对此的高度重视，然而，紧接着张闻天这篇文章开展的查田运动，就一度形成了普遍打击中农的局面，其间的落差，既让人有哭笑不得之感，却也显示出了历史的复杂。事实上，对中农的打击，在1950年代之前中共的历史上屡见不鲜。笔者在考察了三年内战时期中农命运后曾经写道：

> 1950年代中期，为尽可能扩大依赖面，中共中央又进一步对中农实行细分，将下中农从中农中间析分出来，"算作依靠对象的一部分"，② 1960年代后一度风行的"贫下中农"的提法，就是这一政策延续的结果。中农的社会和政治地位，在当年中共的阶级分析系统中，最终是通过对中农本身的细分得到解决，这既是中共理论紧密联系实际，在实践中不断加深对中国社会实际认识的反映，同时也说明中农在内战时期的遭遇，在当时的认识和分析系统中，确非偶然。③

以此观照苏维埃革命时期中农的命运，似也不乏其针对性。

（3）公田问题

中国传统社会宗族势力发达，在许多地区，宗族不仅拥有社会政治权威，而且占有土地。中央苏区所在的赣南、闽西地区，主要

---

① 张闻天：《苏维埃政权下的阶级斗争》，《斗争》第15期，1933年6月15日。
② 《农业合作化必须依靠党团员和贫农下中农》，《毛泽东选集》第5卷，人民出版社，1977，第193页。
③ 黄道炫：《盟友抑或潜在对手？——老区土地改革中的中农》，《南京大学学报》2007年第5期。

以宗族占有形式出现的公田占据很大比例："在江南，族有田产底发达，构成一种特色"。① 根据 1950 年初华东军政委员会的统计，浙江公堂土地占比为 16.35%，安徽为 4.17%，苏南为 5.9%。② 中央苏区中心区的江西属公田发达地区，国共两党的调查中都不约而同地注意到这里占地广大的公田，中共江西省委 1932 年 5 月的工作报告记载："江西公堂祠堂的土地特别多。"③ 国民党方面在武力恢复对苏区控制后，也报告这里"公田甚多"。④

从公田分布看，一般在较为偏僻地区，由于宗族势力强盛，公田比例更高。中央苏区所在的赣南、闽西都是公田比例较高地区。以福建而言，福建全省公田占比达 29.36%，⑤ 这个比例放到全国与其他省份做横向比较，都是名列前茅的。而属于中央苏区的闽西地区比例又要高过全省均值："闽北、闽西占百分之五十以上；沿海各地只占到百分之二十至三十。"⑥ 如闽北闽西的古田过溪占 61.4，建阳营前占 37.31%，永定中川村占 70.04%，永定西湖村占 60%，永安吉前保占 56.6%，普遍达到总田亩的 50% 以上。根据土改时期的统计，长汀土改前公田达 19 万余亩，占全县总耕地 39 万余亩的 49.065%；⑦ 建宁公田 67605 亩，占总耕地 166103 亩的 23.68%。⑧ 相对而言，福建沿海地区公田比例要低一些，永春（7 个村）占 29.53%，莆田华西占 21.87%，南安新榜村占

① 《江苏省农村调查》（农复会本），第 6 页。
② 《土地改革前华东各省（区）市农村各阶级（层）土地占有情况统计》，《华东区土地改革成果统计》，第 4~5 页。
③ 《江西苏区中共省委工作总结报告（1932 年 5 月）》，《中央革命根据地史料选编》（上），第 445 页。
④ 《陈诚等呈收复地土问题亟待解决请迅予布告》，《军政旬刊》第 32 期，1934年 8 月 31 日。
⑤ 《土地改革前华东各省（区）市农村各阶级（层）土地占有情况统计》，《华东区土地改革成果统计》，第 4~5 页。
⑥ 《福建省共有田调查》，《福建省农村调查》，第 109 页。
⑦ 《长汀县土改前后各级层土地占有情况表》，《长汀县志》，第 125 页。
⑧ 《土改前后各阶层占有土地、山林情况统计表》，《建宁县志》，新华出版社，1995，第 111 页。

15%，福州市郊（2个村）占7.98%，福清梧屿村占9.02%。① 泉州地委调查，闽南公田占总耕地面积的20%左右。②

赣南公田比例虽然不如闽西，但通常也达到百分之二三十。苏维埃革命前，公略县公堂占地220000石，占总数的31.5%。③ 毛泽东的寻乌调查的结果是该县公田占总数的40%。④ 档案资料显示，地处赣南的石城公田数量占比相当之高，该县两个乡土改前的统计数据显示，一个乡公田占耕地总数的49.44%，⑤ 另一个乡公田占总数的47.2%。⑥ 瑞金6个区土改前公田占耕地比为33.6%，⑦ 会昌为20.92%。⑧ 在对江西28村公田比例的调查中，苏区12村是15.8%，⑨ 这虽然是一个偏低的数据，但仍高于安徽和苏南地区。中共关于万安暴动的文件中指出该地："半自耕农约占百分之四十五，自耕农约百分之三十，佃农约百分之十三，雇农约百分之七……然万安又无大地主大资产阶级，全县号称五万户的只有一家，号称万户的只有十一二家。农民所负的债务及租赁之田地，多半是众会上的（祠堂里的）。"⑩

---

① 《福建省共有田调查》，《福建省农村调查》，第109页。
② 《晋江县侨区农村调查》，《福建省农村调查》，第102～103页。
③ 《江西苏区中共省委工作总结报告（1932年5月）》，《中央革命根据地史料选编》（上），第459页。
④ 毛泽东：《寻乌调查》，《毛泽东农村调查文集》，第105页。
⑤ 《石城县B乡土改前各阶层土地占有统计表》，江西石城县档案馆藏，转见何朝银《革命与血缘、地缘：由纠葛到消解》，中国社会科学出版社，2009，第168～169页。
⑥ 《石城县C乡土改前各阶层土地占有统计表》，江西石城县档案馆藏，转见何朝银《革命与血缘、地缘：由纠葛到消解》，第170页。
⑦ 《瑞金县六个区土改前后各阶层土地占有状况一览表》，《瑞金县志》，中央文献出版社，1993，第332～333页。
⑧ 《会昌县各阶层土改前后土地占有情况表》，《会昌县志》，新华出版社，1993，第210～211页。
⑨ 刘俊秀：《江西农村阶级关系与各阶层土地占有的初步研究》，1950年9月3日《江西日报》。
⑩ 张世熙：《万安工农斗争及1927年10月～1928年3月大暴动经过情形（1928年7月12日）》，《江西革命历史文件汇集（1927～1928年）》，第267页。

公田的构成以祠堂祭祀田占大多数。浙江余姚南留乡第十村公田占总数的 61.78%，其中 92% 以上是祭祀田，其余是会田、校产，27.5% 由村民轮种，其余出租。福建古田七保村公田总计4544.29 亩，是总田地 6026.75 亩的 75.4%，"共有田基本上是祭田，为占有总数的 87.9%；学田是由祭田中抽出来的，约占总数的 5.19%；会田很少，只占总数的 6.49%"。①

公田在土地占有中的较高比例，使其性质认定相当程度上会影响到对土地占有关系的认识。虽然一般说，地主、富农等影响力更大的阶层对公田拥有较大的控制权，但作为一个群体的公有土地，毕竟应为参与者全体所有，公田的出现及其运作设计都在努力使其能照顾到更多人的利益。当时有调查指出："这些族产的目的，大致为祭祀教养恤孤济贫，但因为是族产之故，田权移转时很不容易，不能绝对自由地买卖，因此便形成一种具有特殊性的田权。"②

公田在实际使用中存在着多种多样的情况，其得益者也不尽相同。最能体现公田性质、程序上最为公平的方法就是全体所有者按户轮流获得公田的使用权，这也是公田管理的重要形式之一。福建泉州闽南侨区"宗族田地，几乎都是轮祭田，由共有的各房各户轮流耕种或出租，当值者负责祭扫的开支。"轮种虽然相对公平，但也有致命的问题，就是农民不注意保护地力："实行掠夺地力的经营，使土壤变坏，估计这种族田的收成，要较一般产量低五分之一。"③ 据浙江调查，土质得不到保护的轮种田单位产量要比一般田低 100 斤左右。④

作为变通的办法，也有采取先出租，然后按房按户轮流收租，福建古田许多地区都采用这一办法。古田七保村"郑姓最大祭田由 43 户轮流收租，其中地主 1 户，富农 2 户，中农 16 户，贫农 22

---

① 《古田县七保村农村调查》，《福建省农村调查》，第 68 页。
② 《江苏省农村调查》（农复会本），第 6 页。
③ 《晋江县侨区农村调查》，《福建省农村调查》，第 102～103 页。
④ 《余姚县南留乡第十村调查》，《浙江省农村调查》，第 211 页。

户，商业资本家 1 户，小商贩 1 户"。该村轮收租次数最快的要 6
年一轮，普通的 21 年一轮，轮收次数最少的要 40 余年才轮得到一
次。罗华村有一百多年才轮到一次的。① 在这种完全公平的管理形
式下，族田权利可以转让甚至卖绝，福建建阳县营前村贫农袁熙光
于 1948 年因病需款，征得族人同意出卖彭墩乡的族田 14 亩，卖得
价款由全部共有人分益。古田罗华村雇农魏宜香，死了母亲无法收
埋，把和堂兄共有的族田永佃权卖给堂兄，此后不再享有轮流的权
利。当然，为保证族田的家族性质，"这种收租及使用权的买卖，
一般是要先商请其他共有者承买，如他们声明不买，才能卖给别
人"。②

　　地主、富农等势力阶层有可能在其中获得特殊权益的是集中管
理的公田。这种公田一般占地多、涉及户数广大，轮种、轮租操作
起来有难度，同时内部的实力阶层也不愿放过操纵公田的机会。这
些公田"形式上是由辈高年迈的老人所经管"，③ 但由于管理上的
权威和技术问题，一般而言，"祠堂管理人须具备下列三项条件：
（一）有所谓'功名'的人。（二）有较多的田。（三）识字"。要
满足这些条件，地主、富农出身者确实更为有利，所以他们在公田
管理者中往往占有较高的比例。安徽贵池齐山村"十个大祠堂的
管理人中，有四户地主，二户富农，三个'势力派'人物，五个
富裕中农"，④ 这可以代表相当一部分公堂的管理人员构成。当然
也有不同情况，芜湖县十里区杨埠村管理祠堂田的共 24 人，除一
户为富农外，其余全为中贫农。⑤ 这是因为公堂的所有者中毕竟普
通民众占有人数上的优势，他们可以据此依据公平理念挑战富有阶
层对公堂的管理权。

①　《古田县七保村农村调查》，《福建省农村调查》，第 68 页。
②　《福建省共有田调查》，《福建省农村调查》，第 117 页。
③　《高淳县双桥乡祠堂、神会土地情况调查》，《江苏省农村调查》，第 246 页。
④　《贵池县齐山村调查》，《安徽省农村调查》，第 134 页。
⑤　《芜湖县十里区杨埠村调查》，《安徽省农村调查》，第 169 页。

集中管理的公田中，正常情况下，有着为全体参与者认可的制度和规范，收入大多用于祭祀、救助、办义校、吃喝等。应该说，作为一种家族性或公益性的田地占有形式，公田在维系农村社会各阶层间的纽带关系、缓和社会冲突上确实发挥着一定的作用。太湖东山华老义庄中，"依靠义庄补助而生活者，本房外房共达450人，远到苏、常等地，每年凭票前来领取，即使家庭生活能维持，但只需有鳏、寡、孤、独条件，即可获得优待"。① 江西南城在政府指导下推行族学制度，规定公田收入在百石以上者，应单独开办一所族学，不足百石者应联合办校，到1934年下半年，共成立族学88所，解决许多贫寒子弟的入学问题。② 公田所发挥的作用，当年的中共江西省委曾有描述，江西"公堂祠堂的土地特别多"，豪绅地主"利用公堂田地，以少量的收获分给同族的贫人，以公堂祠堂的公款来补助同族子弟读书。因此农民的民族观念特别浓厚，对于同姓族豪绅地主富农表示妥协"。③

公田对需要帮助的族人固可起到一定资助作用，但问题也很突出，一是公田管理存在许多漏洞，一些管理者倚仗职权，上下其手，巧取豪夺；二是由于公田属于集体利益，管理往往相对较松，管理者或族人常趁机在其中浑水摸鱼，占取便宜。如华老义庄就出现下面的情况："本房后裔如系贫苦户，而非鳏、寡、孤、独者，亦可向义庄借兑，往往是有借不还，特别是二流子、'白面鬼'等经常去强借。"当然，公田的管理者在贪墨中也不是没有风险，江西丰城熊姓家庭就因祖上管理者"吞没积谷三百五十石，现经查出，由熊继义兄弟，各拨还一百余石"。④

对于公田，中共一般都将之归结为宗法制度在经济上的表现，

① 《无锡县荡口镇义庄田情况调查》，《江苏省农村调查》，第262页。
② 《视导南城县教育报告》，《江西教育》第8期，1935年6月1日。
③ 《中共江西苏区省委四个月（一月至四月）工作总报告》，《江西革命历史文件汇集（1932年）》（一），第151页。
④ 《视察丰城清江新淦三县报告书》，《军政旬刊》第5期，1933年11月30日。

是地主豪绅变相占有土地的方式，因此，从 1920 年代到 1950 年代，中共方面的统计数据经常都把公田简单归入地主、富农占地中。中共六大关于土地问题的决议对此曾作出详细解释：

> 所谓公地是豪绅的私产；豪绅地主阶级是村中代表官僚封建制度的。租田制度的剥削农民，不但有地主私有田地的出租，而且有所谓公地的出租。如族田，祠田，以及寺院庙宇，官地等等。地主田地上的地租，是地主的收入。所谓公地的地租，表面是公共机关的收入，其实都是豪绅的收入。豪绅把持着公地，向佃农收租，在经济上就是地主。绅士是中国古代士大夫阶级（贵族）的名称；现在，凡是官吏军官甚至富商都称为"绅商"。中国旧时地主阶级是绅士阶级。现在，凡是出租田地的人以及富豪，在乡村之中都成为绅士，享有政治上的某种特权。旧时破落户的绅士，自己虽然没有田地，却因为有政治上的特权，一部分能够把持着所谓公产，而成为实际上的地主。[①]

客观而言，中共六大的解释和农村现实的公田场景不无距离，其实，毛泽东一生堪称最成功最细致的《寻乌调查》中，就对寻乌公田做过一番认真的梳理，为我们提供了一幅传统中国公田运作的直观图景，对进一步了解公田特别是中央苏区的公田制度提供了绝好的材料。毛泽东在调查中，将公田分成三种。

一是祖宗田。

> 差不多凡属死人，只要是有"后"的，而他的后又是有钱的，他的所谓后者必定从他们的家产中各家抽出一份替他立个公。这种凑份子立公的办法是什么姓都普遍采用的。凑成的

---

① 《土地问题议决案（1928 年 7 月 9 日）》，《中共中央文件选集》第 4 册，中共中央党校出版社，1989，第 332～333 页。

份子一概是田地，不用现钱。再则那什么公还在时，他自己就留出田产立起公来，这一种比前一种更多。公田一经成立，就年年收租……积得若干年成一笔大款，便购买田地。如此下去，这一公的田地就渐渐地增多起来。但这积蓄增多的在全部款子中只占去一部分，还有一部分是由他的子孙均分了去……就是当那过年过节时候从祠堂里分谷分肉。男子都有分，女子没有分（有些族上寡妇有分），每人分得几斗谷、几斤肉……总计祖宗方面的土地，占全部土地的百分之二十四，占全部公田的百分之六十。

二是神道田，包括神、坛、社、庙、寺、观六种。

"神"是指的各种各色的神，许多都有会……坛是立起一块石头，有的几块石头垒成一个小屋，那里面藏着好灵验的神呀，因此叫做坛。不论神、坛，凡有会都有公田……"社"是与"神坛"有别的一种"社坛"，每个村子有一个……每个社都有会，二月起，十月止，每月都开会，会期普通是初二，有些地方是十六。开会那天，同社的人每家来一个，不分贫富，一概有份，杀猪买酒，大吃一顿。吃过之后，开堂议事，作陂开圳呀，禁六畜伤害禾苗呀，禁胡乱砍伐山林竹木呀，条规不一，议论纷纷，也没有什么主席，也不要什么记录……这种社的会议是农民作主，不是豪绅作主，也不完全是富农作主，是大家来而"更公道"的人的话为大家所信仰，这个人就作了无形的主席……总计神道方面（神、坛、社、庙、寺、观）的土地，占全部土地的百分之八，占全部公田的百分之二十。

三是教育、社会公益性质的公田。

考棚田的来历是前清时候修建考棚，大地主捐了许多谷子，建筑余款，置买田地，作为考棚年修经费……学租是各姓地主捐集，为奖励本姓考功名的子弟的，姓姓都有……总计教育方面的土地，占全部土地的百分之四，占全部公田的百分之十。

至于公益性质的桥会、路会、粮会的土地，数亦不少。不但大桥、长桥有会，村落小桥也往往有会。有会就有田，都是地主、商人捐起的，目的是修理桥梁……路会不多，会田也少，全县不过十大几个（十五个以上叫十大几个）路会，每个路会不过收七八石谷……粮会的作用是代替一族人完粮，抵制政府向族内各家迫粮。各方敲榨，各人不利，故斗钱成立粮会，或由各小公出钱斗成。有了粮会，法警只找粮会一处，免得各家受害……总计公益方面的土地，占全部土地的百分之四，占全部公田的百分之十。①

结合公田制度有关记载及毛泽东的调查看，公田作为一种宗族、团体的占有形式，在多数情况下，不能将其与地主、富农私有田地简单等同，它在调节社会关系上有一定作用。但公田管理中的贪污中饱，效率低下，养懒浪费等问题也很突出。因此，当中共开展土地革命时，大张旗鼓地平分公田，既可以达到打破宗族势力，重组农村社会权力结构的效果；又可为农民和农村生产谋取更多利益，使农民将更多的土地从效率低下的集体占有转化为个体占有。事实上，如果给农民真正的土地使用权，在中央苏区这样公田发达而地主占地并不集中地区，平分公田让农民受惠的程度并不比没收地主土地少，这是中共革命可以信手拈来的绝妙棋子。正由于此，当毛泽东正在为规划农村土地分配方案殚精竭虑时，却不遗余力地对公田制度详加剖析，和公田由集体占有化为个体占有所可能带来的革命促进潜力，大有关联。

---

① 毛泽东：《寻乌调查》，《毛泽东农村调查文集》，第106～112页。

（4）宗族制度

和发达的公田制度相对应，中央苏区聚族而居特征非常浓厚。赣南、闽西山高谷深，许多村落都是依山谷而居，自成一体，资源有限，多由最早开发者代代繁衍而成，因此形成"封建的家族组织十分普遍，多是一姓一个村子，或一姓几个村子"的现象。① 赣南、闽西历史的有关记载中，对这一特点描述甚多：福建平和"民皆依山阻水，家自为堡，人自为兵，聚族为疆，也相仇夺。故强凌弱，众暴寡，风气顽犷，亦地气使之然也"。② 江西赣县"其乡聚族而居，六乡一姓，有众至数千户"；③ 会昌"乡民皆聚族而居，室庐鳞次，多至数千家"。④ 这一现象在民国时期仍然没有多大改变，时人调查注意到：江西莲花"民风朴实而勇敢，且喜聚族而居。户口最多之村，数百家至千余家不等"。⑤ 闽西龙岩的适中镇"纵径最多不过 20 里，但宗族祠堂至少在 200 个以上，其中祭产多者达 1000 担，少者亦均在 10 担以上"。⑥

聚族而居，祠堂是聚居族人的中心，是族权的象征，所谓"闽中、江西、湖南皆聚族而居，族必有祠"。⑦ 江西永新"族有谱，家有祠，岁有祭祀。苍头臧获，每历子孙数十世，名义相续属不绝"。⑧ 福建晋江"各族均立家庙，各房各建宗祠，各人各有族谱，各因习惯而各订宗法规约……各姓间之感情，有的颇能融洽，

① 毛泽东：《井冈山的斗争》，《毛泽东选集》第 1 卷，人民出版社，1991，第 69 页。毛泽东这里指的虽是井冈山地区，但其和赣南、闽西相隔不远，同属山区，有相当的一致性。

② 姚莹：《上汪制军书》，《皇朝经世文编》卷 23。

③ 乾隆《赣县志》卷 1《风俗》。

④ 同治《会昌县志》卷 11《风俗》。

⑤ 赵可师：《赣西收复区各县考察记》（三），《江西教育旬刊》第 10 卷第 4、5 期合刊，1934 年 7 月 11 日。

⑥ 章振乾：《闽西调查日记》，《福建文史资料》第 35 辑，政协福建文史资料委员会编印，1996，第 16~17 页。

⑦ 陈宏谋：《寄杨朴园景素书》，《皇朝经世文编》卷 58。

⑧ 赵可师：《赣西收复区各县考察记》（四），《江西教育旬刊》第 10 卷第 8 期，1934 年 8 月 11 日。

偶有事件发生，由其族长出任调停，即相安无事"。①

对于重实利的普通农民而言，生存安全的考虑是维系宗族的重要现实需要。中央苏区一般处在山大多匪地带，聚族而居可以强化自身，这里众多的围屋就是这种需求的反映。② 另外宗族可以提供集体的力量，在日常生活中帮助个体应付难以克服的困难。这是越是艰困地区宗族集聚程度越强的因由。正因如此，宗族一般都会设法拥有产业，宗族力量和宗族权威很大程度上体现在公共产业的丰瘠上。公产的作用首先是祭祀，即通过祭祀祖先展现和巩固宗族的凝聚力，像宁都"巨家寒族莫不有宗祠，以祀其先，旷不举者，则人以匪类摈之。报本追远之厚，庶几为吾江右之冠焉"。③ 其次，公产在资助族中子弟求学及救济贫寒上常常能起到关键作用：赣南的兴国县"每祠必置产，以供祭祀……子孙登科第入乡校者，则给以花红银，赴试亦助其资斧，或岁分谷若干担以赡之"。④ 信丰县"缙绅家重建祠，置公田祀祖外，读书酌给修脯，应试酌给经费。有大荒及极贫，则计丁发粟"。⑤

宗族的力量不仅体现在祭祀和救助上，宗族也具有整合族群的执法功能。赣南、闽西作为客家人聚居区，这里的许多村庄均为外来的拓荒者一个谱系传承而来，一姓村在此非常普遍。由于村庄中的所有人都可以通过血缘相连，宗族权威可以轻易替代行政体系成为乡村的主要控制系统，所以族权在这里不仅可以行使惩处功能，甚至可以断生死，"宁都三魏"之一的魏禧写道："争必听断于族，族不能断然后讼于官，大不率至败伦伤化者，则族师聚众而杀之无罪。吾宁之北乡姓聚族而居，其族法尚有存者，子弟为盗则族长鸣

---

① 《晋江县全县概况》，《福建县政》第2卷第2期，1937年2月15日。
② 关于围屋和乡村聚落的研究可参看饶伟新《明清时期华南乡村聚落的宗族化与军事化——以赣南乡村围寨为中心》，《史学月刊》2003年第12期。
③ 道光《宁都直隶州志》卷11《风俗志》。
④ 道光《兴国县志》卷11《风俗》。
⑤ 光绪《信丰县志》卷1《舆地·风俗》。

鼓于宗庙，众执而纳诸笼中，以投于河。"①

　　山高谷深使这里的宗族制度得到充分的发育，同时也形成相对闭塞的环境。共产国际顾问曾谈道："中国农村还在许多方面过着与世隔绝的经济生活和社会生活，它不会接受也不会转达'全国性的事变'。"②赣南、闽西农村就是其所说"与世隔绝"的例证。许多地方方志皆有的所谓"力耕务本"、"民风淳朴"一类的描述，在赣南、闽西照例可以见到，而且可能更具可信性。赣州府的方志描述这里："山邑地瘠而民拙，奇淫珍玩之好，服物之需，皆不及他郡，所恃唯谷菽而已，故力耕者众。"③江西瑞金则为："夫瑞之为邑，山多而不毛，田少而土瘠，有城市而无乡镇。土著之民耕读之余并无别业，地利所产稻谷之外并无他物。"④乾隆《长宁县志》载寻乌的情况是："邑处万山，山无生息，所恃以谋生者，止此山罅之田。故从事南亩者，披星戴月，无地不垦，无山不种，无待劝也。地之所出，仅足敷食。"⑤民国时期的调查也都不约而同地注意到这一点，永新"俗尚简陋，习劳动，食粗粝，有终身不御旨（脂）羞纨帛者。妇女多椎髻，荆钗不事容饰，冶容盛服，邻里不齿"。⑥

　　自然环境不优厚、经济不发达、宗族调节功能强大，造就了这里分化不明显的自给自足的自然经济。地权的分散、公田的发达、工商业的落后及相对闭塞的环境，都显示出赣南、闽西与外部社会的距离。然而，不应忽视的是，这种可以被视作贫穷的生活在当时当地的人们眼里，其实很可能会别有一番景象。1930年代调查中

---

① 魏禧：《万氏宗谱叙》，《魏叔子文集》（上），中华书局，2003，第445页。"宁都三魏"，清初江西宁都散文家魏禧、魏际瑞和魏礼的并称。
② 《佩佩尔给共产国际执行委员会的信》，《共产国际、联共（布）与中国革命档案资料丛书》第9册，第157页。
③ 乾隆《赣州府志》卷2《地理志·风土》。
④ 光绪《瑞金县志》卷11《艺文志》。
⑤ 乾隆《长宁县志》卷3《志政·风俗》。
⑥ 赵可师：《赣西收复区各县考察记》（四），《江西教育旬刊》第10卷第8期，1934年8月11日。

提供的江西高安和靖安两县状况，或许可以给我们提供一些启发。
高安为二等县，临近南昌，社会经济较为发达，调查发现："该县
人民生活，年来日趋窘迫，匪患及谷贱伤农固为原因之一，而负担
过重亦为最大原因"。① 靖安为三等县，地势偏僻，属于湘鄂赣苏
区区域，同一调查描述这里的状况是：

> 僻处赣西，岗峦起伏，山地较多，在天然环境，虽不甚
> 佳，然民风朴厚，习于劳苦，就土地分配言，既无大地主，又
> 少赤贫之佃农，大半农民皆自耕自给。该县流行利率为百分之
> 一，亦足证无高利贷之盘剥。就农民负担言，地方附税仅及正
> 税之半，此外亦无特别派款，是以居民皆家给人足，衣食无
> 忧。在靖安可谓独无农村破产之现象，洵为特色。②

相对发达的高安人民生活窘迫，封闭落后的靖安则衣食无忧，
这两个不同的生活场景，多少让人觉得有些意外，值得注意的是，
这种现象并非特例，在赣南可以找到许多相似的案例。比如当时材
料记载：南康人民"安土重迁，多业农少商，商率小本经营，藉
图生活，非冀致富，略富之家反不轻易为商，以故无大富之家，亦
罕赤贫之户。农隙或出为肩挑负贩"。③ 1926 年粤人王澄霄因父昔
年冤死至赣南寻仇，越过大庾岭后留下的印象是："由南安起程，
路颇平坦，往来人众，民俗纯良，士风古朴，客涂安靖，不似吾粤
之盗匪充斥也。"赣中泰和至吉安"地旷人稀，其土人多丰衣足
食，缘地价便宜，稍事田畴，即可一生温饱，人尚古风，绝无匪
患。路不拾遗，夜不闭户，较之吾邑，奚啻天渊，设移粟移民，当

---

① 曹乃疆：《江西高安靖安实习调查日记》，萧铮主编《民国二十年代中国大陆土
地问题资料》第 171 种，第 85565 页。
② 曹乃疆：《江西高安靖安实习调查日记》，萧铮主编《民国二十年代中国大陆土
地问题资料》第 171 种，第 85568 页。
③ 《南康县志》卷六 6《社会·风俗》，1936 年编印。

注意于此地"。① 即使是中共的报告中，也谈到了这一点，在对井冈山根据地中心宁冈的描述中，谈道："宁冈出米，每收获一年可够两年之吃，以是农民都家给人足，有性颇懒……农民在红军未来之前，除遂、酃、茶、莲之大部外，颇觉安居乐业，有天下太平的气象，有日出而作，日入而息，老死不相往来的神气。"②

在一种低水平的生存状态下，当未遭遇大的自然或人为灾害时，赣南、闽西地区农民维持基本生存尚不困难。江西一直是粮食输出大省，大多数县份"历年粮食都达到有余"。③ 1928、1929 年全省输出大米分别达到 169 万、133 万担。④ 赣南历史上粮食也可以自足且略有出超，赣县米市 1950 年代至 1960 年代一直向外调拨粮食，1968 年达到 10 万余吨。⑤ 闽西由于土地资源较赣南少，粮食相对短缺，但依靠山货的交换也能勉强维持，而且在土地收入难以支撑生计时，贫穷农户通常会设法通过出卖劳动力维持生存。中共方面文件注意到："闽西几县都是僻处山隅，崇山峻岭，绵延全境。因为山多田少，出米不足自给，农民除种田外须附作手工业以作生活的补助。"⑥ 江西赣县七鲤乡的调查也显示："一般农民能以劳力争取自给自足。"⑦

自给自足的经济、发育较好的宗族、不甚剧烈的阶级分化，赣南、闽西的社会环境似乎具有相当的特殊性，其实，这种特殊性可

① 王澄霄：《重游赣南记》，广州宏艺公司印行，1927，第 16、20 页。
② 《杨克敏关于湘赣边苏区情况的综合报告（1929 年 2 月）》，《中央革命根据地史料选编》（上），第 18～19 页。应该指出的是，这种封闭的自然经济下的天下太平其背景是物质和精神生活的匮乏，所谓安定是在极低极简单的生活水平下实现的。
③ 《江西省粮食志资料长编》，江西省粮食局编印，1991，第 47 页。
④ 《清末及民国时期全省输出大米数量表》，《江西省粮食志资料长编》，第 376 页。
⑤ 《1953～1988 年各地市（平价）粮食纯调拨数量表》，《江西省粮食志资料长编》，第 363 页。
⑥ 《中共福建省委关于闽西政治经济状况与今后工作方针的决定（1929 年 3 月 8 日）》，《中央革命根据地史料选编》（中），第 58 页。
⑦ 李柳溪：《赣县七鲤乡社会调查》，第 115 页。

能更多还是源于我们对中国近代社会已经形成的习有认识。就近代中国本身就具有与马克思主义经典作家描绘的西方社会不尽相同的特殊性而言，赣南、闽西的这种特殊性仅仅是将其更加放大而已。在这里，民和匪、顺和逆往往不是那么判然分明，当时的报告提供了这一社会的多方面特点。中共方面报告注意到这一地区宗族组织的严密和山民的强悍："赣南各县民众性质特别刚强，最喜斗争，好吸鸦片，识字者很少，装饰奇异古朴，男女多劳动，生活困苦，豪绅剥削特别严重，洪家亦有力量，并有半公开的贫苦团、三鼎会、救贫会等组织，这些组织内农民占多数，惟恨豪绅如（以）姓氏族长名义及其它毒辣手腕，把这些有组织的农民利用为他们自卫的工具。"赣南最南部靠近广东的三南地区民风尤其骠勇："该地民众生活极苦，性质刚勇异常，且富服从性，民众有枪者甚多，常自截缴溃兵枪支，倘一组织起来，必会成为无产阶级中的英勇战斗员。"[1] 中共另一份关于福建永春的文件中进一步谈道：

> 农民中雇农极少，半自耕农最多。地主在数量方面虽然有，但都是有武装的豪绅兼操土匪绑票与劫掠的生涯。自耕农虽多，但较半耕则少。农民的阶级意识除东区比较明了外大部分还在模糊时期。许多雇农和流氓无产阶级者也常是操绑票的土匪生涯，像大地主一般，把绑票抢掠的横财拿来购买枪支扩张实力，一方面也压迫穷人。[2]

其实，文件中所说到的地主土匪，到底先是地主再做土匪还是先做土匪再做地主已很难定论，但地主与农民间关系的复杂确实不难看出。在地主和普通农民的博弈中，地主作为豪强的一方固有其

---

[1] 《中国工农红军第五军军委给湖南省委的报告》，《湘鄂赣革命根据地文献资料》第1辑，人民出版社，1985，第252、256页。

[2] 《中共永春县第一次代表大会政治报告决议案（1928年9月）》，《福建革命历史文件汇集》甲18册，第44页。

恃强凌弱的资本，但普通农民人多势众，地主也不能不有所顾忌。所以当时有记载说："岩地山多田少，耕农者众，往往视田亩租额有赢余者多出资钱私相承顶，至资本渐积，余利渐微，偶逢歉岁，即恳减租。即遇丰年，亦且拖延。迨积年短欠，田主起耕，近郭农民，尚畏法不敢阻抗，远乡则预订约，田主起耕，不许乡内承顶，外佃来耕，辄阻种抢收，几不可制。间或经官惩创，而恶习未尽革除，多年霸耕，据为世业，辗转流顶，有更数姓不闻于业主。"①当然，这样的状况不一定能形成普遍现象，更多的时候是双方在宗族的旗帜下，自觉不自觉地通过温情脉脉的宗族关系调和其利益冲突，维持秩序的稳定。在赣南、闽西农村，以宗族为核心的乡绅运转的社会体系相当稳固，中共进入农村后，往往感觉"现在与我们争领导最危险的是乡长、房长、富农"。②国民党军在占领中央苏区部分地区后的调查也注意到宗族势力的影响：黎川梅源"吴姓一族，占最多数……聚族而居，因是家族观念甚深，内部团结力甚大，过去地方，未经完全糜烂者，家族观念范畴之力居多"。③在丰城等地的调查中则发现："农村中士绅，向占优越地位，欲举办一种事业，须得彼辈同意，方能有效，否则因不明了其意义，多方阻挠。"④即使到1949后的土改中，"群众姓氏观念深，内部复杂"⑤仍是困扰中共的一个大问题。

许多论者都强调清末以来社会鼎革造成乡村秩序变化，豪强劣绅取得对乡村控制权从而激化了乡村矛盾，蒋介石就曾谈道："从前社会，有秀才地方，以秀才为领袖，有举人地方，以举人为领

① 民国《龙岩县志》卷21《礼俗志》，《中国方志丛书》第86号，台北，成文出版社，1967，第201页。
② 《蔡协民关于惠北对敌斗争情况给厦门中心市委的报告（1932年3月）》，《福建革命历史文件汇集》甲9册，第136页。
③ 《黎川梅源概况》，《汗血月刊》第1卷第4期，1934年4月20日。
④ 《视察丰城清江新淦三县报告书》，《军政旬刊》第5期，1933年11月30日。
⑤ 《赣西南区直属县土改运动初步总结》，《江西省土地改革重要文献汇编》（上），第456页。

袖，现无此种人，社会因失中心。"① 究其实，这样的说法不无似是而非之处。固然，由于科举的取消，从前的功名权威在一定程度上被消解，但也应注意到，社会阶层、社会结构的变化需时很长，论者指出的科举停止后乡村文化网络的衰落，其过程绝非一二十年就可以完成，事实上，从科举成名到成为乡绅有很长的一段路要走，科举的停止也并未根本上改变国人力学求仕的观念。在科举停止后的几十年间，这一因素尚不足以造成农村社会权力结构的根本变化。李怀印通过对晚清和民国时期农村社会的实证研究发现："尽管实行了行政改革，在晚清和民国时期，农民社群仍保持原状。毫不奇怪，原有的社会关系、准则和价值观继续形塑着乡村领导层。"② 尤其在赣南、闽西这一较为封闭的环境中，传统乡绅的控制地位更难迅速改变和动摇。关键在于，我们既不应理想化地看待传统乡绅的作为，因为乡绅的权力没有直接的制约因素，其良否相当程度上依靠其本身的道德精神力量；同时也不必对之妖魔化，因为作为一种更多的是自发形成的社会力量，其权力行使尚须遵守社会规约，何况农村社会价值观念比较单纯，权力的行使并不复杂。事实上，不同的文献常常提供出两极化的描绘，如瑞金九堡密溪村给我们留下了这样的社会景象："邑著姓罗氏世居之，越今五百余年，无异姓杂处。凡壤畴山林在望者，皆其所有，未尝有一外姓。户口数千丁，无巨富，亦无甚贫。遍室皆闻弦诵，四野悉勤耕种。"③ 这样的描述虽然不无理想化的成分，但也确有许多的文献和记载可资佐证。不过，我们也绝不可以忽略关于绅权的另外一种描述，尤其当这些描述本身就来自国民党人时，比如，蒋经国后来

---

① 《蒋会长对新运工作之指示》，《山西省新生活运动促进会会刊》第 4 期，1935年 1 月 1 日。

② 〔美〕李怀印：《华北村治——晚清和民国时期的国家与乡村》，岁有生、王士皓译，中华书局，2008，第 313 页。

③ 阙维枚：《密溪记》，同治《瑞金县志》卷 14，转见曹春荣《社区记忆：客家人的黏结剂与助推器》，未刊稿。

主政赣南时，曾把传统赣南社会视作土豪劣绅"坏人掌握"，[1] 而陈诚到江西后也发现地方土劣与官厅勾结，在募兵时的种种劣行：

一、招募夫役，军队委托县政府或公安局，而公安局委之地方绅士，层层相委，弊端百出。雇夫一名，地方照例应筹垫安家费二十元，官厅借此可以搜刮地方，而地方豪绅借此可以从中渔利。此其一。

二、地方派款，官厅与土劣勾结，豪富之家尽可幸免，而被征发者多系贫寒无告之小民。此其二。

三、地方既已筹措安家费，招募一次，地方即受一次损失。人民以财力来帮助军队，夫役实际得不到利益，大半被警察侵吞。此其三。

四、夫役中，有黠者与懦者之分。黠者或可得沾此二十元，懦者分文没有，反为强迫被拉。此其四。

五、长警招募夫役，竟存中饱与压榨，不问体力，劳动者招募故向穿长衫与文弱之人为难，借此可受贿了事。此其五。

六、公安制度不良，警役专事敲诈，警士保障豪劣，压迫小民，已为不可否认之事。此其六。[2]

虽然，即便是国民党人的自省，也未必就一定可以奉为信史，但其说服力终究要大一些，民众在其中感受到的压力和不平绵绵难绝。如果我们先定存在着一种革命趋势的话，或许就在历史的这些重重迷雾中，革命已经在不断添加着自己的砝码。

（5）农民负担

和宗族、士绅的影响相比，在赣南、闽西这样一个大环境中，

---

① 蒋经国：《勇敢的来改过！来改过！》，《赣县县政府公报》第16号，1943年5月20日。

② 《政治方面产生之拉夫罪恶与军队方面偶发之事件真是罄笔难书》，《陈诚先生书信集·家书》（上），台北，"国史馆"，2006，第43～44页。

当时普通农民更感困扰的是政治的不安定及随之而来的各种骚扰。清末以来，由于内外环境恶化遭遇的财政经济压力及民国初期的政治混乱，国家及各级政权对农村的财政需索明显加大。南京国民政府成立后，在正税基本保持稳定同时，各种附加税和摊派又有增加。"国府奠都南京后，田赋划归地方税收，田赋征收之权，操之于地方，于是附税之增高，逐年随地方费用而俱增。至今八年，省方附加于上，县地方驻军及乡镇公所附加于下，因以附税日重，演成今日惊人之数目。"① 就正税具体数据看，江西全省田赋正税平均每亩征收约 0.275 元。② 赣南因为产量相对较低，征收标准普遍低于赣中、赣北，像瑞金、宁都、兴国、赣县分别是每亩 0.074、0.183、0.248、0.23 元；均低于全省均值，于都较高，为 0.304元。③ 具体到每个人头，江西统计的 43 县人均负担税额约 0.84元，④ 福建统计的 44 县人均负担约 0.79 元。⑤ 从县域看，黎川县田赋额度为 114973 元，和其苏维埃革命前的 13 万多人口衡量，平均每人不到一元。⑥

单就正税税额言，闽赣两省农民负担不能算高，但各种捐税、附费、摊派、征借，普遍达到正税标准，且地方政府对这些税费征收的热情更要高过正税。江西 1912 年水田正税和附税之比为 1∶0.41，1932 年则为 1∶1.03；同年福建正附税之比也达到 1∶0.97。⑦时人调查显示："闽省田赋正税额数，为三百六十三万八千八百三十元；附税额数，为二百九十九万三千一百四十元。附税与正税之

---

① 李奋：《福建省田赋研究》，萧铮主编《民国二十年代中国大陆土地问题资料》第 6 种，台北，成文出版有限公司，1977，第 2952 页。

② 熊漱冰：《江西田赋问题》，新记合群印刷公司，1932，第 47 页。

③ 《江西省八十一县丁米征收数额表》，《江西省粮食志资料长编》，第 8 页。

④ 《县政调查统计·江西省》，《内政调查统计表》第 22 期，1935 年 6 月。

⑤ 《县政调查统计·福建省》，《内政调查统计表》第 21 期，1935 年 5 月。

⑥ 陆军第 14 师特别党部：《社会调查·黎川概况》，《汗血月刊》第 1 卷第 2、3期合刊，1934 年 2 月 20 日。

⑦ 《各省田赋调查》，《农情报告》第 1 卷第 12 期，1933 年 12 月 1 日。

比，附税约占正税百分之八十二强。"① 随着"剿共"军事的展开，江西各县人均还要负担自卫经费 0.238 元。② 个别县份附税及其他征发要远远高出正税，像江西莲花、永新、宁冈"三县之税额，正税约占主要作物收获三十分一，但地方附税及其它苛派杂捐，常超过正税若干倍。加之粮差户书等陋规复甚繁伙，常等于或超过正税之数"。③ 地方附税的混乱及漫无标准，从国民政府的有关反应中也可证实，1933 年 11 月，蒋介石在致江西等省主席电文中强调："各省征收田赋附加一项，早经中央财部，明定限制，惟迩年以来，每因所属各县，筹措地方政费，不遵财部规定标准，各自呈准本省财厅，任意加征，甚或有由县擅自私加，并省厅亦无案可稽者。"④

以正附及各种捐纳、征借相加，1930 年代前后，赣南、闽西地区人民人均负担在 2 元左右。1934 年江西负担中央税 11923393元，省县税捐 26215435 元，合计 38138828 元。该年统计人口为18887055 人，平均每人负担 2.02 元。⑤ 从各地区状况看，闽西汀属八县 1926 年田赋正税征额为 75 万元（预征至 1931 年），其他各种捐税、征借、附费达 162 万元，⑥ 每人负担 2 元左右。江西丰城1933 年调查的负担状况是："通县全年全额三十九万，现照八五收，实收入正杂赋税三十三万元，地方附税一十九万余元，通县人口四十八万，平均摊算，每人每年担负一元五角之谱。"⑦ 江西莲

① 李奋：《福建省田赋研究》，萧铮主编《民国二十年代中国大陆土地问题资料》第 6 种，第 2945 页。

② 《县政调查统计·江西省》，《内政调查统计表》第 22 期，1935 年 6 月。

③ 《莲花、永新、宁冈三县收复区土地处理督察处报告》，《军政旬刊》第 37、38期合刊，1934 年 10 月 31 日。

④ 《电赣湘鄂豫皖苏浙冀各省政府主席及上海市长为依据粮食会议议决限制田赋附加案仰确实查报（1933 年 11 月 5 日）》，《军政旬刊》第 4 期，1933 年 11 月 20 日。

⑤ 孙兆乾：《江西农业金融与地权异动之关系》，萧铮主编《民国二十年代中国大陆土地问题资料》第 86 种，第 45207～45208 页。

⑥ 《闽西汀属八县赋税简表（1926 年）》，《闽西农村调查日记》，《福建文史资料选辑》第 35 辑，福建人民出版社，1996，第 175 页。

⑦ 《江西省民政厅厅长朱怀冰巡视丰城县行政概况调查表》，《军政旬刊》第 7 期，1933 年 12 月 20 日。

花、永新、宁冈三县更低一些，1926 年前"土地正税及其他捐税额，合计不上三十万元，以四十六万人平均分配，每人负担最高额约七角左右"。① 福建永安平均每户负担国省地等税八元余，"每人负担一元五角强"。② 晋江"每年每人须纳税二元左右"。③ 不过，这些额定赋税往往难以完全征收，江西靠近南昌的丰城等县情况就不乐观："丰城税收，每年可得八成，清江五成，新淦则不及二成矣"。④ 福建沙县 1935、1936 两年的额定税额分别是 191089、238124 元，实征额分别为 121451、221309 元，实征比例分别为 63.6%、93%。⑤

应该说，即使将税捐等各种负担统统算入，当时农民的负担尚不一定是畸重。江西新淦谦益村 870 余人，总收入 19300 余元，人均收入 22 元稍多，以人均税负 1.5 元计，负担率为 6.8%。⑥ 而谦益村在同时调查的几个村中属于是收入低的。江西农民 1930 年代初每人年均收入估算约为 36.5 元，和人均两元税负比，人均税负约为 5.5%。⑦ 据 1930 年代湖南的统计，当时湖南农户平均每户全年收入为 203 元，⑧ 以当时调查的户均 5.2 人计，⑨ 每人应为 39元，如人均税负 1.5 元，税负约为 4%。湖南数据虽不能完全对应江西、福建，但作为农业省份，还是有一定参考意义。上述数据显示的负担尚属可承受范围。

① 《莲花、永新、宁冈三县收复区土地处理督察处报告》，《军政旬刊》第 37、38 期合刊，1934 年 10 月 31 日。

② 《永安县全县概况》，《福建县政》第 2 卷第 1 期，1937 年 1 月 15 日。

③ 《晋江县全县概况》，《福建县政》第 2 卷第 2 期，1937 年 2 月 15 日。

④ 《视察丰城清江新淦三县报告书》，《军政旬刊》第 5 期，1933 年 11 月 30 日。

⑤ 《沙县国省地赋税一览表》，《福建县政》第 2 卷第 1 期，1937 年 1 月 15 日。

⑥ 《视察丰城清江新淦三县报告书》，《军政旬刊》第 5 期，1933 年 11 月 30 日。

⑦ 孙兆乾：《江西农业金融与地权异动之关系》，萧铮主编《民国二十年代中国大陆土地问题资料》第 86 种，第 45243 页。

⑧ 湖南省政府秘书处第五科：《湖南省农民生活概括及积谷储量表（一）》，《统计月刊》第 2 卷第 2、3 期合刊，1937 年 3 月。

⑨ 《县政调查统计·湖南省》，《内政调查统计表》第 20 期，1935 年 4 月。

　　事实上，和赋税相比真正对农民负担造成较大影响的是政治不靖。中央权威软弱，军阀横行的时代，地方军阀、贪官的勒索远远超过捐税负担，福建永安"军队勒索数目，在军阀时代为数不赀"。[①] 地方军阀曹万顺驻兵上杭时，每年要向当地筹集军饷 38 万元，使百姓负担陡然加重。[②] 1924 年蔡成勋督赣时，大肆搜罗钱财："从前军饷，月不过四十余万，尚无力负担，百计支撑。蔡成勋每月支数，竟增至一百二三十万元。稽其用途，除各师旅经常饷项外，大半指称特别经费……名目既多含糊，实际半归扣蚀。"[③] 福建情形也大同小异，1927 年，福建税入 7938163 元，岁出 15115726 元，其中军费 7461292 元，几占税入之全数。[④]

　　由于赋税征收中中间环节过多，调查数据不确切，负担不公平现象在所多有。时人调查对此有不少记载：福建"邵武赋税，漫无标准。一班奸诡，粮胥，从中舞弊，稽考无从，刁民则有田无赋，良懦则完纳虚粮"。[⑤] 普通百姓要承受政治不良和社会不公强加给他们的重重负担，此即陈诚谈到红军发展壮大原因时所言："不能不归咎于诸党棍、军阀、官僚、土劣。"[⑥]

　　（6）生活状态

　　如前所述，在一个封闭的环境下，赣南、闽西农民虽然不一定对本身的生活状态有太多认识，中国农民自得其乐的心态在此常常可以见到，但在中国整体贫困的背景下，这里的农民和其他地区一样，承受着沉重的生活压力。闽西本是造纸业十分发达地区，闽

---

①　《永安县全县概况》，《福建县政》第 2 卷第 1 期，1937 年 1 月 15 日。
②　参见《上杭人民革命史》，厦门大学出版社，1989，第 4 页。
③　《省议会宣布蔡成勋祸赣罪状》，《蔡成勋祸赣痛史》，旅沪赣民自治促进会，1924，第 55 页。
④　李奋：《福建省田赋研究》，萧铮主编《民国二十年代中国大陆土地问题资料》第 6 种，第 2953 页。
⑤　《福建邵武社会调查》，《党务周报》第 1 卷第 33 期，1934 年 11 月 19 日。
⑥　《江西共党如此猖獗不能不归咎于诸党棍军阀官僚土劣》，《陈诚先生书信集·家书》（上），第 38 页。

西、闽北纸年产额曾达 2000 万元以上，俗谚所谓国内纸张，十之八出之于闽。但近代以来洋纸的涌入，对闽纸形成致命打击，"出口额逐年减少，有如江河日下之势"。① 这使山多田少，纸业本是经济半壁江山的闽西，人民生活更陷困窘。江西的情况同样不乐观，当时的调查提到，江西"交通不便，谷贱伤农，民间血汗所入，不敷自给，矧地方附加綦重，不堪其苦"。② 粮食虽然可以自给，但为维持基本的生存，农民常常不得不出卖粮食以换取生活资料，温饱仍是一个待解的难题。据 1930 年代中期的统计，江西借钱、借粮户数的比率是 57%、52%，福建为 55%、49%，③ 有一半左右农民不得不靠借贷维持生活。而这一严峻局面后面又有高利压力的背景，赣闽边区农村现金借贷年利多在 20%～30% 间。④ 粮食借贷利息更高于借款，根据 1933 年 12 月的调查，苏、皖、鄂、湘、赣、浙、闽 7 省平均月利达 6.34%（全国平均 7.1%），⑤ 借贷一年，归还时要增加近 80%。

近一半农户不得不忍受高利盘剥借债，和农民低收入有着直接的关系。从江西看，1932 年时，"每田一亩，收谷一担半至两担之谱，以刻下谷价计，可得四元至五元之代价。耕种工价约一元二三角，收获工价为七角至一元，种子约二三角，肥料约五角上下，田赋及捐税约三角至五角，耕牛工资约二角至三角。除去上项开支外，所得无几"。⑥ 江西新淦谦益村朱姓农户"合家共七人，成年者四人，儿童三人。自有田二十一亩，旱地二亩，半租种田十三亩……

① 《福建纸之出产》，《山西省新生活运动促进会会刊》第 21 期，1935 年 9 月 15 日。

② 国民政府军委会南昌行营第二厅：《视察丰城清江新淦三县报告书》，《军政旬刊》第 5 期，1933 年 11 月 30 日。

③ 《各省农民借贷调查》，《农情报告》第 2 卷第 4 期，1934 年 4 月。

④ 参见温锐《民间传统借贷与农村社会经济——以二十世纪初期（1900～1930）赣闽边区为例》，《近代史研究》2004 年第 3 期，第 196 页。

⑤ 《各省农民借贷调查》，《农情报告》第 2 卷第 4 期，1934 年 4 月。

⑥ 《中国农村衰落之原因与其救济方法》，《申报月刊》第 1 卷第 4 号，1932 年 10 月 15 日。

每年不足生活，负债六十元"。① 根据江西省立第二职业学校 1934 年对莲塘 12 村的调查，人均基本生活费需 28.41 元，人均耕作支出 18.46 元，与人均收入 36.5 元相抵，亏空 10.37 元。土地委员会同期对江西余江、南城、清江、莲花、永修的调查结果可为这种亏空状况的旁证，五县 14227 户负债家庭，因日常家用不足负债的 6111 户，占到总数的 43%；因婚丧疾病负债者 4208 户，占到总数的 30%，两者相加计 73%。② 可见应对基本的生活需求尚要付出重大努力。

终年劳作却难得温饱，大多数农民生活的困窘处处可见：福建全省"平时已有百分之二十四系以甘薯充饥者，以豆麦及其他粮食充饥者亦占百分之八"。③ 莆田盐田人民"常年都是吃甘薯，除非是年节讨老婆生儿子才有三、二顿饭"。④ 福安南塘保 1950 年春调查，337 户人家中有 4 户出卖儿女，15 人出租老婆。⑤ 江西瑞金陶朱甲 94 户人家中，一年中缺粮 3~5 个月的达到 76 户，够吃用的只有 6 户。⑥

农民生活的困窘，在一些居于强势地位人物的笔下也可以看到，福建诏安一位区长写下了他在据称是共产党的农民家中搜查的情况：

> 我目睹着那陈旧的织满了蛛网的卧床上，堆着破结腐旧的棉褥，壁角无秩序地安放着几粒甘薯，好象就是他们唯一的粮食，心头着实不好过。这被告的名字叫杨肥，有一个"愁容可掬"的妻子和一个跛足的男孩，我当时这样想，如果猫虎地据报就把这个匪嫌的杨某砍了头，他这两位的妻儿，他的结

---

① 《视察丰城清江新淦三县报告书》，《军政旬刊》第 5 期，1933 年 11 月 30 日。
② 孙兆乾：《江西农业金融与地权异动之关系》，萧铮主编《民国二十年代中国大陆土地问题资料》第 86 种，第 45255~45259、45273~45274 页。
③ 陈颖光：《福建粮食统制之研究》，《闽政公余非常时期合刊》第 2 期，1937 年 9 月 20 日。
④ 《巡视莆田的报告（1929 年 1 月 16 日）》，《福建革命历史文件汇集》甲 4 册，第 43 页。
⑤ 《福安县南塘保农村调查》，《福建省农村调查》，第 65 页。
⑥ 《瑞金人民革命史资料》，第 7 页，瑞金市档案馆藏档 28－10－8。

果又要怎样呢?①

反映农民生存状况恶劣的并不仅仅是普通农民的困窘，事实上，当时代表农村富裕阶层的地主、富农也每况愈下。由于农民收入下降，地主租佃收入越来越难保障，而税赋却不断增加，"中等地主之能收支相抵不致沦入债丛者，亦已寥若晨星"。② 江西永新等地调查发现："纯粹靠收租为业者，一遇歉年，往往所剩无几。故买田收租为不合算之事。"③ 当时不少人都注意到："留居乡间之中小地主，日渐没落，其自身反受高利贷之压迫。今年农民新华两银行之抵押放款，几全以地主为其对象，且所借款项，无一投资农业，多用于还债、抻会及各种消费事项。"④ 即使是真正的财主，为维持财产，也多不敢豪奢，福建惠安后楼村最大的盐主庄国宗拥有四百多坎盐田，"平时三餐都吃地瓜干……初一、十五、年节、生日就吃两餐米饭，一顿地瓜粥"。⑤ 对此，费孝通曾有精当的描述："有限的土地生产力和农民已经很低的生活水准是经不起地主阶层们的挥霍的。把中国一般中小地主描写成养尊处优、穷奢极侈的人物，我觉得是不太切当的。'一粥一饭'式的家训即使不能算是实况的描写，地主阶层平均所占的土地面积也可以告诉我们，他们所能维持的也不能太过于小康的水准。"⑥

清末以来，农村负担逐渐加大，由于田赋及一些捐税是以田亩为单位征收，在赋、捐不断增加情况下，占有田亩较多的地主、富农负担相应增加。江西兴国在决定缴纳摊派款时强调应"首由富

① 林桢祥：《剿匪中间杂记》，《福建县政》第1卷第6、7期合刊，1936年12月15日。
② 薛暮桥：《江南农村衰落的一个索引》，《解放前的中国农村》第3辑，展望出版社，1989，第166页。
③ 《莲花、永新、宁冈三县收复区土地处理督察处报告》，《军政旬刊》第37、38期合刊，1934年10月31日。
④ 薛暮桥：《江南农村衰落的一个索引》，《解放前的中国农村》第3辑，第164页。
⑤ 《惠安县后楼村盐民调查》，《福建省农村调查》，第179页。
⑥ 费孝通：《地主阶层面临考验》，《乡土重建》，上海观察社，1948，第92页。

户认定，继分甲乙丙丁等级摊派"，① 相对富裕的农户成为各种势力保持自己财政来源的保证。虽然，地主、富农相比其收入的负担比例要低于中、贫农，但是，人均负担则远高于中、贫农。在土地革命兴起，政府军队活动频繁地区，地主更是不堪重负，军队"要饷要粮草要夫子，都取之豪绅地主，不如意的打骂随之，甚至把做土劣惩办"。② 除应付必需的各种支出外，在社会不靖的情况下，地主、富农还要承担许多额外的开支："有队伍来时，保长带人来，还要交一点。我们（指普通农民——引者注）交得很少，地主、富农交得多……都是土匪队伍来收"。③ 不断恶化的处境，使有些地区地主对土地的兴趣大大下降：江西万载中下等田，"地主企图摆脱粮税捐款，只欲收一两元代价，即可成交，然亦无人顾问也"；④ 南昌"下等之地，其地主有愿倒贴数元出卖以图避免捐税者……许多地主宁愿放弃土地不肯登记"；⑤ 闽北也有报告："有田之人，多以田产为累，且繁重的租税与低下的农田收益，再复增长其势，故购置田地这一观念，在一般农民中并不发生作用。"⑥

---

① 《兴国县第三区崇贤乡召集保长及妇女保队长和各士绅会议议事录（1939 年 7 月 20 日）》，江西兴国县档案馆藏档 131/2－11－1/97。

② 《杨克敏关于湘赣边苏区情况的综合报告（1929 年 2 月）》，《中央革命根据地史料选编》（上），第 17~18 页。

③ 李学昌主编《20 世纪南汇农村社会变迁·专题访谈·王楼村祝永良》，华东师范大学出版社，2001，第 500 页。

④ 陈赓雅：《赣皖湘鄂视察记》，上海申报月刊社，1935，第 26 页。

⑤ 王世琨：《南昌实习调查日记》，萧铮主编《民国二十年代中国大陆土地问题资料》第 172 种，第 84988 页。

⑥ 徐天眙：《闽北农村社会分化之一形态》，《解放前的中国农村》第 3 辑，第 414 页。应该说明的是，该文作者认为农民对购置土地缺乏热情有利于地主的土地集中，其立足点是地主可以避免普通农民应该承受的负担，但实际上除一部分拥有政治权力的地主外，许多资料显示，大部分地主在这方面所具有的能力是有限的。该文呈现的事实和其由此推理得出的结论间难以统一，显得牵强。曾任浙江省主席、本身家庭也是地主的黄绍竑就谈道："民国以后，政治军事上得势的地主，他们得来的钱，大都在商业上谋发展，或存放在外国银行里，因为那时地租的收入有限，在地方上发展已成末路了。"见黄绍竑《李宗仁代理总统的前前后后》，《文史资料选辑》第 60 辑，中华书局，1979，第 26 页。

从以上一系列事实看，当年农民的困窘确是不争的事实，革命的温床正是这样铺就的。当年何应钦在江西前方曾有一通痛切的反省，今天读来仍不失其意义：

> 中国贫弱到今日，实无可讳言，尤其是农村经济破产，手工业日趋衰弱，到处充满了失业农民。同时过去各地为政的人，往往不着力于改善农工生活，甚至听凭贪污土劣去摧残他们。试想一般啼饥号寒的人，有苦无从告诉，再加上一部分不良军警的骚扰、官吏的剥削、党部的因循，自然而然逼着他们走上土匪的道路……人类罪恶由于无知识的造成，而好变动的心理，也是普通人下意识中潜伏的一种不良的惯性，假使没有理智的判断，学识的熏习，法令的制裁，很容易不顾一般利益单独发展他的兽性。共匪看得非常明白，所以专从这点上来利用，虽然我们可以断定他们决不能成就，然而想到无知的民众，所以自投火焰的原委确实不能不内疚神明的。①

令何应钦内疚的状况在全国普遍存在，的确，它可以解释中国革命发生的内在动力。不过，这却并不足以说明为什么恰恰会在赣南、闽西这块土地上形成革命中心。因为如前所说，赣南、闽西固然环境封闭、经济落后，但维持基本生存并不比其他地区困难，在封闭的环境中，也容易有自得其乐、安于现状的心态，而地权更是属于分散地区，从经典的思路中很难找到其成为革命中心的缘由。事实上，在一个武装革命、枪杆子里面出政权的时代，关于革命中心的解说，似乎不能简单停留在土地问题和民众反应中，苏维埃革命的源流，应该也可以有更广阔的来路。

（7）革命源流的解说

中央苏区 1930 年代前后土地占有及农民生存状况的具体展现，

---

① 《在赣欢宴各界之演说》，1931 年 2 月 26 日《江西民国日报》。

关涉甚大，提供了几个颇有意味也不容忽视的论题。

其一，赣南、闽西虽然是苏维埃革命集中爆发地区，但这里的土地集中程度并不像许多论者认为的那样严重，闽、赣两省基本属于土地分散区域，而且根据江西的调查，苏区、游击区和白区各村庄土地占有也与土地革命呈现负相关状态，即苏区村土地集中程度是最低的。[①]有关研究将土地革命和土地集中必然联系的习惯做法，在这里未得到充足的证据支持。其实，中国农村大地主无论是地理距离还是心理距离都和普通农民拉开较大，其对佃农的压榨程度往往相对较轻，恰恰是中、小地主在与佃农及普通农民的密切接触中，易于产生利益冲突，这就是中共六大中关于土地问题决议指出的："地主越小，他的剥削方法越厉害，越凶恶，他出租田地的条件越苛刻。"[②]把土地集中看作土地革命主要成因的观念并不具有充足的说服力。[③]从贯串中国长历史的角度看，贫穷倒确实是农民屡屡寻求变局的一个基础性原因，20世纪以来随着人口增加、

[①]　1950年江西28村的调查显示，原苏区12村地主、富农占地21.16%，贫农29.35%；游击区9村地主、富农占地31.96%，贫农占地17.6%；白区7村地主、富农占地37.95%，贫农占地19.5%。见刘俊秀《江西农村阶级关系与各阶层土地占有的初步研究》，1950年9月3日《江西日报》。固然，土地革命给苏区村土地占有比例以一定影响，但根据多方面材料看，其在江西影响较小，一般不应超过5%。

[②]　《中共第六次全国代表大会关于土地问题决议案》，《第一第二次国内革命战争时期土地斗争史料选编》，第225页。

[③]　以湖北黄、麻地区为例，有关报告提到，黄安东南部大地主较多，"更易推行改良政策"，"已有办到减租减息，甚至有不敢而且不愿回乡的大地主把土地、房屋几乎送给自己的雇农、佃农，名义上是请他们代为管理着，但实际已经从没有过收租、收息的一回事了"；相反，黄、麻其余地区"都系中小地主，最缺乏改良政策的物质根据"。见《中共鄂东北特委何玉琳给中央的报告——黄麻地区政治、经济、军事及党的工作情况，1929年5月》，《鄂豫皖革命根据地》第3册，河南人民出版社，1989，第28页。上海南汇横港村龚野囝回忆："当时租种的土地是一个地主家的，这个地主家在大团，很有钱，所以收取的地租较少。每年每亩收棉花50斤，谷子90斤。地少的、没开店的地主则要收75斤棉或135斤谷。交完田租后就没有什么负担了。"见李学昌主编《20世纪南汇农村社会变迁·访谈实录·横港村龚野囝》，第369页。

外国资本入侵、政治力量榨取形成的农村贫困的趋势，尤其使农民革命具有了更多的可能性。不过，贫穷是革命的温床，但贫穷并不一定意味着革命，何况作为土地革命集中地区，赣南闽西和中国西北乃至北方广大地区比，生存环境也不能算是很恶劣的。因此，虽然赣南、闽西存在土地占有不平衡、地主与农民间关系紧张、农民日益窘困等种种导致土地革命的因素，但和中国其他地区比，这里并不具有多少特殊性，上述因素不足以说明何以正是在这一地区形成苏维埃革命的巨大声势。

就革命的叙事而言，1920～1930年代的中国苏维埃革命是以土地革命为中心开展起来的，土地革命也向被认为是中共革命成功的一个助推器。的确，其巨大作用不容否认，但衡诸事实，又不能不看到，它并不像人们常常认为的那样神奇。由于土地集中程度不高，农民从地主、富农那里获得的土地有限，加上苏维埃区域一般较小，战争负担甚重，农民真正得利其实并不大。国民党方面调查报告谈道："赤匪以其威力强暴胁迫分配土地于农民，而农民并未得到增加生产与收益之实际利益。其所以啸聚山林几经岁月者，主要原因并非以土地革命为核心。证以收复后民众绝匪之念愈坚者，即为其分田查田工作最力之区，可见农民之从违并非以获得土地虚名为关键。"[1] 这一说法虽不无贬抑之处，但也不能说纯属信口雌黄，中共党员，时为《申报》记者的陈赓雅实地考察后写道："尝与一分得田地之农民谈话，据称：单就分田论，固属满意，且无债务等之榨取与压迫，生活确系已较前改善。但因有兵役，及战时经济统制，义务公债承债之负担，一则致种田机会减少，一则使经济负担较大，并且战祸绵延，结果殊与愿望相反。"[2] 这种状况后来在抗战及三年内战时期均可见到，1947年华北财经会议上，中共

---

[1] 《莲花、永新、宁冈三县收复区土地处理督察处报告》，《军政旬刊》第37、38期合刊，1934年10月31日。

[2] 陈赓雅：《赣皖湘鄂视察记》，第12页。

领导人对土改后的有利和不利方面做了客观的估计，有利方面是：

（一）无地少地的农民获得了土地，从此不受剥削的在自己的土地上劳动，生产情绪提高了。（二）地主的浮财大部分转入农民的手中作为扩大生产的资本了……（三）使过去不参加劳动的二流子、地主、妇女等，也推上了劳动战线，可以增加总生产力。（四）政府大力帮助农民推动了生产进程。

不利方面是：

（一）农民得到了土地并不是得到了一切，牲口农具不够用，即浮财多也不能完全解决问题。（二）过去的社会积蓄要受到损害，如地主的破坏、埋藏，农民的浪费拆散等。（三）骤然改变的个体小生产，一时还赶不上经营地主和富农的大生产的力量。（四）地主的仇恨和破坏，使一些较大型的生产工具（如水车、作坊等）被破坏，农民一时无力使用和修理。（五）地主造谣，富农和部分中农怕割韭菜，生产情绪不高，有些农民认识模糊，或怕变天，或想吃完再共一次的盼"共产"，因而也影响生产情绪。（六）农村借贷机会少了，靠公家的贷款不够用，资金周转困难。（七）大规模的支前，劳力缺乏。①

董必武谈到的内战时期中共由于占领区域的扩大，财政经济上回旋余地已比苏维埃时期大得多，但尚面临着上述问题，苏维埃时期的困难可以想见。其实，当时中共屡屡出现的剥夺富农乃至生活稍好的中、贫农的政策偏差，和中共在普遍贫穷的背景下希望尽可能给予农民更多的实惠以争取农民的内在要求就不无关系。

其二，虽然土地集中程度和苏维埃革命没有必然联系，但是要

---

① 南汉宸：《财经工作的几个基本方针》，《斗争》第 4 期，1947 年 11 月 30 日。

厘清 20 世纪上半叶中国农村革命的动力，理解农民对土地的渴望仍具重要意义。如所指出的，赣南、闽西地区 7%左右的地主、富农占地达 30%左右，而占人口一半左右的贫苦农民仅占土地的约20%。地主与贫农平均占地比普遍在 10 倍以上，相当多的农民拥有的土地无法维持自身的生存。而由于这一地区复杂的地权结构，尤其是公田的大量存在，一半左右的农民为维持生存不得不和地主、富农及公堂土地发生租佃关系，承受着 40%～50%的租佃负担。在土地分配存在着相当的平均余地情况下，作为基本的生存要素，拥有更多的可以自主的土地是农民衷心的期盼。所以，当土地革命广泛开展后，没收地主土地在农民中平分，对农民具有极大的吸引力。湘南暴动期间，"在未分土地以前，农民藏匿土豪劣绅，到分配土地以后，农民都不藏了，并且看见土豪劣绅即抓，抓到就杀……惟恐敌人之到来而使他们不能稳定所分得之土地"。[1] 李六如描绘："打了一些胜仗，革命形势日见高涨之后，一般农民天天跑来问我们：'你们不是说过大家分田吗？'一面拍我们的肩背，一面笑眯眯的催促。"[2] 早期中共革命领导人大都意识到："没有土地的果实，是不能发动群众的。"[3] "普遍的贫农对于土地、财产的要求不消说是为农村革命斗争的中心动力。"[4] 土地是农民赖以生存的第一要素，对土地的渴望是农民理解、接受、走向革命最直接的利益驱动。尤其是赣南、闽西大量公田的存在，更为中共开展土地革命提供了十分方便的资源，公田的分配，触及利益较少，农民又可得到实惠，是中共可以充分利用的活棋。

---

① 《CY 湘南特委××同志关于湘南暴动经过的报告（1928 年 7 月 20 日）》。

② 李六如：《各苏区土地问题——1944 年 3 月在延安杨家岭学习会上的报告》，中共中央党校党史教研室编印，时间不详，第 13 页。

③ 戴季英：《鄂豫皖苏区红军历史（1927～1930 年春）》，《黄麻起义》，武汉大学出版社，1987，第 107 页。

④ 《鄂东北特别区委员会给中央的报告（1929 年 9 月）》，《鄂豫皖苏区革命历史文件汇集》第 5 册，中央档案馆、湖北省档案馆、河南省档案馆、安徽省档案馆编印，1986，第 138 页。

在领导农民开展革命时，中共成功的策略也对鼓动农民起来革命发挥了重要作用。当时很多记述都提到，农民作为被"发动"的革命者，其阶级意识和自觉的阶级对立是在中共领导的革命中逐渐发展起来的，在这样的背景下，如何取得农民的信任，满足农民的愿望，至关重要。中共领导的革命的第一步，往往是和农民经济利益密切相关的减租、平谷（限制谷价）、废除债务、抗捐等，这些使大部分农民受益，农民"一尝其味，决不会轻易忘记"。① 从赣南闽西看，开始多以分谷子相号召，中共各级领导机关都注意到："大多数贫民对粮食要求非常迫切，所以分谷子这个口号能发动了千千万万的广大群众起来"，"田未分时，个个农民都莫名其妙，以为不知那些田是他们的，收获后不好耕耘，有些无田更怕我们说话不实在欺骗人，所以到处都迫切要求分田……契纸烧完了，田分了，谷子收起了，农民家里塞满了谷堆子，都愁没有谷仓存储，这里可以想见一般农民是如何心满意足了"。② "群众说，只要分得十斤粮，死了一千人都值得"。③ 所以《红色中华》发表文章明确要求："在分田之先必须要做散发财物——豪绅地主、反动派的衣物、谷、米、猪肉、用具等杂物分发给群众的工作以启发群众斗争，加深群众对分田的要求与认识。"④ 在满足农民经济利益、取得农民信任后，进一步将革命推向深入就顺理成章："早先分地

① 《罗明致福建临时省委信——关于巡视永定的报告（1928 年 11 月 21 日）》，《闽西革命史文献资料》第 1 辑，中共龙岩地委党史资料征集领导小组编印，1981，第 320 页。分浮财以启发群众参加运动的办法直到 1940 年代末的土改时期仍为中共所使用，茹志鹃记载："浮财多，对工作是有不可否认的帮助，但主要是为了分地。浮财也是为了通过它，而来唤起群众对地的热情……对群众说来是应该通过这来组织，来加强，穷坑要用田来填。"见《茹志鹃日记》，《十月》2000 年第 4 期，第 64 页。
② 《中共闽西特委报告（1929 年 8 月 28 日）》，《福建革命历史文件汇集》甲 8 册，中央档案馆、福建档案馆，1986，第 127 ~ 128 页。
③ 《中共福安中心县委工作报告（1933 年 7 月 10 日）》，《福建革命历史文件汇集》甲 19 册，第 120 页。
④ 翰文：《我对分田的几点意见》，《红色中华》第 15 期，1932 年 3 月 23 日。

给老百姓，嗯一声，谁也不在乎，给多少要多少……谁也不去看看自己分的地是哪一垅，到种地时，谁也找不上自己的地在哪块。后来又分东西，穷人都分到了东西，心想：'这回不干也得罪人了，反正好人也装不成了，干吧！'这才和地主撕破脸干起来了。"①

其三，1920～1930 年代中国苏维埃革命以土地革命为中心，这是广被承认的事实，也是我们一直在正面或侧面应对着的论题。但同时还应看到，苏维埃革命源流具有多样性，苏维埃革命为农民提供的平等、权力、尊严、身份感，也是农民投身革命不可忽视的政治、心理原因。苏维埃革命前后农民的精神状态变化，当时多有反映。天津《益世报》指出："四五年来农民知识渐有进步。例如匪祸前，农民不知国家为何物，更不知世界上尚有其他国家，今则知之；昔之认为须有皇帝以统治天下，至今则认为人民也可以管理国家；昔不知开会为何事，今则不但知之，且可选举委员，当主席。此外农民所知新名词亦不少。"② 这种状况和苏维埃革命为普通农民提供的政治训练、社会角色、活动空间及社会政治地位流动直接相关。资料显示，当时中共在各个群体中受到拥护的程度由高到低排列大致是妇女、少儿、青年、中年、老年，而这恰和苏维埃革命前后权利、地位发生变化的大小是一致的。正如兴国高兴区一位出身中农家庭的女工所说："以前女人是被男人管的，现在我们女人都不受男人的管理。以前女人'话事'（说话——赣南方言，引者注）也不自由，现在我们女人可以在会场上演说。以前女人不能在外面做事，现在我们女人都热烈地参加革命工作……我过去不认识一字，现在受了厂里的文化教育，认识了一百多字。"③ 1940 年代土地改革后的农民也谈道："土地改革分下地，扎下富根，贫雇

---

① 《两个农民积极分子的思想发展·杨春生自述》，《农村调查资料之一·奉天屯的调查》，东北军政大学总校编印，1947，第 20 页。这段调查虽然出自东北土改时期，但农民卷入革命的心态具有普遍意义。
② 张思曾：《一个匪区农况变迁之描述》，1934 年 11 月 24 日《益世报》。
③ 刘长风：《苏维埃女工的话》，《红色中华》第 159 期，1934 年 3 月 8 日。

农为骨干，提高了咱地位，这是两件大事，什么分衣拿被子，那是毫毛浮草事。"① 韩丁记录土改的著作提供了一个有趣的数据，在张庄调查的 26 个党员中，谈到入党动机时，自己承认是"想争取平等权利、言论自由的"有 10 人，占总数的 38%，其他选择包括"因为翻了身而拥护党"的 3 人、"想为人民服务的" 2 人、"想打倒地主的" 1 人、"想当干部的" 4 人、"想掩盖缺点"的 4 人、"想在党的保护下躲避财产没收的" 1 人、"不知道是为什么的" 1 人。② 因争取平等自由入党者远远高于其他选项，这一结果并非偶然，千百年来一直被忽视的普通农民第一次被纳入到社会政治活动中并成为主导者，其产生的影响、震动绝非寻常。事实上，毛泽东在《湖南农民运动考察报告》中已对此给予了充分注意，而 1937 年中共土地政策改变后毛泽东仍强调"苏维埃形式上虽然改变，然在实质上没有多大的改变"，③ 其实也应和农村政治结构变动联系看方能得到合理的解释。只有充分注意到这些因素，我们才能对 1920~1940 年代中国广泛展开的农民革命有更为全面的了解，也才能对苏维埃时代并不完全成功的经济变动下农民的政治热情予以充分的理解。

其四，和整个中国革命一样，中国农村革命和政治、军事力量的影响、推动密不可分，在绝对强势的武装力量面前，西方学者习惯采用并被国内学界推崇的所谓社会史解说，都难免给人隔靴搔痒之感。对相当多农民而言，"他们是希望我们能够替他创造出幸福来，双手送给他，自己参加斗争是太危险了，不划算"。④ 中共武

---

① 《兴县五区石门庄错订成份与改正和退财物的经过》，《土改通讯》第 10 期，1948 年 3 月 25 日。
② 〔美〕韩丁：《翻身》，北京出版社，1980，第 421 页。
③ 《毛泽东年谱 1893~1949》（上），第 652~653 页。
④ 《中共鄂东北特委何玉琳给中央的报告——黄麻地区政治、经济、军事及党的工作情况（1929 年 5 月）》，《鄂豫皖革命根据地》第 3 册，第 35 页。为推动农民革命，中共初期在某些地区的暴动中甚至采取了一些极端手段："如负责人说同志及群众的房屋烧了，没有屋住了，便会出来革命。"见《夏尺冰关于平铜农村党的概况的报告（1928 年 9 月 5 日）》，《湘鄂赣革命根据地文献资料》第 1 辑，人民出版社，1985，第 31 页。

装 1927 年后的转向农村为农民送去了革命。就苏维埃革命的历史进程言，在大多数地区，是红军将革命送到了农村，而不是农民自主发展起革命。在这一背景下，中共领导开展的政治、军事斗争是将革命推向深入的直接动因，而开展这样的斗争条件是否成熟，又成为革命能否顺利发展的关键。闽、赣两省成长为革命中心，根据毛泽东当时的解释，从区域角度看主要有两点：一是白色政权的长期分裂与战争造成红色政权发生和存在的可能，一是民主革命影响准备了红色政权产生的条件。[①] 就毛泽东所说第一个条件看，江西、福建是国民政府中央统治力量及地方政治军事势力都相当薄弱的地区。南京国民政府成立后，江西控制权长期处于客籍军人手中，与中央政府若即若离，和地方也是各怀心思；福建则是民军蜂起，各不相下，省政几成瘫痪状态。由于中央权威软弱，地方力量又极不发展，当中共在赣东北展开革命宣传时，地方政权十分惊恐，甚至不得不采取放任态度："以前他们所张的反共标语，县长下令取消了，他说：'共党是惹不得的，越惹越厉害，到是不管的好'。"[②] 因此，中共在这里的发展具有得天独厚的条件，以致中央巡视员要提醒朱毛等："你们不要每日专希望军阀战争的爆发，以图得自己的存在，而是要变更战略如何能争取和发动广大的群众，在群众的保卫之下，来扩大至巩固四军的力量。"[③] 就第二个条件言，国民革命曾经在江西、福建掀起的巨澜，为中共在两省的组织发展提供了十分有利的基础。因此，当国共合作破裂，中共独立开展苏维埃革命时，其中心地区主要围绕着国民革命基本区展开绝非偶然。统治力量的薄弱、大山屏蔽的自然环境、国民革命运动打下的良好基础、赣南闽西背靠广东这一与南京政府保持半独立状态地

---

① 参见毛泽东《中国的红色政权为什么能够存在？》，《毛泽东选集》第 1 卷，第 49～50 页。
② 《江西工作近况（1928 年 7 月）》，《中央革命根据地史料选编》（上），第 9 页。
③ 《中央巡视员贺昌给龚楚兄转玉阶、润之及四军军委信（1928 年 11 月 6 日）》，《贺昌文集》，中共党史出版社，2006，第 174 页。

区的特殊地理态势，为红军和苏维埃的发展提供了难得的有利条件，也是这里成为苏维埃革命中心区的主要原因。

强调赣南闽西成为苏维埃革命中心的环境、力量因素，绝不意味着否认这里存在内在的革命动力。事实上，在农村贫困的背景下，这一要求在全国普遍存在，关键是，其是否能被调动和发挥。所以，虽然我们在江西、福建看到并不是十分畸形的地权关系，但并不影响这里成为革命的中心；而地主、富农在农村经济危机下遭遇的困境，也不能使他们免于革命的打击。黄仁宇的观察相当程度上窥到了症结所在："如果贫富的差距就是生死之别，即使是贫富差距不那么明显，也会构成最严重的问题。"①

当我们顺着毛泽东的调查走进中央苏区后，为尊重历史的客观性，不妨再听听对手方的看法。陈诚作为当年"剿共"的悍将、日后国民党方面的重臣，他的看法在国民党方面应该分量不轻，其对赣南成为中共根据地的分析更不无见地，某种程度上恰可与毛泽东当年的分析互为印证，他的分析很长，但颇值一读，引录如下：

> 第一因为地理环境关系，赣南位于赣江上游，地势高峻，山岭重迭，交通极为不便，这是打出没无定的游击战最理想的地带。共党最擅长的就是打游击战，所以他们选定了赣南作主要根据地。而且赣南的经济条件也很优越。赣南虽然山多，但因侵蚀年久，山间溪谷，多冲积成局部平原，颇适宜于耕种。前章提到的瑞金，就是"种一年吃三年"的好地方。其他各县虽不都和瑞金一样，可是出产的种类数量，都很丰富，维持一个经济生活自给自足的局面，是可能的，所以他们就看中了赣南。
>
> 第二因为政治环境关系。江西政治环境最利于共党发展，其故有二：一、江西东面的福建，十九路军驻入以前，政府于此素乏经营，十九路军驻入以后，即逐渐反动，为政府之患。

---

① 黄仁宇：《黄河青山》，张逸安译，三联书店，2001，第291页。

江西南面的广东，形同割据，反抗中央，固已匪伊朝夕。江西西面的湖南，与政府同床异梦，于共党亦无所害。故共党据赣南，所虑者惟北面耳。二、民国以来，江西遭受军阀的摧残，为各省之冠。北伐成功后，人民对于改善政治环境的要求很高，希望非常之大。不想当时国家统一徒俱虚名，军阀割据，内乱迭起，政府对于改善地方政治，有心无力，赣南山乡辽远，遂致更成化外。人民的希望破灭了，在艰苦中挣扎生活，似乎毫无出头之日。这种环境，是共党最易欺骗民众的。所谓贫穷是繁殖红色细菌的温床，就是这个意思。这是共党看中了赣南的另一原因。

第三因为人口稀少。赣南自昔以来就多匪患，人民不能安居乐业，所以地虽富饶，但户口并不繁密。洪杨之乱时，居民死难逃亡者极众，人口愈益减少。事定后，经过十年来的省外移民，人口稍稍繁殖，但是比较起来说，仍是人口稀少的地区。共党拥有庞大的军队，最为困难的问题就是补给。既要建立一个根据地，就不能流窜就食，而须取给于当地。当地如为贫瘠之区，自属无法供应，如为富饶之境，则不但人口密集，且必为重兵驻屯之所，如何容得共军窜扰盘据？刚好这时有一个富而不庶的赣南，为政府注意力之所不及。共党如选中了这个地方作根据地，大可不费吹灰之力而得之。天下有这样的便宜事，他们当然不会放弃它了。

第四因为是军事上的形胜之地。江西为长江流域军事上的枢纽省区。对苏皖而言，位居上游，自为兵家所必争。就两湖而言，位当中流，上下左右，亦有举足轻重之势。故江南用兵，未有不争江西者……共党有鉴于此，故选定赣南作根据地，以为进可以攻，退可以守。倘能攻取南浔，则问鼎中原，即不难左右逢其源。①

---

① 《陈诚先生回忆录——国共战争》，台北，"国史馆"，2005，第16～17页。

当然，陈诚也谈道，中共最初落脚于井冈山乃至赣南，更多的还是因缘际会："可能是走投无路的一时权宜之计。所谓建立根据地的远大计划，此时也许根本谈不到。既而乘着附近各县空虚，攻掠颇为得手，才发现赣南的种种优越条件，都是难得之至的。恰好进剿各军又再三失利，这才引起他们建立基本根据地的企图。如此说而是，则赣南之成为共区，开头也未尝没有偶然的成份。及至坐大以后，才又加进去选定的成份。"如果抛却他这些话里的刻意贬低因素，应该说并非全无根据。历史如世事人生，任何人都不可能事先设计好一切，成功者的秘诀不在于全知全能，更多的还在于其发现、领悟、把握并适时创造机会的能力。

另外，陈诚文中提到赣南"富而不庶"，同时又说"贫穷是繁殖红色细菌的温床"，就文本而言，前后似不无冲突。或许，我们可以指责陈诚顾虑不尽周全，但他相互扞格的表述，却无意中道出了历史本身及历史认知的复杂。其实，陈诚的两个表述都有其充足的根据，前者针对的是赣南细而且微的具体状况，后者则是对包括赣南地区当年整个中国的概括，如果参考本书前已讨论过的论题，对陈诚的这些看法或可有更深一层的了解。不过，应该指出的是，即使是在赣南，不同地区、不同时段情况也不尽相同，而当年的中国，如放到世界范围内衡量，又可能会得到更具宏大眼光的见解。世事无尽，人力有穷，勿论在故事中的陈诚，即连数十年后的我辈，又能在多大程度上跳脱出既有思维的窠臼?!

4. 国共较量中的地缘政治

无论是毛泽东所言"革命力量可以利用反动派之间的空隙而长期存在和发展"，还是陈诚说的"赣南山乡辽远，遂致更成化外"，都注意到了革命发展中的地域因素。确实，一个正在成长当中、尚处弱势的政治力量，努力寻找适合自己的生存空间，在夹缝中求取生存、发展，有其不得不然之理，中央苏区的生存发展之路，离不开这一政治通律。

可以看到，在中央苏区生成的过程中，恰逢国民党内部先后展开蒋桂、蒋冯及中原大战，南京中央对远在赣闽边界的中共武装几无余力顾及，只能依靠地方部队尽力遏制红军的迅速发展，这是中央苏区初期得以迅速成长的最重要外部条件。中原大战结束后，南京中央开始部署对中央苏区的全面"进剿"。红军在毛泽东、朱德、周恩来领导下，先后击败国民党的数次"围剿"，显示了红军灵活机动战术的威力，而在这期间，同样不可忽视的是，国内外形势的变化及赣南、闽西独特的地缘政治也对"围剿"和反"围剿"进程发挥着重要影响，第三次"围剿"和反"围剿"就是这样的一个典型案例。

1930 年底到 1931 年 5 月，国民党军先后发动对中央苏区的两次"围剿"，均遭失败。连续两次败绩，使蒋介石不得不认真面对眼前的对手。1931 年 6 月 22 日，蒋介石亲到南昌，自任"围剿"军总司令，陈诚、蒋鼎文、卫立煌等信重将领也首次出现于"剿"共战场。此时，苏区核心地域位于赣西南的东固地区，这也是前两次"围剿"国民党军的伤心地，而红军主力则在赣闽交界地区，"围剿"进攻方向在此两点中如何抉择，颇费思量。6 月下旬，蒋介石决定不以苏区核心地域为主攻方向，将主攻击点确定为其所判断的红军主力所在方向，即赣东左翼一线。6 月底，蒋介石任命何应钦为前敌总司令官兼左翼集团军总司令，辖第三军团、第四军团、第一路进击军、第二路进击军共 7 个师及闽西北各部从南丰进攻；陈铭枢为右翼集团军总司令，辖第一军团、第二军团、第三路进击军共 7 个师从吉安进攻；第十师及攻城旅为总预备军。当时报章报道："赣省现有军队，合计不下二十万人。"[1] 7 月初，何应钦和陈铭枢部分别从南丰、吉安出发，采用"长驱直入"、"分路围剿"的战法，形成钳形攻势，企图先击破红军主力，然后再深入

---

① 《剿赤军各路布置完妥》，1931 年 6 月 28 日《申报》。

"清剿"，捣毁苏区。

与国民党方面积极准备相比，红军方面当时多少显得有些放松。第二次反"围剿"结束后，红一方面军总前委判断："两广反蒋军队正想急进湖南。蒋有先对付两广的必要，对我们有改守势的可能。"① 6 月 22 日，在国民党第三次"围剿"已箭在弦上时，总前委一方面判断"目前蒋介石准备三次进攻革命，已是事实"，另一方面又认为：

> 如果广东军去打长沙，而红军又不打抚州，则蒋自然也会先打广东的。因此目前我们不再向抚州逼。如敌退出南丰，也只用少数部队进南丰，而不以大部队逼抚州。我们的队伍只在蒋介石的偏僻地方，而不去广东政府的地方。这样就使蒋不得不对红军转处守势，去对付广东政府。②

显然，红军对国民党军会如此之快发动第三次"围剿"缺乏充分估计，之所以如此，一是认为第二次"围剿"失败后，国民党方面短期内很难再次组织起大规模的"围剿"；二是注意到宁粤间爆发冲突的可能，判断此一形势势必影响到蒋介石对苏区的进攻。

1931 年 2 月，因在约法等问题上的冲突，蒋介石拘禁胡汉民，由此引起两广方面反蒋行动不断发酵，5 月初，两广方面连续发出反蒋通电，迫蒋引咎下野。5 月 28 日，粤方以非常会议名义成立国民政府，国民党内政争有向武力冲突演化的趋势。宁粤冲突发生后，由于有此前国民党内争予红军发展良机的先例，相当程度上使

---

① 《总前委第六次会议纪要（1931 年 6 月 2 日）》，《兴国文史资料选辑》第 3 辑，《中央革命根据地第三次反"围剿"专辑》，兴国县政协文史资料研究委员会编印，1990，第 151 页。
② 《总前委第九次会议纪要（1931 年 6 月 22 日）》，《兴国文史资料选辑》第 3 辑，《中央革命根据地第三次反"围剿"专辑》，第 158~159 页。

中共放松了对蒋介石的警惕。但是，令中共始料未及的是，惯于在国内政争中纵横捭阖的蒋介石，却有其自己的出牌方式，即在政治上全力应付两广攻势同时，军事上不是停止而是加紧准备对江西苏区的围攻。蒋介石此举，初初看来，似涉行险，但细细分析，却有一石数鸟之效：大批部队南调与广东接壤的江西，既可参与对中共的"围剿"，又可防范两广部队北进，还可保持对广东的威胁，中共方面注意到，蒋介石计划在消灭红军后，"乘胜南进，攻打广东，达到一箭双雕的目的。我们缴获敌军绝密命令和很多赣南、广东东北部军事地图，证明进剿军确曾有此意图"。① 陈铭枢也回忆，他从两广出走经日本再到南京后，蒋介石告诉他："共匪不是短期所能消灭的，到进剿到一定阶段时，就要你担负起打回广东的任务。"②

更重要的，此时展开"剿共"军事对蒋摆脱政治上的不利形势大有裨益。拘禁胡汉民后，蒋介石因逾越常轨，遭到各方怀疑、指责，政治上十分被动，急需制造事端，转移视线，如粤方发动后他在日记中所写："此次粤变之来，其祸因当不能避免，但胡事发生后，如果即亲往江西剿共，使陈济棠、古应芬无所借口，则其变或可暂缓。"③ 循着这一思路，迅速发动新一轮"围剿"在其可谓亡羊补牢之举。的确，当时国民党内能够使各方无法反对的即为"剿共"，因此，当蒋出现在"剿共"战场时，粤方很难在其与中共作战时贸然北进，这等于蒋已经在政治上给自己上了一道保险。所以此时发动"围剿"战争，成为蒋介石应付各方攻击的挡箭牌，在蒋居然有不得不然之理。

对于在夹缝中生存的中共武装而言，国民党内部争斗的走向和自身的发展息息相关，他们对此自然会保持高度关注。毛泽东曾明确指出，反"围剿"准备的时机，"要从敌我双方情况和二者间的

---

① 郭化若：《粉碎蒋介石亲自指挥的第三次"围剿"》，《兴国文史资料选辑》第 3 辑，《中央革命根据地第三次反"围剿"专辑》，第 12 页。

② 《陈铭枢回忆录》，中国文史出版社，1997，第 70 页。

③ 《蒋介石日记》，1931 年 6 月 10 日，斯坦福大学胡佛研究中心藏。下同。

关系着眼。为着了解敌人的情况，须从敌人方面的政治、军事、财政和社会舆论等方面搜集材料。分析这些材料的时候，要足够地估计敌人的整个力量，不可夸大敌人过去失败的程度，但也决不可不估计到敌人内部的矛盾，财政的困难，过去失败的影响等等"。① 6月底，毛泽东在解释为什么要将主力移向闽西开展群众工作时指出了中共、南京、广东三方的特殊关系：

> 依大局来看，过去所拟三军团去宜黄、崇仁，四军去寻乌、安远的计划，不但客观上帮助了蒋介石打击两广，为蒋介石所大愿，并且要很快引起两广的对共行动，乃由我们一身遮断两广反蒋视线，使之集注于我们自己，必然要促进蒋粤妥协对共的进程，我们不应如此蠢。②

这是说的不去触动两广这一方面，同时，毛泽东还指出："去南丰以北，目前事实上既不许，整个策略上也不宜。因一则无巩固政权可能，二则威胁长江太甚。西南北三面都不可，便只有东方是好区域。"③ 避免威胁长江太甚，当然指的是尽可能不去触动蒋介石，这和前述总前委的分析是一致的。中共不想触动两广，甚至希望避免与南京正面相向，这种很容易被指责为机会主义的策略，实乃洞悉局势的高明之举。

只是，在当时的国共对垒中，中共毕竟是处于弱势和被动的一方，出牌的主动权握在蒋介石手里，而在蒋看来，中共乃是国内政争诸多棋子中比较重要的一枚，他如何出牌、出什么牌，并不会以

---

① 《中国革命战争的战略问题》，《毛泽东选集》第 1 卷，第 201 页。
② 《毛泽东致以栗、震林等同志信（1931 年 6 月 28 日）》，《中央苏区第三次反"围剿"》（《江西党史资料》第 19 辑），中共江西省委党史资料征集委员会、中共江西省委党史研究室编印，1991，第 41 页。
③ 《毛泽东致以栗、震林等同志信（1931 年 6 月 28 日）》，《中央苏区第三次反"围剿"》，第 41～42 页。

中共的动向为转移。出于其追求最大利益的算计，蒋介石在前一次"围剿"失败后一个月迅速开始了第三次"围剿"，这一对蒋而言主要是基于政治算计的决策，意外地却误打误撞，出乎中共意料之外，使政治经验毕竟还欠丰富的中共显得有点措手不及，在军事上一度造成国民党方面有利的局面，后来毛泽东客观反省道："第三次战役，因为不料敌人经过第二次战役那么惨败之后，新的进攻来得那么快……红军仓卒地绕道集中，就弄得十分疲劳。"① 这应该是坦率而负责的总结。

由于中共没有估计到蒋介石会如此迅速发动新一轮"围剿"，事先准备不够充分，形成反"围剿"初期红军仓促应战的局面。红军主力当时集中在赣东和闽西北，红三军团在黎川、红四军在南丰、红三军在宜黄及南丰以西地区，红十二军在建泰地区，开辟新区、进行筹款，兵员补充和战争动员等主要任务均未有效展开。当国民党军发动进攻后，整个根据地实际处于开放状态，而国民党军在左翼南城、南丰一带厚集兵力，又使红军难以由现地直趋赣西南老根据地，不得不绕道闽西南地区。

对红军主力此时滞留闽西北，国民党方面相当清楚，6月20日蒋已明确红军主力"向赣东闽北转移"。② 7月2日，陈诚报告蒋介石黎川一带红军主力"有窜建宁、宁化之虞"。③ 正因如此，蒋介石在左翼厚集兵力，陈诚的第十八军及第六师等精锐部队放在这一方向，蒋本人也在此路亲自督阵。10日，红军主力从福建建宁出发，绕道闽西地区千里回师赣西南老根据地。对红军的动向，国民党方面有相当掌握。7月11日，蒋介石日记载："探知赤匪仍

① 《中国革命战争的战略问题》，《毛泽东选集》第1卷，第213页。

② 《蒋介石致何应钦、熊式辉电（1931年6月20日）》，秦孝仪主编《中华民国重要史料初编——对日抗战时期》绪编（二），台北国民党中央党史委员会，1984，第373页。

③ 《陈诚电蒋中正何应钦黎川匪以朱德彭德怀为主有窜建宁宁化之虞该路军拟向黎川搜匪主力攻击并规定各部行动等（1931年7月2日）》，台北"国史馆"藏档蒋中正文物档案002090300027088。以下所引该档案出处略。

欲以全力攻我右翼，击破一点，以摇动全局也。"① 此所谓右翼，指的是相对南丰、南城、广昌左翼一线的吉安、富田、东固一线，这确实是中共主力准备集结的方向，证明国民党方面的情报不是空穴来风。对于正在于都一带隐蔽待机的红军主力，国民党方面这时也有觉察，当时蒋的日记记下了其对红军动向的准确了解，7 月 28 日日记明确写道："知第六师已克黄陂、小布矣。第十九路昨日亦克东固，则其所谓老巢者，皆已为我占领，惟其主力尚未击破，仍麋集于平安寨、马鞍石一带，乃必设法击破之。"②

如国民党方面所发现的，7 月中下旬，红军主力向西北方向开动。7 月 22 日到达于都北部银坑、桥头地区，7 月 28 日，进至兴国高兴圩地区，在长途跋涉之后，进行短暂的休整。7 月 31 日，朱德、毛泽东判断富田方面国民党军力量薄弱，指挥红军主力由兴国高兴圩地区向富田开进，"以绕入敌背捣其后路，使敌动摇震恐，然后消灭其大部队之企图，决定先夺取富田、新安"，③ 试图在此打开缺口，重演第二次反"围剿"由西向东横扫的一幕。

但是，红军此次千里回师，目标太大，很难不被察觉，加之国民党方面拥有空中力量，更增添红军大部队隐蔽行动的困难。④ 长时间的长途行军，对红军保持战斗力也是一个巨大考验。而红军的进军方向，虽然有其不得不然之理，却也在蒋介石意料之中，使其可以从容应对。因此，当红军发出进攻命令后，形势其实不容乐观。右翼赣西南地区，虽然不是初期国民党方面的主攻方向，却是其钳形攻势的落剪之处。30 日，陈诚的第十八军主力由宁都开至龙岗一

① 《蒋介石日记》，1931 年 7 月 11 日。
② 《蒋介石日记》，1931 年 7 月 28 日。
③ 《夺取富田新安的命令（1931 年 7 月 31 日）》，《兴国文史资料选辑》第 3 辑《中央革命根据地第三次反"围剿"专辑》，第 220 页。
④ 第三次反"围剿"结束后，苏区中央局谈到国民党空中力量的影响："敌飞机轰炸威力颇大，一年来我军被其损伤者近千人。侦察亦有相当作用。"见《苏区中央局十月三日自瑞金来的长电》，《兴国文史资料选辑》第 3 辑《中央革命根据地第三次反"围剿"专辑》，第 49 页。

带，正"待命龙岗"，① 随时可以向富田进发，十九路军更是在此蓄
势已久。红军出动当天，国民党方面又侦得动静，作出一系列严密
部署，十九路军和十八军这两支"进剿"军中最精锐部队分扼南北，
东边有第三路进击军及正赶往兴国的第六、第九师，西边是赣江天
险，红军大有堕入对方包围圈的嫌疑，正因如此，蒋介石在日记中
信心满满地表示："据飞机报告，今晨有匪之主力二万人由兴国经沙
村、洞口向新安、富田方向前进，来抄袭我十九军之侧背，幸发觉
尚早，布置犹能及也。乃重下第九次命令，严令六、九两师星夜进
攻兴国，俾得夹攻，如能如计，则赣南赤匪或能于此一网打尽也。"②

　　面对危机，朱德、毛泽东保持了清醒的头脑，当察觉富田一带
国民党军已有严密防范时，红军立即改变计划，折回高兴圩地区。
毛泽东后来回忆："我不得不改变计划，回到兴国西部之高兴圩，
此时仅剩此一个圩场及其附近地区几十个方里容许我军集中。集中
一天后，乃决计向东面兴国县东部之莲塘、永丰县南部之良村、宁
都县北部之黄陂方向突进。"③ 苏区中央局在稍后的电报中对此描
绘简单明了："两月奔驰，全无休息，疲困已极，疾病甚多。既入
兴国，仓卒应战，初向富田，折回兴国，由西向东，深入黄陂，又
疾驰五百里。"④ 8 月 5 日，红军在对方重重大军中，采取中间突破
方法，向其相对较弱尚未合围的东部突进，在国民党军相隔仅二十
公里的空隙地带衔枚疾走、乘夜穿过，安全进到莲塘地区。红军向
东突破后，战场形势为之一变。7 日，红军在莲塘主动出击国民党
军上官云相四十七师，迅速歼其两个团，接着又乘胜在良村追歼退
却的郝梦龄第五十四师两个团。莲塘、良村之战后，红军兼程东

---

① 《何应钦电蒋中正据陈诚电军情近况现待命龙冈急候钧令指示进止（1931 年 7
　月 30 日）》，"蒋中正文物档案" 002090300027184。
② 《蒋介石日记》，1931 年 7 月 31 日。
③ 《中国革命战争的战略问题》，《毛泽东选集》第 1 卷，第 219 页。
④ 《苏区中央局十月三日自瑞金来的长电》，《兴国文史资料选辑》第 3 辑《中央
　革命根据地第三次反"围剿"专辑》，第 47 页。

进，8 月 11 日，一举突入黄陂，歼毛炳文部两个团。

在不利处境中，红军不但顺利摆脱，而且居然可以反戈一击，这在蒋介石心间蒙上浓厚的阴影，使其清楚认识到"剿共"必须要付出的重大代价。8 月 10 日，他在日记中计划今后作战应"注重据点，不多追剿，俾得节省兵力，免得疲于奔命也"。① 黄陂战斗后次日，蒋再次在日记中表示："剿匪之难，甚于大战，彼利用地形熟识，与民众协从，故避实击虚随其所欲，而我官兵则来往追逐疲于奔命。"因此，他调整今后的计划为："如欲剿灭赤匪，决非一朝一夕之故，必集中兵力，构筑据点，开阔道路，发展交通，使匪无所藏窝，而官兵行动自如，乃可制其死命也。"② 显然，其进剿信心已严重动摇，不再期望迅速"剿灭"红军。

蒋介石之所以如此快而剧烈地修改其"进剿"思路，军事上的挫败及"剿共"遇到的困难自是直接诱因，在第一线实地接触中共后，其对红军原来多少存有的轻视心理终于一扫而空，意识到解决红军绝非一朝一夕所可致。更重要的，正如他发动"围剿"与政治需要密不可分一样，其思路改变和国内政治形势也息息相关。无论表面唱出多少高调，蒋内心其实很明白，此时对其最高统治地位形成直接威胁的并不是中共，而是国民党内部有可能取而代之的实力派。就蒋而言，如果能在"剿共"战争中轻松取胜，形成在国内政争中的重大加分因素，自然求之不得，但如付出实力代价又并无多大进展可能，则一定要细加掂量。所以，虽然蒋在接到两广方面诋其"剿共"不力讯息时大声喊冤："闻粤伪府已下讨伐令谓余联共，谓余剿匪不力，呜呼，天下尚有此忍心之叛徒，以诬陷人过至此者乎！"③ 但两广方面的这种说法其实也未必纯为诛心之论，同样的怀疑处处可见，即连他的亲信部下陈诚对其态度似也

① 《蒋介石日记》，1931 年 8 月 10 日。
② 《蒋介石日记》，1931 年 8 月 12 日。
③ 《蒋介石日记》，1931 年 8 月 8 日。

并无把握，"围剿"期间曾在家书中说到，对中共"如能继续追剿，不出一月当可根本肃清。惟不知中央能具此决心否？"①

8月上中旬，蒋介石对红军基本是围而不攻，其中原因，固有对红军战斗力惧怕的因素，更有怕与红军作战实力受损影响其应对广东进攻的担心，同时国内政局不明，蒋自身进退出处难定，红军的存在对其也实在难言祸福。此时，宁粤冲突日渐激化，粤方扬言北进，北方石友三及阎锡山、冯玉祥动作频频，都令蒋介石颇为头疼。8月16日他在日记中写道："阎回晋后北方尚在酝酿中，江西赤匪未平，豫南吉部谋叛，两广逆军思逞，湖南态度不明，此五者应研究而熟虑之。"② 20日日记记有："近日最急者为吉鸿昌部处置问题，其次为商震、杨爱源、孙楚之位置。"③ 又到了蒋通盘考虑抉择的时候了。红军方面，虽然莲塘、黄陂两役红军取得歼灭战的胜利，但总体上的被动态势尚未彻底改变，当国民党军以绝对优势兵力转向东面的黄陂，密集接近包围红军，红军处境仍然十分艰难。苏区中央局指出，7月底以来，红军"在约三个星期中，出入敌军重围之中，争取良村、黄陂两役胜利，至八月十六日二次被敌包围，是为一年来三次战争中最艰苦的时刻"。④

8月底，形势再变，因蒋介石恋栈不肯下野，粤方动员日急。9月1日，粤桂联军下入湘动员令，并联合反蒋的唐生智军队，开始进兵湖南。9月4日，南昌行营决定大规模收缩兵力，"所有剿匪各军，除以一部就地监视匪军外，其余分别转进，主力向吉水、吉安、泰和、赣州集结，准备讨逆"。⑤ 国民党军开始全面的战略收缩。

---

① 《现社会之不满军人实无怪其然即我自己亦时有此种感想（1931年9月12日）》，《陈诚先生书信集·家书》（上），第67页。
② 《蒋介石日记》，1931年8月16日。
③ 《蒋介石日记》，1931年8月20日。
④ 《苏区中央局十月三日自瑞金来的长电》，《兴国文史资料选辑》第3辑《中央革命根据地第三次反"围剿"专辑》，第47页。
⑤ 《何应钦将军九五纪事长编》（上），台北，黎明文化事业股份有限公司，1984，第262页。

当蒋介石选择在"剿共"战场全面退却时，对粤方的布置却在加紧展开。9月12日，蒋介石通过同桂系李、白关系密切的吴忠信联络汪、桂，嘱其告粤桂方面自己愿意下野："介石望和之意甚切，惟望不用武力强迫方式，更易进行"。① 粤方收到蒋介石的示意后，随即将部队后撤。9月17日，陈诚写道："昨接各方情报，粤逆已撤兵……闻总司令明日可抵赣，此后或先行讨逆，或继续剿匪，均待总司令到达后方能决定。"② 陈诚的疑问，在次日蒋介石的日记中有明确的答案："对匪决取包围策略，以重兵掩护修路，以大款赶修道路，待路成，再剿赤匪"，暂停"剿共"军事已成定局；"对粤决令十九路先占潮汕，十八军集中赣南，余再宣言以第一、二、三届委员共为四届委员，余在四全会中引咎辞职，而属陈蒋蔡等应之，如粤不从，则以武力牵制之"。③ 这是蒋日记中罕见的自曝阴谋的一段，别具意味，透露出其对粤方承诺的所谓下野纯属缓兵之计，真实意图是准备以陈铭枢十九路军和陈诚十八军南下钳制广东，再演一出假意下野、武力拥戴、迫粤就范的好戏。显然，蒋介石对付党内纷争比对付中共更有办法，而他9月18日的重返江西目标已不在中共而在粤方。

在蒋介石预定的这场戏中，衔命准备南下的陈铭枢是唱红脸拥蒋的绝对主角，不过，蒋介石不会想到，此前不久，陈铭枢正跟邓演达联系，"决定利用蒋要我出兵图粤的机会，另开局面……占领东港和闽南一带，然后推蔡元培领衔，我与择生共同署名，发表对时局宣言，呼吁和平，以停止内战，一致对外相号召；对宁粤双方则采武装调停办法，建立第三势力，以图控制整个局势"。④ 虽然

---

① 《蒋介石日记》，1931年9月12日。
② 《粤逆已撤兵一时或不致动干戈（1931年9月17日）》，《陈诚先生书信集·家书》（上），第69页。
③ 《蒋介石日记》，1931年9月18日。
④ 陈铭枢：《"宁粤合作"亲历记》，《文史资料选辑》第9辑，1981年重印，第55页。关于蒋介石与陈铭枢关系，金以林《国民党高层的派系政治》（社会科学文献出版社，2009）论之甚详，可参阅。

邓演达被捕后，此事未再进行，但此时提出十九路军南下潮汕，不排除是陈铭枢为实现自己计划耸动蒋介石作出的决策。如果不是九一八事变终止了这一切，这场戏真不知该如何收场。

第三次"围剿"和反"围剿"是在国民党内部再一次发生严重分裂的背景下进行的，虽然相对中原大战前，这次分裂没有演变为宁粤双方的军事冲突，但武力相向的可能始终存在。冲突刺激了第三次"围剿"的迅速展开，并意外造成国民党军有利的形势，但也严重影响着蒋介石的"进剿"决心，使其在遭遇挫折后立即选择保存实力。其中的曲折变化，非常鲜明地印证了毛泽东当年所论述的红军存在发展很大程度上依靠国民党内部的冲突："因为有了白色政权间的长期的分裂和战争，便给了一种条件，使一小块或若干小块的共产党领导的红色区域，能够在四围白色政权包围的中间发生和坚持下来"。① 第三次"围剿"和反"围剿"的进程与国民党内部的震荡离合密不可分，这事实上也是观察国共"围剿"与反"围剿"战争始终不能忽视的基点。

由于指挥者对自身优势的善加运用及战争决策中的天才表现，中共方面第三次反"围剿"涉险过关，结局堪称圆满，但也存在不能不正视的问题。反"围剿"期间，红军损伤"约六千人"，② 这对于总数仅为三万人的红军来说显得大了一些，如果没有宁粤冲突的因素，红军独力打破"围剿"的难度应可想见。从第三次反"围剿"的经过可以看出，其成败常在一线之间，内线的根据地内的作战虽然有地利人和的优势，但在国民党军日益增强的军事力量压迫下，充分发挥的可能性已经受到相当制约，单纯依靠大胆、灵活的指挥其实也隐含着失手的巨大风险。所以，毛泽东后来说："在三次战争以后，我们的军事战略，大规模上决不应再采取防御

---

① 毛泽东：《中国的红色政权为什么能够存在？》，《毛泽东选集》第 1 卷，第 49 页。
② 《苏区中央局十月三日自瑞金来的长电》，《兴国文史资料选辑》第 3 辑《中央革命根据地第三次反"围剿"专辑》，第 48 页。

式的内线作战战略，相反要采取进攻的外线作战战略。""在现时
的敌我形势下，在我军的给养条件下，均必须跳出敌人的圆围之
外，采取进攻的外线作战，才能达到目的。"① 这既是针对第三次
反"围剿"后国民党内部整合加强，红军作战环境更为艰难而言，
同时也应是大战之后的有感而发、经验之谈，论史者切切不可等闲
视之。

　　苏区地域有限，资源不足，面对国民党军的压迫，可主动选择
余地不大。国民党方面如利用其整体优势，对苏区采取封锁政策有
一矢中的之效。第三次反"围剿"结束后不久，国民党方面从中
共被俘人员口供中获悉："匪区内除瑞金一县有少数货物买卖外，
在他各县荒凉万分，若我中央能以此时一面给予政治上之宣传打击
一面施坚壁清野封锁外物运入，则不出一年，不打自灭。"② 这确
非危言耸听。准备第三次"围剿"时，蒋介石已经针对红军这一
弱点，指示派出的宣传人员："调查敌人所需要的东西，如同盐的
来源等。现在匪区都给我们包围了，如果过一两个月不许使他们和
外面交通，那他就没有盐吃了。"③ 随着战争的进行，蒋这一想法
不断强化，围困红军的设想在其日记中时常出现，虽然其中不无拖
延"剿共"的政治用心，但并不妨碍其在蒋思想中留下印迹。国
民党、蒋介石所作的如上诸种转变和思考，为其第五次"围剿"
期间实行对苏区的持久消耗战略埋下了伏笔。

---

① 《毛泽东年谱 1893～1949》（上），第 374 页。
② 李一之：《剿共随军日记》，第二军政治训练处，1932，第 131 页。
③ 蒋介石：《剿匪铲共宣传的种类及方法》，《蒋中正总统档案·事略稿本》第 10
　册，台北，"国史馆"，2004，第 107 页。

二 燃烧的革命

1. 中央苏区的党

中央苏区的发展和军事推动直接相关，武力是中央苏区创建、发展的第一推动器，这不是什么革命史话语的表述，而是当年历史的现实。因此，无论是中共的组织建设还是苏维埃政权的创立，都与军事的占领密不可分，正如红军大举进入赣西南地区后中共报告所谈到的："党的组织的发展，是红军打来之后才发展的，毛泽东起草计划，要三天发展十万党员。"① 虽然三天发展十万党员的说法有些夸张，却是政治力量通过军事占领大力推动的真实写照。

中共是强调组织严密的革命党，党的组织在革命中发挥着核心作用，因此，建构强大的党组织是中共强化自身的必要举措。政党的组织力量虽然不能单纯用数量衡量，但一定程度的人员覆盖仍然是必要条件之一，就此而言，中共在控制区域内的数量发展远非国民党所可比拟。作为全国的执政党，国民党在南京国民政府成立后并没有迅速发展，相反在两广地区由于清党的影响还出现萎缩。就

① 《赣西南会议记录（1930 年 10 月 13 日）》，《中央革命根据地史料选编》（中），第 628 页。

江西而言，1928、1932、1934 年国民党员人数分别为 10869 人、16513 人、15410 人，增长速度相当缓慢。1935 年与人口比仅为 1∶722。① 赣南的会昌县当时拥有 20 多万人口，1929、1930、1931 年国民党员人数却分别只有 216 人、189 人、140 人，1932 年后因会昌苏维埃化，国民党员人数更是急剧减少。② 1933 年底，江西邻近省会南昌的丰城、清江两个大县分别只有国民党员 250 人、210 人，党务工作"无进展，甚至已陷停顿状态"。③ 根据同年省会南昌的调查，国民党员也由 1920 年代末的两千多人减少到六百来人，且"没有方法能把这几百个党员团结组织起来"。④ 不仅如此，党员的来源和结构也不合理，代表性大有问题。江西 1934 年的国民党党员分类统计中，农业口（含林渔牧）党员共计 900 人，其中业主 668 人；工业口党员共计 56 人，其中厂主 27 人，职员 29 人。⑤ 有产阶层在国民党员中占据绝对优势，占人口绝大多数的普通农民和工人比例甚低。

国民党当时是奉行"以党训政"的非竞争性政党，即便如其所说，以党训政不是党员训政，而是以党义训政，党员仍然应该是其发挥统治力的一个不可或缺的环节。在党员的数量和代表性都无法在社会上形成有效影响时，国民党组织功能的发挥自是困难重重。所以蒋介石在江西曾批评道："现在许多党部和党员……领了经费，还不能努力剿匪工作，以增加我们剿匪的效能。那么只成就了一个纯粹的党的衙门，完全是一个假门面，失却了我们党员和党

---

① 转见王奇生《清党以后国民党的组织蜕变》，《近代史研究》2003 年第 5 期。

② 《民国时期会昌的国民党等党团组织概况》，《会昌文史资料》第 3 辑，政协会昌文史资料编辑委员会编印，1989，第 53 页。

③ 《视察丰城清江新淦三县报告书》，《军政旬刊》第 5 期，1933 年 11 月 30 日。

④ 《中国国民党南昌市党部改组三月来的工作》，南昌《市政半月刊》第 1 卷第 5、6 期合刊，1934 年 10 月 1 日。

⑤ 《中国国民党江西省党务统计报告》，中国国民党江西省执行委员会编印，1934，第 21 页。关于南京国民政府建立后国民党组织具体状况，可参阅王奇生《党员、党权与党争》（上海书店出版社，2003）有关论述。

的资格。"① 这道出了南京政府统治下国民党党组织的实况。

和国民党相比，中共对党的建设可谓全力以赴。其经典的表述是："巩固党本身的组织，坚强党的无产阶级基础，最高限度的提高各级党部——从支部起——的积极性，严紧党的纪律，增加党的领导作用，成为最先决最重要的问题。"② 对组织的高度重视使中共党员无论是数量和质量都比国民党明显高出一筹。即便是在中共尚未控制大片根据地的1928年，江西全省已经拥有中共党员4000余人，包括14个县委、1个市委、46个区委、118个支部。③ 中央苏区逐渐发展起来后，中共组织在江西急剧发展。1932年3月，苏区归属江西省辖的16个县全部建立了县委，成立124个区委、998个支部，党员发展到2.3万余人。会昌作为新占领地区，中共党员人数也达到660人，数倍于此前国民党员的数量。组织发展较为健全的公略县党员与人口比已经超过1∶30。④ 1932年7月，仅对公略、兴国、胜利、于都、宁都、乐安、永丰7县的统计，党员总数就达到13124人，其中兴国一县达4063人。⑤ 这已经接近国民党在江西全省的党员数。此后，中央苏区又开展大规模发展党员的冲锋运动，1933年6月，全省党员67904人，9月，党员达到97451人。⑥ 这实际还只是中央苏区划定的江西省范围，不包括闽浙赣、湘鄂赣、湘赣苏区。

福建中共党组织集中在闽西。1930年3月的统计显示，福建

---

① 蒋介石：《剿匪区县长及党政人员的职责与行政的方法》，《先总统蒋公思想言论总集》第11卷，第246页。

② 《党的建设问题决议案（1931年11月）》，《中央革命根据地史料选编》（上），第635～636页。

③ 《江西工作近况（1928年7月3日）》，《江西革命历史文件汇集（1927～1928年）》，第261页。

④ 《江西苏区中共省委工作总结报告》，《中央革命根据地史料选编》（上），第490页。

⑤ 《中央苏区组织统计表（1932年7月）》，《中央革命根据地史料选编》（上），第661页。

⑥ 《党的组织状况》，《中央革命根据地史料选编》（上），第674页。

省有党员 1318 人，其中永定、龙岩各有 300 人，上杭 100 人，长汀、武平分别为 15 人、35 人，这几县的党员人数占到全省中共党员数的一半以上。① 随着闽西苏区的开辟、发展，闽西中共党组织迅速壮大，1932 年 3 月党员人数达到 6800 人左右，1933 年 6 月达 20000 人。闽西、赣南加上军队中几近半数的党员，整个中央苏区党员最多时应不低于 15 万人。② 以 300 万总人口计，党员在人群中的比例占到 5%。

　　一定数量的党员是组织发挥作用的必要前提，党员质量则是决定组织坚强与否的要素。中共党的组织原则直接承袭自苏俄，纪律严明、令行禁止，强调牺牲和奉献精神。这一原则在中央苏区的中共建设中，基本得到贯彻。中共对发展党员态度认真，红四军第九次代表大会决议中提出的入党条件是："1. 政治观念没有错误的（包括阶级觉悟）。2. 忠实。3. 有牺牲精神，能积极工作。4. 没有发洋财的观念。5. 不吃鸦片，不赌博。"③ 1929 年 7 月，红四军第三纵队政治部编印的《党员训练大纲》中，对发展新党员的步骤作出详尽提示，要求介绍人在选择介绍对象时，要从如下几方面加以考察："从他的家庭经济背景，考察是否有革命之须要"；"从他平时做事待人，看他是否忠实可靠"；"从斗争中看他是否勇敢不怕得罪人"；"从他的交友中或反对者，各方面看他是否好人"；"在他谈话中看他能否守秘密"；"从他的脾气上看他是否会服从"；"从他平常看书上看他的思想是否革命"。④ 经过严格考察之后，若

---

① 《福建组织状况统计表（1930 年 3 月 8 日）》，《福建革命历史文件汇集》甲 4 册，第 146~153 页。

② 1934 年 8 月，中共驻共产国际代表团特别致函共产国际执行委员会，就中共党员人数问题作出解释，提到中共当时在国内拥有 40 余万名党员，其中江西、福建两省分别有党员 10 万、4 万人。见《中共驻共产国际执行委员会代表团给共产国际执行委员会政治书记处政治委员会的声明》，《共产国际、联共（布）与中国革命档案资料丛书》第 14 册，第 203~204 页。

③ 《中国共产党红军第四军第九次代表大会决议案》，《中共中央文件选集》第 5 册，中共中央党校出版社，1990，第 813 页。

④ 《党员训练大纲》，红四军第三纵队政治部编印，1929。

基本符合入党条件，即由党组织循谈话、讨论、通过等程序予以发展。虽然在苏区农业社会及军事紧张的现实环境下，中共的无产阶级理念未必能够顺利贯彻，组织条件也难以完全满足，但强调忠实可靠、守秘密、服从等基本品质，遵循可操作的发展程序，还是有助于保证党的凝聚力和纯正性。

和国民党基层组织多为放任自流的状况比，中共十分重视基层组织尤其是支部的建设，1932 年 3 月底，兴国等 15 县共成立支部998 个，差不多每乡有一个支部。① 中共各级机关对加强支部建设的阐述不胜枚举。从 1931 年中共赣西南特委颁布的支部工作条例中，可以看出中共对此所作计划的具体和详尽。文件规定："有三个同志以上即可成立支部"，"支部在十人以上就要分小组"，支部成立支部委员会。支部委员会每七天开会一次，小组会每五天开会一次，支部党员大会每半个月召开一次。支部会议"多讨论支部本身工作和实际工作以及工作方法，每次会议均须讨论中心问题"。有意思的是，文件还提到："会场秩序不必太庄严亦不必太散漫，同志有时可以嬉笑，但要有限制，以不妨碍工作大家的注意力为原则。"② 对会场气氛这样看似细枝末节却相当程度上可以影响会议效果的问题也不放过，充分显示出中共严谨细致的一贯作风。

对党员的思想教育是中共保持和发挥自身特质的必由之举。随着苏区的发展，各级党员教育机构次第设立。1932 年春，中共苏区中央局开办中央党校。1933 年春起，中央苏区开办了一系列正规干部学校，主要有马克思共产主义大学（即中央党校）、苏维埃大学、列宁团校等。同时，开办各种短期训练班，随时随地开展对党员的教育、训练。江西永新 1934 年 6 月设班培训的干部（包括

① 《区委支部统计表（1932 年 3 月底止）》，《中央革命根据地史料选编》（上），第 661 页。
② 《中共赣西南特区委关于支部工作的部署（1931 年 6 月 7 日）》，《东固·赣西南革命根据地史料选编》第 2 册，中央文献出版社，2007，第 709～717 页。

任支部书记、县区常委及开展新区工作等）达 104 人。[①] 1933 年 8
月，中共中央组织局专门就党内教育计划问题致信各级党部，要求
从中央到省委、县委，将举办各类短期训练班作为培训干部的一项
重要措施。省委训练班负责训练造就县一级干部、巡视员、县委训
练班的教员及区一级主要干部，训练时间以四星期为限。县委举行
流动训练班训练区一级干部和部分支部书记及支部流动训练班的教
员。这些经过培训的干部充实到各级机关后，对提高干部队伍的素
质及其忠诚度，严密组织，加强中共党组织和干部体系的领导能力，
有着十分重要的作用。经过当年干部学校训练的红军干部回忆：

> 当时的政治课内容既讲马列主义又讲苏联的十月革命，也有
> 一些政治工作常识，既有如何在连队中做好工作，也有如何做好
> 党的群众工作方面的知识和课程。这次学校虽然不长，但对我的
> 一生产生了十分重要的影响。不仅使我真正学到或懂得了一些无
> 产阶级革命的目的和意义，而且也是我人生的重要转折点。[②]

当然，像中央苏区党这样所谓在深山中成长起来的政治力量，
先天不足、后天难调的缺陷也客观存在。苏区教育文化落后，民众
很难从理论上了解中共的思想体系，为保证党的力量发挥，又必须
要求短期内达到一定的党员覆盖，因此对党员的质量很难提出更高
的要求，出身贫寒、忠诚老实几乎是可以悬揭的高标准了。共产国
际和中共中央虽然一再强调要把苏区党锻造成为一个无产阶级政
党，但在当时这未免有点不切实际。尤其 1932 年后，苏区超常发
展党员，对中共组织严密度的冲击更大。1933 年 5 月，苏区开展
红五月征收党员运动，一个月内征收了两万多名党员。这些党员基

---

① 赵可师：《赣西收复区各县考察记》（四），《江西教育旬刊》第 10 卷第 8 期，
　 1934 年 8 月 11 日。
② 《罗元发回忆录》，光明日报出版社，1995，第 56 页。

本都是由各地列出指标，然后采取速成办法发展："十五个县的报告所写明的，只有博生、赣县、瑞金部分的区和寻乌的澄江办了新党员训练班，瑞金部分的用开会的方式训练了一天。这就看到对新党员入党时给以基本训练的工作，是极少注意到的。"[1] 更极端的还有："博生田头区山头王支部质问群众'你为什么不加入党，难道你是反动派么？'以至如石城坝口区某乡支部派了两个同志拿一本簿子一支铅笔在各村各屋填名字，口里喊着'加入共产党'。"这样发展来的党员，对党的认识模糊，江西宜黄"大多数党员不明了党的组织，往往党的组织与群众组织分不清楚，如宜黄吴村区出席县党组织代表大会的代表是苏维埃介绍来的，并介绍非党员来充当县党代表大会做代表"。[2] 同时，组织纪律也无法保证，江西会昌反映："有支部连开会都召集不到来开。"[3] 更荒唐的是，江西南广"有些党员不承认加入了党（头陂、城市、白沙、巴口、长桥，尤其是长桥区有半数不承认加入党）……一般的是不了解为什么加入党，党是什么（巴口有党员说加入党不打路条不作挑夫）"。[4] 因此，一些党员遇到风吹草动，就可能出现问题，1933 年初，国民党军进攻寻乌，其间全县 653 名党员中，反水的达 72 人。[5]

短时间内在狭小地区把党员数量发展到十多万人，上述问题的出现几乎是不可避免，这是中共急于在苏区建构庞大组织网络必然付出的代价，有利则必有其弊。关键是，尽管有不少问题，大发展的结果，还是使中共短时期内最大限度地发挥出了自身的影响力，而中共空前的组织力和严密度，虽有被稀释的现象，尚不足以遭到

---

① 罗迈：《红五月征收党员的结果与教训》，《斗争》第 20 期，1933 年 8 月 5 日。

② 《党的组织状况》，《中央革命根据地史料选编》（上），第 678、697 页。

③ 《中共会昌县委十、十一两月工作报告》，《江西革命历史文件汇集（1932 年）》（二），第 373 页。

④ 《中共南广县委给苏区中央局的综合报告（1932 年 10 月）》，《江西革命历史文件汇集（1932 年）》（二），第 92 页。

⑤ 《中共寻乌县委一个半月动员工作总结报告》，《江西革命历史文件汇集（1933～1934 年）》，第 36 页。

根本动摇。这主要是因为除党员外，中共更培养了一支高质量的干部队伍，事实上，中共当年所体现出的强大组织力，更多的还是依靠中低级干部这样一个可以有效上传下达的支撑力量得以实现。

干部是中共组织的坚强骨骼。与中共创建、发展过程中知识阶层所具领航者地位一样，赣南、闽西早期党组织中，地方上一般都是接受马克思主义思想的知识分子起着核心作用。1928 年 12 月，江西省委正式委员 13 人，其中知识分子占到 8 人，候补委员 7 人中知识分子占 5 人。① 1929 年 8 月，闽西苏区各县县委常委统计成分的共 23 人，其中知识分子 14 人，农民 7 人，工人 2 人，知识分子占 60%。② 何友良对早期东固苏区的研究显示，东固领导群体的 20 人中，青年学生、知识分子多达 17 人。③ 这些知识分子干部投身革命多出于自身的理性选择，对主义、革命怀抱信仰，有强烈的献身精神，为中共实现对地方的控制起到不可替代的作用。1932 年任泰宁溪口区区委书记的钟国楚回忆，他当时开展工作较好的重要原因是："有当地干部，陈家源的支部书记陈国夫，从当时来看他是个知识分子，工作有办法，还有蒋坊一个知识分子，是团支部书记还是党支部书记，一时记不清。这两个同志……是我们工作中的左右手。"④

随着苏区的发展，苏区党员的源流日渐丰富，干部成分也相应发生变化。1929 年 6 月，江西各县县委委员中，知识分子占到 60%。⑤ 1931 年 10 月湘赣苏区统计，全苏区县委一级的干部共 146 人，其源流为：产业工人 3 人，手工业工人 28 人，苦力工人 3 人，店员

① 《江西省组织状况一览表（1928 年 12 月）》，《江西革命历史文件汇集（1927～1928 年）》，第 316 页。

② 《各县县委调查表》，《福建革命历史文件汇集》甲 8 册，第 113 页。

③ 何友良：《革命源起：农村革命中的早期领导群体》，《江西社会科学》2007 年第 3 期。

④ 《南京军区顾问钟国楚同志口述记录稿》，《泰宁文史资料》第 1～3 辑合订本，第 14～15 页。

⑤ 《江西省组织状况统计表（1929 年 6 月 6 日）》，《江西革命历史文件汇集（1929 年）》（一），第 235 页。

工人 3 人，雇农 10 人，贫农 64 人，中农 10 人，兵士 2 人，知识分子 20 人，其他 3 人。[①] 作为强调无产阶级成分的结果，工人、雇农的比例明显上升，知识分子比例则下降到 13.7%。应该说，这两种成分的比例都超过了其在苏区中实际人口的比例，前者代表的是中共的阶级立场，后者则反映的是知识分子在发起社会革命时难以替代的地位。

作为一个工人阶级政党，大规模发展普通工农尤其是工人入党，提拔他们充实进领导部门，是中共明确自己阶级属性的必然之举。为此，中共投入相当精力，开办党校、举办训练班、提高干部素质。从 1932 年中共河西道委一则开办短训班的通知，大致可看出中共在这方面的努力：

> 目前工作日益开展，新区域工作极需干部工作，因此，道委决定开办短期训练班，时间两礼拜。望即根据下列指示送学生来，至要！
>
> 1. 送来的学生，必须是现在区一级工作或担任支部书记的同志，成份要是工人、雇农、贫农，而且要是本地同志，最好稍能识字的。
>
> 2. 送来的学生必须身体强健，有活动能力和学习精神，能听党调动工作，并无反革命派别嫌疑的。[②]

经过中共的努力，一批新干部迅速成长。1933 年 5 月的统计，江西县一级干部中，工人成分占到 46%，贫农成分占到 44%，其他所有成分只占 10%。[③] 1934 年 1 月第二次全国苏维埃代表大会

---

① 《中共湘赣苏区省委综合工作报告》，《湘赣革命根据地》（上），第 110 页。
② 《中共河西道委通知（1932 年 4 月 20 日）》，《江西革命历史文件汇集（1932 年）》（一），第 90 页。
③ 罗迈：《把提拔新的干部当作组织上的战斗任务》，《斗争》第 25 期，1933 年 9 月 5 日。

835 名代表中，源自产业工人者 8 人，手艺工人 244 人，苦力工人
53 人，店员工人 12 人，雇农 122 人，贫农 303 人，中农 25 人，商
人 4 人，其他 64 人。① 工人、雇农、贫苦农民成为干部的主力。
1933 年夏中共中央局对江西省 16 个县县一级干部所作调查显示，
419 名干部中，1927 年以前入党的 13 人，占 3%；1928 ~ 1929 年
入党的 52 人，占 12% 强；1930 年入党的 125 人，占 30%；1931 ~
1932 年入党的 190 人，占 45%；1933 年入党的 39 人，占 10% 弱。
参加过游击战争或暴动的 185 人，占 44%；到县工作之前在支部
和区一级工作过的占 81%。② 可以看出，苏区干部形成了一个梯级
结构，以参加过暴动或游击战争的干部为核心，同时大批提拔新生
代干部，实现新老结合、新陈代谢。

　　中共很注意对干部的宣传教育，苏区时期中共高中级干部多为
怀抱着理想投身革命，有很强的献身精神，工作作风和思想情操都
令人印象深刻。黄克诚回忆，当年他由于不赞成攻打中心城市而被
批评为右倾，与同事间发生不少争论："我同军政治委员贺昌一起
走，他继续批判我的右倾机会主义，我不服，就跟他争论。部队宿
营时，我俩还是住到一块，继续争论，吵得很厉害，彼此各持己
见，谁也说服不了谁。我对贺昌表示，准备同他争论二十年。贺昌
不愧是个真正的共产党人，他作为上级，我无论怎样同他争吵，他
都不在乎。争吵归争吵，吵过之后，照样相处，毫不计较，也不影
响工作。"③ 一大批能将个人情感、私利和工作、事业清楚分开的
干部的存在，是中共组织和领导力量得以顺利发挥的最重要保证。

　　作为一个还在为自己生存权利奋斗的政党，苏区时期的中共干
部很少沾染官僚作风，工作认真、能吃苦、深入实际是他们的共同
特点。担任中央妇女部长的周月林回忆："我们作报告一般都是先

---

①　《红色中华》第 145 期，1934 年 2 月 3 日。
②　《党的组织状况》，《中央革命根据地史料选编》（上），第 687 页。
③　《黄克诚自述》，第 108 页。

列个提纲，到下面去了解一些情况，就可以结合着讲了。讲完后对下面工作存在着什么障碍，应该怎么办，提出来大家讨论，拿出解决的办法。"① 曾任中共长汀县委书记的李坚真谈到她当年的工作体会：

> 为了管好一个县，当好这个"家"，我根据自己的特点，依据的是"三勤"，也就是腿勤、手勤、嘴勤。"腿勤"就是经常往下面跑，接触实际，联系群众，发现问题及时处理。无论在省委或县委工作，我都很少住在机关，靠的是一双赤脚板走遍各区、乡、村，和群众住在一起，吃在一起。
>
> ……
>
> "手勤"就是走到哪里，我就在哪里拿起锄头，挑起扁担和群众一起劳动。下田插秧、割禾，上山砍柴，挑水煮饭，喂猪样样都干。群众把我当成自己人。
>
> ……
>
> "嘴勤"就是多宣传……我从小特别爱唱山歌，闽西群众也和我们广东客家人一样喜欢唱山歌。我就结合形势、任务编些山歌和群众一起唱，通过唱山歌提高群众的阶级觉悟。②

千百年来习惯了高高在上的统治者的普通民众，骤然见到这样的"县官"，其反应可想而知，而高中级的干部以身作则，又会对基层干部形成潜移默化的影响。中央苏区干部的良好口碑就是由此酿成的。正是有这样一批富有献身精神的干部的存在，使中共即使在组织快速膨胀的形势下，也能保持一个坚强的核心和集中的凝聚力。

虽然中共提拔了一大批工农干部，但苏区时期干部的核心仍然

---

① 《女英自述》，江西人民出版社，1984，第155页。
② 《女英自述》，第163～164页。

是经过数年革命洗礼、具有坚强信念和革命精神的知识干部，知识者所具的这种地位，在世界革命史上都是通例，共产革命也不例外。知识者得风气之先，革命尤其是共产革命又充满着理想和浪漫，共产主义的理念对当年知识阶层有着无与伦比的吸引力，成为凝聚这一批革命核心的坚强精神力量。不过，共产革命是无产阶级革命，保证无产阶级对革命的领导权在共产革命的话语中意义非同寻常。而知识阶层作为一个整体充其量只能作为革命的同路人，因此无论是苏俄和共产国际，还是本身就出身于知识阶层的中共领导人，对于知识阶层在革命中的地位都有一种缘于阶级分析的担忧。体现着中共领导人的信仰和热情，他们对自身曾经隶属的那个阶层多采取无情的批判和检视态度，虽然多年后的经验告诉我们，个体乃至阶层的理念受到多种因素的影响，并不一定和其社会政治地位发生必然的联系，但当年的逻辑自有其不可移易的权威。所以，仔细考察中共革命的轨迹，可以发现不同时期不同地域知识阶层的命运大体类似，区别只在于政策执行中的刚性和柔性而已。

1932 年中共中央大批干部到达中央苏区后，对知识阶层执行偏于刚性的政策，具体而言，就是以排除知识阶层干部为实际结局的"唯成分论"盛行：

> 在干部路线上大搞唯成分论，过分强调红军领导骨干必须是无产阶级成分，无产阶级分子，向各地区各部队派遣大批"钦差大臣"，去进行所谓"改造和充实各级领导机关"，搞乱了干部队伍。当时部队绝大多数同志是农民出身，而他们却只提拔工人出身的人。不问其是否具备干部条件，只要是无产阶级成分的就提拔。[1]

这样的批评得到了许多当事者回忆的印证，应该不是空穴来

---

[1] 《李志民回忆录》，第 221～222 页。

风。就连毛泽东当时也忍不住抱怨，一些人对待干部："普遍的只讲成分，不讲工作，只要是出身坏，不管他有怎样长久的斗争历史，过去与现在怎样正确执行党与苏维埃的路线政策，一律叫做阶级异己分子，开除出去了事。"①

毛泽东提到的这种现象，在中共中央要求保证党的无产阶级纯洁性口号下，确实屡见不鲜。在成分论影响下，苏区成分高的干部普遍不被信任，纷纷遭遇被洗刷的命运。胜利县1932年11月"开除了二十多个同志，开除的原因，大多数是富农分子"。② 1932年11月至1933年8月，江西乐安洗刷县、区干部可确认成分者12人，其中地主、富农11人，贫农只有1人，有4人仅仅是因查田运动中被定为地主成分而遭洗刷，其他的罪名也多是所谓参加勇敢队、扯布告等。③ 闽浙赣省委报告，经过1932年初的肃反，"党的干部已大大的撤换了……全省的知识分子已去十分之九还要多一点"。④通过洗刷，知识分子出身干部数量已经微乎其微，而工人和贫农出身者占到干部队伍90%左右，成分和出身主导着干部的命运。

中央苏区处于教育文化比较落后的山区，要造就一支文化素质较高的干部队伍，在这里先天就存在较大困难。而在强调成分政策影响下，大批洗刷旧干部，提拔新干部后，这一不足表现更为明显。1933年年中的调查，江西县一级干部中，1931～1933年入党的占到总数的近55%，其中于都、瑞金两县"只满一年或不满一年党龄的干部在两县的领导机关中占比较的多数"。这些人中，能写东西的占37%弱，不能写的占63%，完全不识字的达到20%。⑤县一级干部尚且如此，区、乡一级更可想见。福建长汀有些区委书

① 毛泽东：《查田运动的初步总结》，《斗争》第24期，1933年8月29日。
② 《中共胜利县委十一月份工作报告大纲（1932年12月10日）》，《江西革命历史文件汇集（1932年）》（二），第382页。
③ 《党的组织状况》，《中央革命根据地史料选编》（上），第696页。
④ 《中共闽浙赣省委向中央的报告》，《闽浙皖革命根据地》（上），第561页。
⑤ 罗迈：《把提拔新的干部当作组织上的战斗任务》，《斗争》第25期，1933年9月5日。

记报告工作时，"涨红了脸，什么也报告不出"，问他们如何开展工作，"只答复'我不识字'，'决议又看不懂'就完了"。① 不少的笑话也由此产生："在长汀训练班上，有一个支部书记，我们问他共产青年团是什么？答：'红军的铁军'。"② "许多问题不要说很少人到群众中去宣传，连宣传人员自己也不明白。据说李卜克内西及卢森堡纪念日，宣传员去宣传，群众问他'李……卢……在哪里？'他说：'在团部'。"③

文化水平的低下，不仅仅是文化问题，正如当时的领导者也意识到的："当我们估计干部对党对革命的坚定性的时候，文化程度没有什么关系，但文化程度对于政治的发展和工作能力的进步则有很大的关系。"④ 干部素质的下降比党员素质下降对中共组织更具负面意义。中央苏区后期，各级政权和组织出现一定程度的软化与此应不无关系。邓颖超记录了组织涣散的实际状况：瑞金城区党员大会原定下午1时开会，结果由于大家拖拉，一直到下午4时才开成会，出席人数仍只占应到会人数之半。会上，东郊支部书记反映："支部决议，一般党员不执行，支部无检阅工作，一个多月未开一次支部会，支干会开了一次。发展党员，支部不知。"而南郊支部的书记则报告："支部决议没有执行。赤卫军下一次操，少先队未下操。"⑤ 部分基层组织实际处于半瘫痪状态。

其实，当中共中央强调所谓工人成分时，已不免郑人买履之嫌。中央苏区并无大工业，大部分工人成分其实是手工业者、乡间

① 荣光：《掩盖消极怠工的好办法》，《青年实话》第16号，1932年4月25日。
② 《团闽粤赣省委三个月工作报告》，《闽粤赣革命历史文件汇集1932~1933》，第175~176页。
③ 《丘泮林闽北巡视报告（1930年10月）》，《闽浙皖赣革命根据地》（上），第217页。
④ 罗迈：《把提拔新的干部当作组织上的战斗任务》，《斗争》第25期，1933年9月5日。
⑤ 邓颖超：《瑞金城区党员大会经过与教训》，《党的建设》第4期，1932年9月10日。

手艺人或雇农。1934 年初，中央苏区拥有工会会员 145000 人，涵括了 95% 以上的工人，与整个苏区 300 万人口比，只占约 4.8%。[1] 他们在苏区农村所占比例小，其生活、思想方式也和普通农民并无二致，不少人仅因为成分的关系，得以在党、政权、军队中占据重要地位。根据工会方面给职工国际的报告，1933 年间，"在中央苏区，工会供给了差不多一万个工人干部到苏维埃、红军、党、团、各种群众团体工作。各苏区在苏维埃机关的负责人，工人占了三分之一到二分之一。各级苏维埃主席多数是工人、雇农、苦力，红军长官工人占了百分之五十以上"。[2] 虽然为迎合共产国际对无产阶级政党性质的强调，报告可能夸大了工人成分的干部比例，但提拔工人干部的趋势应没有疑问，而在如此小的人口比例中要速成这么多的干部，结果可想而知。以致各地普遍反映："工人斗争情绪不如农民（三期党校测验，百分之九十五的人是如此意见）。"[3] 工人的特殊地位，甚至引起了普通农民与他们的冲突：

> 赣东北的横峰县乡下有个雇农，名叫陈克思，十六岁，由工会青工部的领导，同雇主订立了劳动合同。在劳动合同上规定，实行每日工作六小时，不担四十斤以上的担子，工钱从八元增到十六元。而这个"老板"却是贫农。另外有个十五岁的牧童名叫吴树德，每日工作四小时，工资由四元增到十元，挑担子不得超过三十斤，而"老板"又是贫农。[4]

应该指出的是，中共中央对苏区阶级构成的现实也不是没有了

---

① 《中华全国总工会给赤色职工国际报告（1934 年 3 月 1 日）》，《中国工会历史文献》第 3 册，工人出版社，1958，第 624 页。

② 《中华全国总工会给赤色职工国际报告（1934 年 3 月 1 日）》，《中国工会历史文献》第 3 册，第 626 页。

③ 邓颖超：《实际为巩固与加强无产阶级领导权而斗争的检讨》，《斗争》第 1 期，1933 年 2 月 4 日。

④ 洛甫：《五一节与劳动法执行的检阅》，《斗争》第 10 期，1933 年 5 月 1 日。

解，对无产阶级成分的强调，更多是回应共产国际的担忧——在广大农民中成长起来的中国党的无产阶级性质。在问题日渐暴露后，中共中央开始作出反省和调整。1933 年 5 月，苏区中央局针对前一段时间盲目排斥知识分子的现象作出决议，批评中央苏区在发展和巩固党的组织中"左"的错误，强调：

> 把那些完全准备着在共产党与共产国际的基础之上为无产阶级的目的而斗争的知识分子吸收到党里面来，对于无产阶级的事业，是有很大的意义的，尤其现在苏区的党，领导着工农民主专政的党，由于许多条件还不能及时的造就工人阶级的知识分子的时候，吸收革命的知识分子的入党，更是必须的。
>
> 在努力发展党员的任务上，应该把工人雇农苦力中所有的优秀分子和最革命的贫农吸收入党，因为这是党的基础，反对"共产党是穷人的党"的非阶级的口号，同时应该吸收真正进步的革命的知识分子和中农入党，纠正对于他们的关门主义。①

同年 12 月，王明进一步指出："因为中国苏维埃革命巨大的胜利，在小资产阶级的知识分子当中，发生了一种显然的变化。就是发生了倾向革命和共产党的左倾情绪。我们现在在这方面的任务，首先就是加紧在这些小资产阶级知识分子当中的工作，把他们之中许多人变成为反帝运动的积极战士，应用他们作为宣传鼓动员的力量，并且把他们之中的各种专门人材吸收到我们方面来去帮助中华苏维埃共和国的建设工作。"② 这是中共自 1927 年国共分裂后对小资产阶级政治倾向作出悲观判断后，重新对他们的政治倾向作出估定的重要起点，不仅是对知识分子阶层，实际包含着中共对中

---

① 《关于纠正发展和巩固党的组织中错误倾向的决议》，《中共中央文件选集》第 9 册，第 202～205 页。

② 王明：《革命、战争和武装干涉与中国共产党底任务》，《王明言论选辑》，第 371 页。

国社会阶级关系重新思考的内涵。此后，从政策层面上，知识分子被歧视、排斥现象得到了一定程度的遏制。

尽管尚有不如人意之处，但毋庸置疑的是，中共在中央苏区建立的党尤其是干部的组织体系，表现出了强大的控制力和生命力，中共在自己控制的地区内初试啼声，其成效已足骄人。

2. 中央苏区的政权

（1）苏维埃政权的建立

中共是一个有理想、有目标、有组织的革命政党，一开始就将建立新型政权作为革命的不二法门。国共合作领导的国民革命果实被蒋介石夺走后，面对国民党的武力镇压，中共别无选择地走上了武装革命之路。对于共产主义革命的倡导者而言，革命并不仅仅是控制权力的转移，而是社会政治的全新革命性转换，因此，建立新政权，实现社会结构的改造，是革命的题中应有之义，其悬揭的革命政权模式就是当时世界唯一的苏俄式苏维埃政权。共产国际代表描述了中国初期苏维埃政权的状况："试图躲在自己的区域内，用万里长城将自己同外界隔开，建立一个摆脱赋税、摆脱地主统治等等的国家。"[1] 如果撇去其中的批评性表述，这一判断大致还是反映出中共苏维埃革命的追求。

传统中国社会政治组织松散，政府对地方控制力有限，绅权在地方社会影响重大，晚清绅权尤为伸张。民国时期这种状况仍基本得到延续，地方豪绅依然相当强势。根据抗战时期对 78 位县长的调查，他们最感困难的几件事中，财政困难居首位，其次即为土劣猖狂，有 31 人选择，占总数的 39.74%，[2] 可见地方土劣势力的强

---

[1] 《米特凯维奇的书面报告〈中国苏维埃经验〉》，《共产国际、联共（布）与中国革命档案资料丛书》第 7 册，第 510 页。

[2] 企华：《县长认为最困难的几件事》，《新赣南旬刊》第 4 卷第 8 期，1942 年 12月 10 日。

盛。中央苏区的赣南、闽西在各自的省份都处于较为偏僻山区，离行政中心省会较远，行政控制力不足，绅权尤为强盛。民国初年，广昌"一切县政，多有操在县绅之手"，县机关"大都有名无实，为私人分肥机关，绝少有为民众兴利除弊，实事求是者！甚有于民十五年，当革命军兴，适县长田瑞璜在任病故，由其承审员万某代理之时，一般县绅，以为千载一时之良机难得，乃纠集党羽，大开会议于某祠内，蜂拥县府，抢夺县印"。① 当时，地方官员如不能取得乡绅的背书，施政十分困难，甚至有遭到驱逐的可能。即使离南昌不远的东乡县也有乡绅因反对新任区长而将支持新区长的乡绅打伤，致该区长"难上任"。② 为保持自身权位，大部分地方官员到任后都选择和乡绅妥协，或则各守分际，或则沆瀣一气，时人记载："民国以来，任上犹县长者，虽不敢谓尽属坏人，但一经与土豪劣绅结合，即不坏者亦坏。"③ 虽然这些对绅权力量的描述不一定全面反映绅权的真实运行状况，但其负面效应的存在应属无疑，南昌行营曾判断："一二匪党，不逞之徒，因缘时会，煽其共产邪说，诱惑裹胁，成今日燎原之势，推穷其故，岂民众生性好乱，毋以土豪劣绅之厉耳。"④

南京国民政府成立后，地方治理秉承孙中山的地方自治原则，这与积极的行政控制在理论上有所抵牾。而且，无论是传统中国既有体制还是当时对中国有着深刻影响的西方社会政治理论，都不倾向过于严密的行政控制，这对南京政府不能不有所影响，所以，在南京政府内部，自治、均权和民主的力量始终不可小觑。同时，国民党作为新兴的以革命自命的政治力量，显示力量、舍我其谁的集

① 《广昌社会调查》，《汗血月刊》第 1 卷第 5 期，1934 年 7 月 20 日。
② 《训令东乡县长据该县第三区长陈汝楫呈为抗令不交纠众胁迫恳请令县负责维持俾便到差视事》，《江西民政季刊》第 1 期，1930 年 1 月。
③ 《上犹人之赤祸谈》，《共匪祸赣实录》第 2 期，江西旅沪同乡会编印，1931，第 57 页。
④ 《国民政府军事委员会委员长南昌行营政字第九四六号训令》，《湖北地方政务研究周刊》第 1 卷第 12 期。

权呼声高涨，苏俄体制乃至德意国家的集权发展模式，对蒋介石及南京政府也形成相当刺激。由于此，南京政府建立后的相当一段时间内，来回拉扯于两种趋势之间，政治定位并不十分清晰。一面是经历十数年分裂状态的国家，一面是缺乏有效凝聚力的社会，国民党很长一段时间内都未在地方自治和中央集权之间找到平衡点。从江西、福建两省看，共同的特点是行政控制软弱，被赋予地方自治功能的县级行政机构一般只设五个局、科，公务人员很少。1930年代的统计，江西统计的 43 县有 1237 名公务员，平均每县不足30 人；福建统计的 45 县只有公务员 1134 人，平均每县只有 25 人。江西 44 县中，县长兼办司法者 36 县，不兼办者 8 县；福建 45 县中，县长兼办司法者 33 县，不兼办者 12 县。① 大部分县份司法和行政混淆，体制之有待健全无须多言。

由于政治形势混乱及控制不足，当时江西、福建两省县长平均任期不到一年，江西 1930～1934 年间更动县长 265 人，平均任期328 日，最短的只有 9 天。② 福建同期更动县长 289 人，平均任期284 日，最短的只有 4 天。③ 多数县长任期在半年至一年间。这样频繁地更动地方官，使其无法真正了解、管理地方事务，地方权力更多落入士绅和胥吏手中，这对于地方政治和社会进步造成十分不利的影响。所以，南京中央政府成立后，在江西、福建两省几乎看不到地方政治的真正变化。

中共在赣南、闽西建立根据地后，其强大的政治、宣传组织动员力量迅速显现，地方政治结构在军事力量的支持下以阶级原则进行重组，地方豪绅很快遭到毁灭性打击。中央苏区如毛泽东所言，是枪杆子底下出政权，大多数政权都经由红军占领而建立。通常是

---

① 《县政调查统计·江西省》，国民政府内政部：《内政调查统计表》第 22 期，1935 年 6 月；《县政调查统计·福建省》，《内政调查统计表》第 21 期，1935年 5 月。
② 《县政调查统计·江西省》，《内政调查统计表》第 22 期，1935 年 6 月。
③ 《县政调查统计·福建省》，《内政调查统计表》第 21 期，1935 年 5 月。

先建立革命委员会，待政权巩固以后，再成立苏维埃。如下的报告基本可以代表红军到达后政权推进的基本路数：

> 地方工作现建立了五个支部，开了一个群众大会，选举了区革命委员会，为罗坊区，共有六个乡政府，分配土地，没收豪绅地主财产，现进行调查与分配工作，游击队的组织现还未弄好，不过受着我们之宣传，今已开始自动性了。工作团留了几个同志在罗坊负责，近日有可能的组织好，才能够巩固罗坊一带政权，使我们向前发展，减少一切困难。①

因此，中央苏区一开始就具有强烈的军事推进特征，这种军事力量对政治和社会的主导作用，是观察苏维埃运动须臾不可忘却的基本背景。即使到1934年苏区已经历空前发展时期后，张闻天仍然承认：

> 我们已经不止一次听到这样的话，说我们应该反对依靠大红军的观点，似乎大红军一走就什么工作冒〔有〕办法的观点。但是这种反对，只有当我们真正能组织群众的武装斗争时才有意义，没有大红军，又没有群众的武装组织的依靠，而想在刀团匪骚扰的区域，建立一个空洞的苏维埃机关，这种机关显然经不起刀团匪的一次截击就会完全坍台的。②

由于红军的绝对强势地位，初期苏维埃政权本身反而相对较为薄弱。来自中共内部的报告指出："许多苏维埃政权，不但不能为

---

① 《南丰中心县委给总政治部信——整顿党团组织与地方群众工作问题（1932年9月15日）》，《闽赣苏区文件资料选编》，福建三明档案馆、福建建阳档案馆、江西抚州档案馆编印，1983，第1页。
② 《闽赣党目前的中心任务——张闻天同志在闽赣战地委员会扩大会上政治报告的最后一节（1934年7月26日）》，《斗争》第71期，1934年9月7日。

群众谋利益还要压迫群众，群众不认识苏维埃是自己的政权，不敢批评政府监督政府，所以这个政权还是脱离群众。"① "因为苏维埃负责人脱离群众命令群众，在敌进攻时只顾自己逃命或瓜分公家金钱，群众没有分，不管群众的生死，所以永阳乡苏要伙夫也要捉来，全区民众无论一个什么行动，十分之九要捉群众，会议也不到，对红白军的认识无甚分别。"② 一些仓促成立的政权领导不力、干部不足、组织经验缺乏、政府机关人员缺乏为群众服务的意识，因此组织不正规、工作中的随意性等问题尚普遍存在。当时报章记载：

> 从康都到黎川，有43个挑夫，走到中途，有些哭起来了。后来调查结果，内中有一个年纪已68岁，有一个63岁，一个61岁、56岁，到60岁的有4个，14岁的小孩，也有一个。问他们大家回答说："我们洛口清太乡苏维埃，总是压迫人，派公事不公平，壮年人偏不派，硬要派我们这些老人，乡苏罗主席、赖秘书，总是打人。他们威风很大，拿到政府内就打屁股！还有一个姓丘的现当赤卫队长，他过去当过兵，非常恶，专门打人……罗主席穿得很好，专偷别人的老婆。"此外水南也发生过这样的事情，就是有一个挑夫因为不肯走，就要把他拿去枪毙。③

从当时材料反映的事实看，这样的事例并不罕见："大多数的政府，群众并不认识为他们自己的政府，认为不过如象反动统治过去设的什么一样，有什么纠纷即到政府里去解决。有些群众实际叫

① 《中央苏维埃区域报告》，《中央革命根据地史料选编》（上），第377页。
② 《张启龙关于赣西工作情形给中央局的报告（1931年7月12日）》，《江西革命历史文件汇集（1931年）》，第109页。
③ 《反革命分子，躲在苏维埃机关里捣乱》，《苏维埃》（中革军委机关报）第2期，1931年7月7日。

政府为局，如我经过安福的桑田，我问农民政府设在什么地方，他不懂，结果他答复我是'局'设在某处才带我去"。①

政府的软弱状况，还缘于当时军事紧张的实际形势。苏区建设初期，红军领导人毛泽东、朱德、彭德怀等主要精力理所当然放在军事上，而红军主力又不断处于运动开辟、保卫根据地的状态，难以在一个固定地区长期指导地方工作，这使主要依靠红军开辟、发展、巩固根据地的苏维埃政权基础先天不足。共产国际远东局曾引述江西苏维埃政府主席胡海1930年的说法："该同志动身来上海（9月29日）之前，我们红军的指挥人员（毛泽东、彭德怀）与政府没有任何联系。政府是一回事，军队是另一回事。毛泽东对政府工作几乎不感兴趣。"由于此时毛泽东领导的总前委和赣西南地方政权在许多问题上存在分歧，不排除这一报告有刻意夸大的成分，但其反映的军队和地方沟通不畅的问题当非捏造。因此，共产国际远东局明确建议中共中央："应该使毛泽东不仅对军队的状况和行动负有责任，而且还要让他参加政府并对政府的工作负有部分责任。应该任命他为政府委员（革命军事委员会主席）。"②

随着中共在赣南、闽西控制的逐渐稳定，苏维埃政权建设开始趋于健全，但政权在整个控制体系内的地位，仍然和传统政治体制有别。贯穿中央苏区之始终，苏维埃政权和军队、党的关系大体处于这样的框架中：军队是基础、政党是灵魂、政权是手足。

作为中共的第一次建政尝试，苏维埃政权十分强调人民性和民主监督。在肯定阶级分化的基础上，人民民主建设一直是中共孜孜以求的目标。武装革命早期，中共的这种民主理念主要体现在部队建设上。中共建军初期实行的士兵委员会制度，虽然后来由于与党领导军的原则有所冲突未能继续下去，但在当时中共组织力量有限

---

① 《赣西南刘作抚同志（给中央的综合性）报告》，《中央革命根据地史料选编》（上），第247页。
② 《共产国际执行委员会远东局给中共中央政治局的信》，《共产国际、联共（布）与中国革命档案资料丛书》第9册，第451~452页。

的状况下，这一高度的军内民主制度对有效地凝聚部队力量，改善官兵关系，提高全军的责任心和战斗力发挥了不可低估的作用。

苏维埃政权成立后，中共着力建设一个人民性政权。苏维埃政权沿袭苏俄的体制和经验，实行代表会议制度，中华苏维埃工农兵代表大会及其中央执行委员会是中华苏维埃共和国的最高政权机关。中央人民委员会为国家行政机关，负责处理国家的日常政务。苏区居民凡年满18岁者，都有权"直接派代表参加各级工农兵苏维埃的大会，讨论和决定一切国家的地方的政治任务"，对苏维埃政权机关工作人员享有选举、监督、罢免和撤换权。

中华苏维埃共和国的地方政权，实行"议行合一"制。苏维埃政府基层政权分县、区、乡三级，通过选举产生。省、县、区苏维埃政府，均设立与中央政权相应的人员和办事机构。乡苏维埃政府机构较简单，但一般都设有各种经常和临时的委员会，如扩红、土地委员会等，在一些工作先进的乡，如长冈乡的常设委员会多达12个，包括扩大红军、土地、山林、建设、水利、桥梁、国有财产、仓库保管、没收、教育、卫生、防空防毒委员会等，这些委员会有许多一直设立到村，乡委员会的委员多由各村相关委员会主任代表组成，各村的工作可通过各委员会得到有效沟通。对此，毛泽东十分赞赏，认为：

> 乡的中心在村，故村的组织与领导成为极应注意的问题。将乡的全境划分为若干村，依靠于民众自己的乡苏代表及村的委员会与民众团体在村的坚强的领导，使全村民众像网一样组织于苏维埃之下，去执行苏维埃的一切工作任务，这是苏维埃制度优胜于历史上一切政治制度的最明显的一个地方。[1]

村代表制度使苏维埃政权的触角有效深入到村一级，虽然传统

---

① 毛泽东：《才溪乡调查》，《毛泽东农村调查文集》，第336页。

的保甲制度也具有这一功能，但村代表制度网罗的人员、领域、层级都远较保甲宽广，加上中共基层党组织的领导，使政权效能发挥相当充分："他的命令，是如水之流下，由区乡政府，而党员，而直达群众。党员向群众传达命令的方式，对农则在田野，对工则在工厂，对商则在市廛。"① 毛泽东所谈到的这样一种状况，在瑞金武阳区石水乡春耕动员中有十分具体的体现：

（1）动员的开始：乡苏主席参加区苏讨论春耕的会议回去以后，连同区苏、区委派去的指导员，首先开了党团员大会，随即开了乡苏代表会，接着开了贫农团大会，最后开了妇女代表会，赤卫军、少先队、儿童团下操时，都着重讲说了春耕。乡苏和妇女代表会都组织了宣传队，男女两宣传队均有宣传员三人（三村每村一人），队长一人，都作了春耕的宣传，贴了标语。这样就在全乡开始造成了春耕的热烈空气，大家晓得春耕的意义、目的、计划与进行的方法了。

（2）乡代表会的领导：乡代表会起了极大的领导作用。71 个代表（内有妇女 13 人）分在三个村中，每人对其选民60 人（工人、雇农的少一些）负起春耕领导之责，每十天乡代表会开会，报告各村状况，讨论新的办法。

（3）贫农团的领导：这里的贫农团有 500 多人，共有 52个小组，每组 8 人至 12 人不等，分在三村，每村一个干事会。全乡一个总的干事会。领导春耕的方式：每五天各小组开会一次，每十天三村贫农团各自开会一次，每月开全乡贫农团大会一次。

（4）妇女代表会的领导：全乡 96 个妇女代表，选举主席团 7 人。每 5 天由各个代表召集所属妇女开会一次，每 10 天

---

① 孔荷宠：《消灭土匪的意见》，南昌《市政半月刊》第 1 卷第 5、6 期合刊，1934 年 10 月 1 日。

全乡妇女代表会一次。本乡妇女（全区亦然）在生产中占了极重要的地位，她们除了犁田、耙田、莳田之外，什么事都会做，铲草皮，割卤其，开塘泥，开粪下田，作田塍、田坎，修陂圳，犁田时散粪砍菜子，耘田、巡水，种杂粮、蔬菜，样样都会。她们的劳动占了全乡生产劳动的50%以上，在武阳区犁田、耙田、莳田也有少数妇女会做，她们正在学习，使多数人都会做。

（5）儿童在春耕中：由于儿童团的动员，他们在铲草皮、看牛子、捡狗粪。他们规定三个月内每人捡100斤狗粪给红军公田，100斤给红军家属，100斤给自己，捡来了过秤，载在他们的比赛条约。

（6）党对春耕：党在春耕中起了极强的总的领导作用。全乡有党员150多，团员70多。1个总支（干事会11人），三村每村1个分支（干事会3人至5人）。为了春耕，5天开一次小组会，半个月一次分支会，一月开一次总支大会。

（7）耕田队：男子耕田队全乡1个大队，有大队长，队员520多人。分为4个分队，第一村人口800多，1个耕田分队，第二村人口1200多，2个耕田分队，第三村人口700多，1个耕田分队，每分队队员100多人，有分队长，下分小组，每组5人至10多人不等。女子耕田队400多人，组织与男子队同。男女耕田队共约千人，是专为耕种红军公田与帮助红军家属、苏维埃工作人员耕田而组织的，他们吃了自己的饭去耕，耕的特别好。

（8）突击队：党与政府各1个3个人的突击队，3个人分在三村，公开的号召，秘密的考查，各种春耕的会议他们都去参加，可是群众不晓得他们是突击队。

（9）比赛：全乡都发动了生产比赛，激发了群众极大的革命热忱。本乡的办法：家与家比，屋（小村）与屋比，村与村比，乡与乡比，比什么？比耕耘、比肥料、比杂粮蔬菜种得好，党、团、政府与群众团体会议的紧张，工作的激进，比赛起了大的推动作用。①

从上面的材料可以看到苏区组织的严密体系：党、政府、群众组织，环环相扣，层层相连，整个动员过程有宣传、有组织、有监督、有领导，堪称天衣无缝。不过，多少让人觉得有些突兀的是，春耕本为农民的天然义务，中共为何要在这方面付出如此多的心力，这可能和一段时间内中共土地政策不稳定，农民生产积极性受到挫伤有关。从长远看，解决这些问题，更需要的应该还是政策调整，以利调动农民的积极性，而不仅仅是大规模的组织动员，因为最有效的动员，也有日久生疲的可能。当年的材料显示，苏区动员很少会谈及或考虑个人需要，这有其特定的理论背景，但无论当时还是日后，利益调整都是必须面对的现实，忽略了这一点，许多的政策制定可能就会有空中楼阁的风险，毕竟，把理想等同于现实未必就是实现理想的捷径。

尽管不无可讨论之处，苏维埃政权的群众动员总体上看还是反映着依靠群众、发动群众的人民性立场。苏维埃制度理论上是建构在民主运作的框架之中。1933 年底召开的江西省第二次工农兵代表大会明确要求："对城乡苏维埃的工作在广泛运用民主主义的基础上，要实行选民的召回权，建立村代表会议及村代表主任制，在乡和村中组织各种委员会，吸引广大群众参加苏维埃工作。"② 选民召回权的强调，使代表的权力和责任与选民发生直接的联系；而委员会制度既保证了上下通联，又体现了群众意志。1933 年 5 月，安远县苏维埃政府要求各地设立茶亭，方便来往行人，对于设立茶亭的经费，县府要求"当地政府负责召集当地乡苏代表会议和各

① 《中央土地人民委员部关于夏耕运动大纲（1933 年 4 月 22 日）》，《革命根据地经济史料选编》（上），江西人民出版社，1986，第 256～257 页。

② 《江西省第二次工农兵代表大会决议案（1933 年 12 月 28 日）》，《江西革命历史文件汇集（1933～1934 年）》，第 333 页。

群众团体会议，讨论决定其费的开支，在（再）由当地群众募捐供给之，切不可借口滥捐"。① 可见在当时的政权运作体系中，如果充分发挥制度设计的效能，代表会议可以成为反映民意和决定政策的重要一环。中共在实践中摸索出的这一基层政治运作体制，虽然由于苏区的现实环境、党组织与乡村政权的磨合需要及时局变化等因素未及真正展现和推广，但体现了中国传统乡村政治面貌的充分潜力。

为加强各级苏维埃政权的建设，临时中央政府先后制定与实施了苏维埃选举细则，对苏维埃的选举原则及方法作出规定，并领导各级苏维埃展开由下而上的选举运动。中共有关决议明确指出："苏维埃的民主，首先表现于选举运动。"② 苏维埃代表选举在当时受到相当的重视。从选举过程看，虽然中共党组织要求不要直接干预选举结果，强调"党对于苏维埃委员选举可以拟定名单，但不能直接向群众提出，只有在群众中宣传，使群众接受这种意见，选举出来"，③ 但包办的现象特别在初期事实上难以避免。随着中共苏区政权的巩固，选举也逐渐制度化，根据中共中央的要求，1933年进行的苏维埃代表选举中，各地注意"在选民大会中必须发动选民斗争，从斗争中来选举工作积极、斗争坚决的真正劳苦工农青年及劳动妇女充当苏维埃代表，反对过去指派方式"。④ 赣县的选举"相当的发动了群众的斗争，如在选举时选了不好的分子当代表，群众立即反对（清溪古村区）"。⑤ 兴国、上杭、瑞金等地

---

① 《安远县苏维埃政府内务部训令》，《江西革命历史文件汇集（1933～1934年）》，第128页。
② 《江西省第二次工农兵代表大会决议案（1933年12月28日）》，《江西革命历史文件汇集（1933～1934年）》，第355页。
③ 《目前政治形势与党的组织任务（1930年7月22日）》，《中共中央文件选集》第6册，第216页。
④ 《安远县苏维埃政府关于区乡苏维埃改选运动的训令（1933年4月9日）》，《江西革命历史文件汇集（1933～1934年）》，第94页。
⑤ 《江西赣县两个月（10.20～12.20）冲锋工作报告（1933年1月10日）》，《江西革命历史文件汇集（1933～1934年）》，第6页。

"普通的以乡为单位，组织了三人至七人的宣传队，比较先进的地方组织了化装讲演，演新戏，俱乐部开晚会，各学校上选举课等，造成选举的热潮"。① 根据毛泽东1933年的调查，这年年底进行的苏维埃代表选举虽然没有实行直选，而是层级代表选举，但有些地区选举还是开展得有声有色。福建上杭才溪乡公布的候选名单得到群众积极回应：

> 下才溪一百六十多人（内应选九十一人），一村贴一张，每张均写一百六十多个名字。群众在各人名下注意见的很多，注两个字的，五六个字的，十多个字的，儿童们也在注。注"好"、"不好"等字的多，注"同意"或"消极"的也有。有一人名下注着"官僚"二字。受墙报批评的有二十多人，被批评的都是只知找自己生活、不顾群众利益、工作表现消极的。有诗歌。内有三张批评乡苏对纸业问题解决得不好。②

同样的状况在各地都有显现，兆征县大埔区教育部长"在全区工农兵代表大会上，要他来把全区文化教育工作，向代表作报告，结果他讲了七句话。因之，全区的代表同志，很热烈的站在无产阶级的立场向他作了无情的斗争"。③ 胜利县古龙岗中邦乡"群众对候选名单上的贪污腐化分子、开小差分子只在夜晚在公布的候选名单上的姓名底下写字"。④ 选民的批评热情体现了其对选举的主动参与和重视。

民众在选举运动中用选票真正体现自己的意志，可以鼓励民众对政治的参与意识，加深对政权的信任度与休戚感，并反映出民意

---

① 梁柏台：《今年选举的初步总结》，《红色中华》第139期，1934年1月1日。
② 毛泽东：《才溪乡调查》，《毛泽东农村调查文集》，第337页。
③ 《打击文化战线上的官僚主义者》，《红色中华》第142期，1934年1月10日。
④ 《中共江西省委关于全省选举运动的检阅的通讯（1933年10月）》，《江西革命历史文件汇集（1933～1934年）》，第288页。

的趋向。1933 年底的苏维埃代表选举，选民的参与程度相当高，"先进的如：兴国全县，上杭才溪区、瑞京武阳区平均到会的选民都占百分之九十以上。比较落后的地方如西江县洛口县，到会的选民平均在百分之六十二以上。中等区瑞京的下肖区到会选民平均在百分之七十一以上"。选民在大会上提出的提案包括诸如"扩大红军，优待红军家属，解决几年来无音讯的红军老婆的问题，消除市面现洋与纸币的差异现象，进行节省运动，推销公债，扩大合作社组织，准备春荒，女子由甲地嫁到乙地土地问题解决，修理道路桥梁，设俱乐部列宁小学等"。这些提案集中在与民生密切相关的具体问题上，相当程度上"反映出群众的要求"。① 同时，群众还可通过选举批评监督和罢免干部，对不称职的干部，在选票名字下面注"消极"、"不好"、"官僚"等字样。对犯错误的干部，只要选民十人以上提议、半数以上选民同意，就可予以罢免。

对于一场中国历史上崭新的基层民主实验，考虑到当时历史条件、环境和当时中共建政思想的限制，各方面的民主理念和民主实践都严重不足，过高估计其成果也是不切实际的。各地比较普遍的反映是选举中缺乏对工作的充分批评，候选人与选民之间的交流也远远不够："在各村选民大会上，乡苏主席都向选民作了工作报告，但是不很充分，所以不能发动群众起来热烈批评政府的工作，这是一个大的缺点。"② 即使是毛泽东表扬的模范乡的长冈乡也存在下列缺点：

（1）宣传没有指出，苏维埃是群众自己管理自己生活的政权，选举苏维埃代表是群众最重要的权利。（2）候选名单人数恰如应选人数，没有比应选人数增加一倍，因此群众对于候选名单没有批评。选举委员会在组织候选名单问题上没有起

---

① 梁柏台：《今年选举的初步总结》，《红色中华》第 139 期，1934 年 1 月 1 日。
② 《博生县梅江区的选举运动》，《红色中华》第 122 期，1933 年 10 月 27 日。

什么作用，只有党的活动。（3）工作报告会议上没有尽力发动群众对乡苏工作的批评。[①]

在战争环境下，有的地方问题可能还更加严重一些。边区县区常反映："候选名单没有充分准备好及充分宣布充实区代表权利，与被选为代表的任务和光荣，以致有的竟临时来拉，所以部分当选人，不愿意当代表。"[②] 赣县"田村乡的选举不严密以致流氓混入了来开选举会，边区的有些乡在选举时群众怕来开选举会，怕会当代表"。[③] 对于缺乏民主政治经验的人们来说，要准确理解选举和代表大会制度就有困难：

> 群众对于苏维埃的认识很微弱，只知道埃政府是他们的政府而不知道"埃政权"的内容，一班农民都应有实际参加政权的权利，就是常常要召开群众大会代表大会讨论他们自己的事情。他们并不知道政权有二，一为代表会议，一为执委会，不知道代表会议才是合法的政权机关，而执委会不过是代表会闭会后，受代表会委托的执行代表会议的处理日常事务的机关，更不知在一哄而聚的群众大会之中能讨论问题，必须假手于代表会议。他们以为选出几个人坐在机关里，就叫做苏维埃，所以各级机关时常只有执委会议（甚至执委会还少开，只有主席、财务、赤卫或秘书只几个人处理一切）而没有代表会议。这是一般群众政权的意识大薄弱，而一般同志对于政权的认识也是莫名其妙的缘故。[④]

---

① 毛泽东：《长冈乡调查》，《毛泽东农村调查文集》，第 297 页。
② 《万崇区四乡选举运动》，《红色中华》第 122 期，1933 年 10 月 27 日。
③ 《江西赣县两个月（10.20～12.20）冲锋工作报告（1933 年 1 月 10 日）》，《江西革命历史文件汇集（1933～1934 年）》，第 6 页。
④ 《杨克敏关于湘赣边苏区情况的综合报告（1929 年 2 月 25 日）》，《中央革命根据地史料选编》（上），第 49 页。

在此基础上，选举委员会出现组织不合法的状况也就不难想象：广昌长桥区被监督者成了选举的监督者，"选委会只由区苏主席、各部长组织，以主席为主任"。① 熟悉代表会议制度的人们对这种角色错位可能会啼笑皆非，但当年的操作者却认为理所当然。苏维埃代表选举在开了赣南、闽西地区群众意志表达方式之先河的同时，其出现的种种问题，却也不可避免影响到选举的效果，使选举的意义有所遮蔽。

（2）苏维埃政权的监督体系

由于主、客观条件的制约，选举尚难成为苏维埃政权自我监督、自我更新的足够有效方式，代表会议制度也往往流于形式：

> 乡、市苏的工作，大多数都是主席独裁与包办。乡、市苏的代表，除了照例参加会议外，很少切实过问乡、市苏的工作；乡、市苏代表，未能将自己所代表群众的意见和要求，反映到乡、市苏来；乡、市苏的决议，亦很少带回去向选举自己的选民作报告，动员群众来执行。一般乡、市苏代表，尚未能成为群众斗争与生活改善强有力的组织者与领导者。②

在此状况下，中共为维持政权的有效运作，更多的还是依赖严格的纪律和组织、监督体系。

1932年后，中央苏区苏维埃政权建立了一套组织严密与面向群众相结合的监督机制。各级党组织设立监察委员会，各级政府设立工农检察部和工农控告局，负责对干部进行监督。1934年2月后，中央审计委员会对中央政府各直属机关、企事业单位和群众团体进行普遍稽查，对财政开支状况实施审核。

---

① 《中共江西省委关于全省选举运动的检阅的通讯（1933年10月）》，《江西革命历史文件汇集（1933～1934年）》，第288页。

② 《省苏执委会工作报告的决议案（1933年3月23日）》，《闽浙赣革命根据地财政经济史料选编》，厦门大学出版社，1988，第156页。

发挥群众的监督作用，既反映着苏维埃政权的人民性，也是廉洁政治的重要一环。1932 年 9 月中央苏区颁布《工农检察部控告局组织纲要》，规定"在工农集中的地方"，可设立控告箱，群众随时可以控告、揭发苏维埃政府工作人员的"贪污浪费、官僚腐化或消极怠工现象"，还可"指定不脱离生产的可靠工农分子，代替控告局接收各种控告"。① 当时规定必须是实名控告。不过，实际执行中并未画地为牢，董必武任苏维埃最高法院院长期间，曾处理控告中央总务厅采买员的匿名信，发现不尽属实后，查找到写匿名信者，未按诬告处理，而是加以劝导、说服。中共党人严格的监督规定和细致耐心的工作，保护和激发了群众控告的积极性，当时查处的案件不少来自民众的直接控告。

为保证群众有效参与对干部的监督，各级工农检察部经常组织"轻骑队"、"突击队"等，对各级部门进行检查、监督。轻骑队是青年团领导下的青年群众组织，最早成立于 1932 年 7 月，主要任务是："检查苏维埃机关内、企业内、经济的和合作社的组织内的官僚主义、贪污、浪费、腐化、消极怠工等现象，举发对于党和政府的正确政策执行的阻碍与曲解。"② 突击队苏区内凡有选举权者均可加入，归当地工农检察部领导，可对苏维埃机关和国家企业进行突击检查。轻骑队和突击队通过微服私访，明察暗查，发现问题及时报告有关部门查处。

苏区对干部的贪污、浪费行为惩处极严。1930 年 3 月，闽西第一次工农兵代表大会通过的《政府工作人员惩办条例》，规定下列行为即可予以枪决："侵吞公款至三百元以上者，受贿至五十元以上者。"③ 1933 年 12 月 15 日，苏维埃中央政府发出训令，规定：凡"贪污公款在五百元以上者，处以死刑"；"贪污公款在三百元

---

① 《工农检察部控告局组织纲要》，《中华苏维埃共和国法律文件选编》，江西人民出版社，1984，第 417 页。
② 《轻骑队的组织与工作大纲》，《斗争》第 41 期，1934 年 1 月 5 日。
③ 《政府工作人员惩办条例》，《中央革命根据地史料选编》（下），第 87 页。

以上五百元以下者，处以二年以上五年以下的监禁"；"贪污公款在一百元以上三百元以下者，处以半年以上二年以下的监禁"；"贪污公款在一百元以下者，处以半年以下的强迫劳动"；以上罪犯同时"没收其本人家产之全部或一部，并追回其贪污之公款"。训令同时宣布："凡挪用公款为私人营利者以贪污论罪"；"因玩忽职务而浪费公款，致使国家受到损失者，依其浪费程度处以警告、撤销职务以至一个月以上三年以下的监禁"。① 据此，中央苏区不少干部遭到严肃处理。1933 年 4 月，江西省苏维埃政府以伙同他人盗卖鸦片罪判处原胜利县苏维埃政府主席钟铁青死刑，原胜利县临时县委书记钟圣谅监禁两年。1933 年 5～8 月，广昌因贪污问题被清除出党的党员干部就有 6 人，包括区委书记、区苏主席、区苏军事科长等。② 安远龙布区苏维埃主席团会议记录显示，该区 1933 年 3 月工农检查部发现主要问题有：

> （一）长河乡财政贪污浪费，文书腐化；（二）上林乡主席朱文求纠结红军家属老婆；（三）增坪乡古山消极怠工不能打理工作……（五）各乡通知文件都忽视了；（六）正副主席正主席余恭梅包庇富农分子，副主席李荣德没有一点打理工作，几件事军阀手段苏维埃压迫来负责。对于成立合作，自己合股又分三家布 X；（七）特务排长叶桂芳在前方开小差回家，班长张天祥开小差回家，三班长谢新荣独立团开小差。③

可以说，苏维埃工作人员事无巨细，都处在政权机关的严密监督之下。

中共以严刑峻法和严密监督努力抑制贪污腐败，同时通过对社

---

① 《中央执行委员会廿六号训令》，《红色中华》第 140 期，1934 年 1 月 4 日。
② 《党的组织状况》，《中央革命根据地史料选编》（上），第 695 页。
③ 《安远县龙布区苏主席团会议记录（1933.3.10～6.16）》，《江西革命历史文件汇集（1933～1934 年）》，第 48 页。

会的有效控制扫除社会长期累积的腐败因子，确实取得了很好的效果，苏区吏治的廉洁一直是人们津津乐道的话题，被认为是"空前的真正的廉洁政府"。① 当时的苏区干部可以从政府方面获得的利益主要就是苏维埃政权规定的："政府工作人员，在服务期间，本人及其家属（即父母妻子）可按照应纳之国税额减收半数，用以减轻政府工作人员的家庭经济的负担。"② 但是，他们在工作上投入的精力显然要多于所得，当时干部回忆：

> 我们去县里开会时，每人自备一个席草饭包，吃多吃少由自己定。在用膳前，用自己的饭包装自己带去的米或薯米，然后把饭包口扎紧，做上记号，放在一口锅里统一煮……如果县、区、乡召开只有一天的会议，来开会的多数人，一不带饭，二不带干粮，勒紧裤带，饿着肚子，一直坚持开到底。
>
> 杨尚奎同志任村文书时，经常早饭后便去村苏维埃政府工作，一直到天黑才回家。中午这餐不是吃干粮，就是勒紧裤带饿肚子，晚上，有时回得太晚，家里留的稀饭冷了，就吃冷稀饭，如果没有留什么吃的，有红薯，就吃几只生红薯充数，没有红薯，只好喝碗冷茶或冷水，填一填肚子。③

当然，腐败问题的解决不可能一劳永逸，苏维埃政权也并不是白璧无瑕。在当时战争环境下，权力的运用经常要超出体制化的监

---

① 《关于四个月节省运动的总结》，《红色中华》第 232 期，1934 年 9 月 11 日。
② 《福建省苏维埃政府通令第二十五号》，《福建革命历史文件汇集》甲 15 册，第 304 页。稍后又指出："必须是政权机关的工作人员，才可以减税，其他的机关团体，如共产党、青年团、工会、互济会、少先队、反帝大同盟……这都不是政权机关，而是革命群众团体的组织，不能与政权机关相提并论，其工作人员不能减税。"（《福建省苏维埃政府通知第二十号》，《福建革命历史文件汇集》甲 15 册，第 321 页）1933 年颁布的《农业税暂行税则》也规定，政权机关工作人员及其父母、妻子可减征 50% 的农业税。
③ 万香：《回忆苏区干部作风片段》，《兴国文史资料》第 1 辑，政协兴国文史资料工作组编印，1982，第 79～81 页。

督，在基层尤其如此。民众对干部自觉的监督意识不足，选举制度在当时情况下更多的还是走过场，而且选举仅限于苏维埃代表，政府人员不必直接面对民众的选择。监督渠道从制度上虽多有开辟，但许多地区也不尽畅通，如有些政府设立控告箱时走过场，安远县龙布区"全区成立控告箱四只"，① 平均一乡还不到一个，其所发挥的作用自然大受限制。因此，和对传统社会的腐败现象扫除取得的巨大成就相比，政治权力控制相对要弱一些，贪污违纪现象在苏维埃区域内仍然存在，某些地区、部门甚至相当严重。湘鄂赣的鄜县"三区乡负责者，每人分得好田十一担谷子，群众有四个一家只分得十一担谷子的差田……群众要责问，马上'反抗政府''反动派'的帽子即戴上头来了，有许多群众反对政府负责人的官僚腐化分子，但又不敢公开说"。②

当时，腐败最严重、最具有警示意义的还是"于都事件"。1934年初，中共中央在检查工作时，发现于都各级干部贪污严重。随后，中共中央连续组成调查组到于都，项英也亲往于都督促调查，在此发现"四十件各种各色的贪污案件"，涉及从县到乡的各级机关和大批干部："城市区苏三个主席九个部长，就有三个主席（区正副主席、工农检察委员会主席）六个部长（土地、劳动、内务、国民经济、财政、裁判）都是做投机生意的"；"贪污的种类也分几种。贪污分子由县主席部长以至乡代表。贪污成为风气，大家反不以为异，而且互相包庇、互相隐瞒"。③ 对此，苏维埃中央政府作出严肃处理。中央政府执行委员、于都县苏主席熊仙璧，以权谋私，挪用公款做私人生意，于1934年3月被逮捕，撤销一切职务，判处监禁一年。于都县委书记刘洪清包庇熊仙璧的错误，带

---

① 《安远县龙布区苏主席团会议记录（1933.3.10～6.16）》，《江西革命历史文件汇集（1933～1934年）》，第48页。

② 《中央局滕代远巡视湘鄂赣苏区的报告（1931年7月12日）》，《湘鄂赣革命根据地文献资料》第1辑，第524页。

③ 项英：《于都检举的情形与经过》，《红色中华》第168期，1934年3月29日。

头利用职权，拉股经商，谋取私利，被撤销职务。县苏军事部长刘仕祥等冒领、贪污公款 410 元，并贪污打土豪缴获款项做私人生意，被判处死刑。同时以贪污罪被判死刑的还有少共县委书记滕琼、潭头区苏财政部长等 5 人。

于都县干部整体腐败案暴露出苏维埃政权的干部机制仍然存在的一些问题，如张闻天所写到的：

> 县委书记刘洪清当粤赣省委决定撤消他的工作时，他在会议上照着党委的批评依样画葫芦的承认了一些错误，其它的许多严重问题他是一句也不说的。他对于其它许多同他一样犯错误的人，也是一句话不说的。其它的县委负责人，也同样的仅仅批评了刘洪清已被揭破了的错误了事，多一句也是不肯说的。在撤消县苏主席熊仙璧的主席团会议上，也同样的重复了这一幕滑稽剧。甚至粮食部副部长会把与这一会议完全不相干的，而且同他自己工作也不相干的统计，如红军家属多少，男女多少等等来念一顿，但对于当前的问题，是愿意表示完全的沉默。①

干部内部相互包庇，串通一气，缺乏原则立场，同时群众对干部还没有形成真正的有效监督，这就给干部腐败提供了温床。在于都问题暴露后不久，赣县又发现据称不比于都问题小的贪污腐败案，"赣县县委的问题与于都县委无二样，而且更加严重"。赣县"区一级机关中投机商人更可以顺利的提到领导机关来，利用国家机关盗窃苏维埃的财产，大做其投机生意，江口区委区苏及江口商店就是样本的例子"。该县财政部门负责人刘绍稷"占据苏维埃财政机关公开的贪污，把苏维埃所没收的鸦片烟蒸过后勾结富农去贩卖，可以拿成千的银钱。用地主豪绅房屋的材料，不分给群众而为

---

① 张闻天：《于都事件的教训》，《斗争》第 53 期，1934 年 3 月 31 日。

自己造大栋房子，每日酒肉，过其腐化生活"。^① 可见于都的问题并非特例。

中央苏区的苏维埃政权创造了中共历史上值得书写的民主范本，包括党内的批评可以相当充分地开展，报纸和舆论的监督比较严厉，乡村的民主选举有一定操作意义，轻骑队等具有官民合作背景的组织活动积极等，这些都使中共政权呈现出了自古未有的活力，群众对政治的参与空前广泛。苏维埃政权通过政权内部的监督机制和民众、舆论的外在监督予权力腐败以严厉控制，为中共廉洁政治、革新社会提供了成功经验。虽然由于权力的腐蚀，腐败现象仍然难以根除，产生腐败的温床在新的社会结构下还会以另一种方式出现，但中共当年在有限时间和条件下作出的有益尝试，仍然值得后人认真总结、谦虚面对。

3. 宣传功能下的教育和文化

中央苏区所在的江西、福建在全国都不属于教育发达地区，以江西为例，该省 1930 年代全省县教育经费尚不及江苏两个大县教育经费之和。1929 年的数据显示，江西儿童入学率在全国居第 26 位，初等教育经费居第 18 位，每人负担初等教育经费比居第 25 位，均在全国平均线以下。^② 赣南、闽西在两省中又都属于偏僻、贫穷地区，教育基础更差。

在中共的革命话语中，苏维埃革命不仅是一场武装革命、政治革命，同时还是一场思想革命、社会革命，因此，对群众宣传革命理念，改变苏区民众教育文化落后状况，是革命的题中应有之义。中共对宣传鼓动向来十分重视，曾任粤军香翰屏部参谋的李一之深

---

① 《把反雷开平两面派机会主义的斗争开展到全省去——省委对赣县工作的决定》，中共江西省委《省委通讯》特刊，1934 年 5 月 10 日。

② 程柏庐：《从二十年度全省教育统计上所得之感想》，《江西教育旬刊》第 7 卷第 2 期，1933 年 9 月 11 日。

入观察中共宣传活动后发现："全部红军有整个的宣传计划，各部队红军皆能取一致之步调，同一之意思，划一之口号标语以为宣传。""共匪所至，字迹不拘大小优劣，必在墙壁遍涂标语，或标贴文字宣传，五花八门，不一而足，至其对俘虏对民众等亦能尽量宣传"。① 中共的宣传有的放矢，用心缜密，陈毅曾举例加以说明："比如红军标语打倒土豪劣绅这样写的时候很少，因为太空洞而不具体，我们必需先调查当地某几个人是群众最恨的，调查以后则写标语时就要成为打倒土豪劣绅某某等，这个口号无论如何不浮泛，引起群众深的认识。"②

标语口号简单直接，明白易懂，视听冲击强烈，对文化水平不高人群宣传效果好。曾被红军监禁的外国传教士回忆："他们所到之处，大写标语，红的、白的、蓝的，一个个方块字格外醒目……这些标语都是由宣传班写成的，这些人走到哪儿总是带着一桶漆，凡是能写字的地方，显眼的地方，他们都写大标语。"③ 国民党军占领后进入苏区的调查人员也发现，红军标语"满坑满谷，随处可见。而国军到时，则每于标语相当之处，涂改数字，以为国军之宣传焉"。④ 一个是书写不厌其烦，一个是涂抹都敷衍了事，国共两党宣传、办事用心程度的差异，于此真是昭然若揭。

在苏区内部，中共更将宣传和教育相结合，《中华苏维埃共和

① 李一之：《剿共随军日记》，第二军政治训练处 1932 年印行，第 102 页。李一之一生经历饶有意味：1926 年入黄埔军校第三期步科，曾参加第二次东征和北伐战争。后任香翰屏部参谋，香被贬黜后，返乡从事教育。1937 年任广州防空司令部少校参谋。抗日战争爆发后，任第十二集团军防空指挥部参谋，1938 年 5 月秘密加入中国共产党。1940 年任第四战区东江游击指挥所参谋、作战科中校科长，东江游击挺进纵队基干大队大队长，第四战区战地党政委员会政工大队大队长。同年 9 月因暴露党员身份，入广东人民抗日游击队第五大队，任军事教官、指导员。同年 12 月在东莞横涌被汉奸杀害。

② 《陈毅关于朱毛军的历史及其状况的报告（一）（1929 年 9 月 1 日）》，《中共中央文件选集》第 5 册，第 762 页。

③ 《外国人笔下的中国红军》，陕西人民出版社，1996，第 238 页。

④ 贺明缨：《江西省田赋清查处实习报告书》，萧铮主编《民国二十年代中国大陆土地问题资料》第 170 种，第 85089 页。

国宪法大纲》规定：中华苏维埃政权以保证工农劳苦民众有受教育的权利为目的，在所能做到的范围内，开始实施完全免费的普及教育；积极引导青年劳动群众参加政治和文化的革命生活，以发展新的社会力量。《中华苏维埃第一次全国工农兵代表大会宣言》宣示：一切工农劳苦群众及其子弟，有享受国家免费教育之权。教育之权归苏维埃掌管，"政权组织教育机关与宗教事业绝对分开"。

第五次反"围剿"开始前后，中共对文化教育的重视不减。1933年4月，中央教育部发布第一号训令《目前的教育任务》，指出苏区文化教育的任务，是用教育与学习的方法，启发群众的阶级觉悟，提高群众的文化水平与政治水平，打破旧思想旧习惯的传统，以深入思想斗争和阶级斗争，参加苏维埃各方面的建设。同年7月，中央教育部发布训令，强调："在国内战争环境中，苏区文化教育不应是和平的建设事业，恰恰相反，文化教育应成为战争动员中一个不可少的力量，提高广大群众的政治文化水平，吸引广大群众积极参加一切战争动员工作，这是目前文化教育建设的战斗任务。"[①] 1934年1月，毛泽东在第二次全国苏维埃代表大会上提出苏维埃文化教育建设的中心任务：厉行全部的义务教育，发展广泛的社会教育，努力扫除文盲，创造大批领导斗争的高级干部。

中共在教育方面的努力，颇令蒋介石折服，他不无心仪地谈道：

> 匪区里面最紧张的，就是教育！最有纪律的，就是教育！最有精神的，也就是教育！而我们现在各地方的情形却不然，比方崇仁地方，所有的高小学校就完全停下来了，土匪他们什

[①] 《中华苏维埃共和国中央教育人民委员部训令第四号——文化教育工作在查田运动中的任务》，《中央苏区革命文化史料汇编》，江西人民出版社，1994，第53～54页。

么经费可以少，教育经费一定要筹到，我们却反而要常常拿教育经费来做旁的用。①

不过，如果深入观察中共在教育方面的作为，可以发现，蒋这段话其实并未真正发现问题的关键，苏区在教育上的投入经费并不像其想象的那样多。湘赣苏区 1932 年 9 月至 1933 年 8 月一年中，共支出 252612 元，其中用于教育的经费为 275 元，只占总支出的 1‰强。② 就这一点而言，远远无法和同时期国民政府 3% 左右的教育支出相比。中共开展教育的主要思路是利用民间力量、民间财力办教育，学校经费"原则上或由学生自纳，或由人民捐款"。同时大力提倡因地制宜、节省办学："黑板常利用祠堂、庙宇之牌匾，加以刨平，涂以光油；或即就壁上刷黑一块。灯油粉笔，由学生自备。"③

因为教育的目标更多是立足于现实的思想宣传，中共对教育普及的重视远超过正规的渐进教育。在当时背景下，加强基础教育是迅速提高苏区人民文化水平相对现实可行的道路，因此，小学教育最受中共重视，苏区实施的五年义务教育以推广小学教育为目标。1933 年 10 月，中央文化教育建设大会特别对教育部门在小学教育上的失误提出批评，认为其"对于组织小学教员的问题上，没有系统的工作"，④ 要求进一步加强对小学教育的管理、发展。为稳定、发展小学教育，1934 年 2 月 16 日临时中央政府颁布《小学教员优待条例》，明文规定小学教员的生活费与当地政府工作人员同等，并同样享受群众帮助耕田和减纳土地税、免费治病等待遇；城

---

① 蒋介石：《以自强的精神剿必亡的赤匪》，《先总统蒋公思想言论总集》第 11 卷，第 130 页。
② 赵可师：《赣西收复区各县考察记》（四），《江西教育旬刊》第 10 卷第 8 期，1934 年 8 月 1 日。
③ 赵可师：《赣西收复区各县考察记》（四），《江西教育旬刊》第 10 卷第 8 期，1934 年 8 月 1 日。
④ 《中央文化教育建设大会决议案》，《中央苏区革命文化史料汇编》，第 67 页。

市没有分田的小学教员，可给以其他物质上的帮助或资助其家属；小学教员每年给奖一次，连续取得第一等奖金两次者，按年增加原有奖金十分之二至十分之三。通过苏维埃政权的努力，中央苏区小学教育发展相当迅速。1933 年底，江西、福建、粤赣 3 省的 2931个乡中，设有列宁小学 3052 所，学生 89710 人，学龄儿童的多数进入小学读书，兴国儿童入学率达到 60%。① 红军离开苏区后，1935 年，由国民政府福建教育厅组织的视察注意到："劳动小学，长汀一县，有三百余所。在小学课程，更注意课外活动，其目的都是注重关于守哨、侦探、放哨等工作。"②

　　和重视小学教育的出发点一样，为提高苏区民众文化水平，加强宣传效果，在文盲占人口绝大多数的苏区开展社会教育势在必行。1933 年底，苏区共设有夜校 6462 所，受教成人达 94517 人，尤其是"妇女群众要求教育的热烈，实为从来所未见"。③ 扫除文盲成为大规模的群众运动，各乡均要求组织识字团，由文化委员负责，"编十人一小组，设组长一人，三日召集组长前来教以三二个字，再由组长教各团员，并写字绘图在黑板或大纸上布置在通衢大道"。④ 据兴国高兴圩黄岭乡报告，该乡设有教育委员会，"教育委员会之下有识字班——全乡九十多班，四五人组一班，十六岁到四十五岁的男女都加入"，通过努力，"现在七岁以上的男女都识得字"。⑤ 同时，各地广泛设立俱乐部、书报社，"各乡至少要组织一

---

① 《中华苏维埃共和国中央执行委员会与人民委员会对第二次全国苏维埃代表大会的报告》，《中央革命根据地史料选编》（下），第 329 页。

② 徐泰咸：《视察闽西的感想》，《福建特教通讯》第 1 卷第 1 期，1935 年 9 月 1日。

③ 《中华苏维埃共和国中央执行委员会与人民委员会对第二次全国苏维埃代表大会的报告》，《中央革命根据地史料选编》（下），第 330 页。

④ 《△△区苏维埃政府会议记录》，《江西革命历史文件汇集（补遗部分）》，第483 页。文件未标区名，当是不明所裁。从文件中以湖雷为中心展开工作看，这份文件属于福建永定县湖雷区，文中还提到湖雷附近的坎市、溪口更可以证明这一点。

⑤ 《一个模范支部的工作报告》，《斗争》第 5 期，1933 年 3 月 15 日。

个，乐器向民间搜集及政府购办，大村庄尽可能订新报，其油火由政府供给"。① 在苏区工作中走在前面的兴国，"全县列宁小学有四百八十余所，夜校一千余所。经过这些文化机关，连续不断的提高着群众的政治文化水平，教育着广泛的文盲的劳苦工农，所以兴国群众对于革命的认识比较的更深刻，对于斗争的参加也比较的更勇敢更坚决了……现在党团员占全人口百分之一十以上，并且建立了强有力的代表制"。② 根据国民党方面收复苏区后的调查：

> 每一伪乡政府之文化部，必到处设有识字牌，每日书有宣传性或麻醉性之语句强迫附近民众，无论男女老幼务必前往认识并通晓其语意而后止。故当该县初收复时，试任叩一儿童以"阶级斗争"、"无产阶级"或"资本主义"等之意义，彼必能不假思索，对答如流，一如素有研究者然。土匪亦往往设立学校（如列宁小学等），但设备简陋，有黑板一方（且有时即利區额改制）即可开设，桌椅粉笔等，均由学生自备，教师仅稍识之无者，即可充任。授课时间无一定，辄利用为匪军服役之余暇以为之（如放哨侦探等，土匪时利用儿童担任），有时晚间也须上课。③

苏区教育注重通俗易懂，如当时小学一年级的语文教材为《三字经》，第一页就是："天地间，人最灵。创造者，工农兵。男和女，都是人。一不平，大家鸣。"④ 其非常简明地传递出阶级观

---

① 《△△区苏维埃政府会议记录》，《江西革命历史文件汇集（补遗部分）》，第483页。
② 江西十县参观团：《参观兴国以后的感想》，《红的江西》第18期，1933年1月29日。
③ 赵可师：《赣西收复区各县考察记》（三），《江西教育旬刊》第10卷第4、5期合刊，1934年7月11日。
④ 李柞煌：《江西省立列宁师范学校》，《回忆中央苏区》，江西人民出版社，1981，第380页。

念、男女平权和反抗意识。在湘赣苏区，"无论男女老幼，都能明白国际歌，少先歌……及各种革命歌曲，尤其是阶级意识的强，无论三岁小孩，八十老人，都痛恨地主阶级，打倒帝国主义，拥护苏维埃及拥护共产党的主张，几乎成了每个群众的口头禅"。① 对苏区普遍的群众教育，国民党方面评判：

> 匪党之所谓"文化教育"、"提高工农群众文化水平"，其麻醉力量较任何宣传煽惑为尤大。盖以邪说灌输脑海之中，改造群众之心理，潜形默化，卒至相率盲从，日趋危途，甘受欺骗而不自觉。尝观匪列宁室墙报处之"识字竞赛"，其进步之程度与麻醉之力量，殊可惊异。②

中共在教育上取得的成效，当年多种材料均有反映。据福建上杭才溪区的调查，1934 年 1 月，全区 8782 人中，除小孩外有 6400 余人，能看《斗争》的约有 8%，能看《红色中华》与写浅白信的约有 6%，能看路条与打条子的约有 8%，能识 50 至 100 字的约占 30%，完全不识字的只有 10%。③ 在一个文盲占 90% 以上的乡村地区，短时期内取得这样的成绩实属不易，任职于国民党中央的王子壮当年曾在日记中写道："今晨在党部黄君禹同志考察江西匪区归来谈在彼所见云：匪区民众教育的确较普通发达，人民知识程度以高数载。赤匪占据数载而能维持者，悉在组织民众之作用发挥尽致。"④

中共对教育的高度重视，既为提高人民的文化水平，丰富人们

---

① 《赣西南特委刘士奇给中央的综合报告》，《中国工农红军第二方面军战史资料选编》（三），科学出版社，1994，第 122 页。
② 《新丰特别区政治局局长刘千俊报告匪区民众根本动摇情形匪之维持残局原因及所拟对策》，《军政旬刊》第 7 期，1933 年 12 月 20 日。
③ 《才溪消灭文盲运动成绩》，《青年实话》第 3 卷第 8 号，1934 年 2 月。
④ 《王子壮日记》，第 2 册，台北，中研院近代史研究所，2001，第 266 页。

的精神生活，打破专制政治的愚民统治，也是为了正面宣传中共的
政治理念，加深民众对共产主义的理解。因此，中共的教育具有浓
厚的政治色彩，采用的方法也是多种多样。红色歌谣就是中共潜移
默化影响民众思想的一个重要方法："仿乡村最通俗的曲调，作成
最浅近的歌文，散发各乡村告农民妇女小孩们去唱。"① "常仿民歌
山曲，将其所需要，用以麻醉人民者编为教科书、宣传品，迫令妇
女儿童，持诵成熟。"② 如《十骂反革命》、《十骂国民党》以及
《十骂蒋介石》等歌曲在苏区被广泛传唱。在此背景下，苏区教育
的实用性、宣传性要重于基本知识的输送，教育界主张的"十年
树人的计划"就被批评为："离开了当前的革命需要而从事和平的
建设倾向，是目前文化教育工作主要的错误。"③

　　苏区教育重视现实功用的倾向，和其处身环境的不确定性大有
关联，虽然中共成立了苏维埃中央政府，但毕竟宣传意义远大于实
际，还不可能与南京政府全面抗衡。在自身无法准确把握未来时，
某种程度上的短期行为应可理解。而且，在资源短缺的战争背景
下，苏区教师缺乏，经费短少，"每个教师三元伙食费还不可得，
而中央政府颁布了对教员的待遇的条例，各县限于经济而不能实
施"。④ 在这样的艰难环境下，苏区教育文化方面的成绩已实属难
得，无法过于苛求。

　　需要提出讨论的仍然是苏区的知识分子政策。发展苏区的文化
教育，必须依靠知识分子，但如同中共党内知识分子遭遇洗刷一
样，苏区内的知识分子群体处境一度也不容乐观。张国焘在其主持

---

① 《中共江西省委转录赣西各县及二团给赣西特委的报告》，《江西革命历史文件
　　汇集（1929年）》（一），第213页。
② 赵可师：《赣西收复区各县考察记》，《江西教育旬刊》第10卷第4、5期合刊，
　　1934年7月11日。
③ 《中共江西苏区省委四个月（一月至四月）工作总报告》，《江西革命历史文件
　　汇集（1932年）》（一），第159页。
④ 《中共江西苏区省委四个月（一月至四月）工作总报告》，《江西革命历史文件
　　汇集（1932年）》（一），第160页。

的鄂豫皖中央分局就明确表示："工农同志在工作中犯了错误党可以原谅三分，倘是知识分子犯了错误，就要加重三分。"[1] 中央苏区虽然话没有说得这么直白，但基本处理方法大同小异。张闻天所说的"吃知识分子"[2] 的现象普遍存在。与此相关，当国民党军进攻苏区时，教育界反水现象相当严重："广昌县教育部长雷德胜，在敌人还没有来到的时候，就实行叛变逃到白区。接着，城市区的教育部长、甘竹区的教育部长、长生区的正副部长都反水了。而且城市区的教员等有十多人投降敌人"。[3] 国民党方面一份关于江西各地在反抗革命中殉命人士材料显示，在所列 65 人中，乡村知识分子达 35 人，超过半数；35 人中受过小学教育者 10 人，中学（含师范等中等专业教育）24 人，大学预科 1 人；从职业上看，主要是两大类，一为教育，有 12 人是县教育局长、中小学校长和教员，一为政治，15 人为县区党部人员。[4] 胜利县 1932 年 8 月在押犯人 621 人中，腐朽文人达 312 人，占总数的 50% 多。其他包括豪绅地主 90 人，富农 62 人，流氓 33 人，中农 33 人，贫农 88 人，工人 6 人。[5] 这些数据显示出知识分子与苏维埃政权间存在相当距离，而这难免会对苏区的文化教育构成消极影响。

4. 社会革命的宣传与实践

作为一场全方位的革命运动，苏维埃革命在打击和摧毁旧的政治制度同时，对传统社会思想和习俗也在进行着彻底改造。自中共开展革命运动以来，移风易俗就是其革命宣传和实践的重要内容。

---

① 张国焘：《关于过去的工作和今后的任务（1931 年 6 月 30 日）》，《鄂豫皖革命根据地》第 1 册，第 305 页。

② 洛甫：《论苏维埃政权的文化教育政策》，《斗争》第 26 期，1933 年 9 月 15 日。

③ 瞿秋白：《阶级战争中的教育》，《斗争》第 62 期，1934 年 6 月 2 日。

④ 根据《江西剿匪史料·剿匪阵亡将士及殉难忠烈事略》（1935 年编印）统计。

⑤ 《中共胜利县委八月份工作报告大纲（1932 年 9 月 9 日）》，《江西革命历史文件汇集（1932 年）》（二），第 33 页。

苏区时期，在群众运动上已经积累丰富经验的中共展开社会革命和群众动员大有驾轻就熟之势。中共的社会革命不是依靠简单的武力压服，更多的是通过简单明了、群众易于接受的宣传动员，改变群众的观念，再以政治力的逐渐渗透，培植新的社会秩序，确立革命的社会基础。

宣传动员是中共社会革命的重要一环。中央苏区的宣传动员形式多样活泼，丰富多彩的群众性文艺活动是中共擅长的方法。群众文艺活动主要有红色歌谣，工农剧社和蓝衫团（苏维埃剧团），以及为群众文化活动提供场所的俱乐部运动。苏维埃剧团各县皆有，而俱乐部也相当普遍。中央苏区规定每乡应设俱乐部，"俱乐部不是少数会弹琴唱曲人的机关，而是广大群众集中的地方，教育群众的集会场所"。① 1934 年初，江西、福建、粤赣及瑞金共有俱乐部1917 个，参加俱乐部活动的固定会员达 9.3 万余人。② 传统社会中，民众娱乐活动十分欠缺，看戏几乎是他们最高的精神享受，俱乐部和戏剧演出寓教于乐，可以达到事半功倍的效果。当时，"群众对俱乐部工作表示热烈，一切费用，都是由群众自愿捐助，同志都参加俱乐部各种组织"。③ "当看剧团公演时，总是挤得水泄不通。老的小的，男的女的，晚上打着火把，小的替老的搬着凳子，成群结队的来看，最远的有路隔 15 里或 20 里的"。④

群众大会是中共开展大规模宣传的另一便捷手段，是各级组织经常性的工作："每月中至少有四五次大的示威游行，如攻吉、反帝、分土地、成立各级苏维埃、庆祝新年（阴阳历都举行）、欢迎红军、祝捷、慰劳红军、追悼死难者、追悼阵亡战士、成立各军或

① 《闽西各县区文委联席会决议案（1931 年 7 月 8 日）》，《中央苏区革命文化史料汇编》，第 150 页。
② 《苏区教育的发展》，《红色中华》第 239 期，1934 年 9 月 29 日。
③ 《一个模范支部的工作报告》，《斗争》第 5 期，1933 年 3 月 15 日。
④ 《苏维埃剧团春耕巡回表演纪事》，《红色中华》第 180 期，1934 年 4 月 26 日。

团、出征等类，不能计其次数。每次各乡区分别举行，人数辄在一、二万，少亦数千"。① 对于身处僻乡，文化生活极为贫乏的农民而言，能够参与到一些群众性的聚会和游艺活动中，自然十分开心，福建连城"儿童团举行了一次游艺大会，群众散后极高兴，称之为古来未有的事，连旧头脑的人都称为新世界兴旺的征兆"。②

苏区报纸、书刊的发行量与群众的文化追求成正比地同步发展。中央苏区从没有报刊到创办有大小报刊 34 种，《红色中华》从最初的 3000 份增加到 4 万份。1932 年福建上杭设有农村《青年实话》代售处 43 所，每期可销售 800 份。③ 苏区群众体育运动也和文艺运动一样迅速发展，许多地方开辟了运动场，一些"偏（远）乡村中也有了田径赛"。④ 在战争间隙中，苏区曾举办过全苏区的大规模体育运动大会。

中共通过教育、宣传展开的社会动员成效明显，从当时苏区人民的家书中，可以看出中共革命文化对民众的影响。红军战士史芳森母亲给他的家书中写道："望你在队，要遵守纪律，用心消灭人敌，我们家中的禾米，有人帮助割回，一切事务，你可不必挂心。"⑤ 末尾的格式是"此致，赤礼"，完全是标准的同志式语气。曾氏兄弟一为苏区普通民众，一为红军战士，他们的通信中也有如下字句："家中的生产禾稻，乡府负责人实行派人优待。你不必挂念。现在天气寒冷，你要保障自己的身体，正是革命向前发展，天天进攻敌人。"⑥ 这些信虽然可能是请人代书，但苏区语境的变化

---

① 《张怀万巡视赣西南报告》，《中央革命根据地史料选编》（上），第 189 页。
② 《团闽粤赣省委三个月工作报告》，《闽粤赣革命历史文件汇集（1932~1933）》，第 167 页。
③ 《团闽粤赣省委三个月工作报告》，《闽粤赣革命历史文件汇集（1932~1933）》，第 169 页。
④ 《中华苏维埃共和国中央执行委员会与人民委员会对第二次全国苏维埃代表大会的报告》，《中央革命根据地史料选编》（下），第 331 页。
⑤ 《母周氏致儿函》，石叟档案，008·238/2011/0193。
⑥ 《兄曾衍长致弟曾衍源函》，石叟档案，008·238/2011/0193。

还是可以清晰见出。

国民党方面占领苏区后所作调查也证明着中共宣传的力量。莲花县被国民党军占领初期，明显可看到中共宣传动员的影响："街头巷尾，时见儿童自筑碉堡，隙身其内，而后与碉外儿童互相掷石。若堡外儿童掷石稍稀，碉内儿童即奋勇冲出，与碉外儿童肉搏，非至头破血流不止。更有三三两两，集合一处，讨论对付回籍儿童之方法，其匪化程度之深，于此可见。""一般人民，无论男女老幼，咸已不复知有民国，年月之计算，仅知公历"。① 这种情况在兴国等地也有反映，国民党方面报告，该县"一般男女匪民，只知公历为某某年，而不知民国年号，只知有马克斯、列宁，而不知其它，麻醉之烈，匪化之深，于此可见"。② 关于苏区革命文化形成的社会思想变化，《申报》记者陈赓雅有如下记载：

> 曾经赤化之人民，似具特性三点：一为不怕死，前几次国军进剿时，彼等皆远飏数十里外，鲜有敢冒险归来者。今则稍逃村外，微知国军能宽容，即联袂偕归。亦有敢越重围寻仇雠，以取甫归之难民首级者。浯塘村民，因割电线，曾被杀数十人以示儆，彼犹不怕，竟乘某连撤退之不备，以农具缴其枪，致遭血洗之祸。……二为残忍性，杀人不算事，其例不胜枚举。三为创造性，譬之义勇队队长，及其它团体主要职位，农民竟敢与农民争夺，争得之后，对厥职亦多能自出心裁，处之裕如；争而失败，则一变而为捣乱心，使办事人时感棘手。③

苏区社会革命以扫荡社会陋习为职志，在这方面，禁烟运动的

---

① 赵可师：《赣西收复区各县考察记》（三），《江西教育旬刊》第10卷第4、5期合刊，1934年7月11日。

② 《江西兴国县收复后六个月实况报告书》，江西省兴国县档案馆藏档案，131/2-8-2/77。

③ 陈赓雅：《赣皖湘鄂视察记》，第52页。

成就相当突出。近代以来，鸦片是危害中国社会的一个毒瘤，南京政府虽然宣称要禁绝鸦片，但实际是禁而不绝，禁烟成为其征税的一种手段。苏区禁烟可谓雷厉风行，对栽种和吸食烟毒者都规定了严厉的惩处措施，并定期展开检查。江西省苏1932年11月报告，在所调查的9个县中，宁都、公略、寻乌无专项调查，其余6县都未发现鸦片栽种情况。兴国、赣县、宁都、永丰、寻乌、安远、万太、公略等地发现少量吸食鸦片者，其中赣县情况比较严重，"吃烟赌博者不少，每月少队所捉的三十多起"。① 可见，经过中共的努力，在短时期内苏区已经做到基本禁绝鸦片种植，吸食鸦片者大幅减少，残余者也不断采取措施强制戒绝。

由于鸦片吸食后易上瘾，种植鸦片又有经济利益，禁绝鸦片的困难非比寻常，中央苏区为禁绝鸦片，不仅建设并投入警力禁烟抓赌，同时利用少先队等群众组织抓捕瘾君子强制戒烟，经常性的检查也坚持不懈，防止烟毒重新泛滥。1932年底，各地在禁绝鸦片活动中发现胜利、宁都、于都、兴国、石城等县尚有人栽种鸦片，相关各县对此均予以处理：胜利县"进行以政治的鼓动和鸦片恶毒，深入到乡村中去宣传群众、解释群众、发动群众的斗争，把遗下未铲的鸦片，连根铲绝"；② 石城县"鸦片烟正在开始铲除"。③ 各级机关派出的巡视员将烟毒列入巡视对象，长生视察于都、胜利两县后就提出报告："古龙岗、马鞍石一带还有种鸦片的，党与政府亦未注意这一工作"。④ 通过中共持续不断的努力，虽然在苏区内部烟毒不可能完全禁绝，如当时报告提到：苏维埃干部中吸食鸦片者就有人在，福建团组织发现"上杭、长汀、新泉都有区委负责人偷吃

---

① 《江西省苏报告》，《中央革命根据地史料选编》（下），第236页。
② 《中共胜利县委十一月份工作报告大纲（1932年12月10日）》，《江西革命历史文件汇集（1932年）》（二），第379页。
③ 《中共石城县委两个月（10.20～12.20）冲锋工作报告（1932年12月23日）》，《江西革命历史文件汇集（1932年）》（二），第444页。
④ 《长生同志关于胜利、于都两县动员工作情况给弼时的报告（1932年12月26日）》，《江西革命历史文件汇集（1932年）》（二），第507页。

的现象……省委几位十七岁的老人家（原文如此——引者注）也同样吃的"，① 永新也有"少数党员吸大烟赌钱"，② 但在整个中国烟毒泛滥的背景下，苏区能够在短时期内使种植和吸食鸦片者成为过街老鼠，其禁绝鸦片的决心与社会改造的能力，不能不让人刮目相看。

在艰难的条件下，中共通过社会运动的形式尽力改善苏区的卫生状况。赣南、闽西医疗卫生落后，苏维埃革命前，农民一般病痛多依靠草药治疗。由于医疗条件落后，加之缺乏卫生习惯，常有疫病流行，每年因疫病导致死亡的人口都不在少数："疾病是苏区中一大仇敌，因为它减弱我们的革命力量。"③ 苏维埃政权成立后，注意宣传卫生清洁，着力改善公共卫生，兴国县长冈乡将居民按住所接近，七八家左右编为一个卫生班，设班长，负责清洁卫生。规定五天大扫除一次，使卫生状况大有改观。同时政府加强医疗管理，设立公共看病所，"由政府雇请医生，看病不收诊费，但药须在该医生药店购买。规定医生看病费五里以内红包一毛半，每加五里加小洋一毛"。④ 1934 年春夏，即使在第五次反"围剿"的军事紧张时期，各级政权仍大力开展卫生防疫活动，陈诚在占领石城后发现："石城一切尚好，较之非匪区尤觉整齐清洁。土匪精神实可令人敬佩。"⑤ 这应该是由衷之言。

由于时间短暂，加上第五次反"围剿"开始前后苏区社会政治经济状况的恶化，中共中央指导中的教条倾向，苏区社会改革中也有不尽如人意之处。以宣传言，一般来看，像游艺晚会、俱乐部

---

① 《团闽粤赣省委三个月工作报告》，《闽粤赣革命历史文件汇集（1932 ~ 1933）》，第 169 页。
② 《中共湘赣省委关于三个月工作竞赛条约给中央局的总报告》，《湘赣革命根据地》（上），第 351 页。
③ 毛泽东：《长冈乡调查》，《毛泽东农村调查文集》，第 321 页。
④ 《△△区苏维埃政府会议记录》，《江西革命历史文件汇集（补遗部分）》，第 482 ~ 483 页。
⑤ 《匪有由信丰安远间突围西窜说深恐一波未平一波又起（1934 年 10 月 22 日）》，《陈诚先生书信集·家书》（上），第 287 页。

这样寓教于乐的宣传形式往往较能为民众所接受，而一些民众难有切身感受的活动及与群众利益不发生直接关系的组织则无法深入民心。如当时为动员民众，苏区成立了名目繁多的各种群众组织，但效用并不显著："反帝同盟拥苏大同盟及青年部等革命群众团体的名目太多，每人有十余种组织可加入。下层同志确听到头晕，找头绪找不到。因此这些组织不能健全起来而是一种空招牌。"① 1932年底，宁化"全县成立了县工会筹备处、雇农工会、'反帝'、'拥苏'、'互济'等，但组织有的只有一个名，负责人没有，工作更没有"。② 尤其当缺乏实质内容的会议不断增多时，民众更会产生厌烦心理："群众大会开多了，群众不愿意到会，且厌恶起来。"③ 各项工作均走在前列的兴国也报告，在宁都暴动纪念大会中，虽然各级部门大力宣传，但"各乡到会的人数及群众的表现没有很充分的热情"。④ 这些问题，在国民党方面的报告中也可看到，李一之列举了中共宣传的一些弱点：

> 一、文字宣传，词义艰深，民众无由领会：除标语外，其余各种传单告民众书等，无不千篇一律，长篇大论有如前代八股，宣传效力，直等于零。二、不分时间空间一律施用不能适合环境：如在民族主义高潮中而高呼"武装拥护苏联"，适足引起爱国民众之反感；在农村而高呼"工人实行八小时工作制！"、"工人增加工资"，不啻无的放矢。⑤

---

① 《新泉县委书记杨文仲给福建省委的信》，转见博古《拥护党的布尔雪维克的进攻路线》，《斗争》第 3 期，1933 年 2 月 23 日。

② 《霍步青给稼蔷同志信（1932 年 11 月 8 日）》，《闽粤赣革命历史文件汇集（1932～1933）》，第 269 页。

③ 《张启龙关于赣西工作情形给中央局的报告（1931 年 7 月 12 日）》，《江西革命历史文件汇集（1931 年）》，第 107 页。

④ 《中共兴国县委两个月冲锋工作报告（1932 年 12 月 20 日）》，《江西革命历史文件汇集（1932 年）》（二），第 408 页。

⑤ 李一之：《剿共随军日记》，第 103 页。

应该说，这确实说到了问题的要害。

苏区对宗教和民间传统信仰习俗采取严厉的态度。《宪法大纲》规定："一切宗教不能得到苏维埃国家的任何保护和供给费用，一切苏维埃公民有反宗教的宣传的自由。"[①] 僧侣在苏区和官僚、地主、豪绅一起，被列入"反革命分子"行列。不过，苏维埃政权打击宗教主要指向的还是组织完整、被认为具有侵略性的西方教会，对中国传统佛、道和民间信仰相对较为宽松。包括和尚、道士以及一些介于宗教和民间信仰活动之间的人士，中共将其定位为游民，属于改造对象，被限制转业，不在被清除的反革命之列。根据毛泽东 1933 年底的调查，"菩萨庙宇、僧尼道士、算命瞎子等，都成了过去的陈迹，现在是都改业了"。[②]

然而，绵延千年的民间信仰活动，短短几年时间想要完全禁绝谈何容易。江西、福建都是民间信仰色彩浓厚地区，江西 1930 年代的统计，23 县中就有寺庙 3915 所。[③] 福建 40 县同期有寺庙 2607 所。[④] 赣南、闽西地处山区，民间信仰空气更为浓厚，神佛相当程度上充当着民众应对灾变、祈求保护精神支柱的作用，生命力之强非武力和政治宣传所能及。毛泽东在兴国长冈的调查注意到："去年以来，老婆太敬神（装香供饭、求神拜佛）的完全没有了，但'叫魂'的每村还有个把两个……但有些老婆太，虽不敢公开敬神，心里还是信神，这些人多属没有儿子的。"[⑤] 毛的调查是在工作先进的地区展开的，农村的实际状况可能比这还要严重。湘赣苏区反映："封建迷信可说大部分打破了，但各县的妇女一遇疾病发生则求神拜佛呼魂的怪象。"[⑥] 莲

① 《中华苏维埃共和国宪法大纲》，《苏维埃中国》，第 20 页。
② 《中共赣东北省委代表向中央的报告（1932 年 11 月 20 日）》，《闽浙赣革命根据地财政经济史料选编》，厦门大学出版社，1988，第 131～132 页。
③ 《县政调查统计·江西省》，《内政调查统计表》第 22 期，1935 年 6 月。
④ 《县政调查统计·福建省》，《内政调查统计表》第 21 期，1935 年 5 月。
⑤ 毛泽东：《长冈乡调查》，《毛泽东农村调查文集》，第 325 页。
⑥ 《湘赣省委妇女部报告（1933 年 1 月 7 日）》，《江西苏区妇女运动史料选编（1927～1935）》，江西人民出版社，1982，第 277 页。

花县在革命开展数年后发现："封建迷信的残余，非但不能破除反而逐渐的恢复了……群众对这个问题信得非常浓厚。"①

民间信仰旺盛的比较典型案例是瑞金壬田的祭拜观音事件。根据《红色中华》报道，1933 年 11 月 22 日，壬田区竹塘乡草鞋坪一块白石崩下，岩石崩裂处涌出一股山水，由此被一般信众说成是观音太太，引起乡民祭拜，乃至"我们队伍中一些同志，竟也迷信'观音'，去烧香顶拜"。② 短时间内，消息迅速传开，祭拜者络绎不绝，有人还装扮仙童，出卖神签，募捐修庙："壬田岭子脑地方一个屋子里只有二十多家，一下子就募了四十余块钱。并吸引石城会昌等地的落后群众来朝香，一时轰动远近……许多群众成群结队的前去朝香。""隘前区苏主席也骑马去拜'观音太太'，合龙区和云集区的裁判部长也放弃了自己的责任去烧香，还有洋溪乡的乡苏主席，带了二十多个儿童团员前去朝拜"。③ 壬田离瑞金城不远，堪称中央苏区的中心区，一旦有"灵异"现象出现，朝拜者仍然难以遏制，可见传统习俗信仰在民间扎根之深。在浓重的习俗观念影响下，即使是表现比较先进的青年人也"还有不少信菩萨的"。④

有意思的是，对苏区传统信仰习俗禁而不绝的局面，国民党人也有评论，杨永泰在国民党军占领广昌后发现：

> 土地庙本是一种迷信的东西，在我们革命势力之下，看见了这个东西，还要劝导一般愚民不可迷信，有些地方党部，激烈一点，便领住些人去打倒他。可是我在广昌黎川经过的地方，看见土地庙土地牌，和香炉存在的就很不少。到处死了人

---

① 《少共莲花县委一个月工作计划》，《江西革命历史文件汇集（1932 年）》（一），第 24 页。
② 李忠：《草鞋坪的反革命事件》，《青年实话》第 3 卷第 15 期，1934 年 3 月。
③ 《瑞金壬田区反革命活动》，《红色中华》第 160 期，1934 年 3 月 10 日。
④ 《团瑞金县委关于各区第二次革命竞赛（四月至五月）总结报告》，《江西革命历史文件汇集（1932 年）》（一），第 294 页。

还是化纸钱烧香。听说广昌战后，锡箔纸钱香烛，就是一宗很好的生意，和久缺的盐米一样的需要。黎川还有一座扶乩的菩萨庙，香火从来很盛，偶像陈列得很多，此次经我们收复之后，才把他的偶像搬开去。[①]

应该说，杨永泰的批评当非杜撰，不过客观来看，这并不能算是忠厚之言。社会改革之功需要一点一滴持续不断地努力，不是单纯政治力量的推动就可以一劳永逸的，对于中国长期的习俗传统，任何毕其功于一役的做法都未免冒进，何况民间信仰还有其更深的社会和心理原因。事实上，后来中共对这一点也有认识，1940年代末，中共在谈到这一问题时就指出：

> 在农民迷信未打破以前，烧神像与佛堂，只有引起农民反感，给反动派以挑拨机会，此外一点好处也没有。过去大革命时期与土地革命时期烧神运动所引起的恶果，今天再不要重复他。今天对农民根本不要提打破迷信问题，提出来农民是不会接受的，何必多此一举？要到什么时候才可以宣传呢？要到农民得到土地，工人生活改善以后，才可以拿事实去教育农民，告诉他们："菩萨是不会帮助我们得到土地的，什么坏八字，命不好，都是地主欺骗蒙蔽我们的。"只有在这个时候，用这种说法去教育农民，农民才会接受。但就在此时，也不要叫农民不去敬神，只告诉他们不必多花钱就够了。总而言之，这些问题今天对革命尚不是重要问题，不必强调他，自找麻烦。[②]

上述总结是中共经过多年摸索后的经验之谈。对于中央苏区时

---

① 杨永泰：《革命先革心，变政先变俗》，《新生活周刊》第1卷第15期，1934年8月6日。
② 《华中分局关于摧毁封建势力及迷信组织给二地委的信（1946年7月7日）》，中共中央华东局《斗争生活》第40期，1946年10月1日。

期尚很年轻的中共党人而言，他们考虑更多的还是革命理想的实践，社会革命是共产革命的题中应有之义，而中共党人通过社会革命在实现自己革命理想的同时，也相当程度上赢得了民众的好感与支持。然而，正如中共自己后来意识到的，由于社会的运行呈现出无限多样的复杂性，社会革命的掌控和把握相当微妙，其效果往往利弊参半。比如，苏区宣传在家庭中打破家长制度，家庭成员平等，就激起一些中老年人的反激，苏区民众不同年龄段对中共支持度出现波动，与此不无关系。资料显示，中央苏区老、中、青、幼各年龄段对中共反应有相当差别。福建方面有报告提到："思想方面，则老年人痛恨赤匪，冀得真命天子出而恢复专制，平治天下。幼稚者因受共匪愚惑，以为非阶级斗争，实行土地革命，决无其它出路。惟少数中年人稍能折中于两者之间，希望有不杀人之政府出现，使彼有安居乐业之机会，即为已足。"[①] 这种随着年龄增长对苏维埃革命支持度呈递减趋势的状况在江西方面也得到证实：

（老年人）四十岁以上的属之，他们阅历较深，态度稳健，除了一些素行不轨的以外，大都不赞成土匪的行动，在土匪一方面，也怀疑他们思想顽固，目为反动。所以在匪区被杀的，亦以老年而有知识的人为最多。但无论如何，他们在群众中，对于后进，有相当信仰，在每一时期，因为环境的压迫，不能不和土匪虚与委蛇，然而他们处在岌岌不可终日的境况中，心理上的感应是惊恐、怨望、饮恨，绝少对土匪以助力。

（壮年人）二十岁以上四十岁以下的属之，这一班人，血气方刚，意志未定，一经刺激，不问事之如何，辄生反应，故麻醉较易。且好新奇，喜破坏，土匪之所以蓬勃一时，实以利用此辈之力为多，这可以说是土匪的主力军。但据各次战役所俘获的壮年匪兵所供称，他们之所以不能投诚，完全是由于土匪政委秘密的监视。可知他们的意识，也发生了动摇。并且一次二次的抽派到前线抵炮火，所有的壮丁，已十去八九了。

（幼年人）十岁以上廿岁以下的属之，这一期内的人，口臭未退，初出茅庐，社会上人情世故，根本不懂，而破坏好奇的性格，又较壮年为甚，所以极易利用。最近在樟村之役，俘获匪兵，多系十余岁的儿童，由匪区所抽派者，他们除了感觉痛苦以外，什么也不明白，有无数儿童，就是这样挡着炮火糊糊涂涂死了，所以在幼年儿童方面，他们根本没有成见，也无所谓觉悟。[①]

年龄差异导致的支持度变化，除观念的原因外，和其在社会革命中面临的地位变化当然不会没有关系，老年人革命后从家长的权威中跌落，而青少年的束缚相应得到减轻，这是导致他们对革命后的社会变化反应不同的关键原因，这一点，妇女群体体现得尤为明显。

5. 妇女：地位上升最快群体

马克思主义的共产革命以求平等、求解放为宗旨，具有强烈的弱势代言人色彩，而妇女无论中外，在社会生活中都长期居于弱势，是革命的天然拯救对象。恩格斯引述傅立叶时曾说道："在任何社会中，妇女的解放程度是衡量普遍解放的天然尺度。"[②] 妇女于社会革命中的这种独特地位，在苏维埃革命中也有清晰体现，苏维埃时期所有的社会变化中，妇女地位的改变可以说最为引人注目。

---

① 欧阳明：《匪区民众心理之分析与挽救》，《汗血月刊》第 1 卷第 2、3 期合刊，1934 年 2 月 20 日。

② 恩格斯：《反杜林论》，《马克思恩格斯选集》第 3 卷，人民出版社，1995，第 610 页。

赣南、闽西是客家人聚居地，客家人有天足传统，在一些较为偏僻地区，客家妇女天足比例很高。由于不受小脚限制，加之客家文化相对于中国主流文化的边缘地位，客家妇女历来在家庭劳动中占有重要地位，尤其在离城较远的偏远地区妇女参加劳动比例更高。靠近赣南的井冈山一带客家人比例较高地区，妇女参加劳动者占相当比重，资料记载，湘赣苏区的劳动妇女，"除（北路攸县萍乡）一部分是小足外，其余各县的劳动妇女都能参加农村生产做事耕田"。① 莲花"妇女向系天足，其操作与男子等（缠足者极少）"。②

赣南、闽西客家妇女参加劳动者甚众。时人报告："闽西各县除龙岩外，妇女向来天足，能自食其力（如斫柴田事多妇女担任），农人工人对于家庭负担自属轻微，且多妇女能苦力生产维持一家而男子毫不负责者。"③ 关于赣南妇女天足的报告更多，"在赣县女人是生产的主力，这并不是怎样夸大的话。乡间种田的是女人，码头上以及长途挑运的人也是女人"；④ 南康"妇女尽属天足，劳动工作，不逊男子，且均能自食其力，绝少为人奴仆者"。⑤ 客家妇女以参加辅助劳动为多，但也有部分妇女进行田间耕作，革命前上才溪妇女中"约三十个人能用牛"。⑥

妇女勤于劳作，相当程度上减轻了男人的负担，妇女可以不依赖男人，甚至养活男人："赣南妇女都是和男人一样的大脚，耕田

---

① 《湘赣省委妇女部报告（1933年1月7日）》，《江西苏区妇女运动史料选编（1927～1935）》，第276页。

② 赵可师：《赣西收复区各县考察记》（三），《江西教育旬刊》第10卷第4、5期合刊，1934年7月11日。

③ 《漳州永定救乡委员熊耀球呈国民政府（1930年11月16日）》，《伪国民政府部分档案中有关第二次国内革命战争史料抄件》第6册，中国社会科学院近代史研究所藏，第571页。

④ 沈锡忠：《我们知道的赣县和赣县人》，《新赣南旬刊》第1期，1941年2月1日。

⑤ 《南康县教育视察报告》，《江西教育》第10期，1935年8月1日。

⑥ 毛泽东：《才溪乡调查》，《毛泽东农村调查文集》，第342页。

做工都是和男人一样的负担，一般的以为一个女子能自己做事养活男子是光荣。"① 由于妇女的辛劳操作，在赣南的上犹县甚至出现阴盛阳衰的状况：

> 十二万多人口的上犹，女性是占了七成多。所以各项工作都有女性做。尤其是劳动方面，妇女是其主力……但是上犹的男子是太闲了，太懦弱了。像这一个月里的天气，实在是并不很冷的，可是穿着长衫，在长衫下提个火笼到街上走的男子，是常看见的事。②

当然，上述材料提供的妇女参加劳动较多状况应该是相对其他地区而言，尽管客家妇女有天足传统，但流风所及，赣南闽西妇女缠足风气仍然存在。中共方面文件显示："赣东（如宁都、石城、广昌）等县……女子在十六岁以上的，大部分还是小脚，劳动力弱。"③ 胜利县的"古龙岗、江口、赖村、半迳等处的小足妇女也实在多……大概还有十分之八小足婆"。④ 一般而言，客家人口比例愈高，地区愈偏僻，则天足比例愈高，而在城镇及通衢大道上，因为受流行习俗压力较大，缠足比例相对较高。⑤

中央苏区妇女特殊的天足状况，一方面使妇女与外界的联系更为密切，在家中承担更多责任，由此带来一定的社会和经济地位；但同时也使这里的妇女须承受更多的生活压力："赣西南的妇女有

---

① 《黎日晖关于赣南工作的综合报告（1931 年 10 月 6 日）》，《江西革命历史文件汇集（1931 年）》，第 183 页。

② 魏晋：《建设中的上犹》，《新赣南旬刊》第 5 卷第 3 期，1943 年 2 月 15 日。

③ 《中共江西苏区省委四个月（一月至四月）工作总报告（1932 年 5 月）》，《江西革命历史文件汇集（1932 年）》（一），第 168 页。

④ 《中共胜利县委关于七月份工作情形给中共中央局的报告》，《江西革命历史文件汇集（1932 年）》（一），第 379 页。

⑤ 考量这一点，必须注意到 1930 年代前后放足运动开展仅十多年，成年妇女的缠足状况和放足运动尚难形成相关，因此在赣南、闽西客家区域的城镇地区小足反而较多。

百分之九十以上是农村中的劳动妇女。她的生活、工作，一切都比男人特别利害，尤其是青年妇女更受痛苦。因为在那边古来的习惯，一般女子除从男人出去耕田外，她回家要做饭，及家里其它一切事情。"① 而且，从总体上看，在当时的社会和文化氛围中，妇女的地位仍然低于男子，"男子压迫妇女，轻女重男的现象……丈夫打骂老婆，家婆打骂媳妇，还是认为天经地义"。② 女性的社会角色使她们自觉不自觉地成为困苦生活的最大牺牲者："她的生活更比男人要苦得多，比如男人做事回来或者要买点好菜吃的时候（那边大部分男人要吃酒），女子是没有吃的，并且女子吃饭除五十岁以上的老婆婆外，青年女子及成年女子，统统没有资格上台吃饭的，其余穿衣方面，什么一切都比较男人要苦点。"③ 中国传统社会习见的妇女社会地位低下的状况并没有根本改变。

1920 年代后，中国社会掀起男女平权运动，南京国民政府理论上也提倡男女平等。但是，外界的影响和政府的权威在这里若有若无，妇女地位看不到变动的迹象。中共进入后，秉持男女平等、提高妇女地位的理念，通过强有力的政治推动，大力提高妇女权益。苏区政府颁布法令，禁止虐待童养媳并废除童养媳制度，禁止翁姑丈夫虐待妻媳，禁止幼女缠足、穿环，30 岁以下妇女应剪发、放足；严禁贩卖女子，违者枪决；取消蓄婢制度，一切婢女即行解放并由主人给以工资维持生活；女子被压迫为娼妓者，即行解放，恢复一切自由。同时，苏维埃采取男女平等的社会经济政策，所有城乡女工都得到与男工同样的一份劳动工资。农村中妇女、小孩都得到按人口平均分配的一份土地和山林。对分到的土地，"她们均

---

① 《朱昌谐同志关于赣西南妇女工作的报告（1930 年 10 月 23 日）》，《江西革命历史文件汇集（1930 年）》（二），中央档案馆、江西省档案馆编印，1988，第114 页。

② 《江西苏区中共省委工作总结报告》，《中央革命根据地史料选编》（上），第473 页。

③ 《朱昌谐同志关于赣西南妇女工作的报告（1930 年 10 月 23 日）》，《江西革命历史文件汇集（1930 年）》（二），第114 页。

有权自由处置，不受任何人的约束"。① 1932 年临时中央政府发布训令，决定从中央到地方建立妇女生活改善委员会，承担调查、统计和研究苏区妇女生活状况，拟定改善妇女生活的建议和办法，考察有关妇女政策、法令执行情况等任务。一系列的法规规定了妇女独立的经济地位，为妇女争得与男子平等的社会经济地位奠定了政策和物质基础。

在传统中国，妇女很少有受教育的机会，赣南、闽西妇女更是如此。教育水平的低下使妇女无法在知识、视野与社会活动能力上与男子齐头并进。苏维埃为妇女提供了享受文化教育的权利和机会。苏维埃中央政府专门要求各级政府文化部设立妇女半日学校，组织妇女识字班、家庭临时训练班、田间流动识字班，有计划地实施妇女的文化工作。规定 7 至 18 岁的女子应接受小学教育，19 至 30 岁的入夜校学习，失业女工到妇女工读社受教育，其他妇女也要参加识字运动。通过政府的大力提倡、引导，女子接受教育比率有了大幅提高，兴国县列宁小学的学生中，女生占 45%；夜校成人学生中，女子占 69%；识字组男女组员中，女子占 60%。

婚姻自由是妇女解放的重要内容。传统中国婚姻由家庭包办，男子可以纳妾，妇女在婚姻中处于绝对的弱势地位。苏区颁布的婚姻条例宣布，废除一切封建的包办、强迫与买卖的婚姻制度，实行婚姻自由和一夫一妻制。在离婚问题上，实行"偏于保护女子，而把因离婚而起的义务和责任，多交给男子担负"② 的优待妇女的政策。新的婚姻政策造就了不一样的婚姻关系，深有所感的赣南民众在山歌中表达出他们的感触："实实在在话你知，共产主义矛（有——引者注）共妻，总爱两人心甘愿，唔使媒人也可以。"③

苏维埃政权着力提高妇女地位的措施，收到明显成效。毛泽东

---

① 《列宁青年》第 5 卷第 1 期，1931 年 12 月 8 日。
② 《中华苏维埃共和国婚姻条例》，《中央革命根据地史料选编》（下），第 194 页。
③ 《共产主义矛共妻》，《赣南苏区民歌》，赣南人民出版社，1959，第 8 页。

在第二次全国苏维埃代表大会上谈道："兴国等地妇女从文盲中得到了初步的解放，因此妇女的活动十分积极起来。妇女不但自己受教育，而且已在主持教育，许多妇女是在作小学与夜校的校长，作教育委员与识字委员会的委员了。"① 这种地位的变化，在日常生活中处处可见，毛泽东在兴国长冈乡调查发现："丈夫骂老婆的少，老婆骂丈夫的反倒多起来了。"②

苏区妇女地位的提高，激发了她们参加社会政治经济生活的热情，无论在后方生产还是在安全警戒上都发挥着越来越重要的作用。各地在乡苏维埃政府之下，设立妇女劳动教育委员会，积极推动妇女参加生产劳动，许多妇女掌握了犁耙、莳田技术，担负起原来由男人承担的繁重劳动。1934 年春耕期间，瑞金能够参加生产的妇女达到 3104 人，仅下洲区就有 1019 人。③ 兴国全县参加生产的妇女更高达两万人以上。④ 青年妇女则参加到少先队等群众组织中，成为保卫地方安全不可或缺的力量：

> 上杭大拨区大拨乡的一个妇女细蓝同志，她是一个团员，当敌人前次进攻该乡时，男同志及部分的群众都离开本乡了，但是这位模范的女性却安静沉着的不跑，当敌人快要迫近大拨时，她一面燃烧号炮——因为放哨的人都"逃之夭夭"了，俾广大工农群众知悉准备与敌作战，一面亲自率领模范少队数十人奋勇直前的打击敌人，给了进攻的敌人以严厉的痛击。⑤

妇女广泛参加政治生活是妇女地位变化的重要标志之一。当

---

① 毛泽东：《对第二次全国苏维埃代表大会工作报告》，《苏维埃中国》，第 283～284 页。
② 毛泽东：《长冈乡调查》，《毛泽东农村调查文集》，第 324 页。
③ 定一：《春耕运动在瑞京》，《斗争》第 54 期，1934 年 4 月 7 日。
④ 王首道：《模范红军家属运动》，《斗争》第 70 期，1934 年 8 月 16 日。
⑤ 飞涛：《三个模范的女性》，《青年实话》第 2 卷第 10 期，1933 年 4 月 1 日。

时，"苏维埃政府有女子当选，一切群众示威游行等运动，均有女人参加，作战时妇女送饭茶慰问伤兵都极热烈。新年耍龙灯，女子都提灯、化装、武装出来了"。[①] 1933 年 5 月，中共闽赣省委在召集省党代表大会的有关通知中，明确规定："出席各级代表大会的代表，工人成份应占百分之四十，劳动妇女至少要占百分之十。"[②]在 1933 年下半年开展的苏维埃代表选举中，苏区妇女积极投身其中，瑞金下肖区记载这里的妇女选举情况：

> 区妇女部接到中央局通知，立即召集妇女委员会，具体的讨论。党团区委常委会通知各支部召集各妇女指导员和主席团联席会议，此会议上党团区委首先具体的讨论选举运动，过后拿到此会中去进行，很迅速地在一个多钟头的会议中，先半个钟头政治与前方红军伟大胜利好消息报告，她们非常兴奋，根据此报告来讨论了下列问题：1. 妇女在苏维埃选举百分之二十五的准备。2. 给全苏大会赠品，各乡热烈建议扩大红军竞赛，全区共四十多名。3. 每个妇女做一只草鞋给前方红军。
>
> 对于过去婚姻条例的意见，做提案给全苏大会修改，各乡妇女具体讨论过（如妇女自由带土地财产与小孩子给养费等问题），这任务完成了。由区一级组织了总结各乡婚姻条例提案委员会，全苏大会做修改婚姻条例参考。[③]

随着妇女在政治生活中的日渐活跃，妇女广泛参加到各级政权中。1933 年，江西苏区 16 个县，县级妇女干部有 27 人，兴国一县有 20 多名妇女担任乡主席。1934 年初新组成的城乡苏维埃代表

---

① 《张怀万巡视赣西南报告》，《中央革命根据地史料选编》（上），第 192 页。
② 《中共闽赣省委关于准备召开全省党代表大会的决定》，《闽粤赣革命历史文件汇集（1933~1936 年）》，中央档案馆编印，1984，第 4 页。
③ 汉英：《瑞京下肖区妇女参加选举运动的检查》，《青年实话》第 3 卷第 1 期，1933 年 11 月 13 日。

大会中，妇女代表一般占代表总数的 25% 以上，有的地方如上杭县的上才溪乡和下才溪乡，妇女代表分别占 54.6% 和 64.8%。① 在各级政权机关中，"乡政府及区、县政府，亦统统有女子当选委员"。② 1933 年底江西省苏维埃政府执行委员候选名单中，妇女人数多达 31 人。中共党内中妇女党员人数随着妇女运动的活跃日益增长，据统计，江西省女党员在党员总数中的比例，1932 年夏为 8%，次年 1 月，据瑞金、宁都、兴国等九县的统计，增加到 13%，总数达 5871 名。③ 5 月，总数进一步增加到 10294 名。④ 对于苏区妇女的政治热情和地位的提高，国民党方面也有客观描述，承认苏区"一般妇女须随时常为红军缝做草鞋，而妇女结婚、离婚，绝对自由"。⑤

中央苏区妇女的天足及与外界联系较多的状况为中共在此展开妇女运动提供了比较好的天然条件。苏区妇女本身就有着当家养家的传统，其政治热情和参与意识较易得到激发，因此苏区妇女在扩红、慰劳红军乃至后方生产等方面发挥着十分重要的作用。福建长汀扩红运动中，"在群众会上妇女突击队，指男人的名字，唱山歌鼓动他当红军，鼓动逃避归队。在这样有力的突击中，很多男子马上报名。妇女突击队大多是红军的老婆组织起来的，他在群众中，有他极光荣的威信和作用"。⑥ 兴国高兴区妇女"扩大红军占全区半数以上，推销公债占百分之七十"。⑦ 中共在妇女工作上的成功

---

① 梁柏台：《今年选举的初步总结》，《红色中华》第 139 期，1934 年 1 月 1 日。

② 《朱昌谐关于赣西南妇运的报告（1930 年 10 月 23 日）》，《赣南妇女运动史料选编》第 1 册，江西省妇联赣州地区办事处编印，1997，第 15 页。

③ 弼时：《为扩大一倍新党员而斗争》，《斗争》第 11 期，1933 年 5 月 10 日。

④ 《党的组织状况》，《中央革命根据地史料选编》（上），第 674～676 页。

⑤ 《南昌行营致汪精卫等电（1934 年 4 月 13 日）》，《中央革命根据地革命与反革命斗争史料》（下），中国社会科学院近代史研究所藏。

⑥ 郭滴人：《长汀最近扩大红军所得的经验》，《闽粤赣革命历史文件汇集（1932～1933）》，第 289 页。

⑦ 江西十县参观团：《参观兴国以后的感想》，《红的江西》第 18 期，1933 年 1 月 29 日。

表现，使国民党军为之头痛，特地指示部队官兵："匪设有妇女训练班，经过训练后，装难民逃到我军地区求夫，以作兵运，及刺探我方消息，并作种种活动。请转令各部队，不论官兵，不得在匪区结婚，并禁止士兵与妇女接谈。"①

在充分肯定妇女解放的效果和作用时，也应看到，妇女解放对社会牵涉极大，其过程相当复杂。虽然赣南、闽西的客家妇女和中国主流文化中的妇女有所差别，但男尊女卑仍然是这里的基本构架，妇女挑战千百年来的习俗，抛头露面参与到社会政治活动中，遇到的阻力相当巨大。当时有报告反映："永定有妇女的组织，一般妇女出来都是很腐化的，没有出来则一点与男子说话不敢，甚至开会怕人家骂的。"② 1932 年，"妇女工作较好"的兴国县女党员仍只有 289 人，占全体党员数的 7%；宁都 1500 名党员中只有 7 名女党员。③ 1933 年江西报告："妇女干部数目字的少达到惊人的程度，只占总数百分之六点四。"④ 妇女在社会政治中的作用仍远未充分展现。

妇女解放现实阻力来自于异性。对于长期居于权力、家庭主导地位的男子而言，妇女对社会政治生活的强势介入引起他们的抵触实属意料之中：

> 当妇女们自己组织起来，参加集会，参加社会活动时，却越来越遭到男人们，特别是自己的男人的反对。男人大都认为，娘们出去参加活动，一定会引起"伤风败俗的事"来。男人花了不少粮食才娶下媳妇，因此便把她们看做是自己的私产，巴望她们出力干活，生儿育女，伺候自己，伺候公婆，只有别人问

① 《训令东西北路总司令部令各部队不得在匪区结婚并禁止士兵与妇女接谈》，《军政旬刊》第 30、31 期合刊，1934 年 8 月 20 日。
② 《闽西同志口头报告（1930 年 12 月 19 日）》，《福建革命历史文件汇集》甲 16 册，第 113 页。
③ 《江西苏区中共省委工作总结报告》，《中央革命根据地史料选编》（上），第 491 页。
④ 《党的组织状况》，《中央革命根据地史料选编》（上），第 687 页。

话时才许搭腔。在这种气氛下，妇女会的活动使许多家庭都产生了家庭危机。不仅做丈夫的反对自己的女人出门，公婆反对得更厉害。许多年轻媳妇因为坚持出去开会，回家后便遭到毒打。①

不仅仅是普通农民，即使是一些苏维埃干部，也不能摆脱长期观念熏陶的影响，一些地方政府有意无意中成为抵制妇女解放的堡垒："永丰有很多地方对婚姻条例完全忽视，有妇女坚决要求离婚，政府不准许外，还要勒逼女子要离婚就要出洋几十元"。② "寻乌吉潭区有个乡苏主席，因为同姓的一个女子同人恋爱，要区政府严办那个人而区政府不同意，该乡苏主席竟带领一班游击队，子弹土筒，并发动当地群众捣乱区政府，而县苏裁判部仅判处该乡苏主席一年苦工。"③

应该指出，中共妇女政策对于数千年社会结构的冲击，其所造成的社会动荡是巨大的，引起反激势在必然，而初期妇女运动的错误又加剧了反对的力量，并引发一些社会问题。初期妇女运动单纯以婚姻自由相号召，发生不少荒唐现象，各地都有报告："以'离婚结婚绝对自由'、'打破封建观念'等狭隘的整个斗争脱离的口号来动员青年妇女，实际的进行浪漫行动故意的捣乱，如妇女要能当众脱裤才算是真正打破封建观念，如组织恋爱研究会等等"。④一些干部受所谓"杯水主义"影响，对妇女不负责任："今天和这个女人结婚，明天又和那个女人结婚，上级机关的负责同志如此，影响到下级群众更加是一塌糊涂"。⑤ 有些妇女也把婚姻解放误为性混乱，造成男女关系混乱，有报告反映："在安福近来每个女

① 〔美〕韩丁：《翻身——中国一个村庄的革命纪实》，第179页。
② 《江西省苏报告》，《中央革命根据地史料选编》（下），第237页。
③ 司法人民委员部：《对裁判机关工作的指示（1933年6月）》，石叟档案008·548/3449/0759，中国社会科学院近代史研究所藏。
④ 《江西苏区中共省委工作总结报告》，《中央革命根据地史料选编》（上），第472页。
⑤ 《中共闽粤赣特委报告第三号——政治形势和党的工作（1931年4月7日）》，《闽粤赣革命历史文件汇集（1930～1931）》，第114～115页。

子，特别是所谓开通的都有三个男子，一个是丈夫两个是候补，两个中有一个半公开，一个秘密的，将来，现在的丈夫合不来离开了婚即以公开的递补，另一个秘密的。在西区每个男同志有一个老婆一个爱人一个 X 老婆共三个等的古奇事。"①

福建杭武误解打破封建口号，青年活动时关系混乱：

> 男男女女，扳头拉颈，会后，即男找女，女找男，三个五个，男男女女共睡一床。少先队下操做蛇脱壳，脱裤子，接塔等……假使上述事情谁怕做，谁不愿做，谁就是"封建"，就要受处罚，甚至开除队籍。因为这样来"打破封建"，使得一般青年妇女怕来下操开会，有些群众反对下操开会，以至反对"反对封建"、"男女平等"，对革命不满。②

片面提倡妇女解放导致的性错乱现象直接威胁到农民家庭的稳定。在性解放的背景下，普通农民处于最弱势的地位，因为"工作人员凭借政治的地位与权力，的确有假自由恋爱之名，行夺人妻女之实，自然其中有不少女子有趋炎附势的事实。农民则屈于淫威之下，敢怒而不敢言。在则女子也有浪漫放纵生活奢侈者"。③ 因此，"一般农民恐惧其已有的老婆被小白脸的知识分子夺去，未婚妻子不肯来到自己家里，将有没老婆睡觉的危险"，④ 对性解放十

---

① 《张启龙关于赣西工作情形给中央局的报告（1931 年 7 月 12 日）》，《江西革命历史文件汇集（1931 年）》，第 106 页。
② 清洪：《这样打破封建要得吗?》，《青年实话》第 12 号，1932 年 3 月 15 日。本文作者清洪即赖清鸿，为少共福建省委巡视员。文章发表后，少共上杭县委致函《青年实话》，表示："男女杂卧一事，在会议时，有时是有的。譬如赖清鸿同志于二月五日到我区来巡视召集团员大会，于八日开幕，亦因天气太冷，有许多同志没有床睡，杂卧一起，清鸿同志都与女同志共卧了! 他并要交头共卧，至半夜连灯火都吹灭了。"见《少共上杭县委来信》，《青年实话》第 15 号，1932 年 4 月 15 日。
③ 《邓中夏同志关于红二六军的报告》，《湘鄂西苏区革命历史文件汇集》第 2 册，第 39 页。
④ 《张怀万巡视赣西南报告》，《中央革命根据地史料选编》（上），第 193 页。

分反感。即使是中共党员，对妇女出来工作也有保留："很多共产党员不愿意他的老婆入党，我们推测这种原因，大概是恐怕自己的老婆入党后，又要给人家自由去。"[①] 由于婚姻危机成为社会群体的恐惧，地方政府对婚姻和男女关系问题稍一处理不当，极易惹起众怒，赣东北横峰县一女团员要与丈夫离婚，因政府处理不当，"村中有三百多农民自动召集大会，全体向苏维埃政府交涉，说女团员借故离婚，男子并未压迫，请苏政府释放，否则，我们村中五百多人都不要老婆了，我们将五十岁以下的老婆不要"。对此，苏维埃政府不得不表示退却，"经苏维埃政府召集会议，党召集党的会议，妇女工作人员会议，决定释放这一男子，处罚女团员"。[②]

面对上述种种难题，妇女运动经历初期理想主义的浪漫后，终究要回归柴米油盐的现实。1932 年，福建永定县委书记萧向荣在《红色中华》发表公开信，就苏区婚姻条例中关于离婚的规定提出几点质疑：假使一个男子或女子，没有一点正当理由提出了离婚，究竟可否准其离婚，"离婚绝对自由"引发的朝秦暮楚现象如何解决；"男女同居所负的公共债务，归男子负责清偿"，假使女子因负债太多要求离婚，男子负担是否过重；"离婚后，女子如未再行结婚，男子须继续其生活，或代耕田地，直至再行结婚为止"，如果女子无理由要求离婚，而离婚后男子还要负担女子的生活费，岂非雪上加霜。[③] 当时，苏维埃临时中央政府副主席项英在答复中未能直面这些现实问题，继续空洞地强调保证妇女的离婚自由，似乎，项英没有意识到或者不愿正面面对萧向荣所触及的革命理想和现实操作之间的落差，即尽管婚姻自由是中共努力争取的目标，但矫枉过正的规定又在损害着其他群体的利益，也未必就一定会有好的结果。社会是一个可以自我循环的有机体，当中共开始在一定程

---

① 《中共闽粤赣特委报告第三号——政治形势和党的工作（1931 年 4 月 7 日）》，《闽粤赣革命历史文件汇集（1930～1931）》，第 114～115 页。
② 《赣东北妇女工作》，《江西苏区妇女运动史料选编（1927～1935）》，第 419 页。
③ 《问题与答辩》，《红色中华》第 11 期，1932 年 2 月 24 日。

度上以执政而不完全是革命的姿态进入社会管理时，将会发现，利益的调节、资源的分配、习俗的影响，这些琐碎而又现实的问题虽然会让理想从云端回到地面，却又不能不认真面对。革命可以荡污涤垢，但社会秩序的重建还是需要一点一滴的改造之功，而且，这中间很可能会经历曲折反复的过程。

所以，现实的状况是，随着初期妇女解放的宣传逐渐转向妇女权益保护、妇女地位提高等具体问题，妇女运动的调门和受重视程度明显降低。在传统观念依然浓厚的背景下，妇女作为一个弱势群体受到的特殊关注一旦削弱，有些初期受到控制、纠正的现象又有重起之势。在男女平等问题上，不少地区反映："有些乡村封建压迫存在着，如男人打骂妇女（如沙洲乡一个女子，七保乡一个女子），在解决婚姻问题上发生许多严重的事情，当地党和团都往往不去解决。"① 婚姻自由虽然在法律上得到了充分的保障，但由于习惯礼俗的影响，也未能完全禁绝，胜利县委报告："打骂妇女阻止妇女开会做工作和虐待童养媳的，怪事也仍然有的。"② 永新县的状况更为严重：

> 苏区的劳动妇女还有不少的受残酷凌辱，至于打骂逼死妇女成了普遍的现象。如南阳区某乡用沸水泡死童养媳，象形区打出童养媳几个月不去寻问，并花溪乡有个童养媳在此严寒酷冷的天气中盖蓑衣……甚至有些妇女在婚姻问题上不能得到婚姻自由，反受到父母及旁人压迫干涉的手段而自寻短见……潞江区厚田乡有个青年妇女为要结婚而父母不准服药而死。③

① 汉英：《瑞京下肖区妇女参加选举运动的检查》，《青年实话》第 3 卷第 1 期，1933 年 11 月 13 日。
② 《胜利县委工作报告（1932 年 10 月 8 日）》，《赣南妇女运动史料选编》第 1 册，第 57 页。
③ 《永新县苏维埃执行委员会训令（1933 年 1 月 31 日）》，《江西苏区妇女运动史料选编（1927~1935）》，第 289 页。

诸如童养媳之类的习俗在民众中事实上更多受到习惯法的保护，"如叶坪就有二、三个童养媳，不愿在十五、六岁时，同他老公结婚，更不愿受家婆的压迫和打骂向政府报告，当着政府机关的人去调查时，他们的邻居都以'女大当嫁、家婆对他满好'来搪塞"。① 其实，这并不一定完全是搪塞，因为在民众心目中，这些确实已经司空见惯，习以为常。甚至有地方政府公然强迫婚姻的："乡政府或区政府有可以指定女子与某人结婚，男子有时贿通乡政府来达到与某女子结婚的目的。"②

对长期以来形成的风俗习惯，中共在妇女运动中虽有注意，但离根除尚很远。国民党军占领广昌后发现，"此地因文化落后，教育极不发达之故，其风俗习惯，自是守旧，毫无革新改进可言！故无论城乡妇女，一律大衣小袴，缠足结髻，银簪束起，银牌系后"。③ 1934 年 10 月的报告则称，宜黄"妇女缠足之风犹盛"。④对于广大妇女和苏维埃政权而言，中央苏区在男女平等上取得的成就固然喜人，但要完全实现男女平权，还不是一蹴而就那么简单。

6. 群众：组织与改造

苏维埃革命开展后，中共犹如横空出世，在结构松散的中国农村，建立起一个紧密的、具有有效组织及动员能力的社会体系，令

---

① 伯钊：《纪念"三八"与妇女工作应有的转变》，《红色中华》第 12 期，1932年 3 月 2 日。
② 《江西苏区中共省委工作总结报告》，《中央革命根据地史料选编》（上），第473 页。
③ 《广昌社会调查》，《汗血月刊》第 1 卷第 5 期，1934 年 7 月 20 日。
④ 《宜黄第七区民训会工作》，《军政旬刊》第 37、38 期合刊，1934 年 10 月 31日。1935 年国民党军占领宜黄后，有调查者也发现："本县少女一至十五六岁，即挽髻缠足，殊有改良之必要耳。"见周炳文《调查日记》，萧铮主编《民国二十年代中国大陆土地问题资料》第 172 种，第 85728 页。

其对手方不能不为之折服。抗战开始后，谢觉哉以中共驻兰州办事处负责人身份在兰州活动，与国民党人接触时，听到国民党人的感叹："到警署晤马志超局长。马参加过剿共，很惊异苏区群众组织，他们派的侦探，不能进入苏区五里路。"[①]

国民党人说到的中共的民众组织，的确是中共组织和动员能力的最好见证。当时有关调查提供了苏区组织的一般状况，工作偏于中上的兴国高兴区调查数据是："高兴区是兴国县第二等先进区域，虽然比上社区、城市区较差些，然而一般的还算好。这一区有两万零七百多人口，平均男有一万多人，女则不到一万人，党员1026名，团员989名，赤卫军全区有十四连（每连120人），共一千七百多名。工人、雇农不少。少先队有1300人，内有妇女九百多人。儿童团员有2748人。"[②] 数据显示，党员和团员分别占到总人口的近5%，参加赤卫军、少先队、儿童团的民众占到1/4强，这是一个以党员为基干，各种民众组织为补充，层层相连、递相推进的组织体系。

反映着中共广泛动员民众的目标，中央苏区民众组织众多，包括工会、贫农团、妇女会、反帝大同盟等，其中，群众性的武装组织最受重视，这是由苏区处身战争环境所决定的。早在1930年5月，毛泽东以红四军前委名义提出组建农民武装问题，要求在新开辟苏区"数天之内分完田地，组织苏维埃，建立起'赤卫队网'（所有十六岁以上四十五岁以下的男女壮丁一概编入，由乡到特区各级指挥机关，隶属于各级苏维埃的军事部）……赤卫队不但可以代替农会的作用（团结群众），并且加了一层'武装起来'的意义"。[③] 1932年7月，中华苏维埃共和国中央执行委员会向中央苏

① 《谢觉哉日记》，1937年7月30日，人民出版社，1984，第122页。
② 如心：《兴国高兴区两周印象记》，《红校斗争》第5期，1933年7月8日。
③ 《对流氓和对农民武装的策略——前委给安于会赣四县边界特区的信（1930年5月）》，江西省博物馆存。转见何友良《苏区制度、社会与民众研究》，未刊稿，第121页。

区各县发布训令,指示苏区"各县或几县成立一个红军补充团",同时"立即普遍的发展和成立城乡赤卫军",① 以此作为广大群众的武装组织和红军的补充队、后备军。1932 年 9 月,中华苏维埃临时中央政府又要求各县"赤卫军每区成立模范营,每县成立一个模范师,以统一指挥。不仅是随时集中配合红军行动,巩固和发展苏区,并作赤卫军下级的干部训练地方,和准备到补充队和直接到红军的积极分子组织"。②

苏区群众武装组织体系严密。每个省都成立统一领导、指挥地方武装的军区,直辖数个独立师和军分区;每个县均有独立团,几个县合组为一个军分区。军区的独立师和军分区的独立团作为半正规性的地方武装,具有一定战斗力。各县除独立团外,还有以保卫地方为主要任务的非正规性军事组织,边区县有警卫连、营和游击队,腹地县有赤卫军。此外,县、区、乡尚有半军事性的少年先锋队和童子团。红军—地方独立师—赤卫队—少先队,苏区武装形式形成一个有机链条,既可以帮助保证武装力量的人员供给,又可以在持续的战争状态下,以强有力的军事形式实现对社会的凝聚和控制。更重要的,如论者所言,这一制度:

> 将一村一乡的自卫队,联结为一张遍及苏区的大网,将历来难以守卫自身利益的个体农民,联结为一股股有组织、有指挥的武装力量,从而在地方武装中赋予了组织民众、武装民众的社会意义和战略意义。完全反映了这种思想的苏区地方武装建设,在苏区社会创建和中国革命发展中,首开人民武装制度和全民皆兵制度之先河。③

① 《中华苏维埃共和国中央执行委员会训令(第 14 号)》,《中央革命根据地史料选编》(中),第 620~622 页。
② 《中央执行委员会关于扩大红军问题训令(第 15 号)》,《中央革命根据地史料选编》(中),第 641 页。
③ 何友良:《苏区制度、社会与民众研究》,未刊稿,第 121 页。

苏区地方武装的成员几乎包括除老弱婴幼及阶级异己人员以外的所有群众，涵盖面居苏区社会各种组织之首。以性别分有男、女赤卫队；以年龄分，24 岁至 50 岁者加入赤卫军、赤卫队，16 岁至 23 岁者加入少年先锋队，8 岁至 15 岁者加入童子团。从地方武装所占人口比例看，如兴国县长冈乡，赤卫队年龄段男子全乡共 66 人，除乡政府主席、文书及重病残疾者共 20 人外，共余 46 人全都加入了赤卫队；全乡女子 246 人，除病残的 26 人外，全部加入女子赤卫队；全乡 101 名少年先锋队年龄段的男女，也仅有病残的 15 人未入队。据江西省 1932 年的一个统计，"全省赤卫军的组织至少有二十五万，连半军事性的少队组织至少有五十万"。① 大多数赤卫军和少先队建立了经常性的军事操练和政治训练制度。赣西报告："群众的军事训练有相当好，特别是少队童团要好些。有一次少共举行西路少共童团总会操（期在五卅），永新、安福西区团江区等都有少队童团比赛起来，确实操得整齐特别精神好，动作也操得十余种，尤其是儿童团操得更好。据说赤军较少队还要逊一着，在政治测验童团也要好"。② 兴国、赣县、胜利、上杭等县的许多区，涌现出赤卫军模范营，能够直接参加作战并能调到别的地方配合红军或独立师团作战。1934 年 4 月 28 日，中革军委总动员武装部公布群众武装统计结果是：赤卫军人数共 266345 人，少年先锋队共 157149 人，模范赤卫军共 55695 人，模范少年先锋队共 36273 人。③

对苏区群众性武装的作用，毛泽东曾代表苏维埃中央予以高度肯定："他们之加入红军，他们之保卫地方，他们之袭敌扰敌，在历次粉碎'围剿'的战斗中，显示了他们极其伟大的成绩，致使

---

① 《江西苏区中共省委工作总结报告（1932 年 5 月）》，《中央革命根据地史料选编》（上），第 442 页。
② 《张启龙关于赣西工作情形给中央局的报告（1931 年 7 月 12 日）》，《江西革命历史文件汇集（1931 年）》，第 102 页。
③ 李光：《中国新军队》，1936 年编印，第 227～229 页。李光即滕代远。

敌人惊为奇迹，成为敌人侵入苏区的绝大困难。"① 作为对手方的蒋介石对苏区的组织状况也颇为艳羡，他在对属下的讲演中称赞苏区：

> 政治组织和民众的组织，都很严密，尤其是民众的组织，我们最不及他。匪区的民众，他们都尽量的组织并武装起来，成为各种的别动队，如赤卫队、慰劳队、童子团、少年先锋队等都是，他们因为组织比较来得普遍而严密，所以民众生活能军事化，一切行动能够秘密灵敏。尤其是他的侦探来得很确实、很快速，通讯网递步哨号炮以及其它种种侦探的标志和手段，统统都能奏效。其实他的侦探和通讯联络的方法，譬如放几个号炮，摇几下红旗子，都是极简单的，但是因为得力于组织的严密，却能格外迅速确实而发生很大的效用，使匪区民众和他们伪政府匪军，都能协同一致动作。②

蒋介石上文中说到的通信联络方法，康泽曾有详尽的报告："伪军于驻地各村庄设立通讯站，预于两站之间择定置讯处所将信筒埋于砖石下丛草中，利用老幼妇女假装出外工作辗转传递极为敏捷。且不易被人察觉。伪军侦探多使用老人幼童妇女，活动时各备划有痕迹之铜币信件为的号，其携带信件常缝入衣裤或折于袖口上。"③ 在当时通信条件不发达的状况下，这样的信息传递方式可谓巧妙，而民众参与其中，如果没有精密的组织及发自内心的支持，都是难以想象的。

---

① 毛泽东：《对第二次全国苏维埃代表大会工作报告》，《苏维埃中国》，第257页。
② 蒋介石：《剿匪基本工作之研究》，《先总统蒋公思想言论总集》第11卷，第37～38页。
③ 《康泽电蒋中正伪军于驻地各村庄设立通讯站两站之间择定置讯处所及伪军侦探多用老人幼童妇女传递信件》，"蒋中正文物档案"002090300085199，台北，"国史馆"藏。

可以证明苏区组织严密的具体事例不胜枚举，当时报刊记载苏区查验路条的情况：

> 有一天早晨，我在离于都城不远的麻油坑地方经过。那时天色才黎明不久，路上行人还很稀少……突然，尖锐的问话传来："同志，有路条么？"我抬头一看，原来是一位青年女同志。我回答她："我没有路条。""你没有路条，不准通过；我们要把你扣留起来，送到乡苏去。"她一面说，一面前来检查我。……最后我把介绍信给她看，因为她不认得字，连忙叫男同志来看，一个同志看了还不算，再给第二个同志看，证实了才准我通行。①

总的来看，这一套控制体系设计非常严密，国民党方面相关调查谈道："边匪地方，以五里一哨，中心区域，则十里一哨。对于盘查，十分认真，如无匪区县政府之路条，则行扣留。凡是群众行动，必须有高级军事机关护照，方能通行，并于每月终，由县军事部派人检查各区步哨一次，各区军事部，每十天须派员检查一次。"② "民众之往来均须有路票始能出入，管束极为严密。若开民众大会即由代表率领前去。"③

当然，习久成疲，苏区步哨虚应故事的情况也不是没有：

> 我于3月6号，由博生到太雷做突击工作，经过一百余里的路途，不曾见有一个步哨，最后我由太雷县委于10号出发经日车，到龙岗区的一乡，才见一个步哨。这个同志在店内问："同志有介绍信么？"我即答复："没有。"他说："没有过

---

① 郭庆福：《模范的女性》，《青年实话》第 2 卷第 7 期，1933 年 3 月 12 日。
② 《赣西匪区之近状》，《军政旬刊》第 2 期，1933 年 10 月 30 日。
③ 《石凌生口供》，《西路军公报》第 9 期，1934 年 3 月 15 日。石被捕前为中共龙武县委书记。

不得。"我不去管他，他就坐在凳上，再也不问我了。我走过以后，我到回去问他："同志你在这里做什么？"他答："放哨呵。"①

有意思的是，当时国民党方面材料对中共组织严密度的估计甚至要高于中共本身，这一方面是对对手的重视，另一方面也是对自身缺陷的明确认知；而对中共而言，承认并努力发现自身的不足，正是其继续改进、提高自身的重要动力。

作为权力结构深入乡村、社会动员能力空前强大的政权，苏维埃政权有能力在社会救济方面发挥比传统社会更多的作用。苏区专门成立互济会，负责展开互助救济，乡设委员会，村有负责工作的主任，下再分小组，互济会成员包括大部分苏区民众，每人每月交会费一个铜板。毛泽东在兴国长冈乡的调查记载了第五次反"围剿"期间社会救济状况：

> 募捐救济难民，援助反帝。今年有过二次。一次是七十多个信丰难民到兴国城（梆木乡时），共捐了二十多串。一次是援助东北义勇军（也是梆木乡时，那时人口二千九百，会员约八百），捐了四十多串。捐数五个铜片起，一百的、二百的、一串的都有。一百的多数，约占会员百分之六十。五个铜片的，一串的，各只几人。
>
> （三）乡里火烧了房子的，失业工人生病无药的，募捐救济。今春一家失火，烧了一间半屋，捐了六串多钱给他。
>
> （四）救济饥荒。今夏梆木乡有三四个人饿饭（过去乞丐，现还很穷），请求区互济会发钱发米救济，每人每次多的三升，少的一升，今夏发了三四次。②

---

① 《不让一个反革命分子漏网》，《青年实话》第 3 卷第 15 期，1934 年 3 月。
② 毛泽东：《长冈乡调查》，《毛泽东农村调查文集》，第 322 页。

这些救济活动虽然琐碎，但对患难中的乡民意义却非同一般，有助于增进群众对苏维埃政权的信任。不过，作为群众性组织，互济会的活动也有尴尬之处，一方面，根据毛泽东的说法："许多地方的苏维埃不注意社会救济工作，许多地方的互济会只知收月费不知救济群众困难。"[1] 另一方面，当互济会真正发挥作用时，由于其和民众利益息息相关，又发生"苏维埃召集群众会议而群众不到会，互济会召集会议则多数群众到会"的情形，导致地方苏维埃政权"简单的将互济支部取消"。无论哪种情况，最终的结果都导致互济会空心化，使其"组织上失掉一个下层系统，一切工作都陷于停顿状态，同时上层机关庞大，找不到实际工作去干，成为机关运动的形式"[2]。以致有些地区互济会"对于救济工作根本没有做到，因此，群众对互济会的经费由怀疑而发生不满，甚至说互济会是捐税机关"[3]。更有一些地区互济会出现侵吞现象：

> 募捐手续，不能用宣传鼓动方式，仅采取摊派式的要群众照数缴钱的办法，而收入支出之数，又不能按月公开宣布，其中浪费、滥用、舞弊都在所难免。兹仅据修水一县的互济总会报告，自去年七月至今年十月共收入银洋八千六百四十多元，其中用在救济事业方面的只有一千七百多元，用在伙食、零用、办公、长驻救护队等方面的，达到一千九百多元，此外是县委挪用一千多元，县苏挪用三千多元，尤其是私人挪用一百五十多元，竟有半数（七十多元）无从收回的。[4]

---

[1]　毛泽东：《长冈乡调查》，《毛泽东农村调查文集》，第323页。
[2]　《互济会问题决议案》，《湘鄂赣革命根据地财政经济史料摘编》（下），第938页。
[3]　《中国革命互济会湘鄂赣省总会筹备处通知》，《湘鄂赣革命根据地财政经济史料摘编》（下），第941页。
[4]　《互济会问题决议案》，《湘鄂赣革命根据地财政经济史料摘编》（下），第938页。

可以看出，制度设计和实际操作间还有一段距离。

对苏区内部一些游离力量的改造、重组是完善社会组织的重要任务。闽赣两省游民众多，据 1930 年苏区有关文件的分析，游民无产者包括多种从事"不正当职业"者，具体有：盗贼、娼妓、兵痞、戏子、差人、赌棍、乞丐、人贩子、巫婆等。对这些人，中共采取改造为主方针，相当一批游民在苏维埃革命中分得了土地，生活习俗得到改造，成为自食其力的普通劳动者，有的还进入苏维埃政权。如兴国永丰区共有游民 90 多人，他们在革命中得到很多利益，因此，"一般都是欢迎革命，不但没有一个反革命的，并且有十个参加区乡政府的指导工作，一个当了游击队的指挥员"。①

不过，并不是所有的流民都顺利地接受了改造，苏区时期一直没有得到解决的会匪问题就颇让人伤神。闽赣两省会党、土匪活动频繁，中央苏区所在的赣南及闽西会党组织和土匪尤为活跃。据中共方面估计，闽西各地游民"占当地人口的百分之二十五"，② 比例相当惊人。这些游民当中，又有相当一部分和土匪难以分开。赣南、闽西山高林深，宗族组织强盛，这些都便利于土匪成形，民国以来中央权威混乱、地方控制软弱，又为土匪大规模孳生提供了条件，所以，民国年间，这里土匪活动一直旺盛。地方政府常常抱怨对土匪"地广山多，林深将密，包围搜捕，两穷于术。"③

按照中共在苏维埃革命初期的理解，会党属于游民无产者的一部分，因此在早期的暴动中，发动会党参加是暴动的重要一环，中共文件指示："应特别注意两点：一、我们要会匪与农民建立兄弟

---

① 毛泽东：《兴国调查》，《毛泽东农村调查文集》，第 233 页。
② 《中共闽西第一次代表大会之政治决议案》，《中央革命根据地史料选编》（中），第 111 页。
③ 《李厚基请奖镇压德化等县地方变乱军警文职人员咨（1916 年 9 月 28 日）》，《民国时期泉州档案资料选编》，中国第二历史档案馆、泉州市地方志编委会编印，1995，第 124 页。

般的关系，不要存利用的心理，不是希望他们来帮助，而是要他们与农民一样为暴动的主体；二、我们联络会匪要拉住群众，不要仅拉他们的领袖。"① 国民党方面观察："江西为洪江会策源地，八十一县，几无一县不有洪会机关……赤匪知之，遂利用洪匪为内奸，标语欢迎洪家兄弟，互相勾结，与匪打成一片。凡赤卫军梭标队皆以洪江会匪充之。盖今日之所谓农匪，无一不是洪江会匪也。"② 蒋介石也曾要求各地对"会匪曾扰害人民或勾通赤匪查有确实证据者，并仰按名拿案，尽法查办，以资儆惕。其有确被裹胁或盲从附和者，得勒令缴出票布，从宽免究，予以自新。务期境内永无洪会之非法团体与洪会之匪徒"。③

苏维埃政权成立后，会匪作为游离于正常秩序之外的武装力量，和苏维埃政权必然发生冲突。中共针对会匪制定了很多政策，并采取措施要求"坚决执行阶级路线与充分的群众路线，号召被欺骗压迫误入刀团匪的份子回来分田，而且要在群众中详细解释"，④ 但面对不断到来的"围剿"，不可能有更多时间、精力彻底解决会匪问题，会匪大有卷土重来之势。而且随着阶级对立的加深，一部分地主出身者铤而走险也加入到会匪行列。1934 年前后，由于苏维埃政治经济政策的失误，更客观上壮大了会匪队伍。当时在苏区的一些山高谷深地区，会匪活动尚很猖獗。福建长汀有"李七孜、曹丰溪、马贤康等十余股零星残余团匪土匪……四百多枝枪"。⑤ 广昌县苏国民经济部部长郑会文"去年讨老婆受了大刀

① 《中共江西省委秋收暴动计划》，《江西革命历史文件汇集（1927~1928）》，第21页。
② 《刘纯仁条陈》，《陆海空军总司令部行营党政委员会会报》第5~8期合刊，1931年8月31日。
③ 《训令各县会准行营参谋处函送刘纯仁条陈请查照核办》，《陆海空军总司令部行营党政委员会会报》第5~8期合刊，1931年8月31日。
④ 式平：《查田运动与肃清刀团匪》，《红色闽赣》第4期，1934年2月13日。
⑤ 《福建省苏第二十四次主席团会议决议案》，《中央革命根据地史料选编》（下），第213页。

会匪首领的贺礼二元，后来他的老婆被另一部分大刀会捉去"，[①]刀匪的胆大妄为非同小可。1933 年在红军总政治部教导队学习的肖光多年后仍清楚记得自己当年的亲身经历：

> 总部和前委在建宁时都驻在一起。记得建宁地方大刀会较多，红军站岗怕他们来摸哨，有一个晚上，我在城墙边站岗，看到一团黑呼呼的前来，叫了口令没回答，认为是大刀会来摸哨，就开枪打，一看是打死了一条牛。教导队只好给群众赔了钱。[②]

中央苏区地方政权及武装和土匪的较量一直延续到中央红军的撤离。1929～1934 年 10 月，宁都县的赤卫队和游击队等与地主武装、靖卫团、大刀队等有过 200 多次战斗。[③] 土匪武装不仅仅消极躲避以求生存，时有主动挑衅，福建泰宁"大刀会经常下山袭击我们的机关或者在中途打我们的埋伏……泰宁每个区都被袭击过，区委大部分牺牲了，朱口区有一次被包围，只剩下一个同志，其它都牺牲了"。[④] 赤白边境地带红军后方运输也是其骚扰对象："东方军兵站线，由建宁经大田市、新桥、下南、上关、飞鸢或纸马到前方，沿途刀匪不安。"[⑤] 甚至对红军大股部队也展开袭击，1934 年 7 月，北上抗日先遣队由江西出发进入福建山区后，就常常遭到大刀会袭击："这些家伙，用朱砂涂成大花脸，红花绿袍，身上

---

① 《江西省苏维埃国民经济部命令，第 4 号（1934 年 2 月 22 日）》，陈诚档案缩微胶卷 008 · 638/0067/0152，中国社会科学院近代史研究所藏。

② 《访中央档案馆肖光同志纪实（1978 年 7 月 30 日）》，《建宁党史资料》第 2辑，中共建宁县委党史办公室印，1987，第 2 页。

③ 《宁都县志》，江西人民出版社，1986，第 399 页。

④ 《苏州军分区政委谭成章同志口述记录稿》，《泰宁文史资料》第 1～3 辑合订本，第 25 页。

⑤ 《朱德、周恩来致项英电（1933 年 10 月 6 日）》，《中央苏区第五次反"围剿"》（上）（《江西党史资料》第 21 辑），中共江西省委党史资料征集委员会、中共江西省委党史研究室编印，1992，第 83 页。

贴着鬼符，张牙舞爪，猛看一眼倒挺吓人。他们凭借着地形熟悉，一会儿漫山遍地都是，敲锣打鼓偷袭我们，一会儿几乎全不见了。"①

刀匪的活跃，其实还提示着中央苏区的另一种现实，即在崇山峻岭、村庄散落的赣南、闽西地区，即便像中共组织力如此强大的政治力量，短时期内也有力有未逮之处。当年红军的日记记载，1934年红九军团在广昌的头陂时，到离头陂20里的一个村挑土豪的存谷，头陂周边百里此时都是红色区域，该地理应在苏维埃政权控制下，但日记所载挑谷经过是："侦察员先进村侦察，武装部队随后跟进，严密警戒。那里的青壮年大部分被国民党抓去当兵了，村里多系老弱妇孺替他们管粮仓，地主豪绅都搬进了大城市，所以运谷很顺利。"② 苏维埃革命数年后，在已属中央苏区核心地区的头陂，还有大量的土豪存谷，而从红军进入该村的状态看，该村和革命几乎尚处于绝缘状态。这样的事例的存在，再次显示着一旦进入到历史的具体情境中，事态总会比想象的更加复杂。虽然这并不足以动摇对苏区组织基本状况的判断，但却提醒我们，许多原则性的结论后面，或许都还存留着更多可能出现的丰富细节，历史的弹性常常超乎人们的想象。

7. 红军：堡垒的坚强核心

作为武装割据的军事根据地，苏区具有十分明显的军事特征。尤其在早期，由于红军的弱小，对固定区域实行长期占据的力量不足，苏区区域经常随着红军的流动而变化。因此，在苏区建设中，红军常常担负起苏维埃政权的作用，成为中共和民众之间联结的纽

---

① 谭志刚：《记中国工农红军北上抗日先遣队》，《江西文史资料选辑》第3辑，政协江西文史资料委员会编印，1980，第51页。

② 赵镕：《长征日记》，1934年4月21日，山西人民出版社，1990，第64页。

带。红军严明的纪律、良好的政治素质使其与民众间建立了十分亲密的关系。这种关系在国民党方面的材料中处处可见，兹引几例，以见一斑。1931年第一次"围剿"失败后，国民党军所编战报称："匪区民众，久受赤化，所得我方消息，即行转告匪军。"① 第十八师报告则写得更详尽：

> 东固暨其以东地区，尽属山地，蜿蜒绵直，道路崎岖，所有民众，多经匪化，且深受麻醉，盖匪即是民，民即是匪。对于我军进剿，不仅消极的认为恶意，且极端仇视，力图抗拒。如是，对于我军作战上发生下列之困难：（一）我军师行所至，农匪坚壁清野、悉数潜匪山中；（二）潜伏山中之匪徒，对于我军状态窥探无遗。如是，我军企图完全暴露；（三）我军不仅不能派遣一侦察，即欲寻一百姓问路，亦不可得，以故我方对于匪情全不明确。即友军之联系亦不容易；（四）山地道路崎岖，行军已感困难，而匪徒对前进之道路亦无不大加破坏，我之前进，几使我无路可走，盖一则可予我之极大疲劳，一则无形中可迟滞我军。②

参加第三次"围剿"的蔡廷锴，日后回忆其进入苏区后的情况时说道："地方群众在共党势力范围下，或逃亡，或随红军行动，欲雇挑夫固不可能，即寻向导带路亦无一人，至于侦探更一无所得，变成盲目。"③

红军组织之严密、对国民党军研究之精细有时简直让人惊叹，朱德后来在和美国记者史沫特莱谈话时，谈到红军的情报工作：

---

① 《关于第一次赣南围剿之经过情形》，《中华民国史档案资料汇编》第5辑第1编军事（3），第50页。
② 《第十八师失败之检讨》，《东固·赣西南革命根据地史料选编》（下），中央文献出版社，2007，第769页。
③ 《蔡廷锴自传》（上），黑龙江人民出版社，1982，第245页。

红军的情报工作当时已经组织得很好，不但满布苏区，而且深入国民党区域。红军开设了特别训练班来训练情报人员，内中有不少是妇女和儿童，另有一些小贩和串村子的手艺人，他们的工作便于在国民党区域内广泛活动，可以到有钱人家或穷人家做工或卖东西，也可以混入敌军营盘内活动。

……

有一组人专门研究敌人的电码、公报、出版物，并且和俘虏谈话。另一组人负责从新占领区收集情报。再有一组人专搞历史工作——仔细研究敌方每一个军，把军官和士兵的背景都调查清楚：这个军是从哪一省来的，军里有什么变化，过去的历史和组织，它的战斗力，等等。根据这些研究，朱将军解释道，"我们最后可以决定应付某一个军的最好办法。"①

如此用心深密的研究、组织，的确不能不让其对手方不寒而栗。

红军的成功建设当然和中共确立的一整套政治、思想和组织原则密切相关。从三湾改编到古田会议决议，中共提出和坚持党对军队的绝对领导，通过将支部建在连上等一系列政治组织措施保证党领导枪原则的贯彻实施，严防军队领导权落入个人或小集团手中。同时，规定全心全意为人民服务为建军的唯一宗旨，把军队的发展同人民群众的根本利益相联系，古田会议决议明确指出：

中国的红军是一个执行革命的政治任务的武装集团。特别是现在，红军决不是单纯地打仗的，它除了打仗消灭敌人军事力量之外，还要负担宣传群众、组织群众、武装群众、帮助群众建立革命政权以至于建立共产党的组织等项重大的任务。红军的打仗，不是单纯地为了打仗而打仗，而是为了

---

① 〔美〕史沫特莱：《伟大的道路》，梅念译，三联书店，1979，第346页。

宣传群众、组织群众、武装群众，并帮助群众建设革命政权才去打仗的，离了对群众的宣传、组织、武装和建设革命政权等项目标，就是失去了打仗的意义，也就是失去了红军存在的意义。[①]

红军对民众的友爱表现，自然得到民众的回报。红军受到民众欢迎，民众表现出罕见的参军的积极性。送儿、送夫参加红军的事迹在苏区常常可见。福建上杭官庄区余坊乡林东姑"不但宣传自己的儿子去当红军，而且宣传别人叫儿子去当红军，对人家（指被宣传者）说：'你的儿子能去当红军，群众同（给——引者注）我作冲锋劳动工、同我砍的柴都给你。'"。[②] 旧县区新坊乡的李永春，"父子两人一起报名当红军"。[③] 长汀的吴秀英为动员自己的未婚夫当红军，主动与其结婚，然后动员其加入少共国际师。[④] 妇女为支持自己的亲人参军，甚至不惜以离婚相威胁，汀东长宁区彭坊乡的江银子，宣传丈夫当红军，"她的丈夫不去，她就到乡苏要求同她丈夫离婚，后来她的丈夫就自动报名当红军了"。[⑤] 瑞金也有报告："桃黄区有一个妇女要他老公去当红军，他不，就向他离婚。"[⑥]

虽然随着苏区的发展，国共之间"围剿"与反"围剿"战争深入持久进行，战争的残酷性凸显，加上其他一些原因，民众参军的热情在逐渐下降，但处处仍可看出红军受到苏区人民的真心支

---

① 《中国共产党红军第四军第九次代表大会决议案》，《中共中央文件选集》第 5 册，第 801 页。

② 李中：《"复光运动周"中上杭劳苦青年的光荣》，《青年实话》第 2 卷第 19 号，1933 年 6 月 18 日。

③ 李中：《"复光运动周"中上杭劳苦青年的光荣》，《青年实话》第 2 卷第 19 号，1933 年 6 月 18 日。

④ 唐铁海：《中央老根据地印象记》，劳动出版社，1952，第 68 页。

⑤ 《光荣的红匾上》，《青年实话》第 2 卷第 19 号，1933 年 6 月 18 日。

⑥ 《中共瑞金县委九月份工作综合报告》，《江西革命历史文件汇集（1932 年）》（二），第 142 页。

持："当红军与敌人持久战的时候，广大群众送饭到火线上去给红军吃。在送饭、送菜的时候，路上是成千成万的饭担子，群众送的饭，红军主力还吃不完，并且群众把自己的油盐、瓜菜不吃，都弄去送给红军吃。"[①] 1932 年初，福建"永定溪南区群众听说五军团入闽，挑许多饭菜在龙岗等了一天"。[②] 红军和民众之所以能够保持如此亲密的鱼水关系，关键在于其苏维埃革命的政治目标和严格的政治、军事纪律；同时，红军的组成更牢固了这一关系。据1934 年 4 月红军总政治部统计，中央苏区红军中有 77% 的人员都来自中央苏区本身，其中工人、农民成分占 98%。[③] 这种苏区民众子弟兵的特色，使民众和红军具有了天然的紧密联系，既增进了民众对红军的信赖与爱护，也有利于军队纪律的执行，这是外来军队所难以比拟的。同时，红军始终注意和民众利益相通，打土豪时往往将收获的一部分分给群众，在大多数情况下，"群众都很热烈的要来参加分东西"。[④]

红军具有良好的组织和宣传系统，十分注意对官兵进行政治和文化教育，有一系列提高官兵政治和文化素质的措施。陈毅给中共中央汇报中，谈到了红四军的政治训练：

（一）讲演，由官长召集全体讲话，或作政治报告，或作生活批评，或作工农运动概况报告等。

（二）讲课，在军队有三日的休息，作每日必有一小时政治课，由党代表担任去讲，这个讲演比较有计划的，或定于一月讲演许多题目，这些题目是可以连贯的使士兵得到一些有系

---

① 《关于湘鄂西具体情形的报告（1932 年 12 月）》，《湘鄂西苏区革命历史文件汇集》第 1 册，第 312 页。
② 《团闽粤赣省委三个月工作报告》，《闽粤赣革命历史文件汇集（1932～1933）》，第 160 页。
③ 李光：《中国新军队》，第 277～278 页。
④ 《北冀关于漳州红三团行动的报告（1933 年 8 月 25 日）》，《福建革命历史文件汇集》甲 11 册，第 89 页。

统的政治智识。

（三）早晚点名讲话与呼口〈号〉，则例每日士兵生活批评或对于明日行动之煽动宣传等。

（四）在一次游〈击〉工作，一次战斗，一次行动，经过以后的批评，要详细向士兵讲出来。

（五）军队里举行识〈字〉行动，简易的办法就是要士兵认红军的标语，认得一个标语即将此标语包含的意义策略告诉他。①

这些措施着眼于提高官兵政治思想水平，顾虑周到、设计细致，无怪乎周恩来主持的《军事通讯》在刊载陈毅的报告时加编者按说：这里面有很多宝贵的经验值得我们每一个同志注意，如他们的编制，他们的战术，他们的筹款给养的方法，他们与群众的关系，他们对内的军事和政治训练，他们处置军中给供开支的原则（官兵夫经济平等，开支能公开）……都是在中国"别开生面"，在过去所没有看过听过的。

红军利用各种条件加强政治教育。红三军团"十一团的墙报平均三天能够出版一次，投稿人数最多的有八十多人，最少的也有五十多人投稿"。② 红军每个连队都设置列宁室，作为政治教育和文化学习的场所，曾经和红军一同行军的外国传教士写道："每到一地，不管时间长短，'列宁室'是必建的。所谓'列宁室'，实际上就是红军读书学习的一个地方，有时利用房子，有时就自己动手临时建，8 根竹竿或树杆做柱，绿色的树枝和竹枝编在一起做墙，屋顶铺上稻草就算天花板。这个地方就成了他们看书学习或集体活动的地方了。"③ 通过这些持续不断的宣传教育，使红军成为

---

① 《陈毅关于朱毛军的历史及其状况的报告（1929 年 9 月 1 日）》，《中共中央文件选集》第 5 册，第 760 页。

② 三军团政治部《武库》第 8 期，1932 年 1 月 12 日。

③ 《外国人笔下的中国红军》，陕西人民出版社，1996，第 261 页。

和中国历史上其他军队有很大不同的一支武装。天津《益世报》报道中总结了红军的三个优点：

> 一、官长兵士均有政治意识，故能严明军纪，指挥如意，尝以镜窥其阵线，见彼等虽在战壕中，亦时有开会演说之模样，可知军事政治化之运动，虽在战时，亦不放松；二、注意宣传，该匪军近水楼台，日受麻醉宣传，固无论矣，唯彼且将各种标语或用纸印，随风飘送，或书木片，顺水漂出，以图赤化良善军民，影响不少；三、应战沉着，彼匪若取守势，无论国军如何攻击，均不轻易还击，以致难窥虚实。①

上述三点准确道出了红军组织纪律的严明及对宣传教育的重视。这些教育，使红军官兵了解他们的使命、目标及与群众的血肉联系，促进其自觉遵守纪律，保持与群众的良好关系。同时，红军建立严密的监督体制，成立纪律检查委员会，保证纪律的有效贯彻。当年红军的日记中记有纪律检查的实际状况：

> 各单位纪律检查委员会对部队离开广昌的情况进行了联合检查，到新安宿营后进行了评比：军团政治部第一，司令部第二，供给部第三，惟军团部的警卫连、侦察连做得不好，大多住户的水缸没挑满，房前屋后的垃圾也没清除。供给部各科的住地本来打扫得很干净，给老百姓的水缸也挑满了水，但发现运输队有人买老百姓的鸡蛋价钱不公平，有一个队把老百姓扁担损坏了没赔偿，有的铺草没捆好送到原地，门板送错了也不问。这些问题反映了民夫们还不习惯于严格遵守三大纪律八项注意。②

---

① 《军事中心的临川》，1933 年 8 月 4 日《益世报》。
② 赵镕：《长征日记（1934 年 4 月 13 日）》，第 60 页。

严格的纪律要求不仅针对红军，甚至及于随军的民夫，其严厉程度不由得让人惊叹。对此，蒋介石不得不自叹不如："讲到军纪方面，土匪因为监督的方法很严，无论官兵，纪律还是很好，所以在战场上能勇敢作战，而对于匪区一般民众，还是不十分骚扰。我们的情形老实说起来，是不如他们！"①

良好的宣传教育及思想政治工作不仅造就了红军严密的组织、良好的群众关系，更重要的，对于一支武装力量而言，还使其获得了坚强的战斗力。在与拥有资源、给养、人员、武器等多方面的绝对优势的国民党军的较量中，红军屡屡以弱胜强，就是这一点的最好证明。

当然，正像任何事物都不可能完美无缺那样，红军的发展过程也不是一马平川，其间难免有曲折、坎坷，如中共中央领导人进入苏区后，红军发展就出现一些波折。

应该说，中共中央领导人到达苏区，对红军的影响也有正反两方面。积极方面，毛泽东曾总结出五点：

（一）成分提高了，实现了工农劳苦群众才有手执武器的光荣权利，而坚决驱逐那些混进来的阶级异己分子。（二）工人干部增加了，政治委员制度普遍建立了，红军掌握在可靠的指挥者手中。（三）政治教育进步了，坚定了红色战士为苏维埃斗争到底的决心。提高了阶级自觉的纪律，密切了红军与广大民众之间的联系。（四）军事技术提高了，现在的红军虽然还缺乏最新式武器的采用及其使用方法的练习，然而一般的军事技术，是比过去时期大大进步了。（五）编制改变了，使红军在组织上增加了力量。②

---

① 蒋介石：《剿匪技能之研究》，《先总统蒋公全集》第1册，第674页。
② 毛泽东：《中华苏维埃共和国中央执行委员会与人民委员会对第二次全国苏维埃代表大会的报告》，《苏维埃中国》，第257页。

毛泽东这一总结是 1934 年代表临时中央政府所作，虽然不一定完全符合他的本意，但大体还是反映了当时的实况，不能认为完全是言不由衷之词；而就消极方面言，1940 年代中期撰写的《在七大的建军报告》初稿对此有所论列："在军民关系上取消了红军作群众工作的优良传统，只赋予红军以单纯的作战任务。在动员参战工作上，不懂得培养和爱惜苏区的人力物力财力以供长期战争的适当调用，而是用的竭泽而渔的办法，在两年之内便把苏区的力量弄到枯竭的地步，迫使红军不得不退出苏区去另寻生路。"① 这一论述触及问题的某些症结，是中共善于自我批评、力求上进的体现。不过，如果从更广泛的角度看，苏区力量枯竭的责任不能仅仅算到中共自己头上，苏区本身资源的困乏、国民党方面的封锁与逼迫事实上更是肇祸元戎，中共中央指导上的问题只是在内外环境不利的背景下才被放大，进而一定程度上动摇到中央苏区党、政权、红军的坚强基础。从我们将要面对的第五次"围剿"与反"围剿"进程看，当时苏区某种程度上的"师老兵疲"，既不仅仅是中共本身的问题，也非突然凭空而降，实为苏区在内外挤迫下遭遇困境的集中体现。

---

① 《在七大的建军报告》（初稿），1945 年 3 月 1 日。

三 第五次"围剿"：南京政府全力以赴

1. 国民党军的作战准备和作战方针

从 1930 年代初开始，国共间连续展开数次"围剿"与反"围剿"战争，蒋介石和国民党军屡战不利，其中，有着国内外多重方面的原因，但失利的阴影使蒋介石和国民党政权对中共不得不予正视。失败的痛苦使蒋痛切意识到："我们纪律和工作超过土匪，超过共产党，然后才有剿清他们的希望……人家死中求生，拼命牺牲努力！我们苟且偷安，得过且过，似乎是要从生中避死，实在是死中不知求生！"[1] 在他耳提面命下，国民党内部的自我反省和对中共的研究明显加强，有关的研究、反思文献不断出笼。他们强调："事实告诉我们，认定现在江西的土匪，与历史上的土匪是一样的容易消灭，这未免忽略了他的国际性和进步的伎俩。要是以为他怎样了不得，却又未免自减锐气。"[2] 其对中共的性质、力量和发展有了相对较为平心静气的估计。当时中共方面在接触到国民党这些研究成果后，敏锐感觉到"敌军屡受挫败之后，于战略战术上得了不少的进步"，断言国民党军此后的"'剿共'计划，更见

---

[1] 蒋介石：《剿匪应从精神、组织与纪律来奋斗》，《先总统蒋公思想言论总集》第 11 卷，台北，国民党中央党史委员会，1984，第 20 页。

[2] 《由西成桥之役到下坪之役》，《汗血月刊》第 1 卷第 5 期，1934 年 7 月 20 日。

进步，更见周密，是可以预料的"①。

国民党军的这种反思、检讨在 1933 年开始的庐山训练中有着鲜明的体现。第四次"围剿"失败后，蒋介石下决心对国民党军队进行全面整编，计划先精简编制，然后"轮流抽调三分之一的官长到后方，加以特别训练。大概每个官长训练半月至一月就行，在六七八这三个月之内，全部官长训练好了，等到九月，我们就可以将这种新编练的十六、七个师，照正式计划，来向匪区进剿"。②1933 年 7 月 1 日，南昌行营发出电令，指出：

> 土匪盘踞赣南，日形猖獗，迭经痛剿，未着特效。推厥原因，实由各部队中初级军官之武德、武学，尚欠深造所致。亟应严格训练，注入剿匪特要之学术科，以增进剿匪之效能。兹在庐山设立北路剿匪军官训练团，分期召集各部队中之中初级军官赴该团训练。③

根据这一思路，1933 年 7 月军官训练团在江西庐山开办，到 9 月先后办了三期，受训者达 7500 余人。训练"惟一的目的，就是要消灭赤匪，所以一切的设施，皆要以赤匪为对象"。④

对应着蒋介石关于"从前剿匪剿不了，并不是我们武力不够，而是我们精神不良"的认识，训练团特别注重战斗、团结精神的教育，耳提面命，树立各级长官的战斗意志和团结精神，以拉近和中共在这方面的距离。训练的结果，按蒋自己的说法："因为时间过于短促，对于学术科没有多大的进步，但是各人的精神思想，和

---

① 冰澈：《对于白军"剿共"的研究》，1931 年编印，第 3 页。
② 蒋介石：《剿匪基本工作之研究》，《先总统蒋公思想言论总集》第 11 卷，第 42 页。
③ 《庐山训练实纪》，赣粤闽湘鄂北路剿匪军军官训练团编印，1933，第 58 页。
④ 蒋介石：《军官训练团训练的要旨与方法》，《庐山训练集》，南京新中国出版社，1947，第 18 页。

所表现的仪容、态度、动作，比两星期以前，完全不同了。"① 经过整训，国民党军队面貌确有所改观："十一师自受创后到抚州补充训练，前师长萧乾以复仇雪耻为号召，提倡刻苦作风，到各连队与士兵同生活起居。为了练习长途行军，萧以身作则，脚穿草鞋，脚底抹了桐油，以作标榜。六十七师师长傅仲芳的行李只有半担，经常穿旧军衣，军中有伙夫头之称。霍揆彰、李树森等行军时都背米袋。"② 国民党军的这种改变，作为其对手的中共方面感受最深，第五次反"围剿"开始近半年后，经过往复交手，周恩来深有体会地写道：

> 蒋介石对于这些军官的训练，不能说是没有相当的结果，如果我们看到四次战争中白军军官的无能，那我们看到现在是狡猾机警得多了。他们懂得了如何防备我们打埋伏，如何避免运动战中整师整旅的被消灭，如何加强其侦查搜索与通信联络的工作，如何依靠堡垒与我们作战而很快的缩回堡垒去，这些都要算是他的进步。③

同时，训练时干部集中、朝夕相处，这对来自各地方、各派别，曾经多次兄弟阋墙的军官"把眼前畛域派别的观念，和频年交相火并的宿怨前隙，不期然而然的消弭泯灭"，④ 也发挥了一定作用。

以红军作为假想敌，郑重其事地开办庐山训练，反映蒋介石对再一次与红军作战的充分重视，如他所说："此次剿匪，实关党国

---

① 蒋介石：《时间为一切事业与生命之母》，《庐山训练集》，第71页。
② 杨伯涛：《蒋军对中央苏区第五次围攻纪要》，《文史资料选辑》第45辑，全国政协文史委员会编印，1964，第183页。
③ 周恩来：《五次战役中我们的胜利（一）——论持久战》，《红星》第33期，1934年3月18日。
④ 《黄绍竑回忆录》，广西人民出版社，1991，第332页。

与本军之存亡，不可以大意轻易出之。"① 这和他长沙被打下后仍称："长沙虽失，共犯实癣疥之疾耳"，② 以及第一、二次"围剿"时视红军为"地方事件"，③ 仅出动一些杂牌部队有重大差异。吸取前几次"围剿"失败的教训，蒋介石将新一次"围剿"定位为军事、政治、经济、社会的总体战。1933 年 6 月，蒋在南昌主持召开"剿共"军事会议，通过军事、谍报、宣传等"剿共"方案，确定第五次"围剿"的基本原则仍为前一年提出的"三分军事，七分政治"，即"用三分的力量作战，用七分的力量来推行作战区的政治"，④"一方面要发挥军事的力量，来摧毁土匪的武力；一方面要加倍地运用种种方法，消极地来摧毁土匪所有的组织，及在民众中一切潜势力"；"尤其是要教化一般民众，使他能倾向我们的主义，以巩固我们在民众中精神的堡垒"。⑤

秉着总体战的思路，国民党方面采取了一系列政治、经济、社会政策，严密统治、收揽人心，其中，对苏区最具威胁的是封锁政策。通过修筑碉堡和大量设岗设哨，实行严密的经济、交通和邮电封锁，严禁粮秣、食盐、工业品和原材料等物资流入苏区，断绝其与外界的联系，蒋介石判断："我们不仅在土地方面，经济方面，武器方面，军队方面的力量，统统超过他们几倍，乃至几十倍几百倍，就是专就壮丁的人数讲，可以说我们的补充无穷，而他们除了现存的这五六万人以外简直就再也没有了！"⑥"匪区数年以来，农

---

① 《蒋介石 1933 年 9 月 10 日致熊式辉等电》，秦孝仪主编《中华民国重要史料初编——对日抗战时期》绪编（二），第 397 页。

② 《蒋介石日记》，1930 年 8 月 5 日。

③ 李家白：《反共第一次"围剿"的源头之役》，《文史资料选辑》第 45 辑，第 76 页。

④ 蒋介石：《剿匪成败与国家存亡》，张其昀主编《先总统蒋公全集》第 1 册，台北，中国文化大学，1984，第 209 页。

⑤ 蒋介石：《推进剿匪区域政治工作的要点》，《先总统蒋公思想言论总集》第 11 卷，第 234 页。

⑥ 蒋介石：《以自强的精神剿必亡的赤匪》，《先总统蒋公思想言论总集》第 11 卷，第 127 页。

村受长期之扰乱，人民无喘息之余地，实已十室九空，倘再予以严密封锁，使其交通物质，两相断绝，则内无生产，外无接济，既不得活动，又不能鼠窜，困守一隅，束手待毙。"① 用心既狠且辣。

与对中共力量认识的变化相应，蒋介石的战略方针也一改前几次"围剿"常犯的急躁冒进错误，强调稳扎稳打，层层推进。总的作战指导方针是"不先找匪之主力，应以占领匪必争之要地为目的"，② 即以严密的工事和碉堡层层推进，通过缓慢但有效的占领方式，压缩红军作战区域，限制红军活动空间，迫使红军进行真面目的主力决战。这一战术的核心就是逼迫红军进行打资源、拼消耗、比人力的持久战，而在这三项因素中，国民党都占有着绝对优势。国民党军主攻部队第三路军作战方针明确规定："本路军以消耗战之目的，采断绝赤区脉络、限制匪之流窜、打破其游击战术、封锁围进之策略……本战术取守势战略取攻势之原则，步步为营，处处筑碉，匪来我守，匪去我进。"③ 蒋介石在对参加"围剿"部队讲演时再三强调："无论行军宿营或作战，也无论在匪区或非匪区，一定要随时随地，格外谨慎小心，严密防范，搜索，警戒，侦探，连络，和做防御工事，这几件事情，不可一刻懈怠。"④

蒋介石在第五次"围剿"中采取稳健持久的作战方针，实际也是出于对红军灵活机动战术及坚强战斗精神的惧怕和无奈，如他所说，红军"总是以迂为直，攻我不备，避实击虚，蹈瑕抵隙，他只要晓得我们哪一点力量单弱，哪一处防备不周，不管有几远距离，也不管是如何艰险的道路，就是集结主力来突破一点，或先派

---

① 国民政府军事委员会委员长南昌行营：《处理剿匪省份政治工作报告》（下），南昌行营，1934，第十一章，第1～2页。

② 蒋介石1933年10月17日战字二一三号训令，《赣粤闽湘鄂北路剿匪军第三路军五次进剿战史》（上），第三路军总指挥部参谋处，1937，第三章，第12页。

③ 《赣粤闽湘鄂北路剿匪军第三路军作战计划》，《赣粤闽湘鄂北路剿匪军第三路军五次进剿战史》（上），第三章，第13页。

④ 蒋介石：《剿匪必具的精神与当务之急》，《先总统蒋公思想言论总集》第11卷，第255页。

小的部队钻进来到处扰乱我们，以牵制我们主力作战，这就是他们的智谋，而'超巅越绝，不畏险阻，耐饥忍渴，不避艰难'就是土匪唯一的惯技"。① 在以快对快、以巧对巧的能力对抗中无法占据优势时，退而避敌锋芒，利用自身资源和人力优势一步步压迫对手，通过"逐渐消灭匪军的实力与资财"② 达到战胜的目的，是其无奈却不失明智的选择。为此，蒋明确告诉部下：

> 土匪用种种巧妙的方法来骚扰我们，我们只有先集结兵力，坚筑工事，用一个呆笨方法自己固守起来！以后再找好的机会来消灭他！土匪用声东击西，摇旗呐喊，以及种种虚声恫吓装模作样的巧妙方法来骚扰我们耳目，打击我们的精神，从而讨取便宜，我们只有一概不管，自己实实在在准备自己的实力，强固自己的工事，拿我们一切实在的东西，来对付土匪一切虚伪的花样，这就是所谓"以拙制巧，以实击虚"。③

在给陈诚的信中，他进一步谈道：

> 以匪之无远火器又无飞机高武器，不能妨碍我密集部队之行动，更可以匪之战术攻匪。故我军以后应注意三点：其一，未有十分把握之时，则守为主，取内线作战为研究要点。但一有机缘，则直取攻势，不可使其逝去也。此匪且今日取攻势之行动，但其败兆亦即基于此，可以必也。其二，应力避正面一线配备，而转取纵深集团配备。只要吾人能坚持固守，则匪部交通接济，均无策源，必难持久，此亦必然之势也。其三，则

---

① 蒋介石：《剿匪最重要的技能是什么》，《庐山训练集》，第124页。
② 《文件汇编》第三编，"赣粤闽湘鄂北路剿匪军第三路军"，1935，第1852页。
③ 蒋介石：《主动的精义与方法》，《庐山训练集》，第196页。

游击战争与伏兵战争，急须实施讲求，并设法奖勉，否则无异盲目失聪，终为匪束手宰割也。①

1933 年 12 月，在第五次"围剿"初期作战告一段落后，蒋总结战争经验，认为："土匪来袭击我们，差不多每次都是下午，尤其是下午六点钟以后……我们对付他最稳当的办法，就是尽早到达宿营地切实准备，使他无隙可乘，不敢来犯。"因此他规定国民党军行军作战两原则："以后在匪区行军，每日以三十里至四十里为原则"；"下午二时以前全部到达预定的宿营地点，迅即集结宿营，二时以后，不得继续行军"。② 应该说，蒋介石一再耳提面命的上述战略战术理论上并无过人之处，他本人也明确谈道："我们现在以剿匪所最用得着的，乃是十八世纪末与十九世纪初期拿破仑战争时代所用的战术。"③ 但正如他所判断的："匪区纵横不过五百方里。如我军每日能进展二里，则不到一年，可以完全占领匪区"。④ 战斗毕竟是以战胜为目的，由于国民党政权掌握着物质和人力资源的绝对优势，加上内外环境给了其从容展开的时间，稳扎稳打，步步推进，虽然拙笨，但却最有成算。

为全力限制红军机动，尽力压缩红军的活动空间，使红军擅长的机动作战方式难以发挥，除进军时注意稳扎稳打外，国民党军采用碉堡战术，通过大量构筑碉堡，对红军活动区域实施封锁并截断红军的活动路线。据碉堡战术的最早建议及采用者之一戴岳回忆，早在 1929 年冬江西召开的全省"清剿"会议上，第十二师师长金汉鼎发言时即提到：

---

① 《陈诚先生回忆录·国共战争》，台北"国史馆"，2005，第 23 页。
② 蒋介石：《为闽变对讨逆军训话——说明讨逆剿匪致胜的要诀》，《先总统蒋公思想言论总集》第 11 卷，第 633～635 页。
③ 蒋介石：《军官训练团训练的要旨和训练的方法》，《庐山训练集》，第 19 页。
④ 蒋介石 1933 年 10 月 17 日战字二一三号训令，《赣粤闽湘鄂北路剿匪军第三路军五次进剿战史》（上），第三章，第 12 页。

　　清政府在云南、贵州等地镇压土著居民的反抗时，土著民族曾依靠建碉守卡的办法予清军以重大打击；后来清军也是采用这个办法，最后征服了土著民族的顽强抵抗；因而主张对红军的"进剿"也可仿效这个办法，借以巩固"进剿"部队的阵地，并进而逐步压缩苏区，最后"消灭"红军和革命根据地。①

　　这一建议当时虽颇引起共鸣，但未付诸实施。1930年戴岳奉命"清剿"赣东北苏区时，对碉堡战术作了尝试，取得一定效果。1931年初，他根据这一经验提出"实行碉楼政策"，即扼绝要道，实行清乡，"断绝匪区的接济和通讯"的"围剿"方略。具体解释为："碉楼的利处，就是能以少数的兵保守一方，使匪共不能击破，并且能以少数的部队击溃多数的股匪，同时可以阻绝匪的交通及活动，逐渐把匪区缩小。"② 戴岳的这一主张，当时由于环境及认识的限制，仍未得到普遍推广，但重要据点碉堡的修筑已陆续开始。1932年6月，蒋介石在日记中写道："阅三省剿匪计划，修正之。此次剿匪经费决以半数为修路、筑碉、赈济之用，而治本之道则注重于清廉县长与组织保甲、训练民团，分配土地，施放种籽也。决不求其速剿，只望其渐清也。"③ 修路、筑碉的作战思路在蒋这里引起注目。第五次"围剿"准备工作开始时，蒋介石即坚决贯彻大量构筑碉堡、利用碉堡层层推进的碉堡政策，强调："清剿各部到处以修碉筑堡为惟一要务。"④ 对碉堡的运用，他在下面一段话中说得很清楚：

① 戴岳：《我对蒋介石建议碉堡政策的经过》，《文史资料选辑》第45辑，文史资料出版社，1964，第172页。
② 戴岳：《对于剿匪清乡的一点贡献》，转见冰澈《对于白军"剿共"的研究》，附录，第6、10页。
③ 《蒋介石日记》，1932年6月11日。
④ 《蒋中正电清剿各部到处以修筑碉堡为要务（1933年7月29日）》，"蒋中正文物档案"002020200019065。

从前曾国藩李鸿章他们在淮水及黄河流域清剿捻匪，曾掘几千里的长沟，其工程之浩大，决非我们现在掘几里几十里战壕可比。但是壕沟在北方原很相宜，到了南方多山的地方，便不适用，所以我在江西剿匪，改用碉堡，在两个碉堡之间，我们的火力可以交叉射击，敌人便不能通过。这样连下去由福建经江西连到湘鄂，差不多有一二千里之长，只要每里以内平均有两个碉堡，敌人便不容易窜入。所以碉堡线可说是我们的万里长城，这个长城筑得坚固，就可以困死土匪！①

碉堡战术确定后，蒋介石对碉堡建设十分重视，规定"每星期一连必须添筑一个以上之碉堡"。② 部分碉堡可由民众帮助守卫，"分给其手榴弹与旧枪子弹，使之不赖军队而能于一个月内切实自卫也"。③ 第五次"围剿"初期，国民党军有些部队对构筑碉堡执行不力，1933 年 11 月中旬，红一军团为策应三军团发动的浒湾攻击战，北上突破国民党军在见贤桥、永兴桥一带构筑的松散碉堡线，令蒋介石为之震动。他连电前方，要求改进碉堡配置，增加密度，"封锁碉堡群之间隔，不得过二里以上"，同时指示加强碉堡群之构筑，形成重叠立体配置和相互间的有效火力配合。蒋介石并严厉警告，如构筑碉堡"再因循玩忽，查出定以军法从事，决不姑宽"。④ 在蒋介石一再督促下，"敌土工作业力确实增强"。⑤ 国民党军第五次"围剿"期间的作战和推进始终与堡垒修筑同步，

① 蒋介石：《剿匪与整军之要道》，《先总统蒋公思想言论总集》第 13 卷，第 221 页。

② 《蒋介石巧戌行战六手令（1933 年 11 月 18 日）》，《赣粤闽湘鄂北路剿匪军第三路军五次进剿战史》（上），第四章，第 21 页。

③ 《蒋中正电赵观涛实地查察信河北岸修筑碉堡等事》，"蒋中正文物档案" 002010200090044。

④ 《蒋介石皓西行战六手令（1933 年 11 月 19 日）》，《赣粤闽湘鄂北路剿匪军第三路军五次进剿战史》（上），第四章，第 21 页。

⑤ 《彭滕关于七日战况和改变行动的报告（1933 年 11 月 7 日）》，《中央苏区第五次反"围剿"》（上），第 100 页。

到 1934 年 4 月，仅在江西构筑各种碉堡 5300 余座，[①] 福建 573 座。[②] "围剿"终时，其主攻部队北路军第三路军构筑碉堡 4244 座，[③] 第六路军 922 座，[④] 为沟通碉群大力修筑公路，1932～1934 年间，共修筑公路 4297.22 公里，相当于 1931 年江西公路总里程 284.6 公里的十多倍。[⑤] 碉堡之多，即便是江西省会南昌近郊，也是"堡垒林立"。[⑥]

第五次"围剿"期间国民党军构筑的大量碉堡及其通连公路组成的严密封锁网，既可弥补国民党军战斗精神的不足，又针对着红军缺少重武器、难以攻坚的弱点，强己抑彼，一箭双雕，对红军机动作战造成相当困难。反"围剿"初期的硝石战役中，红军集中一、三、五、七军团 7 个师部队进攻硝石，期望打破敌军"围剿"兵力部署，但指挥作战的彭德怀回忆，由于"当时黎川驻敌三、四个师，南城、南丰各约三个师，硝石在这三点之间，各隔三、四十里，处在敌军堡垒群之中心。我转入敌堡垒群纵深之中，完全失去机动余地，几乎被敌歼灭"。[⑦] 国民党方面战后总结该战役获胜主要原因也即"工事坚强"。[⑧] 林彪对碉堡战术也有很深印象，谈道："敌人每到一地，他立即进行筑垒，以立定脚跟，接着构筑联络堡、封锁线、马路，以取得别的联络与策应……在前进中如遇到我军稍有力或有力的阻滞时，他立即停止向预定的目标前

① 《江西省保安处工作报告摘要》，《南昌行营召集第二次保安会议记录》，南昌行营编印，1934，第 31 页。
② 《福建省保安处工作报告摘要》，《南昌行营召集第二次保安会议记录》，第 35 页。
③ 《赣粤闽湘鄂北路剿匪军第三路军五次进剿战史》（下），附表：《本路军截匪全战役中各部队构筑碉堡公路统计比较图》。
④ 《赣粤闽湘鄂剿匪军北路第六路军赣南围剿之役构筑碉堡一览表》，《剿匪纪实》（上），第六路军总指挥部，1937，第 35 页。
⑤ 孙兆乾：《江西农业金融与地权异动之关系》，萧铮主编《民国二十年代中国大陆土地问题资料》第 86 种，第 45236 页。
⑥ 郑贞文：《赴赣日记》，《福建教育厅教育周刊》第 192 期，1934 年 6 月 4 日。
⑦ 《彭德怀自述》，人民出版社，1981，第 185 页。
⑧ 《赣粤闽湘鄂北路剿匪军第三路军五次进剿战史》（上），第二章，第 27 页。

进，而进行筑堡，与防御的战斗。""这些方法，都是着眼于使红
军在政治军事上的优越条件困难充分运用，而使他自己在物质上兵
器的优点能极力发扬"。① 事实上，当时苏区内存在的"土围子"
即是碉堡战术效用的一个有力证明。李德回忆，他在中央苏区指挥
作战时，有一次经过"一个用岩石筑成的堡垒"，"堡垒的洞穴里
驻有一个地主的民团，因为他们有充足的粮食储备和水源，所以能
坚守至今"。② 这样的"土围子"在苏区并不鲜见，有的坚持达三
四年之久。单独的"土围子"在苏区范围内的坚持，和红军缺少
重武器而难以攻坚直接相关。

和碉堡战术相应，在"围剿"进行过程中，蒋介石具体作战
指挥时坚决贯彻稳中求进方针。第五次反"围剿"初期，红军曾
集中主力部队出击赣东资溪桥、硝石一带，以红五军团牵动敌人，
红一、三军团准备在敌被牵动时实施突击，这是红军擅长的一贯打
法。但国民党军根据蒋介石的战略安排，"十分谨慎，步步为营，
稳扎稳进，很少出击"，结果红军既"未能牵动敌人"，③ 投入攻坚
战后又无成算，不得不撤出战场。广昌战役初期，蒋介石明确指示
陈诚："我中路军主力不必求急进，只要固守现地，作成持久之
局，以求薛、汤两路之发展，则匪经此战必崩溃更速，不必心急
也。"④ 在进攻已有进展时，他又一再指示部队应继续辅之以碉堡
和公路线之推进，"进展不必过急"，⑤ "总须稳扎稳打为要"。⑥ 陈
诚在攻下广昌后也谈道：

---

① 林彪：《短促突击论》，《革命与战争》第 6 期，1934 年 7 月。
② 〔德〕奥托·布劳恩：《中国纪事 1932～1939》，现代史料编刊社，1980，第 61 页。
③ 《李志民回忆录》，解放军出版社，1993，第 227 页。
④ 《手谕枫林三溪一线为我军进入赣南之第一步并示作战要领（1934 年 3 月 13
日）》，《陈诚先生书信集·与蒋中正先生往来函电》（上），台北，"国史馆"，
2007，第 131 页。
⑤ 《蒋介石 1934 年 5 月 1 日致蒋鼎文电》，《中华民国重要史料初编——对日抗战
时期》绪编（二），第 403 页。
⑥ 《蒋介石 1934 年 5 月 1 日致汤恩伯电》，中国第二历史档案馆编《中华民国史
档案资料汇编》第 5 辑第 1 编军事（4），江苏古籍出版社，1994，第 322 页。

近来听得许多官兵说："土匪已经不得了了，我们可以直捣土匪老巢而剿灭之"。这种意思，固然很好，但是我们要知道，我们的剿匪要策出万全才行。现在步步筑碉的办法，是最稳是最妥的方法……我们一步一步的前进，土匪灭亡，是可计日而待的；不要性急，小心谨慎，才是要着。①

1934年9月，整个"围剿"战局已有尘埃落定之势时，蒋接获前方进军计划后，仍强调部队"不宜单独……进展，应令会同各纵队前进，免为匪乘"，②"仍宜注意集结，勿过分分散"。③ 这体现出蒋对"围剿"作战极端慎重、务求必胜的态度。在总体力量占据绝对优势的情况下，承认自身与红军战斗精神和战斗能力的差距，将自己客观地摆到弱势地位，以拼红军的姿态确定战略战术方针并指挥作战，这对心高气傲的蒋介石虽然不一定那么情愿，却是他摆脱前几次"围剿"被动局面，在双方战略对抗中抢得先机的关键一步。

2. 国民党军作战基础的增进

蒋介石在第五次"围剿"中选择持久消耗作战方针，和当时国内外相对有利的环境直接相关。周恩来曾经谈道，蒋介石在"第五次'围剿'中，能出动五十万大军发起进攻和实行封锁，那是他的全盛时期"。④ 确实，和前四次"围剿"几乎一直在国内外动荡局势中进行相比，第五次"围剿"进行过程中，南京政府内外环境相对宽松，给了其从容展布的空间。

① 《总指挥训话记录》，《汗血月刊》第1卷第5期，1934年7月20日。
② 《蒋介石1934年9月19日致顾祝同电》，《中华民国史档案资料汇编》第5辑第1编军事（4），第109页。
③ 《蒋介石1934年10月11日电》，《中华民国史档案资料汇编》第5辑第1编军事（4），第269页。
④ 〔美〕艾德加·斯诺：《红色中华散记（1936~1945）》，群众出版社，1991，第68页。

从外部环境看，长城抗战并签订《塘沽协定》后，日本在华北的侵略活动告一段落，北方的压力暂时有所减轻，此后直到第五次"围剿"结束，日本在华北一直未有大的动作，南京政府获得相对稳定的外部环境。与此同时，南京政府积极调整对外政策，与英、美等国加强联系，行政院副院长、财政部长宋子文于1933年4月开始长达半年的欧美之行，并与美国订立5000万美元的棉麦借款合同。宋子文之行被认为标志着"南京政府对欧美国家实行经济开放政策的起端"。[1] 在加强经济联系同时，南京政府向西方国家大量订购武器装备，据中央信托局统计，1933年和1934年两年间，购买军火费用达6000多万元。[2] 这些，既加强了南京政府与西方国家间的政治、经济联系，又提高了其军事装备和统治能力。共产国际军事顾问1933年初报告："在敌人方面，武器装备的质量在不断提高，其机枪和火炮的配备程度已接近现代军队的水平。"[3] 具体到实战中，国民党军发动第五次"围剿"后，将其装甲部队和新购德国山炮投入进攻，发挥出相当效果。粟裕回忆："十九师是红七军团的主力，战斗力强，擅长打野战，但没有见到过装甲车……部队一见到两个铁家伙打着机枪冲过来，就手足无措，一个师的阵地硬是被两辆装甲车冲垮。"[4] 红军两个主要军团的指挥者彭德怀和林彪都注意到："蒋军在第五次'围剿'时，技术装备比以往几次有所加强。"[5] "每连有多至六挺的机关枪，至少也有一挺。我们在敌机枪下除非不接近，一接近一冲就是伤亡一大堆。"[6]

① 石源华：《中华民国外交史》，上海人民出版社，1994，第410页。
② 《中央信托局经办各项军械军火及航空器材数额统计图（1936年）》，中国第二历史档案馆藏。
③ 《布劳恩关于中央苏区军事形势的书面报告（1933年3月5日）》，《共产国际、联共（布）与中国革命档案资料丛书》第13册，第336页。
④ 《粟裕战争回忆录》，解放军出版社，1988，第103～104页。
⑤ 《彭德怀自述》，第188页。
⑥ 林彪：《关于作战指挥和战略战术问题给军委的信（1934年4月3日）》，转见黄少群《中区风云——中央苏区第一至第五次反"围剿"战争史》，中共党史出版社，1991，第324页。

周恩来在 1934 年初对反"围剿"战争作出初步总结时,印象很深的就是国民党军装备和编制的加强:

> 每团中的火力配备改变了。过去每营有机关枪连,现改为每团属一重机关枪连,而每一步兵连中则加多轻机关枪的数目(每连三架)。

> 他的部队中的非战斗人员亦大大裁减,为便于山地运动与作战。他的行军公文也减少到最小限度,增加战斗人员的比例。[①]

随着对国内地方实力派的压迫、清除和国内建设的展开,南京政府统治力量也在逐渐增强,内部形势趋于稳定。第二、三、四次"围剿"中,南京政府均遇到严重的内部纷争或外敌压迫。中共有关报告显示,第二次"围剿"时,国民党军起初也取稳扎稳打方针,后因胡汉民事件导致粤变不得不加快"围剿"行动,使红军觅得作战良机。尤其当红军首战东固时,蔡廷锴部在红军后方,红军仅有一师部队牵制,"假使此时蒋蔡北进,则我们后方受到危险非常困难,但此时蒋蔡不但未前进,并且将前进到城冈的部队撤退到兴国城(原因大概是因为广东问题发生)",[②] 使红军摆脱了腹背受敌的危险。第三、四次"围剿"期间的粤桂反蒋、九一八事变、长城事变,也直接影响到国民党军的作战行动。第五次"围剿"中,虽然 1933 年底发生以十九路军为军事基干的福建事变,但由于事变很快遭镇压,蒋介石反而由此取得对福建的完全控制。福建

[①] 周恩来:《五次战役中我们的胜利(一)——论持久战》,《红星》第 33 期,1934 年 3 月 18 日。

[②] 《中央苏维埃区域报告》,《中央革命根据地史料选编》(上),江西人民出版社,1982,第 370 页。蔡廷锴本人也回忆,1931 年 5 月粤方公开反蒋后,他们作为与粤、蒋双方均有关系部队,处境两难,"心灰意冷,对于剿赤任务,亦只得放弃。我与蒋总指挥即决心回师赣州,静观时局之演变"。见《蔡廷锴自传》(上),黑龙江人民出版社,1982,第 241 页。

事变的迅速失败，也使各地反蒋力量不得不有所忌惮，此后相当一段时间内，地方实力派的反蒋公开活动偃旗息鼓。完全控制福建后，除广东陈济棠外，国民政府从东、西、北三面完成对中央苏区的包围，无论是军事展开或经济封锁都获得了更好的内外环境。尤其是鄂豫皖、湘鄂西苏区红军主力相继转移后，长江中游地区基本安定，蒋介石更可全力筹划对付中央苏区之策。1933 年 6 月 23 日，蒋介石曾在日记中写道："剿匪根本计划渐立，逐渐推进，期以一年，必能成功，惟时局是否许可耳。"[1] 后来的事实证明，蒋介石获得了这种时机。直接在前线指挥"剿共"军事的陈诚对此颇有同感，第五次"围剿"发动之初，他在家书中表示："此次剿匪当有把握，因蒋先生亲自督剿，无论精神物质方面，均有关系。以部队数量言，已较之以前增加十余师。而精神方面，各级经庐山训练之后，确有进步也。"[2]

经过庐山训练及部队整训，国民党军队整体战斗力和战斗精神确有一定提高。第五次"围剿"期间，国民党军队中高级官员大都能身先士卒，出现在战场第一线。从主攻部队第三路军伤亡情况看，该路军伤亡军官总数 988 人，伤亡士兵总数 10755 人，[3] 军官和士兵之比约 1∶11，高于战斗部队实际官兵比。军官伤亡较重和其在第一线指挥作战相关。第五次"围剿"时，国民党军师、旅长一级指挥员经常出现在战场第一线，团长一级指挥员则直接指挥并于必要时参加战斗。德胜关、寨头隘、大罗山等战役中，第六十七师三九九团团长、七十九师二三五旅四七四团团长、六师十八旅三十六团团长都能身先士卒，亲率所部与红军展开肉搏战，第六师十八旅三十六团团长并当场阵亡。国民党方面总结战役得手主要原因即

---

① 《蒋介石日记》，1933 年 6 月 23 日。

② 《蒋先生亲自督剿此次剿匪当有把握（1933 年 10 月 13 日）》，《陈诚先生书信集·家书》（上），第 235 页。

③ 《赣粤闽湘鄂北路剿匪军第三路军五次进剿战史》（下），附表，第三路军五次进剿全战役官兵伤亡统计总表。

为：“各高级指挥官身临前线，从容指挥。”① 凤翔峰一役，四七〇团第二、三营代营长均先后伤亡，“连长以下干部伤亡已达二十余员”，“第六连之连排长伤亡殆尽，仅赖一军士毛炳芳指挥”，② 但仍能守住阵地。鸡公山战斗中国民党军也异常奋勇，红军战报记载，当时守军为红军一个营部队，在团长、营长率领下坚守，“当敌迫至工事近前时，该营长即令战斗员将炸弹收集起来连掷五六弹，伤敌三十余名，但敌仍继续攻击，该营长旋即牺牲，不久该团长亦受伤，而部队失了掌握，加以手榴弹告绝，子弹所有亦无几系（原文如此——引者注），致放弃阵地”。③ 国民党军的上述表现，为红军指挥员所注意，时任红五军团十三师政治部主任的莫文骅回忆，第五次反“围剿”期间，国民党军表现颇为顽强，“尽管敌人在红军阵地前倒下了一大片，但后面敌人还是一股劲往前冲”。④ 整个“围剿”期间，国民党军“几乎没有起义者，只有很少的被俘者”。⑤

　　注意发挥前线指挥官主动性，不过多干预具体作战，是蒋介石在第五次“围剿”期间指挥作战的一个突出特点，而前线指挥官也表现出相当强的主动精神，对战役胜利发挥了重要作用。1934年1、2月间，陈诚与蒋介石曾围绕着福建事变后的主攻方向展开争论，最后以蒋介石的退让而告终。1934年2月，汤恩伯第十纵队和刘和鼎第九纵队准备进攻闽西北的将乐、沙县，然后与第三路军配合进窥建宁。17日，蒋介石致电刘、汤，令其迅速在将乐、沙县发动，要求其“就近审度情势，从速断行，但无论如何，将乐应派队先行占领，俾得相机截击匪部西窜之路”。⑥ 18日，刘、

① 《赣粤闽湘鄂北路剿匪军第三路军五次进剿战史》（上），第五章，第16页。
② 《赣粤闽湘鄂北路剿匪军第三路军五次进剿战史》（上），第六章，第23页。
③ 《九军团鸡公山战斗经过详报（1934年2月9日)》，《中央苏区第五次反“围剿”》（下），第57页。
④ 《莫文骅回忆录》，解放军出版社，1996，第230页。
⑤ 〔德〕奥托·布劳恩：《中国纪事1932～1939》，第55页。
⑥ 《蒋介石1934年2月17日致刘和鼎、汤恩伯电》，《中华民国史档案资料汇编》第5辑第1编军事（4），第293页。

汤致电蒋介石，同意"以主力使用于将乐方面"。[①] 22 日，鉴于将乐处沙县、建宁之间，先攻将乐，有"两侧均受威胁"[②] 之虞，刘、汤决定改变计划，先攻沙县，并立即付诸实施。2 月 25 日和 3 月 6 日，刘、汤所部先后进占沙县、将乐。根据以占领要地而不以实施歼灭战为主的"围剿"总方针，刘、汤先攻沙县的行动有效却不失稳重，而蒋实施中间突破、先占将乐切断建宁红军退路的想法虽然凶狠，但风险相对较大，和稳中求进的总思路不无抵触。正因如此，虽然刘、汤的行动和蒋的具体作战指示相违背，蒋事后却未追究。对此，东路军有关战报总结为："匪踪飘忽无常，情况变化靡定，关于各部队作战部署与进展步骤为适时到达，皆以电达要旨命令，俾前方指挥官，得以酌量情况，敏活运用。"[③] 得意之色溢于言表。第五次"围剿"中，陈诚、汤恩伯等国民党军前线将领在战役指挥上的机动处置及蒋介石对其意见的尊重和接受，既调动了前线将领的积极性和主动精神，也使国民党军作战指挥和作战方针更切合前线实际。

3. 国民党军的作战部署

为全力准备发动第五次"围剿"，蒋介石在军队的组织、编制和调配上作了一系列部署，殚精竭虑，全力以赴。1933 年 5 月，蒋介石决定成立军事委员会委员长南昌行营，[④] 委任江西省主席熊式辉兼行营办公厅主任；行营原参谋长贺国光为第一厅厅长，主管

[①] 《刘和鼎、汤恩伯 1934 年 2 月 18 日致蒋介石电》，《中华民国史档案资料汇编》第 5 辑第 1 编军事（4），第 293 页。

[②] 《东路军第十纵队与红军在闽北一带战斗详报》，《中华民国史档案资料汇编》第 5 辑第 1 编军事（4），第 294 页。

[③] 《国民党东路军蒋鼎文部与红军在闽赣境内战斗详报》，《中华民国史档案资料汇编》第 5 辑第 1 编军事（4），第 165 页。

[④] 1931 年 2 月，蒋介石曾设立"陆海空军总司令南昌行营"。1933 年初第四次"围剿"时设立军事委员会委员长南昌行营。

军事；行营秘书长杨永泰兼第二厅厅长，主管政治。行营全权管理赣、粤、闽、湘、鄂五省党军政要务。并由南昌行营组设党政军设计委员会，为五省一切党政军事务参谋部。随后，蒋介石坐镇南昌，亲自指挥部署对苏区的第五次"围剿"。为使部队编制更为精干，适应对红军山岳地带作战的特点，南昌行营决定改变部分军队的编制，将每师辖两旅、每旅辖两团或三团的部队改编为每师直辖三团，增加战斗人员编制。团以上机关增加侦察队和扩大运输队，以灵敏耳目、保证给养。

具体改编结果是：第四军九〇师改编为五十九、九〇两个师；第十八军一一一师改编为一一一、六十七两个师，十四师改编为十四、九十四两个师，四十三师改编为四十三、九十七两个师；第三十六军第五师改编为五、九十六两个师，独立三十二旅、三十三旅改编为九十二师、九十三师。第九十八师及第五十二、五十九两师合编的第九十九师仍保留两旅六团建制。

第五次"围剿"开始时，国民党军作战的具体部署是：以驻赣、粤、闽、湘、鄂各省部队分编为北路、南路和西路军。北路军以顾祝同为总司令，蒋鼎文为前线总指挥，下辖3路军，共33个师另3个旅，是"围剿"中央苏区的主力。其编成和任务是：以4个师、1个旅及第二纵队、税警总团编为第一路军，顾祝同兼总指挥，刘兴为副总指挥，配置于新干、吉水、永丰、乐安、宜黄地区，在此构筑碉堡封锁线，逐步向中央苏区推进，并阻止红军向赣西北前进；以6个师编为第二路军，蒋鼎文兼总指挥，汤恩伯为副总指挥，配置于崇仁、藤桥、金溪地区，构筑碉堡封锁线，逐步向中央苏区推进，并阻止红军向赣东北前进；以18个师另1个补充旅编为第三路军，陈诚为总指挥，薛岳为副总指挥。该路军又以14个师编为机动作战的第五、第七、第八纵队，以4个师1个旅编为守备队，集结于南城、南丰地区，沿抚河两岸构筑碉堡封锁线。第三路军是北路军中的主力，其任务是：在第一、第二路军的配合下，依托碉堡向广昌方向推进，寻求红一方面军主力决战。此外，北路军总司令部还直接指挥第二十三、第二十八师，扼守赣江西岸的吉安、泰和等地，配合西路军封锁赣江，阻止红一方面军主力西进。第十三、第三十六、第八十五师为总预备队，由钱大钧统领，置于抚州附近地区。浙赣闽边区警备部队5个师另4个保安团由赵观涛统领，"围剿"闽浙赣苏区，并配合北路军第二路军阻止红军向赣东北方向发展。

西路军以何键为总司令，指挥14个师又2个旅，分三个纵队。第一纵队配置于湘赣边境酃县、茶陵、莲花地区，负责"进剿"永丰、宁冈一带红军；第二纵队配置于浏阳、平江、铜古地区，负责"进剿"湘鄂赣边红军；第三纵队配置于大冶、通山地区，协同第二纵队"围剿"鄂南边境之红军。

南路军以陈济棠为总司令，指挥粤军11个师又1个旅，筑碉扼守武平、安远、赣县、信丰、上犹、崇义地区，阻止红军向南发展，并逐步向筠门岭、会昌地区推进，协同北路军作战。

福建方面第十九路军等部共6个师又2个旅，扼守闽西和闽西北地区，阻止红军向东发展。

值得注意的是，国民党军的部署中包含有大量守备部队，这使国民党军配备更为纵深，后方防御力量大为加强，这也是其碉堡战术的必要配套措施。对此，共产国际军事顾问谈道："敌人将其兵力划分为守备部队和突击部队。这样，虽然一方面他们的作战兵力削减了50%多，但另一方面，我们几乎不可能将自己对敌军的战术胜利扩大到真正意义上的战略胜利，因为红军不得不一次又一次地面对有足够数量的新敌军保卫的防御工事。"①

第五次"围剿"初期，国民党军用于"围剿"的空军共有五队，拥有飞机50架，绝大部分是侦察机（包括可塞、菲亚特、道格拉斯等机型）兼用于轰炸，马力、飞程、载重力都十分有限，

---

① 《布劳恩关于中央苏区军事形势的书面报告（1933年3月5日）》，《共产国际、联共（布）与中国革命档案资料丛书》第13册，第340页。

部署于南昌、抚州、南城等地。后期，南京政府又订购新式战机投入战场。李德当时报告："敌人现正使用新的空战有威力的兵器，并在空中用新的技术……引用新式有力的轰炸机（六百匹马力不论天时气候都能飞，并且有很大的载重力和飞程）。"[①] 李德所提到的这批新飞机，国民党军战史有清楚的记载："是年9月起，新机陆续抵达。先分配空军第三、四、五三队，每队'新可塞'机二架。十一月，拨交第一队美制'诺斯罗卜'轰炸机九架，第二队'新可塞'机九架。"[②] 这时，第五次"围剿"已处于尾声阶段。

国民党方面的第五次"围剿"，既占据着中央政府的制高点和全国资源的绝对优势，又利用着国际国内的有利形势，大军毕集，志在必得，给中央苏区造成了空前压力。

4. "七分政治"的具体实施

（1）蒋介石的"三分军事，七分政治"

第五次"围剿"期间，吸取前几次"围剿"失败的教训，蒋介石依据"三分军事、七分政治"原则，将"围剿"定位为军事、政治、经济、社会的总体战，这一军事、政治并用方针，对"围剿"的最终走向发挥了一定作用。

作为一个国民革命时期曾经在政治宣传、鼓动上大得人心并获取力量的政党，国民党深知政治宣传、收揽人心的重要。在与中共的对垒中，国民党方面政治上虽然不像中共那样游刃有余，握有主动，但一直力图有所作为。早在1931年，何应钦就提出："要消灭共匪，非党政军全体总动员集中力量团结意志不能挽救危机，军事只可以治标，正本清源以及休养生息的种种任务，是望政府和党部

----

① 华夫（李德）：《论防空几个新的问题》，《革命与战争》第8期，1934年8月15日。

② 《国民革命军战史》第二部《安内与攘外》（一），台北，"国防部史政编译局"，1993，第634页。

来担当责任。"① 蒋本人也谈道："本总司令于去岁督师江西之时，即深知剿灭共匪与寻常对敌作战绝对不同，苟非于军事之外同时整理地方，革新行政，断难以安抚民物而奏肃清之功。"② 这样的反省尚称深切，已切实意识到双方胜败的关键所在。

从 1931 年开始，南京政府采取了一系列措施，力图从社会政治等层面强化本身力量，以与中共强有力的政治组织抗衡。南昌陆海空军总司令行营成立江西地方整理委员会，整顿江西地方政治、社会。主要措施包括：督促整顿全省保卫团，将各县反共义勇队一律改组为保卫团，区团以下均设守望队，形成全面监视巡查网；蠲免 1930 年度全省田赋、地租；制定《处理被匪侵占财产办法》，规定赤化收复区域土地、房屋各归原主，恢复地方秩序；颁布《保护佃农暂行办法》，规定地租最高额不得超过百分之四十，如遇天灾，佃农要求减租，地主不得拒绝；组织由地方逃至中心城市的"难民"中的青壮年随军返乡，协助运输、带路，或参加筑路。1931 年初，在南京中央政治学校开办特别训练班，下分"剿匪宣传队"，施以政治宣传训练，再以团为单位分配到前方部队，指导政治和宣传工作。在对特别训练班的训话中，蒋介石数次提到"剿匪的实施宣传要占六分力量，军事只能占四分力量"，③ 这应可视为其后来提出的"三分军事，七分政治"的原始版。6 月，南京中央发布对各级党部训令，要求加强与中共全方位的政治争夺，特别指示"组织健全的巡回乡村宣传队"，进行"剿匪宣传"。④ 为配合"剿共"军事、增进行政效率，南昌行营设置"党政委员会"，蒋自兼委员长，将江西全省"剿匪"区域共 43 县划分为 9

---

① 《在赣欢宴各界之演说》，1931 年 2 月 26 日《江西民国日报》。
② 《蒋中正呈送剿匪区内各省行政督察专员公署组织条例（1932 年 8 月 29 日）》，台北"国史馆"藏国民政府档案，001012071114。
③ 《蒋中正总统档案·事略稿本》第 10 册，第 50 页。
④ 《蒋中正总统档案·事略稿本》第 11 册，台北，"国史馆"，2004，第 282～283 页。

个分区，每区设置党政委员会分会，负责指导各区军事、政治、经济等事务。① 这些措施虽由于缺乏具体组织实施的决心和能力，实际效果有限，如蒋介石自己所说，“劳师转饷，苦战连年，地方贤良士民，竟无出而相助者”，② 但起码表明国民党方面对自身在地方政治建设上的薄弱环节已有所注意，开始努力在政治和组织上与中共争夺民众。

在参加“剿共”战争的过程中，一些国民党将领也意识到与中共在政治上展开争夺的重要性。作为“剿共”前线指挥官，曾任国民党军第十八师第五十二旅旅长的戴岳深刻体会到民心向背对武力利钝的影响，明确指出：“清剿匪共，绝不是军队一部分的力量做得到的，是要党、政、军、民通力合作才行的。”③ 运用政治力量，在政治上与中共展开争夺，首先就必须取得民众的支持，将民众从中共方面拉到自己一边，这是政治战的基本。为此，他不赞成何应钦等提出的“进剿”部队“除班长及由官长指定之士兵外，概禁止与人民接谈”、④“禁止士兵无故与民众往还”⑤ 的主张，而强调“所到之处，要随时召集民众开会，揭破共匪的阴谋，宣扬本党的三民主义”。⑥ 从争取民众的目标出发，他们强烈反对杀戮苏区民众，南昌行营第二科科长柳维垣列举了烧杀政策的危害：“匪屋不烧，或尚有悔过反正之日，一烧其屋，即迫其终身从匪……正合共党之希望。”⑦

① 《党政委员会组织成立呈报中央文（1931 年 7 月 13 日）》，“蒋中正文物档案” 002060500009012。

② 《蒋委员长告江西各县离乡避匪之贤良士民书（1933 年 9 月 22 日）》，《军政旬刊》第 2 期，1933 年 10 月 30 日。

③ 戴岳：《对于剿匪清乡的一点贡献》，转见冰澈《对于白军“剿共”的研究》，“附录”，第 11 页。

④ 何应钦：《剿共须知》，转见冰澈《对于白军“剿共”的研究》，附录，第 32 页。

⑤ 郭汝栋：《国民革命军第廿军剿匪部队注意事项》，转见冰澈《对于白军“剿共”的研究》，“附录”，第 81 页。

⑥ 戴岳：《对于剿匪清乡的一点贡献》，转见冰澈《对于白军“剿共”的研究》，“附录”，第 19 页。

⑦ 柳维垣：《剿匪实验见解录》，转见冰澈《对于白军“剿共”的研究》，“附录”，第 41 页。

为改变国民党政权在民众中的糟糕形象，他们还颇有眼光地提出对地主、土豪的态度问题。作为中共革命的打击对象，地主、土豪往往投向国民党方面，成为国民党军的主要依靠对象。邻接中央苏区的湘赣省曾对地主、豪绅和反革命及其家属实行驱逐政策，结果这些人"驱逐到白区以后，就参加国民党军队，带领地主武装和国民党的部队来打我们。他们地形、路线很熟，而且大多是青年，一出去反动得很，对我们很凶，使我们吃亏不小"。① 不过，国民党军依靠这些人固然可以收到一定效果，但在苏维埃革命的风潮中，完全站在地主豪绅一边就意味着和大多数的普通农民对立，这对国民党军争取更多民众的支持十分不利。所以戴岳特别提醒："难民是各村逃出来的人，对于地形道路匪情都是很熟悉的，可以把他组成梭镖队，随军带路；但是他们没有纪律，加以报仇心切，所到之处，随意烧杀，这是要特别注意纠正的。"要求遏止"还乡团"的疯狂报复行为，"设法和解难民向反共来归的农民寻求报复"，② 希望通过与土劣保持距离，改变国民党在普通农民中的富人利益维护者形象，尽可能争取更多人民支持。

戴岳等国民党军将领在与中共交战过程中，汲取经验教训，对前线实况，对苏区政治、社会、军事状况有更多的了解，他们的主张也逐渐为蒋介石所注意，戴岳、柳维垣都曾接受蒋的召见、垂询，其中不少意见为蒋所采纳。正是在此背景下，第五次"围剿"准备过程中，蒋介石把政治力量提到空前的高度，强调："剿匪乃争民之战，非争地之战，故军事纵告胜利，如无健全之政治设施，相辅而行，则终必徒劳无功。"③ 将政治争夺战置于军事之上，要

---

① 张启龙：《湘赣苏区的革命斗争》，《湘赣革命根据地》（下），中共党史资料出版社，1991，第863页。
② 戴岳：《对于剿匪清乡的一点贡献》，转见冰澈《对于白军"剿共"的研究》，"附录"，第11～12、20页。
③ 《为剿匪军事行动之后须继之以政治设施财政支援事致汪兆铭院长电（1933年8月21日）》，《先总统蒋公思想言论总集》第37卷，第86页。

求所部主动出击，与中共展开政治争夺："政治工作人员之工作必须向匪区设法深入为唯一任务。"①

和中共相比，国民党的鼓动性和组织力自是望尘莫及，这和两党的理论基础、奋斗目标、人员构成、领袖特质等诸多因素相关，非短期所能改变。基于对自身特点的了解，蒋介石强调政治的争夺不应好高骛远，而要注意于一时一地一事的实际解决，正如他此时谈到的：

> 一谈到经济设施，开口便说要如何统制，这些都是不切实际的理想，亦就是没有用的理论，都不是目前我们所需要的。我们现在最需要的，就是要注意研究一切眼前的实际问题，完全针对客观的事实，一件一件从实地调查考察来拟订具体能行的解决办法。我们现在更不可憧憬于什么高远的理想，亦不必发表新奇的理论，我们只是竭忠尽智为国计民生来打算，就事实来求解决，从现实的工作中来求进步……如果我们能够将这些事情，一件一件的改进，将大大小小的事实问题，一个一个的解决，已经够了。②

本着这一认识，第五次"围剿"期间，国民党在政治、经济、社会组织等方面全盘进行整合，推出一系列具体措施。

其一，对苏区民众和红军展开攻心战术，改变国民党政权和国民党军的负面形象。南京国民政府成立后，由于基层力量薄弱，各地乡绅多被作为当地社会代表，负上传下达之责，成为政府控制基层社会的重要依靠力量。其中不良分子往往利用权势徇私舞弊，坑害百姓。为改变国民党政权的富人维护者形象，"围剿"数遭失败后，蒋介石和国民党政权开始反思此前对乡绅的依赖政策，希望与

---

① 《蒋中正指示政治工作须深入匪区（1933年10月27日）》，"蒋中正文物档案"002010200096040。
② 蒋介石：《革命成败的机势和建设工作的方法》，《先总统蒋公思想言论总集》第11卷，第606~607页。

乡村中的权贵阶层保持距离，限制土劣活动。第五次"围剿"前，国民党方面着力调整其乡村政策。1933 年 4 月，蒋介石通电各省政府，指出："绅士仍多狐假虎威，欺下罔上之事。各区对于绅士固应多方物色吸引，但主管官应严加监察，推行政治，勿使阻隔。"① 对前方官兵则要求："一定要亲近醇厚可用的真正的民众，尤其是一般真正的民众的领袖，决不好亲近一般土豪劣绅。"② 1933 年 8 月，南昌行营在前一年鄂豫皖三省"剿匪"总司令部有关条例基础上，制定颁布《惩治土豪劣绅条例》，规定："武断乡曲，虐待平民，致死或笃疾者处死刑，或无期徒刑"；"恃豪怙势，蒙蔽官厅，或变乱是非，胁迫官吏……者，处五年以上，七年以下有期徒刑"。③ 专门针对豪绅在法律框架内出台相关打击条例，体现出蒋介石和国民党政权与豪绅划清界限的愿望，对豪绅、地方官员及普通民众都是一个表态。根据这一条例，到 1934 年年中，何键主持的西路军共接办土劣案件 48 件，结案 35 件，其中相当部分都是针对武断乡曲、欺压百姓作出的判决。④ 湖北江陵通缉巨绅周瑞卿，一度使附近"大小土劣相率敛迹"。⑤

　　整顿军纪是国民党军实行自我改造的重要一环。国民党军由于历史、现实的原因，有所谓中央军、杂牌军之分，中央军供应充足，军纪一般相对较好，杂牌部队则在供应和军纪上都难以保证。为进一步加强军队纪律，南昌行营决定在既有军纪约束之外，在前线部队中组织密查委员会，密查官兵有无不遵命令、营私舞弊、怠

---

① 《电杨永泰令各省政府主管严加监督乡绅言行（1933 年 4 月 6 日）》，"蒋中正文物档案"002010200081020。

② 蒋介石：《推进剿匪区域政治工作的要点》，《先总统蒋公思想言论总集》第 11 卷，第 239 页。

③ 《国民政府军事委员会委员长南昌行营惩治土豪劣绅条例》，《国民政府军事委员会委员长南昌行营处理剿匪省份政治工作报告》，第十章，南昌行营编印，1934，第 2 页。

④ 《党政处报告关于清乡善后整训团队编查保甲户口等事项工作报告表》，《西路军公报》第 12 期，1934 年 6 月 15 日，报告类第 6 页。

⑤ 湖北省民政厅：《湖北县政概况》，台北，文海出版社，1976，第912 页。

忽职守、勒索地方、招摇索贿、嫖赌吸毒酗酒等违纪行为。同时设立考验委员会,考核各级官兵作战和纪律情况,并依据考核成绩实施奖惩。① 蒋介石专电要求:"各团营连所派之采办不准其在地方民间自由购买物品,只准其在总指挥部所组织之采买组内采办。"②力图杜绝部队乘机强买强卖。各部队也有相应的整饬军纪措施:"四十三师在宜黄设立粮食采办处以及提倡善良风俗移转社会风气等事,九四师党部办理官兵抚恤,九八师的救护队收容病兵纠察军纪抚恤难民,九九师由党部派员参加采买,使采买人不至压迫老百姓,和拿食盐来酬报抬伤兵的老百姓等。"③

根据对苏区民众"宽其既往,以广自新之路"④ 的认识,1933年8月,南昌行营颁发《剿匪区内招抚投诚赤匪暂行办法》,规定对"投诚"的苏区一般人员可责成其父兄、邻右、房族长等具结担保领回,在家从事劳动,一年以内不准擅离所住区域。较重要"投诚"人员送感化院感化后再按上述程序处理。"投诚赤匪经该管县政府核准回原籍居住后,其生命财产应一律予以保护。"⑤1933年11月20日,南昌行营正式拟定《招抚投诚办法》公布。

其二,通过长期的"剿共"战争,国民党人逐渐意识到:"民心的向背,以利益为依归,我们要使民众归附我们,要使民众信仰我们的主义,空喊口号是没有用处的,我们须从民众的实际利益加以维护。"⑥ 为此,他们在经济上采取一系列措施,"复兴农村",纾

---

① 《剿匪军整顿军纪办法大纲》,《西路军公报》第9期,1934年3月15日。
② 《蒋中正指示政治工作须深入匪区(1933年10月27日)》,"蒋中正文物档案"002010200096040。
③ 陈诚:《要认识领袖树立革命的中心力量》,《汗血月刊》第1卷第4期,1934年4月20日。
④ 欧阳明:《匪区民众心理之分析与挽救》,《汗血月刊》第1卷第2、3期合刊,1934年2月20日。
⑤ 《剿匪区内招抚投诚赤匪暂行办法》,《国民政府军事委员会委员长南昌行营处理剿匪省份政治工作报告》,第十三章,第5页。
⑥ 欧阳明:《匪区民众心理之分析与挽救》,《汗血月刊》第1卷第2、3期合刊,1934年2月20日。

缓民生，动摇中共的民众基础。

土地问题是 1930 年代国共对立中一个十分吸引眼球的话题。面对中共土地问题上的积极政策，国民政府也亟思有所作为。蒋介石曾于 1932 年明确谈道："对于乡村的土地问题，我们必须深刻留心才好，如果革命真正要成功的话，我们就是要平均地权，平均地权的实行，就是土地改革，中国所有一切问题，统统集中于土地问题上……要能切实做平均地权的工作，革命才有成功的胜算。"① 但是，对于平均地权的方法，他并不认同中共的土地分配做法，对农村土地实际占有状况的估计，也偏于乐观。1933 年 12 月，蒋致电汪精卫，较为清楚地表达出其关于土地问题的立场：

> 今日中国之土地，不患缺乏，并不患地主把持，统计全国人口，与土地之分配，尚属地浮于人，不苦人不得地，惟苦地不整理。即人口繁殖之内地省区，亦绝少数百亩数千亩之地主，而三数十亩之中小耕农，确占半数以上。职是之故，中正对于土地政策，认为经营及整理问题，实更急于分配问题。既就分配而言，本党早有信条，即遵奉平均地权遗教，应达到耕者有其田之目的，而关于经营与整理，则应倡导集合耕作以谋农业之复兴。盖本党立场，不认阶级，反对斗争，关于土地分配，自应特辟和平途径，以渐进于耕者有田。②

本着上述认识，国民政府一方面要求："对于被匪分散之田地，有契据有经界者，以契据付审查，无契据有经界者，以证明书状付审查，办理完竣，一律发还原主"，③ 原则上承认和维护地主

---

① 蒋介石：《军队政治工作方法的改善》，《先总统蒋公思想言论总集》第 10 卷，第 576 页。
② 蒋介石：《电汪院长叶秘书长为解决土地问题详陈分配及整理意见以供参考》，《军政旬刊》第 8 期，1933 年 12 月 30 日。
③ 《鄂豫皖三省剿匪总司令部训令》，《西路军公报》第 2 期，1933 年 11 月。

对土地的所有权；另方面，又要求地主对农民有一定的让步。1933年夏，南昌行营颁布《处理匪区土地、地租、田赋、债务办法》，规定凡1932年前的地租、田赋蠲免，债务缓还。同时实行《均耕法》，主要内容是：土地仍归原主，佃户受佃承耕，业主不得夺佃；凡有田两百亩以上者，课累进税，税金交农村复兴委员会支配；无主土地，由农村复兴委员会代管发佃，其地租亦由农村复兴委员会代收支配。根据这一法案内容，1933年10月，蒋介石亲电指示："我军占领地方现在未收之谷子概归今年所种之佃户收获，以济贫农。明年再照土地条例妥为处理。地方人民从前所欠各种债务一律展期清理，其各债主不得追缴。"[1] 1934年8月，再次电令新收复区当年之农产物，概归当年耕种者收获，原业主不得索取田租。10月，又下令收复区从前所欠田租、房租，均予免缴，其他债务延期清理，并规定应减免利息及最高利率限制。

作为具有强烈实用取向的领导人，蒋介石虽然主张渐进的土地整理，但占领苏区后具体处理土地问题时则采用了变通的办法。他明确指示："如何处置土地，不一定要有呆板的方法，应当以补助剿匪进行为前提，因地制宜的去办，耕者有其田，平均地权，或者地还原主，或者实行二五减租，都是可以的；只要于剿匪进行有利，都可以斟酌办理。"[2] 因此，福建事变后，鉴于"前十九路军驻龙岩时，不分业佃，一律计口授田，现均有田可耕，确亦相安"，国民政府决定对"现在之承耕者计口授佃，不予变更"。[3] 等于默认了计口授田的现实。在原则维护地主土地所有权时，相当程度上考虑到普通农民的现实利益，对缓和农民不满情绪，抵消中共

---

① 《蒋中正电示周浑元处理占领地方谷物收获与地方人民所欠债务（1933年10月4日）》，"蒋中正文物档案"002010200095017。
② 蒋介石：《清剿匪共与修明政治之道》，《先总统蒋公思想言论总集》第10卷，第623页。
③ 《国民政府军事委员会委员长南昌行营处理剿匪省份政治工作报告》，第九章，第40页。

土地政策影响，不无意义。

针对"剿共"区域农村的破败状况，国民政府也采取了一些救济和保护措施。1933 年 4 月，设立四省农民银行，蒋介石自兼董事长，展开金融救济农村活动。同时，本着"军民合作之方向，不得以军队便利为出发点，应以救济民众为出发点"① 之原则，蒋介石通令前方国民党军开展救济民众运动，要求展开以民生为基础的生命安全救济、生产救济、饥寒救济、教育救济等多项救济措施救济。1934 年间南京政府拨发江西"剿匪"善后治本费 200 万元、治标费 120 万元，从治本费中提出 30 万元，加上农行商借的 40 万元共 70 万元用于救济工作，由江西省农村合作委员会负责办理。到 1934 年 9 月底，共放款 358569.5 元。② 为减轻民众税负，江西省政府决定实行"一税制"，即将各种税捐合成总数，冠以田赋税目统一收取，收取方式也由向就近钱粮柜所分期缴纳改为直接到县交纳，减少苛捐杂税和中间盘剥。这些措施或为治标，或系"杯水车薪"，③ 但做与不做，其产生的政治影响，终究有别。

大力推广合作社，是蒋介石力图复兴农村经济的另一重要举措。合作社在 20 世纪二三十年代的中国颇具影响，一批社会力量投身于合作运动中，国共两党也都对之倾注热情。蒋介石强调："农村合作事业，就是救济农村最紧要最要好的一个办法"；④ "发展农业，自以创设合作社为根本要图"。⑤ 1931 年 6 月，国民政府实业部颁布《农村合作社暂行规程》，第一次以部令形式公布有关农村合作的章则。次年在湖北集训一批县级人员，为通过行政力量

① 《剿匪军救济民众办法大纲》，《西路军公报》第 9 期，1934 年 3 月 15 日。
② 《江西省各收复县区办理农村救济组社员贷款一览表》，《国民政府军事委员会委员长南昌行营处理剿匪省份政治工作报告》，第九章，第 32 页。
③ 《国民政府军事委员会委员长南昌行营处理剿匪省份政治工作报告》，第五章，第 43～44 页。
④ 《总理、总裁关于合作之言论》，《革命文献》第 84 辑，台北，中国国民党中央党史委员会，1980，第 216 页。
⑤ 《鄂豫皖三省剿匪总司令部训令》，《西路军公报》第 2 期，1933 年 11 月。

组织互助社提供干部。1933 年 10 月和次年 1 月，南昌行营先后颁布《剿匪区内各省农村合作社条例》及《施行细则》、《剿匪区内农村合作委员会组织章程》等，要求"剿匪"区内各省设立农村合作委员会，大力推广合作运动。在江西将农村手工业合作改为"利用合作"，由政府贷给资金，各地利用当地的手工业特产，组织起来从事生产。到 1934 年 1 月，江西已成立 496 个合作社，有 15000 户社员，占当时全省总农业户 400 万户的 0.375%。[①] 1934 年底，进一步发展到 1078 个，[②] 次年增加到 2846 个，社员 231142 户，股金 1306369 元，[③] 发展速度在全国名列前茅。行营同时提出，把拨给各县的善后经费，一律移充为当地农民加入合作社的股金，不得用于其他开支。国民党方面的报告自称：江西临川、崇仁、黎川等"六县中之设有合作社者，都有优良成绩"。[④]

不过，和中共的合作社组织一样，国民党通过政权推动展开的合作社也具有较强的政治干预性质："合作制度虽然是经济性质的，但却和政治性质的保甲制组织有直接的关系。联保主任或保长，常常是指派定的合作社的'当然理事'。"[⑤] 合作社的经济效能发挥尚不充分。而政治推动由于经费、组织的限制又难以深入，所以，合作社发展虽然相对较快，但面对广大农民，其绝对值仍然很低，"仅能作微小之贡献"。成立起来的合作社也"恐不能得适合之管理"，[⑥] 难免为某些权势阶层控制、中饱。说起来，蒋介石当时对合作社其实还有更高的期待，他曾设想，通过合作社和农村复

① 《江西省各县合作社种类数量及区联合会统计表》，《国民政府军事委员会委员长南昌行营处理剿匪省份政治工作报告》，第九章，第 14 页。
② 郑厚博：《中国合作社实况之检讨》，《实业部月刊》1936 年 10 月号。
③ 孙兆乾：《江西调查日记》，萧铮主编《民国二十年代中国大陆土地问题资料》第 171 种，第 85340 页。
④ 《检阅临川崇仁宜黄南丰南城黎川六县清乡善后事务之总讲评》，《军政旬刊》第 26 期，1934 年 6 月 30 日。
⑤ 王志莘：《合作运动》，《中国经济年鉴（1936 年）》，商务印书馆，1936，第 881 页。
⑥ 《国联专家视察江西建议书提要》，《军政旬刊》第 23 期，1934 年 5 月 31 日。

兴组织的推动，"各农村之田地，将陆续尽归农村利用合作社管理，而合作社全体社员，尽为农村田地之使用者，无复业主自耕农佃农雇农之分，则总理耕者有其田之主张，固不难具体实现，即彻底改良农业之方法，亦得以切实推行"。① 这样美好的愿望，却并没有切实可行的措施予以实现。

其三，进一步严密对苏区的全面封锁。中央红军前四次反"围剿"虽然均获胜利，但由此造成的资源损失也相当巨大，"围剿"后大批国民党部队继续环绕不退又限制着苏区的发展，军事的胜利不能完全掩盖苏区内部资源困乏及发展受限的危机。早在1931 年中共方面其实就已意识到："目前敌人尚未下绝大决心来封锁苏区，所以日常用品许多还可以入口。但我们要知道，阶级斗争日益尖锐和剧烈，敌人也就必然的更严密的来封锁苏区。我们为巩固政权，进攻敌人，在经济上须有充分的准备。"② 同理，1932 年国民党方面也从中共被俘人员口供中推断："匪区内除瑞金一县有少数货物买卖外，在他各县荒凉万分，若我中央能以此时一面给予政治上之宣传打击一面施坚壁清野封锁外物运入，则不出一年，不打自灭。"③ 因此，国民党军有针对性地对苏区实施封锁，江西全省划分为 8 个封锁区，各区设监察官，由当地最高驻军长官担任，监察的层次分师、旅、团三级，均由各级军事长官兼任，政工人员担任巡查。半"匪区"、邻"匪区"各县，一律设立封锁匪区管理所，由县长兼任所长。水路方面颁布《整理赣江封锁计划大纲》，设立封锁赣江万（安）丰（城）间水道督察处及 13 个封锁管理所，加紧对赣江沿线的全面封锁。

1933 年 7 月以后，南昌行营制定《粮食管理办法》、《合作社

① 《鄂豫皖三省剿匪总司令部训令（1932 年 11 月）》，《西路军公报》第 2 期，1933 年 11 月。
② 《闽西苏维埃政府经济委员会扩大会议决议案（1931 年 4 月 15 日）》，《革命根据地经济史料选编》（上），江西人民出版社，1986，第 72 页。
③ 李一之：《剿共随军日记》，第 131 页。

购销食盐办法》、《部队食盐采购办法》等一系列规章，规定粮食、食盐、火油、中西药品、布匹、服装、军用品、统销军用品、燃料等，以官督商办为原则，集中公卖，凭证购买，每口良民按定额供应。同时设立粮食管理处，食盐、火油管理处，交通管理处，负责组织实施对苏区物资的封锁。以县、区、保联主任及当地士绅组织各级公卖委员会，下设公卖处，负责购进、运销事宜。偷运或"济匪"者，轻者没收物资、罚款，重者判刑直至处死刑。

封锁制度严密化后，苏区物资供应相当紧张。尤其是维持正常生存必不可少的食盐被控制输入后，由于不能自产，极度紧缺。红军撤出中央苏区、国民党军进占瑞金后注意到："居民食淡过久，肌肉黄瘦，殆不类人形。"[①] 其残酷情形可见一斑。米夫在共产国际的发言中谈道："过去苏区与国统区的经济往来是相当容易的，而现在则要困难几十倍。国民党对于跟苏区经商的商人不惜采取各种镇压、枪毙的手段，而这种封锁产生了效果。如果说过去不管怎样总能把一些工业品带到苏区来，而现在可能性极少。"[②] 与此同时，临近苏区的国民党控制区民众也深受封锁之苦："食盐公卖以后，各地时有被少数甲长操纵渔利之事，规定每人只购四两，但与甲长关系密切者，至少可买四斤，与甲长无私情者，即四两亦不能到手。"[③]

其四，严密政治组织，加强行政控制。国民党从组织上看，不是一个十分严密的政党，其地方自治的治理原则也从理论上限制着政权垂直权力的过度伸展。而蒋介石以军事强人控制政权的现实及南京政府对全国实际统治力的薄弱又进一步影响着南京政权行政控制力的发挥。在与中共对垒过程中，蒋介石得出结论：中共严密的

① 李渔叔：《瑞金匪祸记》，《收复瑞金纪事》，中国国民党陆军第十师特别党部，1935，第21页。

② 《共产国际执行委员会政治书记处会议速记记录（1932年12月11日）》，《共产国际、联共（布）与中国革命档案资料丛书》第13册，第274页。

③ 《为各保甲长操纵公卖仰转饬严究》，《军政旬刊》第1期，1933年11月20日。

组织使其具有强大的群众动员能力，是中共能将自身实力充分发挥的一个关键原因，而国民党政权自身则"政府自政府，人民自人民，军队自军队，各不相谋，甚至省政府和县政府之间，也不能十分联络得好"。① 针对此，蒋力图在现有框架内对政治组织有所改进，加强政权的行政和社会控制力。

按照南京政府的地方政治体制，省直管县，传统中国原有的州府一级机构被取消，这样的政治结构源于孙中山倡导的地方自治原则。但是，当时省境庞大，交通不便，省对县的管理常常鞭长莫及。赣南的三南地区（全南、定南、龙南三县）距省会南昌有六七百公里之遥，又无公路可通，省级管理几乎无从措手。1932 年 8月，鉴于现有省县机构难以满足管理需要的实际状况，国民政府行政院和豫鄂皖三省"剿匪"总司令部决定在省和县之间按区域增设派出性的专员公署，加强省、县之间联系。1933 年 1 月，南昌行营改组江西各地专员公署，扩大专员公署权力，专员一律兼任该区保安司令，并须逐渐兼任专员公署所在地县长；同时，为专员公署增加经费，配设技术人才。1934 年福建事变后，又在福建推行专员公署制度，将全省分为十区，设置专员。专员公署的建立健全，在省、县之间增加了一级具有相当行政权的督察机关，可以考核地方官员、查核地方财政、核转省县间往来文件。每个专员公署一般管辖 6 个县，这对交通不便状况下行政权力的有效施展不无裨益。

除设立专员公署外，南昌行营对一些离县治较远，几县交界且"平时政治力量，已有鞭长莫及之患"② 地区，本着"适应剿匪需要，增加行政效率"③ 的原则，加设特别行政区，就近控制。1933

---

① 蒋介石：《剿匪基本工作之研究》，《先总统蒋公思想言论总集》第 11 卷，第38 页。
② 《筹设找桥慈化洋溪三特别区政治局案》，《军政旬刊》第 11 期，1934 年 1 月30 日。
③ 《国民政府军事委员会委员长南昌行营办法江西特别区政治局组织条例》，《西路军公报》第 11 期，1934 年 5 月 15 日。

年 7 月 27 日，南昌行营在江西藤田等四处设置特别行政区，以永丰、乐安、吉水三县交界的一部分治地为藤田特别行政区，崇仁、宜黄两县交界的一部分治地为凤冈特别行政区，同时设立新丰、龙岗特别行政区（旋被裁撤）。10 月、12 月，行营又分别在宜丰找桥、宜春慈化和安福洋溪、井冈山大汾设立特别行政区。特别行政区设政治局，隶属于行营和江西省政府，负责"处理全区一切行政事务"；"政治局对各级机关之关系，与县政府同"。①

乡村保甲制度是中国农村实施已久的传统控管体系，民国成立后一度被废弃。1930 年代初，为适应"剿共"军事的需要，加强对基层社会的控制，南京国民政府开始重建乡村保甲。1932 年 8 月，鄂豫皖三省"剿匪"总司令部颁布《剿匪区内各县编查保甲户口条例》，开始大面积推行保甲制度。1933 年 9 月，江西 81 县中有 62 县进行了保甲编组，保甲网络基本成型。蒋介石对保甲十分重视，指示："进剿时亲查保甲，帮修寨碉，最为重要。并择其要冲之地遴选稳实保甲长，给其能足自卫之旧枪，派能干可靠之官兵数人训练监督……使其自守，则为根本之治也。"② "进剿"期间，保甲的建设和恢复在数据上继续显示出较快的进展，据江西省民政厅统计，到 1935 年江西各县编成 26584 保，259066 甲。保甲制度的推展，对国民党权力体系的垂直延伸及反制中共的发展、渗透有着一定作用。

（2）"七分政治"的效用

国民党政权在政治、经济、社会上与中共全面对垒的一系列对策，取得了一定效果。国民党军军风纪在此期间确有改善，国民党方面各级人员不约而同谈道："从前没有组织运输队的时候，民众因为怕拉夫的关系，军队所到的地方，逃避一空，现在不同了，我

---

① 《江西省特别区政治局组织条例》，《国民政府军事委员会委员长南昌行营处理剿匪省份政治工作报告》，第一章，第 28 页。
② 《蒋中正电示樊崧甫进剿时亲查保甲帮修寨碉慎选保甲长给枪自卫为要（1933年 5 月 29 日）》，"蒋中正文物档案" 002010200084061。

们军队所过的地方，老百姓排班的站着，送茶送水的，络绎于途，请向导也不发生困难，这是由于军纪严明的效果。"① 诸如强奸、抢劫等恶性案件明显减少。当时，苏区有"有一部分群众脱离政府，如东陂、黄陂、吴村有一部分群众听反动派造谣，见红军到逃跑上山，反接济白军靖匪的食粮"②；一些地区"群众大受敌人欺骗，反水成立守望队替敌人担任秘密通讯员等"。③ 对此，蒋介石曾不无得意地宣称：

> 从前我们军队到的时候，一般人民一定都被土匪裹挟去；现在我们这一次到了棠阴，一般人民却希望土匪早一些快走，我们军队一到，他们就出来，可见赤匪的手段无论怎么毒辣巧妙，无论对于部下对于人民监督怎么严密，在最短期间或可稍微发生效力，但用了一年半载以后，一概无用，而且还要发生反结果。④

不过，国民党方面采取的这一系列政策，似也不应予以过高估计，从总体上看，所谓"七分政治"其实远远未能达到超越于军事之上的效果，在国民党政治理念、统治方式、统治基础不可能根本改变的背景下，其推出的许多措施实际效果有限。当时江西金溪县长朱琛上书蒋介石谈道："处处离开民众，任何良法适得其反。故保甲造成土劣集团，保卫团成为地痞渊薮，建筑堡垒，徒劳民财，演成政府求治之心益切，而人民所受之痛苦则日深。其原因均为政烦赋重，处处予贪污土劣剥削之机会，故欲扬汤止沸，莫如釜底抽薪也。"⑤ 这

---

① 欧阳明：《匪区民众心理之分析与挽救》，《汗血月刊》第 1 卷第 2、3 期合刊，1934 年 2 月 20 日。
② 《江西省苏维埃政府训令（第九号）（1933 年 4 月 5 日）》，《江西革命历史文件汇集（1933～1934 年）》，第 87 页。
③ 《中共湘赣省委工作报告》，《湘赣革命根据地》（上），第 491～492 页。
④ 蒋介石：《军人精神教育之要义》（一），《庐山训练集》，第 171 页。
⑤ 《朱琛上蒋介石意见书》，傅莘耕：《金溪匪区实习调查报告》，萧铮主编《民国二十年代中国大陆土地问题资料》第 173 种，第 86111 页。

一议论确非虚言。当国民党军实行普遍的动员贯彻其全面战争计划时，对民众的压力也在加大。

第五次"围剿"中，由于碉堡、公路的大规模修筑及军队的增加，民众的劳役和供给压力较之前几次继续增加。当时有报告谈到修筑碉堡的费用："只以取沙而论，其工料每堡需千六七百元，每碉需七八百元。假定赣属沿江构筑百座，堡占三分之一，碉占三分之二，预算不下十万元。"① "金溪县建筑堡垒五，碉堡八，共费万元以上。"② 更成问题的是，军队和官员借修碉堡盘剥民众，进一步加重民众负担："各部队修筑碉堡与工事，各种器具，多系借自民间，损坏既无赔偿，移防辄多携去。且士兵亲往民家搜借，更难保无违反纪律行为，影响军民恶感甚大。"③ 有些部队"甚至将避逃堡内之民众，悉数赶出堡外，以致流为匪用"。④ 而一些地方官员则把构筑碉堡当作聚敛手段，江西萍乡北一区区长为建筑碉堡，"于地方筹集洋二万余元"，挪用寺庙"砖木值洋约五百元并不给价"。⑤ 莲花县"建筑公路，各区各保，咸以摊派方式担任，不第工资无着，且须自备伙食……此外如派筑碉堡（闻派筑碉堡亦不供食不给资且砖石亦系按人摊派送去）架设电话，与服役于军队之运输，一般壮年男女劳役几无暇日"。⑥

从收揽民心出发，第五次"围剿"期间，蒋对土豪劣绅不无

① 《某人电蒋中正据张达称构筑赣江及湘粤赣边境各碉堡预算甚巨》，"蒋中正文物档案"002090300073351。
② 傅莘耕：《金溪匪区实习调查报告》，萧铮主编《民国二十年代中国大陆土地问题资料》第 173 种，第 86128 页。
③ 《政训处长贺衷寒等转呈金文质呈拟对民众工作意见》，《军政旬刊》第 13、14 期合刊，1934 年 2 月 28 日。
④ 《北路总司令部赣浙闽皖边区警司令部转报余江县一带党政军情形》，《军政旬刊》第 7 期，1933 年 12 月 20 日。
⑤ 《萍乡北一区福兴寺僧蔡鑫等具诉区长萧造时假公济私强挑建碉》，《西路军公报》第 7 期，1934 年 1 月 15 日。
⑥ 赵可师：《赣西收复区各县考察记》，《江西教育旬刊》第 10 卷第 4、5 期合刊，1934 年 7 月 11 日。

抑制之意，但由于国民党政权基层控制力薄弱，乡村治理重心很大程度上仍依赖士绅，蒋介石本人对乡绅和土地问题处理又首鼠两端，既不想失去士绅的支持，又想讨好民众，他在日记中说得很明白："对于土地问题二说，一在恢复原状，归还地主；一在设施新法，实行耕者有其地主义。对于耆绅亦有二说，一在利用耆绅，招徕士民；一在注重贫民，轻视耆绅，以博贫民欢心。余意二者可兼用也。"[1] 在此背景下，地方官员对乡绅常常是投鼠忌器，涉及乡绅案件，"地方县政，往往迁延顾忌，久不处理，以致民众感受痛苦，来部指控者，纷至沓来"。[2] 而在收复地区土地处理这样关乎利益取向的重大问题上，蒋介石也经常倾向乡绅，认为该事项"端赖地方士绅相助"，并制定《敦促各县士绅回县参加清乡善后工作办法》，要求各地方政府"劝导各地士绅从速回乡，共襄要政"。[3] 对此，曾有人明确指出："各县乡村受共产党'有土皆豪，无绅不劣'之宣传，民众对一般绅士，已无信仰，或且憎恶，现又加以劣绅回乡工作，益增人民仇恨，殊失政府招回公正士绅之德意，而公正士绅益将裹足不前，乡村政治更不堪闻问矣。"[4] 由于乡绅本为强势一方，两头讨好的结果事实上仍然是对乡绅的纵容。

　　第五次"围剿"中，国民党军军纪虽有改善，但违犯军纪、侵害百姓的事件仍时有发生。1933 年 8 月，到江西调查的地政调查人员遇到民众诉说："第六师士兵强行贱买谷米，只付一元要挪一石，欲阻不得，反被恶骂毒殴。"[5] 12 月，国民党军第十二师通令全师指出："近日以来，纪律废弛，日甚一日，如各部采买，藉

---

[1]　《蒋介石日记》，1932 年 6 月 7 日。

[2]　《李蕴珩致蒋介石鱼电》，《军政旬刊》第 3 期，1933 年 11 月 10 日。

[3]　《国民政府军事委员会委员长南昌行营处理剿匪省份政治工作报告》，第九章，第 39～40 页。

[4]　《新丰特别区政治局局长刘千俊报告匪区民众根本动摇情形匪之维持残局原因及所拟对策》，《军政旬刊》第 7 期，1933 年 12 月 20 日。

[5]　傅莘耕：《金溪匪区实习调查报告》，萧铮主编《民国二十年代中国大陆土地问题资料》第 173 种，第 86130 页。

口纸币不能换散，强压购买，或以地方匪化心理，擅取民物，不给代价，更有兵到之地，翻箱倒箧，形同洗劫！以致民怨沸腾，军誉扫地。"① 强买强卖仍是痼疾。军队拉夫也不能完全禁绝，南昌行营别动队总队长康泽报告，江西余江一带驻军"每于开拔时，无论民夫递步哨，不分皂白，一律拉用，甚至哨丁携带公文，中途相遇，均遭强迫拉去，并有凶殴情事"。② 占用民房更是司空见惯："士兵所驻之房屋，多半是人民住定之内室，责令空出一部分。其厅堂及厨房既归士兵占有，房东不得自由。彼去此来，继续无间，人民住宅几成兵站。至于借用日常需要器具，任意损坏或遗失，毫不负责，犹其余事。"③ 直到"围剿"末期，扰民现象始终不绝，陈诚在家书中写道："各部军风纪亦不甚好，如第四、第八十八师到处杀牛杀鸡、挖蕃薯花生等等，人民被扰情形亦可想见。"④ 第十师攻占瑞金当天，就有官兵拒不听令，"违令下乡，而且短给物价"。⑤ 军队建设的种种问题，蒋介石历历在目，日记中有清楚展现："上午由南昌来抚州，沿途见军队之污秽，与人民之痛苦，伤心自罪，不知所止。"⑥

至于政权建设，当时调查报告承认："赣省年来提倡廉洁政治，绝少贪污，风气确已丕变，惟此亦不过限于县长而已，至于各区区长，仍多属贪污土劣之大集团。"⑦ 亲身指挥战事的陈诚也坦

① 《令各部队严整军纪（1933 年 12 月 21 日）》，《汗血月刊》第 1 卷第 2、3 期合刊，1934 年 2 月 20 日。
② 《北路总司令部赣浙闽皖边区警司令部转报余江县一带党政军情形》，《军政旬刊》第 7 期，1933 年 12 月 20 日。文中"民夫递步哨"应为"民夫与步哨"之解。
③ 《训令本部军队所到境地非公地不敷住宿时勿得轻驻民房》，《西路军公报》第 10 期，1934 年 4 月 15 日。
④ 《至各处视察沿途死病士兵夫不知其数各部军风纪亦不甚好（1934 年 10 月 13 日）》，《陈诚先生书信集·家书》（上），第 283 页。
⑤ 孙一鲲：《匪都"瑞京"破灭的因果》，《收复瑞金纪事》，陆军第十师特别党部，1935，第 61 页。
⑥ 《蒋介石日记》，1933 年 11 月 28 日。
⑦ 《检阅临川崇仁宜黄南丰南城黎川六县清乡善后事务之总讲评》，《军政旬刊》第 26 期，1934 年 6 月 30 日。

白指出："此次集合数省兵力，大举围剿，并于地方党政设施，妥为规划，期以政治力量，摧毁赤匪根基。深谋远虑，纤细靡遗，匪患削平，指顾可待。惟查各县区地方，对于所颁法令，未能切实遵行，即以编查保甲团队，封锁匪区，及构筑碉堡机场公路诸端而论，或旷日废时，一无所就；或有名无实，粗具规模；便利剿匪之实效难期，徒苦人民之弊病已见。"[①] 平心而论，政治的改变本非一朝一夕所能达成，何况战争环境下各种机制均待健全，政治能够不拖军事后腿就已可算成功，出现种种问题实无足怪。只是，这一现实显然难符蒋介石的期望，所以他在1934年底曾感慨叹息："从前我们讲剿匪要有三分军事，七分政治，这不过是一种理想，事实上直到现在不过三分政治，仍旧七分军事！最多也只是军事政治各半！"[②] 所谓"三分军事，七分政治"，并不一定是实际效果的真实反映，更多体现的还是蒋对政治"剿共"的重视。

---

① 《函呈动员民众参加剿匪（1933年10月24日）》，《陈诚先生书信集·与蒋中正先生往来函电》（上），第116页。
② 蒋介石：《剿匪胜利中吾人应继续努力》，《先总统蒋公思想言论总集》第12卷，第593页。

四 第五次反"围剿"：
中共绝境求生

1. 中共的反"围剿"准备和作战方针

在国民党方面积极部署第五次"围剿"，准备向苏区发动新的进攻时，中共方面也在全力准备反"围剿"战争。对于国民党军新一轮进攻的严重性，应该说，中共方面有着充分的估计。1933年7月24日，中共中央就展开新一轮反"围剿"作出决议，表达了粉碎"围剿"的信心，认为第四次"围剿"被粉碎后，造成了国内阶级力量对比新的有利变动，国民党及其他各派军阀在政治上与军事上不断削弱，国民党统治急剧崩溃，"五次'围剿'的粉碎，将使我们完全的可能实现中国革命一省或数省的首先胜利"。通观决议，其中确有当时习见的高调成分，但对于年轻的中共党人而言，这样的高调常常只是不愿示弱的一种表现，如果以为中共就是以此来确定其反"围剿"的战略方针，则未免低估了其能力和水准。就在这一决议中，中共中央在乐观预测总体形势同时，也严肃指出："阶级敌人对于苏维埃和红军的新的'围剿'，是在疯狂的准备着，五次'围剿'是更加剧烈与残酷的阶级决战"，"要胜利的粉碎这次'围剿'，要争取民族危机与经济浩劫中的苏维埃的出路，那我们必须紧张我们一切的努力，动员尽可能的广大的群众去参加革命斗争与革命战争。"① 7 月 28 日，共产国际代表埃韦特在内部报告中说得更直接："我们没有理由悲观，但我认为，近期我们摆脱中央苏区所处困境的希望不大。"②

与中共中央发出决议同日，博古在中央一级党的活动分子会议上作报告，和中共中央文件一样，博古在估计"我们有着一切的条件取得这次战争中的完全胜利，实现中国革命的一省或数省的胜利与确立独立自由的苏维埃中国"的同时，又强调指出：

> 在这个剧烈的战斗中间我们还有许多困难——发展的困难，假若我们不能继续我们一切的努力，紧急的布尔什维克的动员尽可能的广大群众来为着争取苏维埃的出路与粉碎敌人的五次"围剿"而斗争，为克服我们发展中的困难而斗争，那我们便不能胜利。③

随后，以苏维埃中央政府名义发出的致世界劳苦民众宣言更明确宣示："现在，这个年轻的中华苏维埃共和国却正处在一个严重的危险关头了！在这个紧急关头，我们向你们请求：帮助我们反对那些要使我们再过黑暗的非人生活，并要屠杀我们的刽子手呵。"④虽然，人们也许会指责在日本占领东三省后，中共中央没有及时将斗争矛头指向外国侵略者，但客观而言，面对国民党军的"围剿"，身处战场的中共中央不可能不把打破当前"围剿"当作头等重要的任务，这也是中共驻共产国际代表团在民族生存危机前思考

① 《中共中央委员会关于帝国主义国民党五次"围剿"与我们党的任务的决议》，《中共中央文件选集》第 10 册，第 275～276 页。
② 《埃韦特给皮亚特尼茨基的第六号报告（1933 年 7 月 28 日）》，《共产国际、联共（布）与中国革命档案资料丛书》第 13 册，第 459 页。
③ 博古：《为粉碎敌人的五次"围剿"与争取独立自由的苏维埃中国而斗争》，《秦邦宪（博古）文集》，中共党史出版社，2007，第 216 页。
④ 《中华苏维埃共和国中央政府告全世界工农劳苦民众宣言（1933 年 9 月 6 日）》，竹内实编《毛泽东集》第 4 册，日本苍苍社，1983 年第 2 版，第 27 页。

方向逐渐发生变化而身处战地的中共中央却反应迟钝的重要原因。

在对形势作出严重判断的基础上，如何应付国民党新一轮的"围剿"，成为摆在中共面前的一道难题。

数年的苏区发展过程中，中共已经创造出一整套的运动战、游击战的战略战术，而且在每一个成功发展的苏区，我们都可以看到这些战略战术的总结，中央苏区军事与政治的结合尤其成功。如当时有人所总结的：

> 在游击斗争中，在群众工作上，必须采取毛泽东深入群众的斗争；但另一方面我们还须在军事上采取彭德怀的方式，游击队神出鬼没的袭击敌人，骚动敌人，分散敌人的目标，使其不知我们的踪迹，不易对付我们，在敌人注意我们游击队行动中，更利于群众斗争的发展与深入。[1]

这一套在实践中得到提炼的军事、政治的成功经验，对中共展开反"围剿"战争有着重要参考价值。中共在第五次反"围剿"初、中期的战略指导中，对此也给予了高度重视，并坚持予以贯彻。1933 年 8 月 28 日，中革军委下达密电，规定各省军区和军分区的区域和任务，要求各军区及所属部队配合主力红军作战，"进行机动的游击的战斗，以钳制麻醉疲惫迷惑敌方和瓦解当前之敌"。[2] 29 日，周恩来在红一方面军政治干部会议上作《粉碎敌人五次"围剿"中中央红军的紧急任务》的报告，这是红军进行新一轮反"围剿"战争准备的主要文件。报告提出反"围剿"作战的主要方针：（一）猛烈地扩大和巩固红军，加强部队尤其是新战士的政治教育，发展党员，建立十人团以反逃亡。（二）加紧学习

---

[1] 《中共厦门中心市委给漳属游击队信（1932 年 3 月）》，《福建革命历史文件汇集》甲 9 册，第 132 页。

[2] 《中央革命军事委员会密令（密字第一号）（1933 年 8 月 28 日）》。

与提高军事技术，不仅要加紧练习打靶、投弹和白刃战等技术，而且要努力学习防空防毒、阵地战、堡垒战和使用新武器等技术，了解掌握一切战术原则和战斗动作，"不应忘记"游击战术。（三）有计划地建立各方面的正式战线与游击战线，开展游击队的游击战争，破坏国民党军的战争准备和供给。（四）各部队应在整个战略的意图下执行战斗任务，同时，"要能适应情况变动，在不违反整个意图下，发扬其机断专行的能力"，"要特别提倡活泼机动的运用战略战术，而不需要呆板的服从命令"。（五）加强对白区白军和红军中的政治工作，克服"敌人堡垒是无法打的"、"敌人封锁中的一切困难是无法克服的"等悲观失望情绪，同时反对胜利冲昏头脑的思想，"保证红军中思想的一致"。①

这一时期，中共中央的一系列指示都贯串着运动战的思想。1933 年 8 月，项英明确警示闽浙赣苏区领导人："运动战是内战中主要方式，望努力学习。"② 10 月，中共中央致函闽浙赣省委，严厉批评单纯防御的思想，强调："消极的堵防的政策，不论军事上与政治上都是有害的。在军事上，在部队数量暂时我们还比敌人小得多的时候，分兵把口，实际上就是使我们在敌人的残酷的集中兵力的进攻面前解除自己的武装。"指出："最好的巩固苏区的办法，就是积极的开展深入白区的游击战争，发展与扩大苏区"。③ 共产国际对运动战原则也反复强调。早在 1933 年 3 月，共产国际致电中共中央指示军事方针时明确谈道：

在保卫苏区时，对于中央苏区来说特别重要的是保持红军

---

① 周恩来：《粉碎敌人五次"围剿"中中央红军的紧急任务》，《斗争》第 24 期，1933 年 8 月 29 日。

② 项英：《对闽浙赣工作的指示（1933 年 8 月 26 日）》，《项英军事文选》，中共中央党校出版社，2003，第 126 页。

③ 《中共中央给闽浙赣省委信（1934 年 10 月 4 日）》，《闽浙皖赣革命根据地》（上），第 653～654 页。

的能动性，不要以巨大损失的代价把红军束缚在领土上。应该事先制定好可以退却的路线，做好准备，在人烟罕至的地方建立有粮食保证的基地，红军可以在那里隐蔽和等待更好的时机。应避免与敌大量兵力发生不利遭遇，要采取诱敌深入、各个击破、涣散敌人军心和使敌人疲惫的战术，还要最大限度地运用游击斗争方法。①

4月，共产国际东方部负责人米夫发表文章阐述红军的作战方针："假使要牺牲很多的战士时，红军绝不固守一个地方。红军避免与集中的大部敌人接触，引诱一部分敌人到苏区内来创造进行决战的胜利环境，而敌人则不得不在恶劣的环境下作战……红军还用游击战争与革命农民对政府军队士兵的影响来削弱和动摇敌人。红军在分散敌人的集中后，从侧面及后面攻击孤立的队伍，各个击破，消灭敌人。"② 1933年8月，中央苏区中央局机关刊物《斗争》刊发该文。9月和次年2月，共产国际又两电中共中央，强调运动战的作战方针："中央苏区的主力不应参与阵地战，它们应该进行运动战，从两翼实行夹击。中央苏区要有预备力量，以对付任何突然袭击。"③ "我军常在运动战中而不是突破敌人设防地区的战斗中取得很大胜利。应该充分利用我军的主要优势，即它机动作战和从翼侧突然进攻敌人的能力，而游击队同时从后方进攻敌人。"④ 共产国际的这些意见，起码在理论上统一了中共的基本作战理念，李德回忆："至于

---

① 《共产国际执行委员会政治书记处给中共中央的电报（1933年3月19~22日）》，《共产国际、联共（布）与中国革命档案资料丛书》第13册，第353页。

② 米夫：《中国革命危机的新阶段》，原载《共产国际》1933年4月号，苏区中央局《斗争》第23期转载，1933年8月22日。

③ 《共产国际执行委员会政治书记处政治委员会给中共中央的电报（1933年9月29日）》，《共产国际、联共（布）与中国革命档案资料丛书》第13册，第509页。

④ 《共产国际执行委员会政治书记处政治委员会给埃韦特、施特恩和中共中央的电报（1934年2月11日）》，《共产国际、联共（布）与中国革命档案资料丛书》第14册，第79页。

阵地战，不管是什么形式都不合适，这一点我们大家是完全清楚的。"① 苏区军政领导人普遍认为："死守堡垒，对于我们是致命的打击"；② "要反对滥做支点单纯防御的堡垒主义"。③ 中共的这种作战方式，其对手蒋介石体会最深，他在 1933 年 12 月谈道："现在我们打土匪，真面目的阵地战很少，而随时遭遇的游击战特别多。"④

游击战在各级、各地的有关指示中多次被提及。早在 1933 年 8 月，中共中央在致红四方面军信中指出"极大的注意开展游击战争，创造新的游击区域，是主力红军在决定胜负战争中取得胜利的必要条件之一。"⑤ 中共领导人博古在关于第四次反"围剿"经验教训的总结中也不忘强调：

> 在粉碎敌人四次"围剿"中，游击战争的开展，非常不够，没有充分组织游击部队，有目的的配合红军作战，尤其没有在敌人的后方侧面发动新的游击区域，使敌人在四面受敌的形势中。譬如说，在北方战线上东黄陂战役的时候，我们能够在丰城东乡一带有一支像从前朱毛彭黄的游击队伍，那我们的胜利，不定更要比现在大得多。⑥

11 月，中革军委代主席项英要求："应在敌人后方要道，发展井冈山时代游击袭击的精神、第四次战役的挺进成绩，来配合作战以及转变战局。"⑦ 同月，中共粤赣省党代表大会政治决议强调在

---

① 〔德〕奥托·布劳恩：《中国纪事 1932～1939》，第 63 页。

② 张闻天：《闽赣党目前的中心任务》，《斗争》第 71 期，1934 年 9 月 7 日。

③ 陈毅：《几个支点守备队的教训》，《革命与战争》第 4 期，1934 年 5 月 18 日。

④ 蒋介石：《为闽变对讨逆军训话——说明讨逆剿匪致胜的要诀》，《先总统蒋公思想言论总集》第 11 卷，第 631 页。

⑤ 《中央致红四方面军的信（1933 年 8 月 25 日）》，《中共中央文件选集》第 9 册，第 315 页。

⑥ 博古：《为粉碎敌人的五次"围剿"与争取独立自由的苏维埃中国而斗争》，《秦邦宪（博古）文集》，第 211 页。

⑦ 项英：《挺进游击队的任务（1933 年 11 月 6 日）》，《项英军事文选》，第 251 页。

粤赣省普遍开展游击战争的重要性，同时批评各地不重视游击战争的倾向："分兵把口还是普遍的存在着（在寻安信）。因此，更不能抓紧许多便利的条件，灵活的、广泛的在敌人侧后发展游击战争，创造游击区域。"① 1934 年 1 月，红军总政治部就开展游击队工作发出训令，指出"游击战争的开展，是主力红军在决定胜负的战争中取得胜利的必要条件之一"，要求"对任何忽视游击队工作的倾向，坚决进行斗争"。② 4 月，中共中央和苏维埃中央政府指示各地、各级党和苏维埃，"我们要以更多的地方部队，发展广大的游击战争"。③ 以苏区中央局名义发表的社论也指出："在敌人的堡垒政策面前，发展游击战争，可以使敌人力量很大的分散与削弱，使主力红军的战斗得到更便利的条件。"④

值得注意的是，对当时的中共中央有着重要影响的王明在这一问题上认识也是清楚的。1933 年 12 月，他在共产国际执委会第 13 次全会发言谈道，中共中央正在执行的军事政策的一个重要部分是："反对那种'左'的冒险的倾向，其具体表现，就是完全否认有暂时地部分地军事策略上的退却底可能和必要（例如，为避免和敌人过大力量底作战；或者为的抽出时间准备和找到好的机会再作进攻等等），就是对于保存红军实力有第一等意义这一点估计得不足或根本不了解，机械地了解巩固根据地任务，甚至以为可以牺牲大量红军力量去达到这一目的。"⑤ 本着这一思路，他强调，打破蒋介石新一轮"围剿"的主要办法应是"把中央苏区的红军和游击队从内防守的军事行动，与红军及游击队在蒋军后方和两翼方

① 《中共粤赣省委政治决议案》，《闽粤赣革命历史文件汇集（1933～1936）》，中央档案馆编印，1984，第 26 页。

② 《1934 年 1 月 5 日总政治部训令，关于游击队工作》，《斗争》第 42 期，1934 年 1 月 20 日。

③ 《中共中央委员会、中央人民委员会给战地党和苏维埃的指示信（1934 年 4 月 24 日）》，《斗争》第 58 期，1934 年 5 月 5 日。

④ 《五次战役第二步的决战关头和我们的任务》，《斗争》第 58 期，1934 年 5 月 5 日。

⑤ 王明：《革命、战争和武装干涉与中国共产党底任务》，《王明言论选辑》，第 362 页。

面实行广大的游击战和运动战配合起来"；① 指出："中国革命是一种长期性的坚（艰）苦斗争，六次'围剿'，虽然是革命与反革命之间的残酷斗争的严重的步骤，然而它不仅不是最后决定中国命运的斗争，并且也不是决定胜负的斗争。"②

不过，共产国际、王明虽然注意到运动战、游击战的作战原则仍有其不可移易的效应，但远在数千里之外的他们其实并不一定对中共新的遭遇有深切的了解。应该看到，战争毕竟是敌对双方战略战术的相互较量，第五次"围剿"中，国民党军出动兵力较第四次"围剿"几乎翻了一番，直接参战兵力达到 50 万人左右，与此同时，红军总兵力增加不多，仅 10 万余人，③ 在兵力上"我与敌常为一与四与五之比"④。人数、武器装备和补给的绝对优势，使国民党军事实上可以主控战场。因此，当他们采取稳扎稳打方针，将"极力剥夺红军进行一般的运动战，尤其是遭遇战斗、袭击的机会"作为其战略战术"最基本的要点之一"⑤ 时，中共以往最为得意的运动战、游击战都面临严峻考验。以诱敌深入为例，由于国民党军力量上的绝对优势和进兵时的极端谨慎，导致红军集中优势兵力对敌方单兵突进部队实施打击的机会大大减少，李德谈道："至于在我们区域内进行歼灭战的有利条件，只要不能诱敌深入，也就是说敌人不放弃堡垒战，那就没有希望得到……我们埋伏在这里，而敌人就可以丝毫不受干扰地继续推行它计划中的堡垒政策。这岂不意味着，我们自己放弃了苏区的重要地区，而不去利用时机歼灭敌人的有生力量。"⑥

---

① 王明：《新条件与新策略》，莫斯科，1934，出版者不详，第 21 页。
② 《王明、康生致中共中央政治局函（1934 年 8 月 3 日）》，转见周国全等《王明评传》，安徽人民出版社，1989，第 255～256 页。
③ 《赣粤闽湘鄂红匪实力调查表》，《赣粤闽湘鄂北路剿匪军第三路军五次进剿战史》（上），第三章，第 7 页。
④ 《中央对今后作战计划的指示（1933 年 6 月）》，《中共中央文件选集》第 9 册，第 226 页。
⑤ 林彪：《短促突击论》，《革命与战争》第 6 期，1934 年 7 月。
⑥ 〔德〕奥托·布劳恩：《中国纪事 1932～1939》，第 60 页。

而且，林彪还进一步指出：“诱敌深入的方法，在对付历经惨败而有无数血的教训的敌人，已经不是可靠的有效的方法了。”① 对李德、博古军事指挥作了系统批评的遵义会议有关文件虽然强调第五次反“围剿”时，“诱敌深入的机会依然是有的”；但也清醒看到：“否认五次战争中敌人战略上的堡垒主义的特点，是错误的”。② 其实，早在第五次反“围剿”开始前，共产国际远东局在电报中就已经谈道：“总的说来，我们不能采取诱敌深入到苏区然后将其消灭的战术，因为要做到这一点，苏区还是太小了。”③ 所谓苏区太小了，当然不是说他们会无视相比前几次反“围剿”，苏区正在壮大的事实，而是基于其对外部环境变化的判断，即共产国际代表所说的：

> 我们的地区太小，不能遵循将敌人较大部队拖入陷阱的战术。我们应尽可能地进行大的战斗，或者在我们地区外围，或者在敌占区。由于敌人切割了我们的地区，控制着交通线和重要城市，我们不能让他们有机会将防御工事和基地向纵深推进。况且，如果敌人暂时占领我们的地区，他们在离开时会把它洗劫一空。在物质方面，这会削弱我们作战的能力，而在道义方面，我们离开团结一致的苏区，使之完全失去防御能力，就会损害农民对我们的信任。④

另外，由于国民党军推行坚固、密集的堡垒政策，红军运动战

① 林彪：《短促突击论》，《革命与战争》第 6 期，1934 年 7 月。
② 陈云：《遵义政治局扩大会议传达提纲》，《遵义会议文献》，人民出版社，1985，第 40 页。
③ 《共产国际执行委员会远东局给共产国际执行委员会政治书记处政治委员会的电报（1933 年 4 月 3 日）》，《共产国际、联共（布）与中国革命档案资料丛书》第 13 册，第 374 页。
④ 《埃韦特给共产国际执行委员会的报告（1933 年 4 月 8 日）》，《共产国际、联共（布）与中国革命档案资料丛书》第 13 册，第 394 页。

的区域、效用也大打折扣。中央红军反"围剿"初期在硝石、浒湾一带主动出击，试图在运动中把握机会消灭对方，由于对方处处设防、时时筑碉而难觅胜机。指挥作战的彭德怀、滕代远明确认为："敌人正在大举集中的时候，利用堡垒掩护，使我求得运动中各个击破敌人机会减少，我军需要充实主力，储集力量与敌人大规模作战。"① 同样，湘赣红军在初期作战中遵照外线作战的原则向萍乡、宁冈等地的出击，也因该地"碉堡纵横，是湘军重兵驻屯的纵深地区，战场狭小，运动战机会很少"② 而遭失败。红十军在赣东北准备通过运动战集中力量打破国民党军进攻时，由于对方采取稳健推进战法，红军很难觅到战机，运动战往往被迫打成"攻击占领有利阵地做有工事的敌人"，③ 运动战效能无法发挥。对于堡垒战中的双方对垒，彭德怀有一个形象的比喻："等如猫儿守着玻璃里的鱼可望而不可得。"④ 可见，当时红军坚持其一贯的运动战原则确实遭遇到从未有过的困难。远在李德到达中央苏区之前，共产国际驻华代表及其军事顾问已经对困难予以充分注意，他们对困难的高度估计甚至导致其对国际方面的指示也并不认同，直指其会"助长错误的倾向"。⑤

应该说，共产国际代表的认识并非无所根据，面对国民党军的战略改变，红军当然不应一成不变。如前所述，第三次反"围剿"战争胜利后，毛泽东就提出红军不应再采取防御式的内线作战战略，而应采取进攻的外线作战战略，也就是说，在新的形势下，红军不应再固守原来诱敌深入、内线作战的一贯战略，而应变内线作

---

① 《彭滕关于我军首先解决信河流域赵部的建议》，《中央苏区第五次反"围剿"》（上），第 93 页。
② 萧克：《回忆湘赣红军》，《湘赣革命根据地》（下），第 993 页。
③ 《刘畴西聂洪钧致朱德电（1934 年 4 月 20 日）》，《闽浙皖赣革命根据地》（上），第 710 页。
④ 《彭滕关于七日战况和改变行动的报告（1933 年 11 月 7 日）》，《中央苏区第五次反"围剿"》（上），第 99 页。
⑤ 《埃韦特给共产国际执行委员会的报告（1933 年 4 月 8 日）》，《共产国际、联共（布）与中国革命档案资料丛书》第 13 册，第 394 页。

战为外线作战，主动出击，打到敌人后方去，从根本上破坏对手的部署。这和其原先的诱敌深入战术恰成对比，可谓兵无常形的最好注解。在《中国革命战争的战略问题》中毛泽东更明确总结了红军在不同阶段战略战术可能的变化：

> 红军的游击性，没有固定作战线，根据地的流动性，根据地建设工作的流动性，十年战争中一点也没有变化吗？有变化的。从井冈山到江西第一次反"围剿"前为第一个阶段，这个阶段中游击性和流动性是很大的，红军还在幼年时代，根据地还是游击区。从第一次反"围剿"到第三次反"围剿"为第二个阶段，这个阶段中游击性和流动性就缩小了许多，方面军已经建立，包含几百万人口的根据地已经存在。从第三次反"围剿"后至第五次反"围剿"为第三个阶段，游击性流动性更缩小了。中央政府与革命军事委员会已经建立。长征是第四个阶段。由于错误地否认小游击和小流动，就来了一个大游击和大流动。[①]

所以，毛泽东后来曾提出，福建事变爆发后，"红军主力无疑地应该突进到以浙江为中心的苏浙皖赣地区去，纵横驰骋于杭州、苏州、南京、芜湖、南昌、福州之间，将战略防御转变为战略进攻，威胁敌之根本重地，向广大无堡垒地带寻求作战。用这种方法，就能迫使进攻江西南部福建西部地区之敌回援其根本重地，粉碎其向江西根据地的进攻，并援助福建人民政府，——这种方法是必能确定地援助它的。此计不用，第五次'围剿'就不能打破，福建人民政府也只好倒台"。[②] 而对反"围剿"中期由共产国际代表及军事顾问提出的进军湖南计划[③]也予以肯定，强调："可以向

---

① 毛泽东：《中国革命战争的战略问题》，《毛泽东选集》第 1 卷，第 231 页。
② 毛泽东：《中国革命战争的战略问题》，《毛泽东选集》第 1 卷，第 218～219 页。
③ 参见《共产国际执行委员会政治书记处政治委员会给中共中央的电报（1934 年 1 月 2 日）》，《共产国际、联共（布）与中国革命档案资料丛书》第 14 册，第 7 页。

另一方向改取战略进攻，即以主力向湖南前进，不是经湖南向贵州，而是向湖南中部前进，调动江西敌人至湖南而消灭之。"①

放弃经营数年的中央苏区，集中兵力直捣敌之后方，这样的作战计划确实需要极高的想象力和极大的决心，它充分体现着毛泽东不羁的思路、傲岸的性格、特异的谋略，和其一贯的军事方针是相吻合的。但是，对于包括共产国际在内的军事、政治决策者而言，在对前景还没有完全绝望，又有前几次反"围剿"胜利的美好回忆背景下，确实不太可能一开始就直面这样一个破釜沉舟的设想。当时年轻的中共领导人很难承受由此带来的巨大风险，作出这种非常规的抉择，任何的闪失都有可能意味着需要承担严峻的政治后果，其中的压力，不是已经看到结果而又无须承担责任的我辈所可想象的。何况，以红军的现有力量，挺进到国民党政权的纵深区域，在一个不具有群众基础、回旋余地也有限的地区作战，风险也相当巨大。毕竟，毛泽东的根据地思想也正是建立在对方薄弱环节这一基础之上的。因此，中共中央当时选择在中央苏区展开反"围剿"作战确也不应感到意外。关键在于，在毛泽东看来，留在中央苏区继续作战，事实上也就意味着第五次"围剿"的不能被打破，而离开苏区进行外线的运动战，可以说是置之死地而后生的无奈选择。只是在第五次反"围剿"刚刚开始时，虽然人们普遍已经意识到了即将到来的严峻考验，但大部分人仍不会轻易认同这一估计。② 毕竟，"战争中一切行动追求的都只是可能的结果，而

① 毛泽东：《中国革命战争的战略问题》，《毛泽东选集》第1卷，第219页。
② 事实上，毛泽东当时也曾表示："苏维埃在全国民众对它的信仰日益增加中，在国民党及一切反革命派别的欺骗日益破产中，将坚决地粉碎六次'围剿'，以便努力阻止帝国主义殖民地化中国的道路，努力争取在全国范围内苏维埃革命的胜利。"（毛泽东：《中华苏维埃共和国中央执行委员会与人民委员会对第二次全国苏维埃代表大会的报告》，《苏维埃中国》，中国现代史资料编辑委员会编印，1957，第252页）固然，不能把毛泽东这一讲话和其内心真实想法完全等同，其中很可能有服从纪律的成分，但要断定他当时就有明确的失败认识，也未必符合事实，更多的可能是其积数年反"围剿"战争经验形成的敏感和嗅觉。

不是肯定的结果"。①

当毛泽东肯定外线作战的思想时，他实际是把运动战的思路放到全国这样一个大的棋盘上作出重新的定位，这可以说是深得运动战之精髓，而共产国际和中共中央虽坚持运动战的原则，但限于苏区内部的运动战由于毛泽东所说的"游击性流动性更缩小了"，事实上难以发挥其曾经有过的威力。不过，正如遵义会议决议谈到的："所谓运动战粉碎堡垒主义，即是在堡垒线内待敌人前进时大量消灭敌人的部队，在堡垒线外即是红军转到广大无堡垒地带活动时，迫使敌人不得不离开堡垒来和我们作运动战。"② 在内线利用敌人前进实施突击以消灭敌人毕竟是当时条件下运动战的两种形式之一，这一形式在当时的代表就是"短促突击"战术。

2. "短促突击"战术

中共在第五次反"围剿"作战中选择"短促突击"，经历了一个变化过程。反"围剿"开始前，远东局提出要使用常规部队和游击队打击对手后方，认为："这种战术可以使我们在苏区之外顺利作战，避免重大损失。"③ 中革军委期望："假若我们在很短的时间以内，能够在黎川获很大的胜利，那末，蒋介石的第二步骤就更要小心了，那么我们便可采取旋回政策，推迟和避免与他决战。"④ 这一点，其实在红军将领中也有相当共识，林彪、聂荣臻在战役开始前夕建议：

---

① 克劳塞维茨：《战争论》第 1 卷，中国人民解放军军事科学院译，中国人民解放军总参谋部出版局，1964，第 215 页。
② 《中央关于反对敌人五次"围剿"的总结的决议（遵义会议）》，《中共中央文件选集》第 10 册，第 460 页。
③ 《共产国际执行委员会远东局给共产国际执行委员会政治书记处政治委员会的电报（1933 年 4 月 3 日）》，《共产国际、联共（布）与中国革命档案资料丛书》第 13 册，第 374 页。
④ 《中央对当前作战方针的意见（1933 年 10 月 5 日）》，《中央苏区第五次反"围剿"》（上），第 78 页。

　　敌人采用逐步延伸的办法，首先完成在永（丰）吉（水）间之封锁线，然后再移其兵力，进行永（丰）乐（安）封锁线……在此情况下，如我军仍在现地不动，则有使敌封锁线完成可能，故我们意见，应以我们的行动调动敌人，以寻求击敌机会，以破坏敌封锁计划，我们除以一部正面钳制外，余应到北线敌人之后方翼侧及间隙中活动。①

　　在这一思路指导下，反"围剿"作战初期，当时由项英代主席的中革军委曾尝试过到苏区外围进行外线作战，顶出去打，力争主动的战法，其攻击方向主要为国民党军较为薄弱的黎川、硝石地区，试图在此打破国民党军封锁线，打通与闽浙赣苏区的联系，破坏国民党军的堡垒战术。虽然硝石战役通过运动作战截断国民党军一部，使蒋介石不得不承认其"七十九师在硝石吃亏"，②但这一作战方针未能取得明显效果。由于国民党军兵力上的绝对优势和对防御工事的特别重视，红军进入国民党军区域后，处处受制，不仅难以调动对方，自身后路还常有被切断之虞。时任红十三师政治部主任莫文骅谈到："从表面上看，我们是在主动进攻，试图在运动战中消灭敌人，实际上由于红军兵力不集中，又是在敌人堡垒密布的白区作战，故我们一开始就处于被动的境地，可说是虎落平川。"③由于红军武器落后，攻坚能力不足，堡垒的威力不能低估。1934年年中，湘鄂赣红军试图从国民党军碉堡群中突围时，"把机枪集中向碉堡攻，打不烂，冲也冲不过去，牺牲很大。从早晨开始突围，一直打到下午快天黑，一道封锁线还没有突过"。④

①　《聂荣臻年谱》（上），人民出版社，1999，第105页。
②　蒋介石：《为闽变对讨逆军训话——说明讨逆剿匪致胜的要诀》，《先总统蒋公思想言论总集》第11卷，第629页。
③　《莫文骅回忆录》，解放军出版社，1996，第229页。
④　傅秋涛：《关于湘鄂赣边区内战中期后期历史情形报告》，《湘鄂赣边区史料》，中共中央宣传部党史资料室1954年印行，第77页。

在难以顶出去打，又希望坚守苏维埃现有区域的情况下，红军不得不退而求其次，开始在苏区外围与国民党军展开运动防御战。当时，人们普遍认同："消极的防御一定是失败的"，[①]"应采取积极的和运动的防御"。[②] 对防御中应坚持运动战原则、力争主动，在理论上有清醒认识。被认为推行了消极防御政策的李德和项英当时都明确指出，红军反"围剿"战争中"最基本的要求，是要在敌人堡垒主义的条件下，寻求运动战，不要在进攻堡垒中，来消耗我们的兵力和兵器，要在堡垒外，于敌人的运动中，来消灭其有生兵力"；[③]"应该避免进攻要塞堡垒地域，甚至避免正面进攻停止的敌人。我们战术的特质就是要搜求运动中的敌人，特别是他的翼侧施行迂回，或因地形和时间的关系施行包围，以及迅速而猛烈地突击敌人纵队第二、第三梯队的翼侧。"[④] 国民党军在广昌战役后的总结中也谈道："匪每欲以碉楼线，袭留我主力于正面，利用其重兵，袭击我之侧背。"[⑤] 国民党方面谈到的这种战法，就是中共在第五次反"围剿"中运用最多的"短促突击"战术。

---

① 华夫（李德）：《革命战争的迫切问题》，《革命与战争》第 2 期，1934 年 4 月 1 日。应该指出，虽然红军的基本战斗方针是运动战，但一定条件下的防御战也并不违背红军的基本作战原则。毛泽东指出："基本的是运动战，并不是拒绝必要的和可能的阵地战。战略防御时，我们钳制方面某些支点的固守，战略进攻时遇着孤立无援之敌，都是应该承认用阵地战去对付的。采取这样的阵地战制胜敌人的经验，我们过去已经不少；很多的城市、堡垒、寨子，被我们打开，某种程度的敌人野战阵地被我们突破。以后还要增加这一方面的努力，补足我们这一方面的弱点。我们完全应该提倡那种在情况需要而且许可下的阵地攻击和阵地防御。我们所反对的，仅仅是在今天采取一般的阵地战，或者把阵地战和运动战平等看待，这些才是不能许可的。"见毛泽东《中国革命的战略问题》，《毛泽东选集》第 1 卷，第 230～231 页。

② 项英：《关于战术问题的指示（1933 年 10 月 15 日）》，《项英军事文选》，第 222 页。

③ 华夫（李德）：《论红军在堡垒主义下的战术》，《革命与战争》第 3 期，1934 年 4 月 20 日。

④ 项英：《关于战术问题的指示（1933 年 10 月 15 日）》，《项英军事文选》，第 222 页。

⑤ 《赣粤闽湘鄂北路剿匪军第三路军五次进剿战史》（上），第八章，第 54 页。

所谓"短促突击"，即以一部防御吸引敌军，同时将主力埋伏在附近，当敌军出现在我前沿阵地时，以埋伏之主力部队"施行短促的突击及袭击，以便于堡垒前瓦解敌人"。① 李德具体规定了这一战术的几个主要原则："向敌人运动中的部队进行短促的侧击"；"在敌人后续梯队或堡垒内来的增援队未到达前，迅速解决战斗"；"要最坚决的使用最高度的主力作战，以便确实的避免延长战斗"；"迅速转变自己的突击方向，主要的是利用敌人诸纵队的内翼侧，在其诸纵队间执行机动"。② 简言之，就是要吸引敌军于堡垒之外，集中优势兵力，迅速对敌军实施包围、速决歼灭，"他不是一个正规的攻击战，也不是一个正规防御的战斗，他是混用着各种复杂的战斗方法"，③ 包含了这一时期中共用兵的几个基本原则：迅速、突然、机动、集中兵力。

从目前材料看，这一战术发端于第五次反"围剿"前夕。1933 年 9 月中旬，共产国际远东局给中共中央的电报中已经显露了这一战术的雏形："我们应该让敌第一梯队部队向前推进几里。在这时我们将迅速在两翼运动，以便出人意料地迎击敌主力部队。在先歼灭敌第二梯队之后，再以小股部队击溃其第一梯队。"④ 第五次反"围剿"开始后不久，这一战术在实践中得到运用。1933年 10 月中旬，项英就硝石战役发出指示："三军团应力图在十三、十四两日，向西及西南以个别的短促的打击在一师以内之先头部队，不应与敌之大兵力作战，不应向硝石作任何攻击。"⑤ 11 月底，

---

① 华夫（李德）：《革命战争的迫切问题》，《革命与战争》第 2 期，1934 年 4 月 1 日。
② 华夫（李德）：《论红军在堡垒主义下的战术》，《革命与战争》第 3 期，1934 年 4 月 20 日。
③ 林彪：《短促突击论》，《革命与战争》第 6 期，1934 年 7 月。
④ 《共产国际执行委员会远东局给中央苏区的电报（1933 年 9 月 12 日）》，《共产国际、联共（布）与中国革命档案资料丛书》第 13 册，第 493 页。
⑤ 项英：《关于红三红五军团作战行动及任务的指示（1933 年 10 月 13 日）》，《项英军事文选》，第 217 页。

项英再次提到："对敌各个部队不大于一师（的），给以短促迅速的突击……要避免与敌人的兵力过早开始决战。"① 周恩来、朱德则在致林彪、聂荣臻电中，就截击国民党军吴奇伟师指示："这一截击应是迅速突然短促的，绝对不应正面强攻。"② 12 月 22 日，周恩来、朱德又致电红军指挥员，强调红军应切忌正面强攻与相持恋战，要力求在敌移动中从侧翼进行最短促干脆的突击。③ 11 月 27日，"短促突击"已出现在红军指挥员的日记中，红五军团十三师师长陈伯钧明确写道："我军有集结主力，以'短促突击'侧击该敌之任务"。④ "短促突击"战术在实战中运用已比较经常。

应该说，对"短促突击"战术作出最集中阐述的是代表共产国际驻中央苏区的军事顾问李德。李德总结了国民党军新一轮"围剿"中所取战略，指出国民党军在战略上放弃了过去的坚决的突击，而采取持久消耗的作战方针，面对这一新形势，红军像以前那样采取诱敌深入的大规模运动作战已不太可能，短促突击的方法应是相对可行的选择。短促突击主要包含着两方面的内容，一是利用支撑点的防御以吸引敌人。支撑点的防御不是目的：

> 运动防御的目的不是为要顽强扼守阵地或消灭敌人，而是为争取时间及诱引敌人（诱引敌人远离其堡垒以便我突击队隐蔽的突击之）；因此运动防御只应同敌人的先头部队（侦察、前卫游击队等）作战，并迫使敌人的主力展开，当执行了这个任务时，即有计划的转移到后一个地区……我们要记着，运动防御是为着保证我们主力在有利条件下施行突击的机

① 项英：《对各部任务及动作的指示（1933 年 11 月 28 日）》，《项英军事文选》，第 290 页。
② 《周恩来年谱 1898~1949》，人民出版社、中央文献出版社，1989，第 255 页。
③ 周恩来、朱德 1933 年 12 月 22 日致红三、五、七、九军团电，《周恩来年谱 1898~1949》，第 256 页。
④ 《陈伯钧日记（1933~1937）》，上海人民出版社，1987，第 128 页。

动，如过早的退出战斗或顽强的战斗，都不能保证这些条件的构成。①

发展游击战争，支撑地域的防御及进攻敌人的堡垒，为革命战争的辅助方式。这些战争方式，应协助造成战术的环境，使我们能实现基本的原则：即是以主动的机动，于堡垒外，消灭敌人的有生兵力。②

二是对被诱引的敌人在运动中实行突然的集中打击，歼灭敌人。这是短促突击的关键所在："主力的机动和突击是有决定意义的"，"作战时应使用全力以便一举而迅速地解决战斗"。③

李德的解释，和林彪专指对脱离碉堡的敌军的突击更为宽泛，实际上，红军一贯的诱敌深入的运动战战术其关键词也不能离开短促、突击，从这一点上说，短促突击战术在战术原则上并不具有多少新的内容，只是在国民党军新的作战原则下运动战的策略调整。④

总体来看，短促突击战术，作为持久防御总方针下的一个战术

---

① 华夫（李德）：《反对曲解我们的战术》，《革命与战争》第 4 期，1934 年 5 月 18 日。

② 华夫（李德）：《论红军在堡垒主义下的战术》，《革命与战争》第 3 期，1934 年 4 月 20 日。

③ 华夫（李德）：《革命战争的迫切问题》，《革命与战争》第 2 期，1934 年 4 月 1 日。

④ 关于运动战，毛泽东指出："作为战争内容的战略内线、战略持久、战略防御中的战役和战斗上的外线的速决的进攻战，在战争形式上就表现为运动战。"（毛泽东：《论持久战》，《毛泽东选集》第 2 卷，第 497 页）中央苏区时期根据苏联军事著作给予运动战的定义是："'运动战'，就是对于阵地战而言的话，通常就是指发生于兵团运动中而不是长久固着一地的战斗，例如遭遇战斗，追击，退却，以及在通常之防御地带的进攻及防御等。然而，在大兵团的运动中，其一部分有作阵地战的。"（冰澈：《军语解释》，《革命与战争》第 1 期，1932 年 8 月 1 日）运动战的特点是"正规兵团，战役和战斗的优势兵力，进攻性和流动性"，同时也包括"辅助作用的阵地战"、"'运动性的防御'和退却"。（毛泽东：《论持久战》，《毛泽东选集》第 2 卷，第 498 页）以此对照"短促打击"，应该说，两者基本原则具有相当的一致性。

原则，着眼于防御战中尽可能发挥红军善于集中力量打运动战的优势，以歼灭敌军有生力量而不以单纯保有地域为原则。这一战术要求尽量机动掌握兵力，避免与敌人过多地消耗，还要尽可能地减少自己的牺牲。中革军委强调："在我们的条件之下，战斗的胜利不是占领地方，而是消灭敌人的有生力量及夺取其器材。"① "要以最高度的保持有生力量，物质基础及我们新的原则为出发点。"② 李德也谈道：

> 如遭遇的突击未成功，而敌人又已构成"战斗正面"时，则不宜继续强攻固守的敌人，而应当退出战斗，争取其他方向的先机之利。立于主动地位，决心和实现决心的灵活性，在这里是有重大意义的。由已得的胜利争取全部胜利的顽强性与在不利时勇敢退出战斗，并不是矛盾的，而是相互辅助的，这就在乎良好（沉着与坚决）指挥员的适当运用。③

在这一精神指导下，最大限度地杀伤对方而尽可能保持己方有生力量仍然被视为红军极其重要的战斗原则，红十三师在德胜关一带阻击国民党军遭受较大损失后，遭到军团首长的严厉批评，责其："对贯彻军委关于极力保障物质基础和有生力量的指示万分不够，甚至是罪恶。"④

除李德外，红军主要指挥员朱德、彭德怀、林彪等也曾撰文论述短促突击战术。彭德怀谈道："在敌跃进和推进时，灵活的运用攻击的战术动作——侧击和短促的突击，来取得敌人资材，根据自

---

① 《中革军委关于十月中战役问题致师以上首长及司令部的一封信（1933 年 11 月 20 日）》，《中央苏区第五次反"围剿"》（上），第 112 页。
② 项英：《对各部任务及动作的指示（1933 年 11 月 28 日）》，《项英军事文选》，第 290 页。
③ 华夫（李德）：《再论战术原则》，《革命与战争》第 4 期，1934 年 5 月 18 日。
④ 《陈伯钧日记（1933 ~ 1937）》，第 142 页。

己的特长和敌情，是有可能的；而且也只有这样积极动作，争取每次战斗的胜利，才能展开战役上的胜利，完成持久战略。"① 朱德在总结高虎脑战斗时指出："突击队能英勇与适时施行短促突击，守备队能坚决与顽强地抵抗互相配合，是有很大意义的。"② 林彪、聂荣臻1934年2月致朱德要求实施运动战的建议中也谈道：

> 我主力所在地域如附近有敌，则诱敌和放敌大踏步，以便我主力在敌运动中消灭之，如我主力不在某地而该地有敌前进时，则应以一部兵力进行运动防御战，滞敌前进……我主力军到达后，如见敌工事尚不坚固，则以主力攻击之，如敌堡垒已极坚固，但联络堡尚未做好，则应佯攻与围攻其堡垒，而打击敌来作联络堡之部队或增援队。③

这一建议实际包含了林彪后来发表的阐述"短促突击"文章的基本思想。

在总体战略受制于人的背景下，短促突击虽然可以发挥一定的效果，但成绩仍然有限。首先，在国民党军采取稳扎稳打战略的背景下，要抓住对方突进部队实施突击机会十分有限，如李德自己所说的，国民党军大胆前进，"一下子离开其基本堡垒十里十五里至二十里"的情况，往往发生在"二〇至三〇里的地域上集中十个师以上，而在十里以内的地域内有三个到四个师的突击队"④ 的前提下，在对方兵力如此厚集时，红军要想取得歼灭战的战果，困难重重。其次，国民党军"推进的距离更加短促，力求避免其翼侧

---

① 彭德怀：《顽强防御与短促突击——给某师长的信》，《革命与战争》第9期，1934年9月10日。

② 朱德：《一个支撑点和短促突击的战例》，《革命与战争》第9期，1934年9月10日。

③ 《用运动战消灭敌人》，《聂荣臻军事文选》，解放军出版社，1992，第28页。

④ 华夫（李德）：《再论战术原则》，《革命与战争》第4期，1934年5月18日。

暴露缘着其预定的道路两侧推进,其正面很窄狭,以极大纵深集团推进",① 红军突击即使抓住其部分部队,也难以形成歼灭战。林彪、聂荣臻当时就谈道:"在敌人堡垒外的近距离或从堡垒间隙中去求运动战,结果仍变成堡垒战,以大部队在这种场合想行短促而突然的突击,结果打响之后仍然不易摆脱。"② 再次,红军在兵力、武器均处严重劣势情况下,短促突击在短兵相接这一作战阶段,损失和牺牲仍嫌过大,红军难以长期承受。因此,短促突击战术可以说是在战略被动的大背景下一种无奈的战术选择,它虽有其成立的背景和合理性,但不像中革军委和李德所期望的那样可以发挥出巨大的效能。正如林彪所指出的:

> 我们在战略战术上,是一方面要极力利用革命战争的各种辅助方式(游击战争防御等);但最基本是要用巧妙的机动,以主力寻求在更宽大无堡垒的地域,进行正规的,大模范的运动战,大量的消灭敌人的有生力量。短促突击虽然也是运动战的一种,但我们如完全束缚在这种战斗方式中则是非常错误的。在另一方面,如果不相信这种短促突击的战斗有消灭敌人的可能,有造成战役上胜利的可能,而忽视这种战斗,则更是危险的损害的。③

林彪这一段话,颇值重视,其以主力进到更宽大无堡垒地域进行运动战的想法,和毛泽东的一贯思路是一致的,但由于现实条件的限制,这一思路暂时难以付诸实施,现实的可能仍是在堡垒线内寻找运动作战的机会,这是他支持"短促突击"的基本理由,也

---

① 彭德怀:《顽强防御与短促突击——给某师长的信》,《革命与战争》第9期,1934年9月10日。
② 《聂荣臻年谱》(上),第114页。应该指出的是,他们强调如上问题的目的并不在于否定"短促突击",而是希望"应于敌前进而于敌之运动中和初到时消灭之……只要敌后尾离开其后面堡垒在十里以外,我们是有把握消灭他的"。
③ 林彪:《短促突击论》,《革命与战争》第6期,1934年7月。

是该战术成立的不容忽视的背景。

其实，不应否认，当时中共军事指挥者一直也在探索更多的应对方略。他们要求各级干部："在任何情况下，不应呆板机械的执行指示和命令，而应深刻了解其意旨，并依所受命令的意旨及实际的情况，勇敢机断地专行起来。因此，必须经常地估计敌情、我军、地形和时间，当每一情况变移中，应即速定下自己基本的决心。"① 李德进一步指出："最危险的就是简单化的及机械的应用战术原则。敌人和我们的战术都是在发展中变更中成就中，若果以这些原则引以为足时，那就要在目前的战斗环境中算落伍了。"② 他强调："革命军队的基本优点，高度的机动性独断专行以及勇敢的突击。"③ 广昌战役开始前夕，林彪写信给中革军委，指出：

> 有些重要的负责同志，因为他以为敌人五次"围剿"中所用的堡垒政策是完全步步为营的，我们已失去了求得运动战的机会，已失掉一个战役中消灭几个师的机会。因此遂主张我军主力分开去分路阻敌，去打堡垒战，去天天与敌人保持接触，与敌对峙……这种意见我是不同意的。
>
> 我觉得我们主力通常应隐蔽集结于机动地点，有计划的尽可能造成求得运动战的机会，抓紧运动战的机会，而于运动战中我主力军大量的消灭敌人，每次消灭他数个师。④

这实际是主张采用更灵活、广泛的思路来应对新的战争。

---

① 朱德、周恩来、王稼蔷（祥）：《关于支撑点的构筑和防御以及对付敌人堡垒之战术的补充指示（1934年2月25日）》，《赣粤闽湘鄂北路剿匪军第三路军五次进剿战史》（下），附件（五），第20页。

② 华夫（李德）：《反对曲解我们的战术》，《革命与战争》第4期，1934年5月18日。

③ 华夫（李德）：《革命战争的迫切问题》，《革命与战争》第2期，1934年4月1日。

④ 林彪：《关于作战指挥和战略战术问题给军委的信（1934年4月3日）》，转见黄少群《中区风云——中央苏区第一至第五次反"围剿"战争史》，第326页。

3. 红军的正规化建设和防御原则

在第五次反"围剿"准备过程中，红军的正规化建设受到较多的重视。应该指出，随着红军的逐渐壮大，苏维埃区域逐渐稳固，红军正规化建设得到更多强调确属顺理成章。博古在第五次反"围剿"前夕对红军将士提出要求：

> 第一，我们应该最好的来使用我们现有的武器，射击、刺杀、高射、手榴弹之掷抛、机关枪自动步枪之熟练的使用，火力之配备及协同动作，基本动作之纯熟，警戒的严密，行军、夜间动作、冲锋等等，必须使得我们在这些方面，我们应该发扬到最高限度，最好的最精确的熟练的使用我们一切现有的武器与技术。第二，我们必须最好的来防御一切敌人的新式武器与夺取他们来武装自己。譬如防空对空射击、防毒、坦克车、装甲浅水兵舰等等，在五次"围剿"中必定将更多更大的采用这种新式武器，我们必须使每一个指挥员战斗员都了解这些武器作用与效能以及抵抗他的方法，不致于在它突然出现时，给我们以慌乱或重大的损失，并且要夺取这些武器为我们使用。第三，对于指挥员应该是更大的加深战术与战略的研究，要最灵活的运用我们在国内战争中丰富的经验及最新战略与战术的原则。[1]

在苏维埃运动中享有很高声誉的领袖方志敏也提出："游击主义的残余，什么事都随便、马虎、不认真，以军事为儿戏，这是我们创造铁的红军的工作中最有害的残余。"[2] 其实，毛泽东对红军

---

[1]　博古：《提高我们的军事技术（1933 年 8 月 13 日）》，《秦邦宪（博古）文集》，第 223 页。

[2]　志敏：《建设我们铁的红军》，《突击》第 7 期，1934 年 2 月。

的游击主义和正规化建设曾有中肯评价，他认为："游击主义有两方面。一方面是非正规性，就是不集中、不统一、纪律不严、工作方法简单化等。这些东西是红军幼年时代本身带来的，有些在当时还正是需要的。然而到了红军的高级阶段，必须逐渐地自觉地去掉它们，使红军更集中些，更统一些，更有纪律些，工作更周密些，就是说使之更带正规性。在作战指挥上，也应逐渐地自觉地减少那些在高级阶段所不必要的游击性。在这一方面拒绝前进，固执地停顿于旧阶段，是不许可的，是有害的，是不利于大规模作战的。"①这都正面肯定了一定条件下红军正规化建设的必要性。

根据红军逐渐正规化的原则，第五次反"围剿"开始前，红军指挥部对红军编制作了若干整顿："缩小部队编制，由七千余减为五千余人、枪由三千八百减为三千五百为一师。充实战斗员，大大减少非战斗员和杂务人员，以适合于山地战和干部能力。"② 营、连、排、班的编制也予以精简、充实，每连九个步兵班，一个轻机枪班，每班9人。这一整顿原则和国民党军一样，都是精简编制，便于部队运动，适合在山地作战。显然，红军加强正规化建设、提高正规作战的能力并不等于说否定运动战、游击战的方针，而是要求部队更统一、集中，纪律更严明，作战能力有更大的提高。苏区中央局在答复湘赣省委的报告时明确指出："你们在报告上提到要消失（灭）游击战争的残余，或游击的残余，这是错误的。对游击战争我们不但不反对，并且在革命战争中时时要运用他。"③ 反对的只是"游击主义的残余（不爱惜武器忽视军事技术等）"。④

第五次反"围剿"开始前后，中革军委之所以更多强调正规

---

① 毛泽东：《中国革命战争的战略问题》，《毛泽东选集》第1卷，第232页。
② 项英：《关于部队缩编及逃亡问题（1933年8月30日）》，《项英军事文选》，第145页。
③ 《苏区中央局给湘赣省委信（1932年3月4日）》，《湘赣革命根据地》（上），第233页。
④ 萧华：《以战争胜利来纪念八一》，《青年实话》"八一"增刊，1933年7月30日。

化，和国民党军的逼迫直接相关。1933 年 3 月，中共中央在给鄂豫皖省委的信中强调：

> 在从前的时期，为建立并巩固苏区以反抗敌人，旧的游击战争是充分的，因为当时的敌人还没有很好的准备，用很大的力量向我们进攻。但只是这个策略，决不能破坏敌人强大的力量，决不能防止敌人在我们苏区周围筑起堡垒与交通网。起初，我们军队还缺乏强大而有组织的单位，便使我们在当时难于做正式的战争。但在这数年之间，我们的武装力量，不仅在数量上增加，而且军备和组织上也大大进步了，游击战与正规战的适当配合，已为可能之事；这个配合作战，更因为敌人之变更策略而成为必需。[1]

周恩来在 1934 年初也指出："我们现在已开始进行堡垒战、阵地战、夜间战斗。这是实际战斗的要求使我们走上了这一步，自然我们主要的作战形式还是运动战。但目前已常常可以看到，遭遇战、运动战很快就转成阵地战……自然，我们要求从运动战中来消灭敌人，这是最有把握的。但是敌人不会总是那样蠢笨，我们要估计到各种情况中的战斗。"[2]

从国共两军当时的对垒状况看，面对国民党军日渐强盛的进攻，红军在被迫进行的对垒作战中，确实面临着加强部队整顿、训练及提高作战能力的任务，当时有关战报清楚地显示出红军作战能力、素养的欠缺：

> 在冲锋时及击退敌人而占领其阵地后，和敌反冲锋到来时

---

[1] 《中共中央致鄂豫皖苏区党省委信》，《鄂豫皖革命根据地》第 1 册，第 190 页。

[2] 周恩来：《一切政治工作为着前线上的胜利（1934 年 2 月 7 日）》，《周恩来军事文选》第 1 卷，第 322 页。

均未发扬火力。指挥员忘记了运用机关枪，没有指示机枪的射击目标，及阵地机枪在战斗中随便摆在阵地上无人过问，枪口有的还朝着后方（二师）。全师机枪只两枝枪带了水，其余均未带水……部队对随时准备战斗的指示是不充分的，对于火力的运用是不注意的，战斗中火力与运动的配合是差到惊人的程度。

战斗中所表现一股作气的自发的勇敢是很好的，开始冲锋是很迅速的、勇敢的，但一遇到敌人较顽强的抵抗时或较有力的火力阻拦时，就在敌前停滞起来了，也不发扬火力也不跃进，大家挤在一堆让敌人最有效的火力射击和遭受敌人的手榴弹的掷炸，死伤枕藉。等到敌人的反冲锋到来，敌人走近我们的人堆附近以集束的炸弹投入我们的人丛间，一个炸弹就能炸着我们几个人。①

相对于国民党军的整训，当战争爆发，两军直接对垒时，看得出来，红军在这方面做的工作不是多了，而是仍然不够。

不可否认，第五次反"围剿"期间，由于当时对垒双方的特殊态势，中革军委在坚持运动战总原则同时，对一定程度的防御给予了更多的重视。客观看，面对国民党军的步步进逼，红军从事一定程度的防御战势在必然。1933 年上半年，周恩来就曾谈道："照战术原则说来，在政策上或战术要点上，构筑永久或半永久筑城的要塞，而以极少数兵力编成的要塞军孤立死守，其目的不仅要使野战军行动自如，并且要使野战军利用其限制敌军行动的良机，遂行其企图，并且依此保护广大苏区，使敌人不敢突入，更以之为据点而向外发展，这就我军设备要塞说来是应如此。"② 10 月，中革军

---

① 《一军团云盖山大雄关沙岗上等地附近战斗经过详报（1933 年 11 月 15 日至 19 日）》，《中央苏区第五次反"围剿"》（下），第 36～37 页。

② 周恩来：《论敌人的要塞》，《红色战场丛刊》，工农红军学校 1933 年 6 月编印，第 80 页。

委命令:"各作战分区须依照军委密令在战略与战术的必要上立即选择险要地,并完成必要的土围和工事,准备相当粮食与弹药,具体指定相当地方部队据守。"① 不过,按当时军事领导人的想法,这种防御并不等于死守,李德指出:"防御时应布置积极的防御,以少数兵力及火器守备堡垒,而主力则用来施行短促的突击及袭击,以便于堡垒前瓦解敌人。""在某一方面集中主力以行坚决的突击并在堡垒外消灭敌人的有生兵力。游击战争和防御虽是革命战争必须的方式,但只是辅助的方式,主力的机动和突击是有决定意义的。"② 周恩来也强调:"我们的防御是攻势防御,它不能将苏区周围都修起像万里长城的支撑点来守备,这并不是由于红军数量尚少于敌人,而是因为这种防御是为着配合进攻而防御。我们反对单纯防御路线,要进行运动的防御,要进行钳制敌人以便于突击和消灭敌人的防御。"③ 当然,在反"围剿"战争的实际进程中,由于红军很快陷于被动防御,周恩来等强调的攻势防御原则并不总能真正执行,消极防御的战斗不乏其例。其中原因十分复杂,不能简单归咎于某一个体或团体,正如任弼时后来总结这段历史时谈到的:"我们也不能把所有的筑堡垒的事情都归之于新路线。"④

随着红军第五次反"围剿"的屡战不利,从 1934 年年中开始,中共开始将撤离中央苏区,实施战略大转移列入议事日程,此后中共的作战方针某种程度上就是为这一全局性计划的实施争取时间了,被动防御成为这一时期中共作战的主流。期间,红军曾经策动过以"六路防御"对付"六路进攻",将顽强防御作为

---

① 《中央革命军事委员会紧急命令(1933 年 10 月 5 日)》,《红星》第 10 期,1933 年 10 月 8 日。
② 华夫(李德):《革命战争的迫切问题》,《革命与战争》第 2 期,1934 年 4 月 1 日。
③ 周恩来:《一切政治工作为着前线上的胜利(1934 年 2 月 7 日)》,《周恩来军事文选》第 1 卷,第 321 页。
④ 任弼时:《在湘赣工作座谈会上的发言(1944 年 10 月 26 日)》,《湘赣革命根据地》(下),第 830 页。

阻止国民党军迅速深入苏区的唯一办法。即使考虑到红军战略转移争取时间的需要，这种战略指导仍然显得过于呆板，失却了此前红军机动灵活的特点，这应该和连续失败严重打击中共领导层及红军指挥部信心不无关系。同时，这一时期由于共产国际军事顾问李德个人军事专权严重，对发挥指挥员能动性注意不够，经常根据不准确的情报遥制前方战事，更带来了红军作战上的困难。彭德怀后来谈道，当时指挥部甚至"连迫击炮放在地图上某一曲线上都规定了。实际中国这一带的十万分之一图，就根本没有实测过，只是问测的，有时方向都不对"①。广昌战役前，他已就此坦率提出意见：

> 在我们历次战役中，感觉着我们战略决心的迟疑。战略战术的机动，还未发展到应有的程度，失掉了许多先机，使应得的胜利，推迟下去，或使某一战役变成流产。而在战术上企图挽救过时的战略动作，结果把战术动作限制得过分严格，失掉下级的机动，变成机械的执行。（对）每一分钟的敌情变化和某地带地形的特点，不能灵活机断专行完成所给予的任务。这一方面，应拿许多适当例子来发扬指挥员的机动，加强其战术的修养；另一方面，每一次战斗，应给予其总的任务和各个的任务，不宜限制他执行的机动。②

彭德怀的意见，可以从当时红军前线指挥员的亲身感受中得到印证。陈伯钧日记记载，在广昌南作战中，军委"判断敌人要南进，必须先攻占鸡公脑（这是照军委发下之地图），所以部署重新变更……这一部署主要是侧重鸡公脑，但实地的鸡公脑与地图上不

---

① 彭德怀：《彭德怀自述》，第191页。
② 《彭德怀关于作战问题给军委的信（1934年4月1日）》，《中央苏区第五次反"围剿"》（上），第153页。

合……给军团首长一报告，估计敌人不会绕攻鸡公脑，但军委因按错误的地形图指导作战，所以有此决心"。[1] 这些，确实在相当程度上影响到红军战斗力的发挥。

不过，正是彭德怀，在高虎脑战斗后曾提出过另外一种想法，给我们理解那次战争提供了一种独特的思路。他谈道：

> 敌人战术因其不愿意脱离堡垒之故，（一）不愿意行较大的翼侧机动而只以纵深梯列的向正面迅速强攻，因其从我侧翼迂回又必须先向翼侧筑垒，这样不唯消耗兵力，而且消耗时间，对于我们终是有利的；（二）不愿远离堡垒施行追击，即战场追击亦很少，只要夺取了某个目标后，立即筑垒修路，这样使每进攻一次须得停顿三天、五天，有时半月，因为如此便给了我们在纵深地带上有新的筑阵地的可能，这次战斗敌人攻占不到三个启罗米达的水平距离，共费三天的时间（二次跃进与两天剧战），炮弹约二千发，投弹三百枚，小枪小弹总数十倍于我，死伤兵员约三千，只团长一级的上级军官就有五个，但我们仍在他的前面构筑了新的阵地，假如我们在几百里距离的赤色版图上，一开始就使敌人遭受这样的抵抗，而给敌人消耗量当是不可计算的，要记着广昌战斗我们有生力量的消耗是数倍于敌的。
>
> 守备部队向来是我们用较脆弱的兵团来担任的，而精干的兵团都用于突击的方向，因此将乐、泰宁的失守，东华山的失守，广昌及广昌以北地区诸要点的失守，大寨脑的失守，都使我们突击未成而支点已失，结果突击计划形成泡影，有时可能遭受意外的打击（如东华山）……但太阳嶂、马鞍寨、高虎脑，因为守备队是从基干兵团内发出来的，虽然兵力是不很多，然而都充分显示了他的坚强防御，所以在扼守某些决定胜

---

[1] 《陈伯钧日记（1933～1937）》，第252页。

负的地段，分配兵力的任务关系上，应该得到教训，高脚岭与高虎脑也是这个战斗中的具体例子。[1]

客观地看，彭德怀的这一意见并不是毫无道理，当然，如果真按这样一种思路去进行反"围剿"战争，也未必会有好的结果，它只是再一次提醒我们，历史是如此复杂，在历史的此和彼之间，也许还有着更多的曲径幽道。

---

[1] 《三军团半桥附近战斗详报（1934 年 8 月 5 日至 7 日）》，《中央苏区第五次反"围剿"》（下），第 102～103 页。

五 消耗战中的资源陷阱

　　毋庸讳言，第五次反"围剿"开始前后，中央苏区面临着空前的困难，困难既来自外在的压迫，同时也有内生瓶颈的制约。由于国民党军的全面封锁，中央苏区活动空间不断被压缩，人力、物质、经济、政治资源都日显匮乏，中共在苏区的生存面临着越来越多的挑战，作战资源成为中共在即将到来的消耗战中的最大难题。

1. 结构性的限制——中央苏区的人力与物力

（1）人力资源

　　由于国民党军在第五次"围剿"中采取持久作战方针，而中共面对国民党军的堡垒策略和压迫式战法，选择了留在苏区的应战之路，这意味着一场大规模的持久消耗战不可避免。对于一场双方在战略上已没有多少悬念的战争而言，战争资源对双方胜败有着关键性的影响。虽然，中央苏区经过数年的发展，已拥有一定规模，但当国民党开始从战争资源上寻求突破口时，中共占据的一隅之地和有限资源仍然无法真正与南京政府抗衡。中共自己在当时就承认："照物质上的力量比较起来，白军真可以两三个月'荡平赤匪'。"[①]

---

　　① 狄康：《庐山会议的大阴谋》，上海中央局：《斗争》第49～50期，1933年8月。

而其高级干部在日后也谈道："我们中央苏区最后不能坚持而被迫万里长征，除了路线错误之外，其中重要原因之一就是我们财政的枯竭，人力物力财力的枯竭，几乎到了山穷水尽的境地。"① "根据地人民竭尽全力，也不能保证及时供应，这也是导致第五次反'围剿'失败的原因之一。"②

在消耗作战中，人力资源是决定战争成败的重要一环。作为全国广大区域控制者，南京政府充足的人力资源可保证其兵力来源无忧，而中央苏区地域有限，且位于人口稀少的山地地区，数量上处于绝对劣势。

中央苏区的人口，没有准确的统计数据。1932 年上半年，由于日本发动九一八事变，南京政府"剿共"军事全面收缩，中央苏区空前发展，据此时中共方面的报告，江西苏区"居民有二百四十五万以上"。③ 不过这只是一个粗略的估计。从区域角度看，当时整个赣南区域（即今赣州市辖区）人口为 200 多万，属于中央苏区者占面积一半左右，估计人口在百万以上。同时苏区面积还延伸到赣中、赣东一些地区，这里有数十万人。两者相加，江西苏区人口应在 200 万人以上。如果分县细加衡量，根据可以搜集到的材料看，江西几个主要苏区县宁都、瑞金、广昌三县苏维埃革命前人口分别为 322480、310000、110000 人，④ 会昌县215406 人，⑤ 这四个县共有 95 万多人。但应该注意的是，苏维埃革命开始后，这里的人员变化很大，1932 年 5 月的统计，宁都为204651 人，瑞金、会昌均为 24 万余人，⑥ 宁都、瑞金均大幅减少，

① 舒同：《贯彻大会的精神与方针——舒主任在高干会的总结报告》，《斗争》第4 期，1947 年 11 月 30 日。
② 蔡长风：《征途漫忆》，海潮出版社，1994，第 12 页。
③ 《江西苏区中共省委工作总结报告（1932 年 5 月）》，《中央革命根据地史料选编》（上），第 425 页。
④ 《江西各县人口变动表》，汪浩：《收复匪区之土地问题》，正中书局，1935，第 44 页。
⑤ 南京政府内政部调查报告。
⑥ 《县区乡人口统计表》，《中央革命根据地史料选编》上册，第 454 页。

会昌有所增加。红军长征后的统计分别为 161240、200000、68000、154404 人，[1] 仅相当于革命前的 50%、64.51%、61.82%、71.7%。以长征后总人数除苏维埃革命前总人数，三县长征后总人数只相当于革命前的 60.9%。这些伤亡有些是在第五次反"围剿"期间产生的，第五次反"围剿"前如以 80% 计，上述四县人数为 76 万余人。1930 年代石城全县人口 13.6 万余人。[2] 于都境内并存着两个县，胜利县人口 15.33 余万，于都县人口 19.1 余万。[3] 赣县苏区人口近 20 万。万泰 8 万人。这几县相加也为 76 万。再加上信丰（1932 年底的报告苏区人口为 31300 多人[4]）、永丰（苏区、半苏区人口 110200 余人[5]）、安远（1928 年安远县共有人口 175720 人，1935 年安远人口 116062 人[6]）、宜黄、寻乌、南丰、黎川等部分苏维埃化的县份，将第五次反"围剿"开始前后江西苏区人口定位于 200 万人以上应属适中。

在江西苏区空前扩大同时，1932 年由于十九路军入闽，红军在福建采取收缩战略，闽西苏区面积有所缩小。1933 年 6 月，红军组成东征军入闽，改变十九路军入闽以来红军在闽西的防御和被压缩趋势，苏区面积又有扩大。闽西苏区基本区域为长汀、连城、永定、建宁、泰宁、宁化、上杭、武平等数县。迄未发现苏维埃时期详细的人口统计资料。根据 1940 年的统计，闽西数县人口是：长汀 195000 人，连城 104999 人，宁化 121488 人，武平 152471

① 《江西各县人口变动表》，汪浩：《收复匪区之土地问题》，第 44 页。
② 温昌义：《石城红军知多少》，《石城文史资料》第 2 辑，政协石城文史资料委员会编印，1987，第 55 页。
③ 刘熙朋、邹卫东：《苏区于都红色政权组织发展史略》，《于都文史资料》第 2 辑，政协于都文史资料委员会编印，1991，第 4 页。
④ 《中共信丰县委两个月（十月二十日至十二月二十日）冲锋工作报告》，《江西革命历史文件汇集（1932 年）》（二），第 460 页。
⑤ 《中共永丰县委两个月（十月二十日至十二月二十日）冲锋工作报告》，《江西革命历史文件汇集（1932 年）》（二），第 457 页。
⑥ 《编组保甲报告》，谢才丰：《旧时安远的户口》，政协安远文史资料委员会编印，1989，第 58 页。

人，上杭 193837 人，龙岩 136930 人，清流 56143 人，永定 166714
人，明溪 34942 人，建宁 56856 人，泰宁 47737 人，这些县人口总
计 1267097 人。[①] 据 1947 年的统计，闽西数县人口是：长汀
198200 人，上杭 196188 人，永定 171486 人，龙岩 141632 人，武
平 141125 人。[②] 两个数据比较，相同的县份人口仅有缓慢增长，
1940 年代初的数据虽可能比之苏维埃时期略高，但还是有相当的
参考价值。上述县份除长汀、上杭等外，辖境不完全属于苏区范
围，另有部分苏区地域不在上述县份。出入相抵，闽西苏区总人口
当在百万左右。闽西苏区的人口数据，还可从区域面积人口数加以
推算。闽西地广人稀，1926 年人口密度为 82 人/平方公里，1935
年下降到 56 人/平方公里。[③] 当然在第五次反"围剿"开始时，这
个数据应该会高一些，以此和闽西苏区万余平方公里的实际面积相
乘，得数也在百万左右。江西、福建两苏区人口总计仅过 300 万之
数。[④]

有限的总人口背后，还有不能不正视的人口比例的失调。苏区
建立后，经过连年"围剿"与反"围剿"的征战，青壮年资源损
失巨大。当时有材料显示，经过累年的输送军队，1933 年初中央
苏区乐观的估计"尚有七十万壮丁"。[⑤] 为准备第五次反"围剿"，
红军又大举增兵，1933 年 5 月，江西扩大红军 26520 人，兴国一
县即达 5638 人。5 月至 7 月，总计扩大红军约 5 万人。

第五次反"围剿"开始后，由于出现重大人员消耗，虽然兵

---

① 《福建省各县区农业状况》上、下册，福建省农林处统计室编印，1942，本书
据其所载各县区农业概况中的人口数据统计。
② 《福建省各县乡镇区户口统计表》，福建省档案馆藏档 435011－6－3846。
③ 参见《京粤线福建段经济调查报告书》，铁道部业务调查科编印，1933，第 64
页；《福建省统计年鉴》，福建省政府编印，1935，第 104 页。
④ 关于中央苏区人口，凌步机著《中央苏区人口数新考》（《中央苏区史研究文
集》，中共赣州地委党史办公室编印，1989）有较为详尽的考证，可参阅。
⑤ 亮平：《纪念五一论红军建设中当前的几个重要问题》，《斗争》第 10 期，1933
年 5 月 1 日。

源已十分有限，红军仍不得不继续增兵。自 1933 年 8 月至 1934 年
7 月，中央苏区扩大红军的总人数为 112105 人。其中 1933 年 8 月
扩大 6290 人，9 月扩大 5868 人，10 月扩大 2214 人，11 月扩大
1958 人，12 月至 1934 年 1 月扩大 23258 人；1934 年 2 月扩大 5865
人，3 月扩大 3344 人，4 月扩大 2970 人，5 月扩大 23035 人，6 月
扩大 29688 人，7 月（至 15 日止）扩大 2457 人；其他扩大 5467
人。[①] 这还不包括各级政权工作人员、工厂工人、前后方夫役等，
除去不能参加红军的地主、富农及病残人员，大部分可以参加红军
的青壮男子实际都已被征发。据国民党方面占领苏区后的调查，临
川、南城、南丰等县壮丁人数均不及全体人口的 20%，南城只占
15.49%，[②] 这些只是苏区的边缘区域，中心区域的比例更低。兴
国第二区第一、二两保共 720 人中，壮丁只剩下 67 人。兴国第二
区原有 3 万人，红军长征后统计只剩 1.3 万人。[③] 其中，固有些是
逃亡未归者，但大多数是由于军事、政治因素的减员。瑞金、兴国
等县仅在后方充任夫役人员死亡数即达百人以上，其中年龄最大者
为 64 岁。[④]

　　毛泽东 1933 年底在兴国长冈乡和福建才溪乡的调查，也证实
了当时苏区兵源穷尽的现实。兴国长冈乡全部青壮年男子（16 岁
至 45 岁）407 人，其中出外当红军、做工作的 320 人，占 79%。
才溪乡全部青壮年男子 1319 人，出外当红军、做工作的 1018 人，
占 77%。[⑤] 近 80% 的比例，已是可征发人员的极限。当然，长冈
和才溪是先进乡，不完全反映苏区大多数地区的状况。更具普遍意
义的数据显示，1934 年年中，中央苏区"红军家属的人口一般的

① 《一年来扩大红军的统计》，《红星报》第 54 期，1934 年 7 月 22 日。

② 《收复区人口数及壮丁比较表》，汪浩：《收复匪区之土地问题》，第 49 页。

③ 汪浩：《收复匪区之土地问题》，第 50 页。

④ 参见《江西苏区交通运输史》，人民交通出版社，1991，第 176～190 页相关
　各表。

⑤ 毛泽东：《才溪乡调查》，《毛泽东农村调查文集》，第 351 页。

占全人口的一半，在兴国、瑞金、太雷、杨殷、上杭等有些区乡已达三分之二"。[①] 石城全县人口 13.6 万余人，其中参加红军者16328 人，[②] 这在苏区尚不能算是很高的比例，宁都全县人口273652 人，[③] 其中男性 138779 人，女性 133872 人，有 56304 人入伍，参军比例达到全体男性的 40.58%，绝大部分青壮年都参加了红军。大量青壮年男子投入前方，耗去了苏区最宝贵的人力，同时繁重的夫役负担对留在后方的农民和干部也是沉重压力，像福建寿宁县就有"赤卫队一千多人脱离生产"，导致"农村破产（无人耕田种山，粮食恐慌）"。[④] 宁都"固村、梅江发生不去当运输的打他的鸡子，竹窄嵊、丸塘乡用捆绑的办法，东山坝，特别是洛口，不去当运输的罚苦工，禁闭；城市、洛口无力担扛的抽担架税，出二毫三毫十毫不等"。[⑤] 好在苏区妇女许多都是天足，可以承担相当一部分任务，第五次反"围剿"期间，"运粮食，抬担架基本上是妇女"。[⑥]

青壮年男子基本离开土地后，农村劳动力严重缺乏，1934 年 4月，兴国县的红军家属达 61670 人，[⑦] 留在后方的基本都是老弱病残。虽然苏区中央努力动员更多妇女参加田间劳动，并加紧"调动地主富农举行强迫劳动"，以最大限度地"节省我们工农群众自己的劳动力"，[⑧] 但劳动力缺乏仍然成为突出问题。主要因劳动力

---

① 王首道：《模范红军家属运动》，《斗争》第 70 期，1934 年 8 月 16 日。

② 温昌义：《石城红军知多少》，《石城文史资料》第 2 辑，第 55 页。

③ 《江西省苏报告》，《红色中华》第 41 期，1932 年 11 月 21 日。宁都人口不同调查差别较大，江西省苏 1932 年 5 月的调查是 204651 人。

④ 《中共福安中心县委关于扩大会议后三个月来的工作报告（1934 年 1 月 3日）》，《福建革命历史文件汇集》甲 19 册，第 240 页。数字有误，原文如此。

⑤ 泽鸿：《宁都参战工作的检阅》，《党的建设》第 4 期，1932 年 9 月 10 日。

⑥ 《赣州军分区干休所座谈记录·苏区的运输和供应》，《回忆苏区交通——苏区交通史料选编》，江西省交通厅史志办公室编印，1987，第 139 页。

⑦ 《兴国优待红军家属工作》，《红色中华》第 203 期，1934 年 6 月 16 日。

⑧ 《争取决战目前扩红突击的胜利》（社论），《斗争》第 60 期。1934 年 5 月 19日；张闻天：《对于我们的阶级敌人，只有仇恨，没有宽恕》，《红色中华》第193 期，1934 年 5 月 25 日。

缺乏，苏区出现大量荒田，长汀水口 1932 年间"一个区荒田有五千七百担"。[①] 1934 年初，整个中央苏区荒田达到 80 万担，"单在公略一县，就有二十八万担"。[②] 胜利等县的统计数字也相当惊人，到 1934 年 6 月，没有莳禾的田地"胜利有三万四千余担，万太有二万五千余担，洛口吴村区有一千五百余担，博生梅江区二千余担"。[③]

由于后方劳动力缺乏，苏区中央制定的优待红军家属规定难以正常执行，有些地区红军家属由于缺乏劳力，土地被迫弃耕。1934年春耕中，"全苏区大约有二三万担红属的田荒芜着（瑞金全县红五月底止，约有二千七百余担田未莳）……原因除了当地耕田队的消极怠工以外，有些地方确实是因为劳动力缺乏"。[④] 万泰县的刘士进，"两个儿子都当红军，分到的六十二担田，前年已荒了十担，今年又荒了六担……现在有好久没有米吃"。[⑤] 汀州红属由于田地荒芜，1934 年夏收前缺粮者达到 1575 人。[⑥] 长汀河田区"红军家属有因得不到帮助与优待而做了叫花子"。[⑦] 勉强能够执行优红条例的地区，也是不堪重负："瑞金隘前区，据区土地部的报告，那边每一劳动力每月要帮助红军家属做十六天工。"[⑧] 如此紧张的劳力使帮工时间和质量都难以保证，瑞金红军战士回家后看见家属困境"竟有出眼泪的，同时后方同志看见也就不想去当红军了"；[⑨] 红军家属的窘境，既影响到前方将士的士气，也使本来就

① 《团闽粤赣省委三个月工作报告》，《闽粤赣革命历史文件汇集（1932 ~ 1933）》，第 163 页。
② 亮平：《把春耕的战斗任务，提到每一劳苦群众的面前》，《斗争》第 49 期，1934 年 3 月 2 日。
③ 钟昌桃：《不让一寸土地荒芜》，《红色江西》第 4 期，1934 年 6 月 26 日。
④ 然之：《把优待红军家属工作彻底改善起来》，《斗争》第 66 期，1934 年 6 月 30 日。
⑤ 《铁锤向着窑下区》，《红色中华》第 204 期，1934 年 6 月 19 日。
⑥ 《汀州市解决红属的困难问题》，《红色中华》第 206 期，1934 年 6 月 23 日。
⑦ 严仲：《三个月扩大红军的总结与教训》，《中央革命根据地史料选编》（中），第 664 页。
⑧ 定一：《春耕运动在瑞京》，《斗争》第 54 期，1934 年 4 月 7 日。
⑨ 《黄沙区的严重现象》，《红色中华》第 143 期，1934 年 1 月 16 日。

十分困难的扩红工作更形紧张。

人力缺乏对扩红工作影响至巨。由于前线出现大量牺牲，不断补充红军在所必需，但后方人员补给可选择余地愈来愈小，在此背景下，红军动员工作开展艰难："一般党团员对扩大红军工作是很消沉的，自己也怕当红军。"[①] 从 1933 年下半年开始，每月的扩红指标都难以如期完成，1934 年 5 月，一贯勉力走在前面的江西省只完成计划的 20%。[②] 这种普遍难以完成计划的情况，虽然当时苏区中央一再以"没有具体的开展反机会主义的斗争"等加以解释，但客观看，人力资源的异常匮乏无疑是主要原因："上杭县才溪乡，共有二千余人口，在一次一次的扩军突击后，乡里只剩下壮丁七人，还要进行突击，这当然不现实。"[③]"太雷县青年男女可以加入少队的只有 6135 人，而省队部规定它发展到 8 千人。后来龙岗、石城也发生同样现象。"[④] 这种屡屡出现的发展指标大于实际人数的状况，当然绝不能仅仅用所谓工作失误解释。

一方面是前方需要大量补充，另方面是后方已经罗掘一空，扩红难免不陷入强迫命令的窘境。于都军事部长陈贵公开说："不用绳捆，有什么办法扩大红军？"[⑤] 对普通群众，有的地方"不去当红军的就封他的房子"。[⑥] 宁化县扩红时，强迫成为主要方式：

　　　　城市少共市委组织科到群众家去宣传当红军，如发现家里

---

① 《梁广给全总执行局的报告》，转见刘少奇《反对扩大红军突击运动中的机会主义的动摇》，《斗争》第 41 期，1934 年 1 月 5 日。

② 《博古同志给李富春同志的信（1934 年 5 月 26 日）》，《斗争》第 63 期，1934 年 6 月 9 日。

③ 《李志民回忆录》，第 223 页。

④ 《赤少队突击运动的总结与红五月动员》，《斗争》第 57 期，1934 年 4 月 28 日。

⑤ 罗迈：《在粤赣省第一次党代表会议的前面》，《斗争》第 34 期，1933 年 11 月 12 日。

⑥ 潘汉年：《工人师少共国际师的动员总结》，《斗争》第 24 期，1933 年 8 月 29 日。

动员对象不在家时，便认为是逃跑了，是"反革命"的了，于是甚至把其家属捉起来。石碧区个别乡召开扩红动员大会时，群众进入会场后，即把门关上，开会动员后让群众"报名"，不肯报名的人，便不准他离开会场。方田区军事部长把不去当红军的群众，派人用梭标解到区苏去。[①]

扩红的压力使各级干部日子也不好过，许多干部因完不成任务遭到各种各样的处罚。胜利县"硬要全体干部去当红军，结果'你不去我也不去'，以至走到'连干部都上山躲避逃跑甚至个别的自尽的严重现象'"。[②] 江西"龙岗少共县委宣传部长到一个支部去开会，什么都不说，只一声命令，支部书记限三天完成突击，否则杀头，结果这个支部书记找不到出路吊颈死了"。[③] 扩红中出现的问题，张闻天当时就有充分的注意：

> 扩大红军工作中，强迫命令是常见的事，如若谁一次开了小差，那就非绑起来不可……这种命令主义，在党的领导者与党员同志中间也是常常发生的，曾经为了要支部同志报名当红军，支部书记将支部同志整晚关在会场上不放的这种奇怪事情……扩大红军中间，如若我们完全采用强迫命令的方法，那必然是群众的登山，群众的反抗。[④]

可是，在军事紧急而人力又严重不足的状况下，要保证前方的兵员供应，巧妇又如何能奈无米之炊。

普遍存在的强迫扩红大大影响了红军的素质。在扩红过程中，

① 《宁化落后的原因在哪里?》，《红色中华》第238期，1934年9月26日。
② 富春：《把扩大红军的突击到群众中去》，《斗争》第38期，1933年12月12日。
③ 《江西省委通讯》第75期，1934年3月5日。
④ 张闻天：《关于新的领导方式》，《斗争》第20期，1933年8月5日。

为完成指标，地方经常是"胡乱收罗"，各地扩红"很少注意对质量的选择，只是为着凑人数乱拉，以致扩大新战士，妇女小孩要占五分之一，甚至有地主、富农等阶级异己分子"。[①] 于都工人师征召的三千人中，老人、孩子有 122 人。[②] 集中到部队中的人员情况也不乐观：兴国模范师成立时，5161 人的成分为：成年占 65.8%，青年占 34.2%，上了岁数的成年人占大多数。[③] 福建上杭 1932 年10 月扩大红军 567 人，其中 31 岁以上的 120 人，18 岁以下的 86人，两者相加占总数的 40%。[④] 这一比例随着苏区的不断扩红还在增高。红军总政治部 1934 年 4 月统计，红军战士中 16 岁以下的占1%，40 岁以上的占到 4%，相当部分人员在 30～40 岁之间。[⑤] 这些人多已有家累负担，体力也不如青年人，以其为主组成的军队，凝聚力和作战力无法不受影响。

由于战斗损失巨大，大量老兵以及指挥员战斗减员，许多新兵来不及必要的培训就不得不投入前线，对部队战斗力也有很大影响。国民党方面资料记载：红军"缺乏训练，且多新兵，常畏缩不前"。有些新兵"仅训练六天，即被解到前方，补充、参加作战"[⑥]。蒋介石则观察到：

> 现在匪军的精神与从前完全不同，据投诚的土匪说：他们

---

① 《中共闽粤赣苏区省委关于紧急动员工作检阅的总结（1932 年 12 月 15日）》，《闽粤赣苏区革命历史档案汇编》第 1 辑，档案出版社，1987，第249 页。

② 汉年：《工人师少共国际师的动员总结与今后四个月的动员计划》，《斗争》第24 期，1933 年 8 月 29 日。

③ 江西《省委通讯》第 5 期，1933 年 6 月 15 日。另外，工人占 21.4%，党团员占 38%，其中党员 23.5%，团员 14.4%，结婚的占 72%，未婚的占 28%。

④ 《上杭县扩大红军统计表》，《福建革命历史文件汇集》甲 19 册，第 66 页。

⑤ 李光：《中国新军队》，第 279 页。

⑥ 《赣粤闽湘鄂北路剿匪军第三路军五次进剿战史》（上），第八章，第 59 页；《国军五次围剿赣匪崩溃近况》，《军政旬刊》第 19、20 期合刊，1934 年 4 月30 日。

监视军队的政委，也不比从前那样认真了！从前匪内一般政委，的确自己能够上前督率，自己能够身先士卒，不怕死。但是这一般政委，到现在大半都打死了，而新来的一般政委，精神和能力都不够，稍微遇到一点危难的时候，他自己就恐慌的了不得。①

中共方面有关记录也不避讳训练不良的事实，高虎脑战斗中，战斗在前线的红三军团四师新兵众多，"许多人还不会投掷手榴弹"。② 时任红五军团第十三师师长的陈伯钧在部队发生逃跑问题后也总结道："干部太差，我们派去的工作人员不帮助解决实际问题。"红十三师战斗力应属中上，但大量的新兵补充使其进行射击练习时，"成绩非常不好，十人就有九人脱靶"。③ 由于缺乏训练，"个别部队在作战中因伤亡（主要是因疾病和掉队）而损失的人数有时竟高达百分之五十，而在老部队中'正常'减员在百分之十到二十之间"。④

随着反"围剿"战争的进行，苏区不断被压缩，这使本来就异常缺乏的人力供应雪上加霜，与此同时，为准备即将到来的战略转移，苏区中央又于1934年9月提出一个月内扩充3万红军的目标。⑤ 面对这样奇高的指标，基层为完成任务，除强迫命令外实在难觅他路，而这更加剧了群众的对立情绪，在红色首都瑞金已有"群众大批逃跑，甚至武装反水去充当团匪，或逃到白区去。瑞金河东区和长胜区都有这样的事情发生"。⑥ 对于一个在群

---

① 蒋介石：《主动的精义与方法》，《庐山训练集》，第198页。
② 《张震回忆录》（上），解放军出版社，2003，第80页。
③ 《陈伯钧日记（1933~1937）》，第249、266~267页。
④ 〔德〕奥托·布劳恩：《中国纪事1932~1939》，第50页。
⑤ 《关于九月间动员三万新战士上前线的通知（1934年9月1日）》，《红色中华》第229期，1934年9月4日。
⑥ 《总动员武装部副部长金维映同志谈扩红动员不能迅速开展的基本原因》，《红色中华》第234期，1934年9月16日。

众中生存的政党和政权，这样的现象出现，真可谓是几多伤心、几多无奈。

（2）物质资源

中央苏区大部分位于山区，面积在 4 万平方公里左右，经济发展水平较低，近代工业很少，生活必需的工业品多以苏区出产农产品换取。第五次"围剿"期间，国民党实行严密封锁政策后，苏区物质资源的不足日渐显露，许多当年曾在苏区者都能回忆起苏区物质资源的困窘局面："红军供应困难，吃没吃的，穿没穿的，打仗缺乏弹药，加上长期转战，部队得不到休整，个个都像叫花子一样"。[①] 其中，莫文骅的两段回忆颇为生动：

> 有一天，我师一位团长对他的小勤务员发火，勤务员不高兴地说："你再发火，我明天不给你手巾洗脸！"原来，这位团长已经很久没洗脸巾了，常借用勤务员的洗脸巾。
>
> 一次，我师有一位连长在防御前沿阵地趁黑夜偷越警戒线，企图逃跑，哨兵发现后，立即令他站住，他还算听话，没有继续越界……保卫干部把那位连长押到师部，我亲自进行审问："你是起义过来当红军的，由士兵升为连长，组织很信任你，现在生活虽然艰苦，但革命是有前途的，你为什么要逃跑？"他没有马上回答我，只是哭，最后难过他说："我并不怕死，也不怕苦，但是……"他说到这里停了一会儿，才慢慢说出事情的经过："前天早晨，我召集全连战士训话时，有几个战士指着我的裤子笑，我低头一看，原来自己的裤裆破了，裂开了一个大口子，露出了下身，感到万分羞耻，急忙解散队伍。晚上，睡不着，认为自己不好再继续担任连长了，便决定逃跑。现在冷静一想，真是罪过，后悔莫及！"对这位连长的问题，本应按军法严处，考虑他为革命立过功，且态度较

---

① 《王平回忆录》，解放军出版社，1992，第 52 页。

老实，认罪较好，故免除他死刑，判 5 年徒刑，发给一条旧军裤，送他到后方服刑。①

　　苏区物资的困乏局面，实行封锁的国民党方面自然最乐意看到。早在第五次"围剿"之初，他们就报告："匪军缺乏食盐棉衣等物，逃亡甚多。"② 随着"围剿"的进行，其封锁效果日益显现，国民党军报告中明显可看到幸灾乐祸的成分："我方封锁匪区以来，匪方对于生活和给养上，已感受重大的困难，现于俘匪的鸠头鹄面，衣不蔽体，这已是一幕活写真了。"③

　　就维持生存最基本的需要而言，粮食和油盐是不可或缺的必需品。中央苏区所在的赣南属于粮食略有出超区域，而闽西地区粮食则为入超。不过，赣南的出超有限，且建立在当地农民节衣缩食——"乡间多用杂粮佐餐"④ 上，基础不是十分牢固。清人曾写道："赣亡他产，颇饶稻谷，自豫章吴会，咸仰给焉。两关转谷之舟，日络绎不绝，即俭岁亦橹声相闻。盖齐民不善治生，所恃赡一切费者，终岁之入耳，故日食之余，则尽以出粜，鲜有盖藏者。"⑤福建是缺粮省，缺粮差数达 30.3%，闽西也属缺粮地区，时人有言："闽西、闽东又多为贫瘠之区，米谷产量甚少，人民素赖甘薯为主要原料。"⑥ 不过，更加具体的材料则显示，闽西缺粮尚不十分严重，正常年份下，勉强维持平衡尚有可能，下表显示的是1935 年闽西苏区主要地区所在的第七区稻谷产需状况：

---

① 《莫文骅回忆录》，解放军出版社，1996，第 231～232 页。
② 《吴奇伟电蒋中正陈诚棠荫一役共军伤亡甚巨等匪情侦报》，"蒋中正文物档案" 002090300066401。
③ 《国军五次围剿赣匪崩溃近况》，《军政旬刊》第 19、20 期合刊，1934 年 4 月 30 日。
④ 《兴国粮食问题应如何解决以期军需民食得兼筹并顾请公决案》，江西省兴国县档案馆藏档 131/2－5－2/58。
⑤ 天启：《赣州府志》卷三《舆地志·土产》。
⑥ 陈颖光：《福建粮食统制之研究》，《闽政公余非常时期合刊》第 2 期，1937 年 9 月 20 日。

福建省第七区二十四年各县收获稻谷数目及盈亏概况表

县份	收获数量	需要数量	盈余数目	不敷数目
长汀	349178	426344		77166
连城	199039	359925		160886
泰宁	246008	258003		11994
清流	314182	276592	37590	
宁化	979049	779049	160000	
建宁	300000	200000	100000	
合计	1387456	1299711	87544	

说明：原件无单位。

资料来源：秦振夫：《福建省第七区督察行政专员公署暨兼县工作报告书》，秦振夫呈蒋中正，"蒋中正文物档案" 002080101048002。

从上表看，以盈亏相抵，第七区粮食总体尚略有盈余。当然，1935 年是粮食生产偏好年景，该区人口又大幅减少，不一定有足够的代表性。正常状况下，闽西地区粮食略显不足的判断应可成立。

赣南、闽西成为统一苏区区域后，这里的粮食供应从原来并不宽裕的状况转为紧张。尤其军队急剧增加，大批人员涌入，战争及土地关系的不稳定又影响着生产的发展，使得粮食问题愈益凸显。

祸不单行，1932、1933 年中央苏区恰逢灾年，加上政治变动及战争的影响，粮食收成很不理想。1932 年中央苏区各县粮产量普遍只有正常年份的 60% 左右（最高的新泉、长胜为 76% 和 75%，最低的兴国、瑞金、万泰、博生都只有 50%），[①] 1933 年虽有增加，但仍未恢复到苏维埃革命前的水平。苏区建立后不久，就出现缺粮问题，部分缺粮严重地区如富田春荒时"甚至吃草"。[②] 到 1933 年春，中央苏区开始严重缺粮，陈云在 1934 年间谈道："去

① 定一：《两个政权——两个收成》，《斗争》第 72 期，1934 年 9 月 23 日。
② 《团江西省委关于目前紧急任务的决议》，《江西革命历史文件汇集（1932 年）》（一），第 63 页。

年青黄不接时，因为某些地方缺乏粮食与缺乏全盘及时的调剂，再加上奸商富农的抬价及囤积，曾经威胁了我们。"① 当时，"许多地方发生粮食恐慌（如博生城市与赣县、兴国个别区乡），甚至有因为粮食找不到出路的。在博生县有个群众吃药自尽。在兴国黄塘区因为两升米的问题，一个男子把他的兄嫂活埋了"。② 应该指出的是，这种粮食恐慌不仅出现在苏区辖境，国民党控制的赣南区域也有反映，1933 年 5 月，陈济棠曾向蒋介石转呈余汉谋的电报：内称"赣南米荒，因无食而吊颈投河者日有所闻。至金坑、快顺、崇义一带均食泥饼，此泥饼亦售六百一斤，职尝之为香粉饼。现虽已派彭李两团到万安掩护谷船来赣，但以水浅每日只行十里，须月余才能到达"。11 月，又报告："赣南今秋水旱失时，晚稻收获仅及往岁十分之三。"③ 可见这一时期灾害确实是影响赣南地区粮食供应的主要因素。

随着第五次"围剿"开始，苏区区域压缩，国民党封锁日益严密，粮食问题更形严重。1934 年初已出现"红军部队及政府机关食米不够供给"④ 的严峻局面。2 月召开的中央粮食会议透露了形势的严重："粮食问题已经非常严重的摆在我们面前，谷价到处高涨，有些地方如会昌、瑞金、博生、于都等处已涨到七八元一担。应该收集的土地税和公债谷子还差着很巨大的数目。"⑤ 3 月，赣县米价更涨到"十七块多一担"。⑥ 为节省物资，中央苏区政府

① 陈云：《为收集粮食而斗争》，《斗争》第 45 期，1934 年 2 月 2 日。
② 《中共江西省委红五月工作总报告（1933 年 6 月 17 日）》，《江西革命历史文件汇集（1933～1934 年）》，第 153 页。
③ 《陈济棠电蒋中正赣南米荒情形（1933 年 5 月 25 日）》，"蒋中正文物档案" 002080200089151；《陈济棠电蒋中正转电余汉谋所述赣南米荒情形（1933 年 11 月 1 日）》，"蒋中正文物档案" 002080200130022。
④ 《第二次全苏代表大会主席团中国共产党中央委员会关于完成推销公债征收土地税收集粮食保障红军给养的突击运动的决定》，《中共中央文件选集》第 10 册，中共中央党校出版社，1991，第 82 页。
⑤ 《中央粮食会议纪要》，《红色中华》第 146 期，1934 年 2 月 6 日。
⑥ 《各地米市简报》，《红色中华》第 158 期，1934 年 3 月 6 日。

号召广泛开展节省运动，规定："各级政府、红军后方机关、国家企业、学校等每人每天减发食米二两"。随后，又提出苏区每人每月"节省三升甚至三升以上的米来供给红军"。[①] 由于供给不足，实际能够发放的粮食数量远远低于定量："党政机关……每人每天只10小两（1斤为16两）粮食，分成两顿吃。"最艰难的时候，红军战斗部队甚至"每天只能吃八两至十两"。[②] 与此同时，国民党军又趁火打劫，专门制定规章，组织割禾队，怂恿区外农民"由驻军率领，冲入匪区"抢割稻禾，要求不能收割时，"亦应设法予以销毁"。[③] 福建宁化1934年6月报告，由于国民党军的破坏和抢夺，"全县到现在止共损失边区谷子一千七百余担"。[④] 永丰石马被国民党军收去谷子达2076担。[⑤]

为应付严重的粮食问题，1933年12月，苏维埃中央决定成立粮食人民部，专门处理粮食问题，收集粮食被提到"国内战争中一个残酷的阶级斗争"[⑥] 的高度。虽然采取了多种措施，粮食收集仍遇到许多困难。1934年2月的粮食突击运动中，"于都预定计划收四万四千担谷子，现在收到百分之十，胜利收谷也只有百分之十三"。[⑦] 于都古田区、黎村区甚至"没有收到一粒谷子"，该县粮食部长明确认为："于都群众没有谷子。"[⑧] 在收集粮食遇到困难时，一些地区为完成任务强行摊派，造成政府与群众间关系紧张，胜利

① 《人民委员会批准减少食米的请求》，亮平：《红军等着我们的粮食吃》，《红色中华》第168期，1934年3月29日；第200期，1934年6月9日。

② 《来自井冈山下——罗通回忆录》，东方出版社，1996，第102页；《杨成武回忆录》，解放军出版社，1987，第23页。

③ 《国民政府军事委员会委员长南昌行营处理剿匪省份政治工作报告》（下），第11章，第48页；蒋介石：《电剿匪区内各军政长官为掩护民众进入匪区时应尽量收割否则应予销毁》，《军政旬刊》第35期，1934年9月30日。

④ 《宁化边区损失许多米谷》，《红色中华》第202期，1934年6月14日。

⑤ 《孙连仲致蒋介石电（1934年9月9日）》，《军政旬刊》第35期，1934年9月30日。

⑥ 陈云：《为收集粮食而斗争》，《斗争》第45期，1934年2月2日。

⑦ 毛泽覃：《为全部完成粮食突击计划而斗争》，《斗争》第49期，1934年3月2日。

⑧ 《于都突击运动中的严重问题》，《红色中华》第155期，1934年2月27日。

和于都等地发生群众"要捉突击队员"并"向区苏请愿"[①] 的严重事件。

粮食出现困难同时，兵员仍在继续增加，不断增加的兵员要求更多的军粮供应。为此，1933 至 1934 年间，中央苏区不得不先后向群众借谷 24 万担和 60 万担。应该说，苏维埃政权一直在尽可能不过多加重农民负担，1932 年，赣西北的江西万载等地苏维埃政权曾向群众借谷，湘鄂赣省苏维埃政府发现后严加制止，强调："今后无论何种用费，困难到任何程度，都不得向群众借一斗米或一串或几百钱，尤其是'预征税收'的国民党工作方式，更不容许应用。"[②] 此时，中共的借谷决定确实是不得已而为之。由于粮食供应本已相当困难，借谷任务除兴国等少数地区外，大部分地区完成得相当艰难。苏区中央严令各地"派出的突击队不到任务完成不能调回"。[③]《红色中华》发表文章强调："目前我们是处在决死的战斗中……如果没有二十四万担粮食，我们的红军不能作战。不能吃饱肚子，就不能维持生活。"[④] 在战争条件下，政府对苏区粮食资源的挖掘可以说已经到了最大限度。

和粮食的严重局面比，一些依赖输入的日用品更形紧张，苏区的食盐、布匹、煤油、药材等生活必需品极端匮乏，据毛泽东1933 年底调查：

> 暴动前平均每人每两年才能做一套衫裤，暴动后平均每人每年能做一套半，增加了百分之二百。今年情形又改变，因为

---

① 毛泽覃：《为全部完成粮食突击计划而斗争》，《斗争》第 49 期，1934 年 3 月2 日。

② 《湘鄂赣省苏维埃政府通令（1932 年 6 月 19 日）》，《湘鄂赣革命根据地文献资料》第 2 辑，第 269 页。

③ 《中央组织局、人民委员会关于粮食动员的紧急指示》，《红色中华》第 209 期，1934 年 6 月 30 日。

④ 定一：《动员二十四万担粮食是目前我们第一等的任务》，《红色中华》第 210期，1934 年 7 月 5 日。

封锁，布贵，平均每人只能做半套，恢复到暴动前。暴动前一套单衣服值十八毛（十五毛布，三毛工），去年每套二十一毛（十七毛布，四毛工），合大洋一元半，今年每套三十四毛（三十毛布，四毛工），合大洋二元四角。反革命使我们的衣服贵到如此程度！……暴动前每人平均每月吃盐一斤，今年十一月每人每月只吃三两二钱，即暴动前五个人的家庭月吃盐五斤者，今年十一月只吃一斤。①

这还是第五次"围剿"初期的情况，随着战争的进行和封锁的加紧，问题愈加严重。尤其是作为生存必需品的食盐。赣南食盐向来依赖外来的淮盐、潮盐、广盐补给，多"由土民担谷往赣北或广东交界处交换而来"。② 据 1930 年《申报》报道："平均潮属每年所产之盐，销入闽赣外省者占十分之七。"③ 闽赣对外来食盐的依赖，可见一斑。由于国民党军实施封锁，严禁食盐输入，导致苏区食盐价格飞涨，1933 年底，一元大洋只能买盐一斤多，相当于红军到来前的 1/4。④ 很多家庭买不起盐，只能淡食。1934 年初，食盐价格继续上涨，私人商店每元只能买盐半斤多。中央粮食调剂总局出售的平价食盐为每元一斤，但仅在瑞金设点销售，且"不能供给非红军家属的需要"。⑤ 1934 年年中，随着前方战事不利，物价再现暴涨："米每元五斤，盐每元一两五钱，柴每斤二角。"⑥ 为解燃眉之急，苏区不得不"大举进行熬硝盐的事业"。⑦

① 毛泽东：《长冈乡调查》，《毛泽东农村调查文集》，第 350 页。
② 《陈诚罗卓英电蒋中正据投诚夏楚中据投诚匪兵供称伪第三军团师辖有三团所携食盐已尽》，"蒋中正文物档案"002090300074117。
③ 《粤盐推销闽赣之障碍》，1930 年 7 月 21 日《申报》。
④ 毛泽东：《长冈乡调查》，《毛泽东农村调查文集》，第 308 页。
⑤ 《粮食调剂总局举行廉价》，《红色中华》第 158 期，1934 年 3 月 6 日。
⑥ 《汤恩伯 1934 年 6 月 2 日致蒋鼎文电》，《中华民国史档案资料汇编》第 5 辑第 1 编军事（4），第 204 页。
⑦ 《争取决战目前扩红突击的胜利》（社论），《斗争》第 60 期，1934 年 5 月 19 日。

迫不得已时，"把厕所底下的土，挖出来熬盐，甚至用死人墓下的土熬盐"。① 硝盐质地不纯，成分也有别于食用盐，食用硝盐后，中毒事件屡见不鲜。

物资奇缺，导致价格飞涨，财政金融部门为弥补财政赤字，大量发行纸币，苏区中央有关文件承认："在长期国内战争的条件之下，增发纸币常常是弥补财政收支不敷的一个办法。"② 在此背景下，严重的通货膨胀难以避免。瑞金城区有一商人"以三元苏维埃纸票收买现洋一元，后来又将所收的现洋以三元五角价钱出卖给别人"，此人被定性为进行"捣乱经济、操纵金融的反革命活动"，以反革命罪枪决。③ 其实，这种倒买倒卖现象是苏区金融秩序失控的真实反映。

由于第五次"围剿"以来国民党军采取稳扎稳打战术，各部不轻易跃进，红军擅长的诱敌深入打歼灭战战术难以发挥，无法缴获到大批武器弹药，这使红军主要的武器来源受到限制。红军兵工厂本身的制造能力、技术能力、管理能力与材料储存又十分有限："不能制造枪、弹……枪枝只能修理，子弹只能翻造。"④ 翻造的子弹，即将打过的弹壳装上新造弹头而成，这种子弹因为"装的是土造的硝盐，是从厕所墙壁上刮下来的尿碱熬成的，燃烧速度慢，动力不足。弹丸是用电线拧成的一坨铁蛋蛋，不能啮合膛线，初速很低，所以打出去之后在空中折跟斗"。⑤ 刘少奇当时曾写道："兵工厂做的子弹，有三万多发是打不响的，枪修好了许多拿到前方不

① 王观澜：《中央苏区的土地斗争和经济情况》，《回忆中央苏区》，江西人民出版社，1981，第 320 页。

② 《关于苏维埃经济建设的决议——第二次全国苏维埃代表大会通过（1934 年 1 月）》，《革命根据地史料选编》（上），第 169 页。

③ 《国家政治保卫局又逮捕了四个反革命》，《红色中华》第 152 期，1934 年 2 月 22 日。

④ 马文：《忆中央苏区红军兵工厂》，中国兵器工业历史资料编审委员会编《土地革命战争时期军工史料》，中国兵器工业总公司，1994 年内部出版，第 112 页。

⑤ 《耿飚回忆录》（上），江苏人民出版社，1998，第 146 页。

能打，或者一打就坏了。"① 子弹如此，手榴弹和刺刀也差不多："手榴弹都是我兵工厂造的，质量太差，落地只炸成两三块，杀伤力很低。敌人上来后，只有拼刺刀了，可有的刺刀也不顶用，捅几下便弯了。"②

随着战争的持久进行，红军作战物资消耗严重，枪械、弹药供给越来越困难。国民党方面在 1934 年年中侦察到："伪一师每连仅有士兵三四十名，子弹每枪约六七排，都是土造，连续射击不得超过五发，以上则炸裂。"福建方面一些地方红军枪弹缺乏，"多持标枪扁担"。③ 据统计，1934 年 8 月，红一军团共有步马枪 7268支，三军团 5385 支，五军团 4000 支左右，九军团 1830 支，④ 几个主力军团枪支数不足两万。红军一个主力连的武器配置为：步、马枪共 41 支，步、马枪弹 2025 发，驳壳枪 2 把，驳壳枪弹 9 发，轻机枪 1 挺，轻机枪弹 60 发，手榴弹 30 颗，⑤ 弹药筹备几乎难以支撑一个大的战役。重武器更是无法和国民党军相比，当时，"敌人有一千五百门迫击炮和野战炮，而我们只有二十几门，就是这些炮又由于缺乏弹药多数已无法使用。机关枪的比例虽然不那么悬殊，但也至少是二十、三十比一"。⑥ 正是由于吃准了红军作战资源缺乏、无力攻坚的弱点，蒋介石可以放心大胆地使用碉堡战术，如他自己所解释的："倘使他们有炮，又有炮弹，那么碉堡自然是没用的。"⑦

----

① 刘少奇：《论国家工厂的管理》，《斗争》第 53 期，1934 年 3 月 31 日。
② 《张震回忆录》（上），第 80 页。
③ 《汤恩伯 1934 年 5 月 11 日致蒋鼎文电》、《卢兴邦 1934 年 8 月 13 日致蒋鼎文电》，《中华民国史档案资料汇编》第 5 辑第 1 编军事（4），第 190、239 页。
④ 《朱德关于补足军械器材集中物资致各部队电（1934 年 9 月 9 日至 20 日）》，中国人民解放军历史资料丛书《后勤工作·文献（1）》，解放军出版社，1997，第 403～405 页。
⑤ 《红军人马武器弹药月终总报告表（1934 年 8 月 18 日）》，石叟档案 1008·564/2138，中国社会科学院近代史研究所藏。
⑥ 〔德〕奥托·布劳恩：《中国纪事 1932～1939》，第 56 页。
⑦ 《蒋委员长出巡纪要》，《军政旬刊》第 37、38 期合刊，1934 年 10 月 31 日。

2. 经济力的挖掘

（1）私人经济发展的限制

作为在战争中发展起来的红色区域，中央苏区资源匮乏，经济力也不容乐观。美国记者斯诺观察长征以后中共在西北地区建立的苏区后写道：

> 不论中国共产主义运动在南方的情况如何，就我在西北所看到的而论，如果称之为农村平均主义，较之马克思作为自己的模范产儿而认为合适的任何名称，也许更加确切一些。这在经济上尤其显著。在有组织的苏区的社会、政治、文化生活中，虽然有一种马克思主义的简单指导，但是物质条件的局限性到处是显而易见的。[1]

较少具有政治偏见的斯诺在这里依然表现出了他作为优秀记者的敏锐和洞见，确实，如其所言，在贫窭的苏区经济条件下，中共秉持的理念及现实环境的需要，都使他们将平均作为其推行政策的极其重要的逻辑基础，而中共所迅速获得的支持，和这一理念密不可分，尽管平均也是一把双刃剑，在平均、平等、效率、发展等问题之间，总会纠缠着一些难解之结，但中共在力所能及的范围内，还是尽可能地在苏区建立起了一套较有效率的社会经济体系，将社会财富的挖掘、调动、分配效用发挥到了极致，以有限的资源，支撑起长达数年的持续战争。

苏区原有的经济基础本就十分薄弱，又不断处于战争破坏之中，经济的维持可谓举步维艰。根据毛泽东在二苏大的报告，中央苏区经济建设的原则是："进行一切可能的与必须的经济方面的建

---

① 〔美〕埃德加·斯诺：《西行漫记》，董乐山译，三联书店，1979，第193页。

设，集中经济力量供给战争，同时极力改良民众的生活，巩固工农
在经济方面的联合，保证无产阶级对于农民的领导，造成将来发展
到社会主义的前提与优势"。① 战争、生活是这一原则的关键词，
同时，为社会主义准备发展条件则决定着苏维埃经济的性质，尽管
对苏区而言，这还比较遥远。

对于中国苏维埃经济所属阶段的认识，中共和共产国际都经历
了一个曲折的过程。初期的土地共有、集中农场及对商人和私人资
本的打击，反映了在经济上一举过渡到社会主义的愿望。随着这些
政策恶果的显现，共产国际也在不断调整其对中国苏维埃经济社会
政策的指导，1933 年 3 月，共产国际执行委员会致电中共中央，
指示：

> 你们应高度重视苏区的经济政策问题。认真研究和制定相
> 应的指示。请考虑我们提出的以下设想。恶化的经济状况迫切
> 要求进一步明确和修正我们在发展和鼓励生产、活跃市场关系
> 和商品流通方面的经济政策和专门措施。无重大原因，要避免
> 重新分田，特别是在老区。分田之后农民应当拥有固定的土
> 地，只没收那些参与反革命活动的富农的生产资料。要针对雇
> 农制定临时规定，并对中农和富农的雇佣条件加以区分。以往
> 给富农提供份地的条件依然有效，不能把这理解为禁止富农出
> 租和买卖在苏维埃管制下的土地和雇佣劳动力……要鼓励手工
> 业生产和贸易活动。这应该在税收政策和为手工业企业徒工和
> 工人制定的临时规定上有所反映。同时要记住，社会立法和工
> 会工作等都应符合经济实力和红军斗争的利益。②

---

① 毛泽东：《中华苏维埃共和国中央执行委员会与人民委员会对第二次全国苏维
埃代表大会的报告》，《苏维埃中国》，第 278 页。

② 《共产国际执行委员会政治书记处给中共中央的电报（1933 年 3 月 19～22
日）》，《共产国际、联共（布）与中国革命档案资料丛书》第 13 册，第 354～
355 页。

1933 年底，王明撰文批评了过分与富农斗争的行为，并指出：
"有一种现象阻碍苏区农业生产的振兴，这就是再三不断地重新分
配土地。""有些同志抱定'左'的立场，其表现就是他们'害
怕'资本主义。""必须明白，我们暂时还不能在中国苏区内消灭
资本主义，而只是准备将来消灭资本主义的一切前提和条件。"
"目前苏维埃并不提出自己力量还不能完成的任务，就是说还不从
苏区经济中铲除资本主义，而是利用它（在苏维埃政权机关所能
做到的范围内）以谋振兴苏区的经济生活。"文章批评苏区劳动法
"左"的错误，指出其"对于富农、中农、中等的和小的手工业主
惯用工人的条件，没有分别看待。这一点在某些苏区的苏维埃的
工作实际中，已经产生了不良后果"。"要使苏区商品流通兴旺起
来，首先就要坚决实行贸易自由的原则，同时要反对投机买卖及
尽力保证红军经常供给。共产党和苏维埃政府应当禁止经济政策
方面的一切过火办法，这些办法事实上只不过使苏区经济状况变
坏。"①

随着苏区的巩固发展，苏维埃的经济政策确实面临着一些不得
不认真考虑的问题。打土豪财政的结束，相对正规的财税制度的建
立，使发展生产成为保障整个国家机器运转的必要条件，对此中共
领导人不能不认真应对。1933 年 5、6 月份，张闻天、博古相继发
表文章，根据莫斯科的指示对经济政策实施调整，一方面继续强
调："我们党的任务是在集中苏区的一切经济力量，帮助革命战
争，争取革命战争的胜利，在这中间巩固工农在经济上的联合，在
经济上保证无产阶级的领导，造成非资本主义（即社会主义）发
展的前提和优势。"同时鉴于苏区的实际状况，客观指出："苏维
埃政府现在还是非常贫困，它没有足够的资本来经营大规模的生
产。在目前，它还不能不利用私人资本来发展苏维埃的经济。它甚

---

① 王明：《中国苏维埃政权底经济政策（1933 年 11 月）》，《王明选集》第 3 卷，
日本汲古书院，1973，第 30～39 页。

至应该采取种种办法，去鼓动私人资本家的投资。""苏维埃政权同某些资本家可以订立协定，甚至给他们以特别的权利，使他们发展他们的企业，扩大他们的生产，这对于苏维埃政权的巩固是有利的。"① 文章强调对地主和资产阶级要区别对待，"苏维埃政权对于这两个阶级的态度不应该一视同仁的，对于地主我们采取坚决无情的消灭地主这一阶级的政策……至于对于资产阶级，那就完全是另外一种情形……消灭资产阶级的政策是不适当与不能采用的，所以，'左'的空谈消灭资产阶级是有害的"。②

应该说，从原则上看，苏区对私营工商业一直采取了保护和奖励政策。1929 年 3 月，红四军在汀州发布《告商人及知识分子》，明确宣布："共产党对城市的政策是：取消苛税杂税，保护商人贸易。在革命时候对商人酌量筹款供给军需，但不准派到小商人身上……普通商人及一般小资产阶级的财物，一概不没收。"1930 年 3 月，闽西苏维埃政府颁布《商人条例》规定："商人遵照政府决议案及一切法令，照章缴纳所得税者，政府予以保护，不准任何人侵害。""所有武装团体，不得借口逮捕犯人，骚扰商店。"③ 1931 年 8 月，闽西苏维埃政府针对杭武第六区发生擅将商人货物拘押、拍卖事件发布《允许商人自由贸易问题》的通知，严厉告诫不要实行自我封锁的"自杀政策"，指出：

> 商人虽是剥削分子，但在这土地革命时期中，是以铲除封
> 建剥削为主要任务，对于商人，当然不能够照对豪绅地主一样
> 加以打击，所以无论何种商人，只要他在不违反苏维埃法令

① 洛甫：《论苏维埃经济发展的前途》、《苏维埃政权下的阶级斗争》，《斗争》第 11 期，1933 年 5 月 10 日；第 14 期，1933 年 6 月 5 日。

② 博古：《论目前阶段上苏维埃政权的经济政策》，《斗争》第 16 期，1933 年 6 月 25 日。

③ 《闽西苏维埃政府布告第九号》，《福建革命历史文件汇集》甲 14 册，第 113 页。

（如劳动法，土地法等），不勾结敌人作反革命，不操纵与垄断经济，苏维埃政府是允许商人在苏区内营业自由的。

通知强调这种随意拘捕商人、没收商品的行为，"不但给敌人以造谣破坏的机会，而且各地商人势必都不敢到苏区内营业，油盐布匹都没有买，是不待敌人来封锁我们，而我们先自己封锁自己，这就是叫做'自杀政策'"。通知要求各地认识到："经济政策中的'自由贸易'是目前一个很关重要、很要注意的问题，无论赤色白色区商人我们绝对不要随便去打击他！"① 这一通知一方面反映了苏维埃政权对商业贸易的维护态度，另一方面也显露出以社会主义为发展方向的苏维埃各方在执行这一政策时的抵触。事实上，由于商人被认为是剥削分子乃至敌对阶层，对于基层政权而言，他们很难分清楚其与地主间的区别，而筹集款项和物质资源的需要也很容易使打击商人成为现实。所以，在苏维埃的商人理论和实际执行之间有一个很大的落差，苏区商业一度陷入极度萧条的境地。

中共大批干部进入中央苏区后，循着正规化、长期化的思路，对维护苏区经济的活力给予较多重视。1932 年 1 月，苏维埃临时中央政府颁布《工商业投资暂行条例》，"以鼓励私人资本的投资"。条例规定："凡遵（守）苏维埃一切法令，实行劳动法，并依照苏维埃政府所颁布之税则，完纳国税的条件下，得允许私人资本在中华苏维埃共和国境内自由投资经营工商业。""无论国家的企业、矿山、森林等和私人的产业，均可投资经营或承租承办，但须由双方协商订立租借合同，向当地苏维埃政府登记，但苏维埃政府对于所订合同，认为与政府所颁布的法令和条件相违反时，有修改和停止该合同之权。"② 为发展苏区的社会经济，充裕苏区的经

---

① 《闽西苏维埃政府通知第 93 号》，《福建革命历史文件汇集》甲 15 册，第175 ~ 176 页。
② 《中华苏维埃共和国临时中央政府关于工商业投资暂行条例的决议》，《中央革命根据地工商税收史料选编》，福建人民出版社，1985，第 70 页。

济实力，苏维埃政府除鼓励私人投资外，还于 1932 年 8 月颁布《矿产开采权出租办法》、《店房没收和租借条例》，规定私人资本可以向苏维埃政府承租矿产开采、店房、作坊等。是年 9 月 13 日，中央政府财政部发出训令，要求各地"必须严厉执行经济政策……注意检查各地政府有无破坏经济政策的行为，如胡乱没收商店，乱打土豪，限制市价，随便禁止出口等，如发现有这些行为，必须予以严厉纠正或处分"。①

对于调整后的私人经济的政策，1934 年 1 月，毛泽东在二苏大明确谈道：

> 苏维埃对于私人经济，只要不出于苏维埃法律范围之外，不但不加阻止，而且是提倡的奖励的。因为目前私人经济的发展，是苏维埃利益的需要。关于私人经济，不待说现时是绝对的优势，并且在相当的长期间也必然还是他的优势。
>
> 尽可能的发展国家企业与大规模的发展合作社，应该是与奖励私人经济发展同时并进的。②

中共中央的这些规定在一定程度上产生了效果，如在中央苏区周边的中心城市赣州，"广裕兴老板曾伟仁在赣州开设广裕兴（经营百货）以及明为剧院暗做生意的新光剧院等，都有广东军阀入赣驻军李振球（系广东一军副军长兼一师师长，是同乡关系）做后台"。中共"抓住军阀的贪官发财及其内部矛盾，通过在广裕兴商号工作的同学刘××（外称刘少老板，是广东人）的关系做通老板曾伟仁的工作，在默林支部书记丁友生家，进行秘密商谈交换货物，经过协商双方同意互派代表，并就物资的交换等事宜达成了

---

① 《目前各级财政部的中心工作》，《中央革命根据地工商税收史料选编》，第 128 页。
② 毛泽东：《对第二次全国苏维埃代表大会工作报告》，《苏维埃中国》，第 281 页。

协议。广裕兴派出代表钟先请长驻江口（历时半年左右）收购钨砂和稻谷。江口分局派出刘东门生，在赣州以开设小杂店为名，长驻赣州，为苏区秘密联络和采购物资"。[①] 不过，由于大规模战争接连到来和国民党封锁的日益紧密，客观条件限制使其难以收到吸引投资和维护私营工商业的功效，而前期对工商业打击的副作用及各级干部对私营工商业根深蒂固的排斥态度，也使苏区内的私人投资仍然呈现日益萎缩的趋势。

（2）合作社事业的发展

私人商业式微，代之而起的是苏维埃政权投入心力的合作社，合作社事业的发展是中央苏区经济社会变化中最值得注目的现象之一。合作社是由群众出资出物入股经营，带有较多互助成分的集体性质事业，被认为是在生产、供给、分配战线上"战斗地团结工农，动员群众的经济组织"。[②] 按照张闻天的说法："在苏区内生产与消费的合作社，不是资本主义的企业，因为资本家与富农的加入合作社是完全禁止的。这是一种小生产者的集体的经济，这种小生产者的集体经济目前也不是社会主义的经济，但是它的发展趋向将随着中国工农民主专政的走向社会主义而成为社会主义的经济。"[③]

细究起来，苏区合作社发展风潮和当时全国范围内风起云涌的合作社运动有相通之处，而苏区内合作社表现出的强烈的政治性则为其他地方不易见到。1930年代前后，包括国、共两党在内的多种社会政治力量都在进行合作社运动的尝试，比较而言，中央苏区的合作社通过政治力量组织、推动，其发展速度和效率都相对较高。在一些发展较好的合作社中，有比较严密的监督、运作制度。

---

① 黄谋祝：《苏区时期赣县反经济封锁斗争》，《赣县文史资料》第1辑，政协赣县文史资料委员会编印，第60页。

② 亮平：《目前苏维埃合作运动的状况和我们的任务》，《斗争》第56期，1934年4月21日。

③ 张闻天：《论苏维埃经济发展的前途》，《斗争》第11期，1933年5月10日。

瑞金"武阳石水乡合作社实行严格的监督制度，五天查一次帐，社中买猪给社员饲养，社员替社中工作人耕田，使社员对合作社取得密切的连系"。① 福建上杭才溪区消费合作社"卖货由社员大会决定"，"能够发动社员来经常监督工作，审查委员会经常开会，所以没有发生贪污的事情"。②

中央苏区的合作社最早于 1928 年 10 月出现在赣西南的东固，后在赣南、闽西推广，主要为流通领域的消费合作社。1932 年 4 月，临时中央政府颁发《合作社暂行组织条例》，规定"合作社组织为发展苏维埃经济的一个主要方式"，"由工农劳动群众集资所组织"。③ 1933 年，临时中央政府国民经济部成立合作社指导委员会，专门负责指导合作社的发起、建设、监督管理。到 1933 年 8 月，共有消费合作社 417 个，社员 82940 人；粮食合作社 457 个，社员 102182 人；生产合作社 76 个，社员 9276 人。股金总额 216095 元。④

1933 年 8 月先后召开的中央苏区南部十七县和北部十一县经济建设大会进一步确定了发展合作社事业的方针，此后，合作社在中央苏区获得迅速发展。瑞金在 8 月以前，只有消费合作社社员 9000 人，股金 1.1 万元，9 月份，社员就增加了 5300 人，股金增加了 5500 元；粮食合作社在 8 月前很少，9 月份社员增加到 6800 人，股金增加到 1800 多元。兴国在大会以后的一个月中，消费合作社社员增加 14600 人，粮食合作社社员增加 15000 人。⑤ 整个中央苏区到

---

① 《中央苏区消费合作社第一次代表大会纪盛》，《红色中华》第 133 期，1933 年 12 月 8 日。

② 《一个模范的消费合作社》，《红色中华》第 139 期，1934 年 1 月 1 日。

③ 《中华苏维埃临时中央政府关于合作社暂行组织条例的决议》，《中央革命根据地史料选编》（下），第 573 页。

④ 亮平：《目前苏维埃合作运动的状况和我们的任务》，《斗争》第 56 期，1934 年 4 月 21 日。

⑤ 《中华苏维埃临时中央政府关于合作社暂行组织条例的决议（1932 年 4 月 12 日）》，《革命根据地经济史料选编》（上），第 87 页。

1934 年 2 月，消费、粮食、生产三种合作社已"发展到二千三百余的社数，五十七万余的社员和六十余万元的股金"，①各方面指标都有了近三倍的增长。消费合作社包括 17 个县总社，两个省总社（江西、福建）及中央苏区的消费合作总社（1933 年 12 月 17 日正式成立）。

苏区时期，最成功的合作形式当推农业互助的各种组织。苏维埃革命后，劳动力和耕牛缺乏成为新分得土地农民的一个普遍问题，为尽可能利用有限资源，中央苏区总结群众换工互助的传统经验，倡导组织耕田队、劳动互助社和犁牛合作社，以解决人力、畜力缺乏问题。

耕田队最早出现在上杭才溪区，是农村劳动互助的初级形式，苏区农民在个体经济的基础上，为调剂劳动力、恢复农业生产，以自愿、互利原则创办。耕田队的经验得到苏维埃政权高度重视，并在此基础上，指导发展出劳动互助社。劳动互助社在不变更个体所有制的前提下，调整生产关系，一定程度上打破以一家一户为生产单位的界限，对于战争环境劳动力奇缺的苏区恢复和发展农业生产起了重要作用。1933 年底，兴国长冈乡的劳动互助社，"四村每村一个，除红属外凡有劳动力的，十分之八都加入了。全乡社员三百多"。②据不完全统计，1934 年上半年，中央苏区的劳动互助社发展到鼎盛时期。其中，瑞金共有社员 8987 人，兴国县 51715 人，西江县 23774 人，长汀县 6717 人。兴国劳动互助社仅在 1934 年 2～3 月间就调剂了 7681 个人工。③

苏区经济落后，当地农民耕牛奇缺，兴国县永丰区贫农每百户中，"每家一条牛的只有十五家，两家共一牛的四十家，三家共一牛的十家，四家共一牛的五家，无牛的三十家"。④长冈

①　亮平：《目前苏维埃合作运动的状况和我们的任务》，《斗争》第 56 期，1934 年 4 月 21 日。
②　毛泽东：《长冈乡调查》，《毛泽东农村调查文集》，第 309 页。
③　《和兴国比一比》，《红色中华》第 182 期，1934 年 4 月 30 日。
④　毛泽东：《兴国调查》，《毛泽东农村调查文集》，第 221 页。

乡平均百家中有牛 25 头，"全乡四百三十七家，无牛的约一百零九家"。[1] 正是在此背景下，瑞金县石水乡农民首先创办起犁牛合作社，共同集股买牛，合作管理与使用。合作社的所有耕牛归全体社员所共有，社员大会通过规则进行耕牛管理，选举可靠的人负责饲养耕牛并给予适当报酬，如管理不善，可随时召集社员会议，令其赔偿损失。犁牛合作社以最小的成本使农业生产必不可缺的耕牛资源发挥出最大的效用。

中共在农业合作上的努力体现出其认真做事的劲头和卓越的组织能力，这确实是能够发挥其长处的领域。苏维埃时期，政权对社会的组织和控制达到了中国历史上从未有过的程度，大部分的经济活动被纳入到党和政府的指导之中，这使苏维埃具有很强的控制力，对于解决劳动互助、农具和耕牛合作这样的具体问题，应该是举重若轻，为战争资源的汲取也作出了巨大贡献。相对而言，涉及商业经营领域的合作机构，处理起来就不像在农业合作领域那样得心应手。

营业性的合作社，原则上应为自愿组合的经济实体，毛泽东记载的长冈乡合作社运作情况应为其中的范例：

> 村社、乡社时，社员及红属买货，每千文减五十，即百分之五。非社员不减，但照市价实际上便宜些，一串钱货便宜二十文上下，即百分之二……区社去年九月至今年三月（半年），四百多元本钱赚了六百多元，以百分之五十为公积金，百分之十为营业者及管理委员、审查委员的奖励金，百分之十为文化教育费（为俱乐部、学校及红属儿童买纸笔），百分之三十分红。为了增发红利，鼓励社员，临时将教育费取消（以后应该恢复），共分红百分之四十，每人分了一串钱。分红时，清算账目，悬榜公告。[2]

---

① 毛泽东：《长冈乡调查》，《毛泽东农村调查文集》，第 312 页。
② 毛泽东：《长冈乡调查》，《毛泽东农村调查文集》，第 316 页。

遗憾的是，能够达到长冈乡这样运作状态的并不多。在合作社的发展过程中，像苏维埃这样拥有强大控制力且承担着为社会主义准备发展条件责任的政权，面对着商业精神和经营能力均十分缺乏的社会现实，政府推动之手仍然非常明显：

> 有许多合作社向来不举行社员大会，他们未曾以社员为合作社的主体。许多地方合作社的同志都回答我们，认区委区苏是他们的上级机关，因此，像汀州市粮食合作社就根本忘记了自己的社员，合作社的监察委员会竟不由社员所选举，而由风马牛不相关的其它组织（当然在某种意义上），如工会、政府、列宁书局等委派代表来组织。①

政治力的推动的确促进了合作社的发展，表现出高效率的一面，但滋生的问题也不容忽视。按照当时中共领导人的解释，合作社"应该是在经济战线上反对投机商人与富农的剥削，打破敌人封锁的生力军"，② 是阶级斗争在经济战线上的反映。因此，中共对合作社给予了资源和政策上的大力支持，尤其是消费合作社，被赋予"便利工农群众贱价购买日常所用之必需品，以抵制投机商人之操纵"③ 的任务，其结果，在合作社发展较好地区，实际上取代商人成为农村商品供给的主要来源。以兴国为例，1933～1934 年，"全县合作社的营业（包括进出货），十一十二两月为十一万二千元，一二两月为十二万二千元，这就是说，每月平均有三万元以上的商品，是经过了消费合作社的系统，供给兴国群众的消费者"。④ 对于

---

① 寿昌：《关于合作社》，《斗争》第 18 期，1933 年 7 月 15 日。
② 亮平：《目前苏维埃合作运动的状况和我们的任务》，《斗争》第 56 期，1934 年 4 月 21 日。
③ 《中华苏维埃临时中央政府关于合作社暂行组织条例的决议（1932 年 4 月 12 日）》，《革命根据地经济史料选编》（上），第 87 页。
④ 亮平：《目前苏维埃合作运动的状况和我们的任务》，《斗争》第 56 期，1934 年 4 月 21 日。

当时只剩 17 万人口的兴国而言，每月 3 万元的商品供应，全年即为 36 万元，合作社人均供应两元多商品。根据 1930 年代的调查，江西新淦谦益村 870 余人，每年的农业用品和生活用品购买总量为 3200 余元，[①] 约每人均摊 3.68 元。考虑到谦益村地处平原，未受到战争严重影响，生活相对安定，基数要高一些，兴国两元多的商品供应意味着合作社几乎已经包揽了该县的商品供应。[②] 事实上，毛泽东在上杭才溪乡的调查就发现，这里"卖'外货'的私人商店，除一家江西人开的药店外，全区绝迹（逐渐削弱至此），只圩日有个把子私人卖盐的，但土产如豆腐等，私人卖的还有"。[③] 所以，正如当时报告所指出的，中央苏区的合作社"极大多数不是发展苏区经济，便利工农群众，而是一部分群众集股的商店，大多数是政府没收的店子或出资办的。实际上都是垄断市场图谋赚钱，根本违犯了合作社组织的原则与作用"。[④]

合作社在商品流通中的控制地位，固然达到了打击所谓投机商人赚取利润，保护资源不使外流的目的，但当合作社取得垄断地位后，一个没有竞争的市场使得合作社掌握着绝对的定价权，其追逐利润的投机程度甚至超过原来的商人。当时的文章披露："全总的合作社，以二角钱的股本在半年余得三倍的利润，瑞金县总社以一万元资本在三月内获利五千元，兴国合作社每月能获利五千元以上。"[⑤] 兴国上社区合作社从 1932 年 9 月至 1933 年 3 月半年时间内，四百多元本钱赚了六百多元。[⑥] 这样惊人的盈余是一般的商业

---

① 《视察丰城清江新淦三县报告书》，《军政旬刊》第 5 期，1933 年 11 月 30 日。

② 当时，中央苏区农村主要的生活消费是盐、布匹及少量日用品，像猪肉、鸡鸭、食用油、茶叶等一般都是自给或小范围的圩场流通，人均消费大概也就在一元左右。相对而言，生产用品需求稍高一些。

③ 毛泽东：《才溪乡调查》，《毛泽东农村调查文集》，第 346 页。

④ 《江西省第一次工农兵苏维埃大会——财政与经济问题的决议案》，《中央革命根据地工商税收史料选编》，第 86 页。

⑤ 亮平：《目前苏维埃合作运动的状况和我们的任务》，《斗争》第 56 期，1934 年 4 月 21 日。

⑥ 毛泽东：《长冈乡调查》，《毛泽东农村调查文集》，第 316 页。

利润不可想象的。当时《斗争》发表的文章批评："合作社的商品价格，常时随商人价格而高低，而且有些合作社，竟把价格规定得与市上相差无几，甚至相等。"① 如果仅仅只是这样的话，无法解释合作社如何能够获取这样的暴利，在一般商业利润难以超过10%情况下，即使其商品流通十分畅捷，也难以想象半年可以获得三倍的利润。有理由认为，合作社在某些货品上利用其垄断地位获取了超额利益。

垄断获取的超额利润，在监督机制不健全的背景下，极易带来贪污浪费，这就是当时文件所反映的："合作社的组织，多半是由党与苏维埃、群众团体的负责人所创办、所主持的；合作社的营业，不是为了适应社员的要求，而是为了赚钱。特别是一些工作人员，借着合作社机关的招牌，大做投机生意，垄断市场，贩卖谷盐进出口，就成为整个合作社的主要营业。"② 政治力量的过度介入，使有些地区合作社变成了政府机关的私产，为干部上下其手提供了空间。当时材料披露了一批贪污浪费实例：博生县合作总社，"有严重的贪污。主要的是营业部长罗科培，在旧年11月至2月12日止查日记簿，总数上少收九十六元八角七分，帐目计角改元贪污一百四十六元八角三分。在杂用上付出二十八元，作伙食报销，总计贪污三百余元"。③ 西江砂星区高屋乡合作社"赊欠、挪扯得一塌糊涂"。④ 赣县青溪、山溪两区合作社更加荒唐，他们"觉得做生意赚钱难得费，于是装运谷子出口，不购买半点群众需要的日常货物，就完全买现洋拿回来做钱生意，他们将现洋做四吊八百文或五吊钱来收买苏维埃国币"，⑤ 干起了倒卖货币的勾当。亏损现象在

① 亮平：《目前苏维埃合作运动的状况和我们的任务》，《斗争》第56期，1934年4月21日。
② 项英：《于都检举的情形和经过》，《红色中华》第168期，1934年3月29日。
③ 《轻骑队的活动在博生》，《青年实话》第3卷第19号，1934年4月15日。
④ 《挪扯合作社俱乐部公款》，《红色中华》第142期，1934年1月10日。
⑤ 《破坏国币的合作社》，《红色中华》第131期，1933年12月2日。

合作社中也十分普遍，由于贪污和经营的问题，"踏迳区落村乡的消费合作社，以前有五千毛小洋资本的，现在亏得只剩一千多毛，沙心区的消费合作社，以前有四千毛资本，现在也蚀去一半以上，樟脑合作社的一百余元资本完全蚀光"。[1] 正因不少合作社难以取信于民，当时苏维埃政府在发动群众加入合作社时会这样告诉民众："加入合作社的好处是很多的，你们不要怕经手人作弊，我们可以在社员中选举三个最公直而且非常精细的人来组织审查委员会，专门监督与检查管理委员会的工作。如果有贪污弄弊事情，可以报告苏维埃政府追缴并惩办他。"[2] 侧面反映出民众对合作社公正性的疑虑。由于合作社存在的如上问题，其兴衰趋势大致如下所述：

> 合作社开始的时候，并没有广泛的宣传工作，多半是由几个负责人发起，但群众的加入难保没有一部分勉强（或因沿户收费，或因买不到盐，作些希望）；但每一个合作社开办以后对群众的需要品确有相当的调解作用，比一般商店价较为低廉（但有时又较贵），但不到一季，就本干利空而塌台。主要原因，就是合作社开设于某处成了那个地方党与苏维埃负责人的赊拿所，每次货来了，一般的现象是党和苏维埃负责人先得到东西，有些加入了合作社的群众买不到东西，甚至丢却工夫连跑几天仍买不到东西……这就是合作社一般的现象，也就是一般的结果。[3]

中央苏区在经济力的组织上，有成功的经验，也存在许多有待

① 亮平：《经济建设的初步总结》，《斗争》第 29 期，1933 年 10 月 7 日。
② 《想激进改善自己的生活，只有迅速加入消费合作社》，《湘鄂赣革命根据地文献资料》第 2 辑，第 247 页。
③ 《关于湘鄂西具体情形的报告（1932 年 12 月）》，《湘鄂西苏区革命历史文件汇集》第 1 册，第 285 页。

进一步探索和解决的问题，面对当时资源有限的客观现实，中共的
努力极大地发挥了社会经济的潜力，初步显现出中共处理社会经济
问题的理念和能力，但由于中央苏区本身资源的限制、国民党方面
的封锁压迫，长期战争的巨大消耗及中共在经济建设过程中显现的
某些弱点，使其终究无法支持持久战争的消耗。作为中共的首次建
政尝试，在经验有待丰富尤其是战争状态的背景下，遭遇挑战实属
正常，其中的某些问题，事实上在中共日后长期的革命乃至执政道
路上，仍然是有待深入认识和克服的难题。

3. 财政紧张下的民众负担

资源匮乏给经济建设带来巨大难题同时，更造成财政严重紧
张。苏维埃初期，在苏区内乃至赤白边境地区打土豪，既是红军的
政治任务，也为中共解决财政问题提供了便捷渠道，红军常有
"筹款部队专门负筹款责任"。[①] 经由此，中央苏区财政状况一度相
当不错，甚至可以给上海的中共中央提供财政支持。1931 年 2 月，
共产国际远东局的报告谈到中共情况时说："工作将会进行得更快
些，因为现在有钱。中央从毛泽东那里得到了价值约 10 万墨西哥
元的黄金，从贺龙那里得到了 1.5 万墨西哥元的黄金。"[②] 1932 年
1 月，赣东北苏区在自身财政已遇到困难时，仍响应中共中央"各
苏区要将筹款帮助中央作为目前战斗任务之一"的指示，先后给
中共中央送去纯金条 350 两。[③] 不过，这种非常态的收入毕竟不具
可持续性，虽然打土豪一直是苏区收入中的重要部分，1934 年江

---

① 《江西省苏扩大的第二次全体执委会——关于财政问题决议案》，《中央革命根
据地工商税收史料选编》，第 186 页。
② 《共产国际执行委员会远东局给共产国际的信》，《共产国际、联共（布）与中
国革命档案资料丛书》第 10 册，第 143 页。
③ 《中共赣东北省委关于财政问题向中央的报告（1932 年 1 月）》，《闽浙皖赣革
命根据地》（上），第 408 页。

西省苏维埃还报告："今年一月份以来，四十天内，全中央区筹款二十五万元。"① 但由于国民党军的封锁和压迫，打土豪越来越困难，其在苏区财政中比重呈明显的下降趋势。

在红军壮大时期，攻打财富集中的城市是苏区缓解财政困难的重要手段。1932 年 5 月，周恩来等在解释攻打漳州的行动时谈道：

> 由于缺乏资金，我们又决定扩大北部的苏区。但资金还是不够。我们又改变了先前的决定，决定派一个军团去福建，以解决资金问题。
>
> 在朋外的第 3 军团始终未能解决资金问题，因此……开始向漳州进攻。在漳州募集资金后，我军准备回过头来进攻广东来犯福建和江西之敌。②

李德在 1933 年初的报告中则提到红军攻打城市，"直到商品和钱款被运出"。他解释道："中央军团甚至得到中央苏维埃政府的专门指示，进行这种实际上的游击行动。面对我们苏区经济基础的局限和敌人的严密封锁，这常常是获取以后进行战争所需物资的唯一出路。"③ 然而，随着国民党军战线紧密，实力厚增，这一方法到苏区时代后期事实上不再可行。

通过打击对立面以得到财政支持做法难以为继后，为保持政权的顺利运转，财政对民众的依赖不得不日渐增强。1932 年，可以获得较为确切资料的几个苏区县的征税状况是：永丰 9 个区

---

① 《江西省苏扩大的第二次全体执委会——关于财政问题决议案》，《中央革命根据地工商税收史料选编》，第 186 页。
② 《周恩来、王稼祥、任弼时和朱德给中共中央的电报（1932 年 5 月 3 日）》，《共产国际、联共（布）与中国革命档案资料丛书》第 13 册，第 147 页。
③ 《布劳恩关于中央苏区军事形势的书面报告（1933 年 3 月 5 日）》，《共产国际、联共（布）与中国革命档案资料丛书》第 13 册，第 337 页。

102711 人规定的土地税为 46396 元,[①] 人均 0.452 元。于都全县土地税额为人均 77000 多元,[②] 该县当时人口约数 19.1 万,人均 0.403 元。胜利县人口 15.33 余万,胜利县土地税到当年 12 月已收款 42416 元,未收款 11233 元,另收税谷 1300 多担,[③] 以每担谷 5 元计,谷价 6500 元,总计该县税额为 60149 元,人均 0.392 元。会昌 1932 年 12 月收到当年土地税 57691 元,占十分之六强。[④] 以此计算当年该县土地税额应为 95000 元左右,除以该县 215000 余的人口数,人均 0.442 元。从这几个有相对确切数据的县份看,1932 年苏区土地税额大致为人均 0.4 ~ 0.45 元。和苏区之外国民政府控制区域比,单纯从田赋看,苏区征收比例并不低,不过,苏区在土地税之外,其他负担较轻,1933 年,建宁每月收取营业税、烟酒屠宰税、进出口税共计 800 元,租款 480 元,以年计共 15360 元,[⑤] 按建宁 5 万人左右人口推算,人均合 0.3 元。两者相加,就是苏区人民的所有常规负担,由于无须承担各种各样的地方附加和摊派,从总量上看,和国民政府区域人均 1 元以上的税赋负担比,苏区人民负担有较大减轻。

　　然而,随着军事紧张、资源消耗加剧,苏区人民在资源紧缺背景下,为支持战争、维护苏区不得不承受更大压力,付出巨大牺牲。这一局面的出现不应简单视作政策错误,而是客观环境使然。

---

① 《中共永丰县委两个月（十月二十日至十二月二十日）冲锋工作报告》,《江西革命历史文件汇集（1932 年）》（二）,第 455 ~ 457 页。该书中对人口及税额总数计算有误,笔者根据其提供的基础数字进行了重新计算,同时由于八都区未提供税额,计算中剔除了八都人口。

② 《中共于都中心县委两个月冲锋工作报告（十月二十日到十二月二十日）》,《江西革命历史文件汇集（1932 年）》（二）,第 482 页。

③ 《中共胜利县委两个月冲锋工作报告（十月二十日到十二月二十日）》,《江西革命历史文件汇集（1932 年）》（二）,第 473 ~ 474 页。原统计计算有误,笔者根据基础数字进行了重新计算。

④ 《中共会昌县委两个月（十月二十日到十二月二十日）冲锋工作总报告》,《江西革命历史文件汇集（1932 年）》（二）,第 428 页。

⑤ 《闽赣省财政部七、八、九三个月工作和八、九、十、十一、十二、一、二七个月筹款计划》,《闽赣苏区文件资料选编》,第 58 ~ 59 页。

1932 年 6 月、10 月和 1933 年 7 月，由于财政紧张，苏维埃中央政府先后三次发行公债 60 万、120 万、300 万元。第一期公债大都用抵交土地税方式陆续归还，第二、第三期则基本成为无偿的贡献。如果把 1933 年发行的 300 万元公债平摊到苏区约 300 万人口中，人均负担将有成倍的增加。1934 年苏区政权借谷近百万担，每担以价值 5 元算，总值近 500 万元，而此时中央苏区人口已下降到 200 万人左右，人均实际担负两元多，加上其他支出，苏区民众人均负担已超过 3 元。

另外，苏区民众常常自发或有组织地慰劳军队。湘赣苏区 1933 年慰劳军队的主要物品包括：鞋 15550 余双，棉衣 798 件，草鞋 28911 双，米 1294 石，各种菜品 15 万多斤，猪肉 4544 斤。[①] 宁都 1932 年 7~9 月慰劳红军物品包括各种鞋 11081 双，猪肉 183 斤，鸡鸭 35 只，蛋 82 斤，鱼 28 斤，果饼 18 担，花生 15 担，蔬菜 40 担。其他还有水果、牙粉、牙刷、纸烟、银洋等。[②] 胜利县 1932 年 8 月的慰劳品是：布草鞋 3200 双，布套鞋 920 双，头牲 143 斤，鸡蛋 5730 个，生猪 5 只，牙粉 103 包，糕饼 557 付，梨子四担等。[③] 这些慰劳品由于不是定期定量供应，所以难以得出一个具体的供应数据，但长年累月算起来，也是一笔不小的开支。而且，随着战争日益紧张和兵员的不断扩大，这样的支出还呈日渐增多的趋势。

客观而言，对于局限固有地区的中央苏区而言，要维持政权的运转和保卫苏区，财政压力不断加重是一个难以避免的结局，解决这一问题，很难有其他的疏浚渠道，只有依赖群众的帮助，而这必

---

① 赵可师：《赣西收复区各县考察记》（四），《江西教育旬刊》第 10 卷第 8 期，1934 年 8 月 11 日。

② 《中共宁都县委七八九三个月工作报告》，《江西革命历史文件汇集（1932 年）》（二），第 127~129 页。

③ 《中共胜利县委工作报告》，《江西革命历史文件汇集（1932 年）》（二），第 190~191 页。

然会加重群众的负担，并反映到群众的情绪中。虽然大部分群众表
现出全力支持中共的热情，但现实的困难仍然使很多人有心无力。
1933 年中央苏区的财税收入状况就不理想，江西省苏 1934 年 3 月
的决议中谈道："去年税收及各种财政收入不能达到如中央财政计
划所规定，是革命中重大的损失。"① 安远县龙布区苏的会议记录
显示，这里的土地税征收遇到困难。1933 年 3 月，该区就要求各
乡应把上一年的各种税收在当月 23 日前收清，但这一要求显然没
有实现。4 月 20 日的区苏会议又规定"土地税按期本月底完全收
清"。从 6 月 10 日该区会议记录看，这一规定仍然没有完成，因为
会上再次要求"去年土地税和二期公债票限五天内一律收清算
明"。② 苏区中心地区的瑞金沿江区群众也对缴税抵触，抱怨"旧
年缴都不要这样重"，"四乡的党团和代表都带群众到区委区苏要
求减少"。③

　　战争紧张是造成苏区财政困难的最直接原因，同时，就赣南、
闽西这样一个狭小且资源有限地区而言，承担起拥有十多万军队及
庞大机关人员的国家机器，实在也是勉为其难。苏维埃组织严密，
对基层的控制力达到中国历史上前所未有的高度，与此同时，各级
机关十分庞大，对资源的消耗巨大。1931 年 11 月苏维埃临时中央
执行委员会第一次全体会议通过《地方苏维埃暂行组织条例》规
定，每乡苏维埃政府脱产人员 3 人，城市（县苏所在地）苏维埃
19 人，区苏维埃 19 人，县苏维埃 25 人，省苏维埃 90 人，但在实
际执行中，一般都会突破此一标准。江西省苏 1934 年 3 月公布的
各级财政部门人员组成是：省财政部 24 人，县财政部 13 ~ 16 人，

① 《江西省苏扩大的第二次全体执委会——关于财政问题决议案》，《中央革命根
　　据地工商税收史料选编》，第 185 页。
② 《安远县龙布区苏主席团会议记录》，《江西革命历史文件汇集（1933 ~ 1934
　　年)》，第 53 ~ 68 页。
③ 《中共瑞金县委九月份工作综合报告》，《江西革命历史文件汇集（1932 年)》
　　（二），第 167 页。

区财政部 6～8 人，仅县一级财政部门人数就达到规定的县苏总人数一半以上。而且，江西省财政部门还设立了 11 个关税征收点，每个点都有工作人员 9 人，检查队一班 8～24 人。① 总计起来，财政部门的编制数远远高于临时中央政府规定的统一标准，而其实际人数又要突破编制数，当时在财政部门工作的干部回忆："1933年，我调县财政部当副部长，县财政部有三十多个人，有正副部长、文书，还有会计科（会计七、八个人），税务科（七、八个人），国产管理科（二人），还有伙夫等。"② 县财政部门实际人数已高于整个县苏的规定编制。

财政部门只是整个庞大机构的一个缩影。1933 年 10 月，瑞金县苏维埃工作人员达到 302 人，远远超过编制规定的 25 人。区苏维埃一般达到 40～60 人，以瑞金 18 区计算，取其平均值即可达900 人。加上乡苏维埃人员，瑞金政府工作人员总数应在 1500 人以上。③ 瑞金人口 20 余万，约相当于苏区总人口的 1/14，以此推算，苏区县级及其以下政府机关人员可达 6 万人。加上其他各级机关，干部数量应是一个相当庞大的数字，1934 年 3 月《红色中华》曾刊文号召展开节省运动，其中说道："政府工作人员每人每日照规定食米量节省二两，以八万人计，每月可节省谷子四千五百石。"④ 这里提到的 8 万人，应是苏区中央对干部数量的概略估计，有相当的可信性。

苏维埃群众组织众多，一些群众组织也有固定编制。如江西省工联会和雇工会固定编制有 15 人，每月经费 165 元。⑤ 湘鄂赣省

---

① 《江西省苏扩大的第二次全体执委会关于财政问题决议案》，《中央革命根据地工商税收史料选编》，第 188～189 页。
② 《宁都县苏区征收屠宰税、房租税情况——访问彭世鹤记录》，《中央革命根据地工商税收史料选编》，第 292 页。
③ 《介绍瑞京裁减间员节省经费的经验》，《红色中华》第 169 期，1934 年 3 月 31 日。
④ 《为四个月节省八十万元而斗争》，《红色中华》第 161 期，1934 年 3 月 13 日。
⑤ 《江西省职工联合会通告（第二号）》，《江西革命历史文件汇集（1932 年）》（一），第 2 页。

苏、省委各机关总人数甚至高达 3300 余人。① 所以，当时这样的情况并非个别：安远县天心区第四乡"全乡的少先队、儿童团以及什么妇女队等等共四十多人在政府吃饭，弄得该政府忙个不开的办饭主义"。② 同时，各级机关还有一些具体办事人员，如乡级可设伙夫、交通，区、县更多，这些人的津贴并不低于负责人员。虽然总体看，各级机关人员只给不多的津贴，但由于基数庞大，仍是一笔不小的数目。除机关人员外，红军、游击队和一般工作人员也占有相当大的数量，永丰只有十万苏区人口，其脱离生产的地方部队（包括独立团、游击队、模范团、县警卫连）就达 933 人。③

　　庞大的工作人员队伍，使脱产人员比例空前提高。根据毛泽东对长冈乡、才溪乡的调查，长冈乡全乡 1785 人，调县以上工作人员 34 人，如果加上区、乡工作人员，干部人数超过人口比例的 2%。出外工作人员一共有 94 人，参加红军和游击队者 226 人，总计出外 320 人，占人口总数的 17.9%。才溪乡全乡 4928 人，调外工作的 186 人，加上参加红军者共 1040 人，占人口总数的 21.2%。④ 这样的比例不仅出现在这两个先进区，其他区也大体和其相当。上杭通贤区通贤乡实有劳动力为 41 人，出外工作人员达到 62 人，参加红军、做长期夫子和赤少队、模范营者 103 人，后两者远远多于留在农村的劳动力。⑤ 第五次反"围剿"时，中央苏区脱产、半脱产人员总数达到三四十万人，平均每 8 个人就要负担一个脱产、半脱产人员，民众的负担对象大大增加。张闻天曾经谈

---

① 陈小鹏：《赣西北匪情实况及进剿意见书》，《湘鄂赣革命根据地财政经济史料摘编》（下），湖南人民出版社，1989，第 855 页。

② 翰文：《天心区与各乡苏维埃主席联席会议的经过》，《武库》第 10 期，1932 年 2 月 6 日。

③ 《中共永丰县委两个月（十月二十日至十二月二十日）冲锋工作报告》，《江西革命历史文件汇集（1932 年）》（二），第 452 页。

④ 毛泽东：《长冈乡调查》、《才溪乡调查》，《毛泽东农村调查文集》，第 288、342 页。

⑤ 《各乡劳动出入表（1934 年 5 月 27 日）》，福建省档案馆藏档 435001 - 91 - 2 - 302。

道："常常有这样的同志说，为了中国革命的胜利，农民是不能不牺牲一点的。"① 虽然他批评了上述说法，但这种说法相当程度反映着当时的现实。

沉重的负担加剧了苏区财政入不敷出的局面。赣东北苏区1930年11月至1931年3月收入总数不过75000元，但每月支出达7万~8万元；1931年总亏空大洋66511元、金子1205两，② 严重入不敷出。紧邻中央苏区的湘赣苏区1932年9月至1933年8月底一年的收支账是：大宗收入包括土地税58740元，造币厂盈利50207元，金矿局盈利2426元，营业税20707元，纸业合作社798元，罚没款2855元，豪款10768元，杂收786元，富农捐款5977元，各县缴款7688元，加上其他收入总计161939元。支出包括行政费22227元，帮助各县经费2856元，军费191783元，司法费268元，保卫费13112元，教育费275元，津贴费29249元，国营支出845元，临时费357元，加上其他支出共252612元。③ 收支相抵，赤字达9万余元。中央苏区由于机构庞大，军力较强，费用消耗更大。曾任中革军委总动员武装部部长的杨岳彬在投降国民党后谈到1933年度中央苏区的经费使用情况："截至去年十二月止，每月军事用费（包括匪军伙食及购买药材等）达四十万元以上，各级伪政府经费约十余万元。"④ 杨还没有提到各级党组织的费用。以此推算，1933年苏区维持运转的费用达600万元以上。与此同时，收入状况却不容乐观，早在1930年闽西就出现亏空，该年4~10月收入142000余元，支出182000余元，入不敷出4万元。⑤

---

① 张闻天：《苏维埃政权下的阶级斗争》，《斗争》第15期，1933年6月15日。
② 《中共赣东北省委关于财政问题向中央的报告（1932年1月）》，《闽浙皖赣革命根据地》（上），第406~407页。
③ 赵可师：《赣西收复区各县考察记》（四），《江西教育旬刊》第10卷第8期，1934年8月11日。
④ 《匪情实录》，赣粤闽湘鄂剿匪军东路总司令部：《东路月刊》第3、4期合刊。
⑤ 《中共闽西特委报告第一号，1930年11月》，《福建革命历史文件汇集》甲8册，第214页。

1932 年中央苏区征收的土地税在 73.4 万元以上。1933 年土地税为粮食征收，计 22.5 万担，按照政府指定粮价 5 元计算，换算成现金是 112.5 万元。即使按照市场价格翻番计算，也只有 200 多万元。维持苏区运转主要必须依靠打土豪及其他非常规收入，同时发行公债弥补亏空。

在中央苏区遭遇财政困难时，苏俄方面曾力图提供支持。中国革命在共产国际和苏俄心目中具有十分重要的地位，看一看 1928 年共产国际的有关电文，就可以对这一点有清楚的了解。下面是 1928 年苏俄援助东亚各国的资金清单：

> 拨给中国共产党第二季度（4 月、5 月和 6 月）每月 12820 美元。
>
> 拨给日本人共产党每月 1025 美元。
>
> 可以拨给朝鲜人每月 256 美元作为日常开支。
>
> 拨给中国共青团 1928 年上半年 7692 美元；可以在这个数目范围内拨给他们。
>
> 拨给日本共青团 1928 年上半年 512 美元。可以在这个数目范围内拨给他们。
>
> 拨给朝鲜共青团 1928 年上半年 460 美元。可以在这个数目范围内拨给他们。[①]

苏俄给中共党人的援助要远远高于日本和朝鲜，这当然是由于中国革命运动开展的程度所决定的，中国是苏俄在东方推动革命的主要期待。在中国革命遭遇困难时，为支持中央苏区的反"围剿"战争，苏俄更是殚精竭虑。1933 年 10 月，共产国际致电中共上海中央局，询问："请弄清楚并尽快告知，能否购买几架飞机，特别

[①] 《皮亚特尼茨基给阿尔布列赫特的信（1928 年 4 月 3 日）》，《共产国际、联共（布）与中国革命档案资料丛书》第 7 册，第 395 页。

是歼击机。有否希望委托可靠的飞行员把这些飞机从空中提供给苏区？"同时要求上海中央局尽力为中央苏区购买药品和防毒面具，强调："为达到这些目的，我们可以拨出专项经费。"① 10 月底，由于中共方面与十九路军接触，十九路军答应居间为中共购买武器弹药，共产国际驻华代表致电国际方面，告其"紧急寄出 5 万元，有购买弹药的可能性"；随后又告以："购买药品，先急需 3 万元。"②

苏俄和共产国际资助中共的经费，从共产国际代表报告中可见一斑。1933 年 8、9 月份，国际驻华代表埃韦特经手转交中共的经费包括：24.56 万法郎、6.16 万美元、101452 墨西哥元、5000 瑞士法郎、1864 荷兰盾。③ 这应该是一个相当庞大的数目。1933 年 11 月，埃韦特报告其收到的一笔款项甚至达到"300 万墨西哥元"。④ 由于此前共产国际驻华代表和中共上海中央局常常向国际叫穷，并声称："你们寄来的款项，很大比例被我们花掉了。"国际方面也得到消息："由于无法转给苏区，斯拉文（李竹声——引注）那里存了很多钱。在上海，钱转来转去保存。"⑤ 共产国际希望好钢用在刀刃上，督促上海方面尽力利用钱款为中央苏区提供帮助。1934 年 5 月，共产国际致电中共中央上海局负责人李竹声：

① 《共产国际执行委员会东方书记处给李竹声的电报（1933 年 10 月 12 日）》，《共产国际、联共（布）与中国革命档案资料丛书》第 13 册，第 545 页。
② 《格伯特给皮亚特尼茨基的电报（1933 年 10 月 30 日）》、《埃韦特给共产国际执行委员会东方书记处的电报（1933 年 11 月 10 日）》，《共产国际、联共（布）与中国革命档案资料丛书》第 13 册，第 581、617 页。
③ 《格伯特给共产国际执行委员会国际联络部的电报（1934 年 1 月 25 日）》，《共产国际、联共（布）与中国革命档案资料丛书》第 14 册，第 27 页。当时货币含金量为：1934 年 1 月美元贬值前 1.50466 克，贬值后 0.888671 克；法郎 0.05895 克；瑞士法郎 0.2032258 克；荷兰盾 0.334987 克（1946 年）。墨西哥元当为 20 世纪初在中国流行的墨西哥鹰洋，比中国银圆价值略高。
④ 《埃韦特给皮亚特尼茨基的电报（1933 年 11 月 14 日）》，《共产国际、联共（布）与中国革命档案资料丛书》第 13 册，第 618 页。
⑤ 《埃韦特给皮亚特尼茨基的信》、《皮亚特尼茨基给埃韦特的电报（1934 年 4 月 26 日）》，《共产国际、联共（布）与中国革命档案资料丛书》第 13 册，第 470 页；第 14 册，第 118 页。

　　通过您收到了来自江西中央关于购买药品、食盐和用于生产子弹的原料的电报。您给他们转寄了我们寄去的用于采购的所有款项吗？如果没有，请马上告知还有多少钱。每月您能无特别风险地给中央转寄出多少。为了利用采购和向江西提供物资的机会，需要在南方，可能的话在澳门设点，并从那里经福建港口建立特殊的联系路线……应该成立一个公司，从事贩卖四川鸦片生意和从四川向江西盗卖白银。这样我们就可以为购买江西红军所必需的东西提供极重要的资金援助。①

　　6 月，共产国际直接致电中共中央，指示："请从苏区和从上海经意大利公司和其它外国公司或者军阀代表处寻找联络途径，以便通过最经济和最可靠的途径购买和提供弹药。你们能否为此建立自己的隐蔽的中介公司？请尝试通过这些公司出售四川红军有的商品，为中央苏区换取武器。"②

　　中央苏区撤离计划基本确定后，财政需求更加迫切，7 月底，上海方面向共产国际报告："我们又给苏区寄去 5 万墨西哥元。到 9 月中旬还需要寄 40 万墨西哥元，重复一遍，40 万墨西哥元，因为晚些时候，看来几乎没有机会了。"③ 从电报透露的数据看，共产国际的支持确实不是一个小的数量，可要将钱和物资寄达中央苏区并不容易，尤其是后者更难完成。9 月初，共产国际提出"在中国南方的一个港口建立一个为苏区采购和运输武器、弹药和药品的不大而有效的机构"，④ 但由于红军很快撤离，计划根本未及实施。

①　《共产国际执行委员会政治书记处政治委员会给李竹声的电报（1934 年 5 月 26 日）》，《共产国际、联共（布）与中国革命档案资料丛书》第 14 册，第 123 页。

②　《共产国际执行委员会政治书记处政治委员会给中共中央的电报（1934 年 6 月 17 日）》，《共产国际、联共（布）与中国革命档案资料丛书》第 14 册，第 146 页。

③　《中共上海中央局、盛忠亮和格伯特给皮亚特尼茨基的电报（1934 年 7 月 25 日）》，《共产国际、联共（布）与中国革命档案资料丛书》第 14 册，第 171 页。

④　《共产国际执行委员会政治书记处政治委员会给中共中央的电报（1934 年 9 月 4 日）》，《共产国际、联共（布）与中国革命档案资料丛书》第 14 册，第 234 页。

10 月 14 日，当红军已经开始撤离时，王明还在询问"是否还需要在南方建立采购武器的机构？"① 看来，远水终究难救近火，共产国际和苏俄的帮助，在中央苏区，起到的作用终究有限。

4. 查田运动：理念、策略与现实

中共领导的苏维埃革命，以土地革命为重要旗帜，因此，苏维埃革命时期，中共在土地问题上投入了大量的精力，具体政策也历经变更，其基本目标均在使普通农民尽可能多地获得土地，以实践中共抑制剥削的阶级革命理念，巩固中共在农村中的群众基础。1933 年第五次反"围剿"展开前夕，秉持着这一思路，中共再次在苏区农村展开大规模的查田运动。就文本的宣示看，查田运动旨在于革命战争紧张的形势下，在苏区内彻底清查地主、富农隐瞒成分，进一步在苏区执行"地主不分田，富农分坏田"政策，从而深化苏区内部的阶级观念和阶级斗争，纯洁阶级队伍。同时，由于面临国民党军第五次"围剿"，查田运动当然包含着为即将到来的反"围剿"战争凝聚力量的目标，这也应该是中共中央发动这一运动的初衷之一。

1933 年 6 月，苏维埃中央政府发出《关于查田运动的训令》，接着召开中央苏区八县区以上苏维埃负责人查田运动大会，查田运动在中央苏区迅速集中开展。作为一场阶级革命中的阶级运动，对阶级关系作出判断为其题中应有之义。查田运动以清理阶级关系为发动理由，其对苏区农村阶级关系的判断逻辑上必然是紧张和严重的。运动中下发的文件作出结论，指出苏区虽然经过土地革命，仍然存在着地主富农的强大势力，这些势力的具体体现主要是"那些冒称中农贫农分得土地的地主富农分子"，② 需要在运动中加以

---

① 《王明和康生给中共中央的电报（1934 年 10 月 14 日）》，《共产国际、联共（布）与中国革命档案资料丛书》第 14 册，第 278 页。

② 《中央政府通告召集八县区以上苏维埃负责人会议及八县贫农团代表大会》，《红色中华》第 85 期，1933 年 6 月 14 日。

摧毁。毛泽东也强调："查田运动是一个剧烈的残酷的阶级斗争，必须发动最广大群众热烈起来参加斗争形成群众运动，才能保障阶级路线的正确执行，才能达到消灭封建残余势力的目的。一切脱离群众的官僚主义命令主义工作方式，是查田运动最大的敌人。查田运动的群众工作，主要是讲阶级，通过阶级，没收分配，及对工会贫农团的正确领导等。"①

作为运动名义上的领导者，毛泽东这时处境微妙。由于中共中央机关的到来，毛泽东实际已不参加重大事务的决策，他此前的工作也被新的领导层摆在放大镜下加以检验。1933 年初，中共中央机关刚刚到达苏区，就强调要加紧推进查田，为此，1933 年 2 月，苏维埃中央政府要求："田未分好，或分得不好的地方……要马上发动群众，重新分田。"② 同时，土地部组成工作组，开始在瑞金云集区等地开展查田试点。这样的举动，多多少少体现出一种不信任的态度，毛泽东对此自然心知肚明。因此 6 月 1 日毛泽东解释开展查田运动的原因时指出，这是由于苏区内部斗争发展的不平衡，导致一些落后地区"远远落在先进区域之后"，这种地方"占了中央区差不多占百分之八十的面积，群众在二百万以上"。③ 强调先进和落后地区的差异，潜台词是要表明各地存在的问题主要在于执行的偏差。但是苏区中央局次日发布的决议则批评道：

> 党和苏维埃政权过去对于土地问题解决的不正确路线（如"抽多补少，抽肥补瘦"，"小地主的土地不没收"等），在许多区域中，土地问题还没有得到彻底的解决。有些区域中虽然已经分配了土地，但是地主豪绅与富农常常利用各种方法

---

① 毛泽东：《查田运动的群众工作》，《斗争》第 32 期，1933 年 10 月 28 日。
② 《中华苏维埃共和国临时中央政府土地人民委员部训令》，《红色中华》第 52 期，1933 年 2 月 13 日。
③ 毛泽东：《查田运动是广大区域内的中心重大任务》，《论查田运动》，晋察冀中央局翻印，1947，第 4 页。

（或者假装革命混入党苏维埃机关，或者利用氏族的关系和影响，或者隐瞒田地，或者以物质的收买，政治的欺骗，武力的威吓），来阻止雇农贫农的积极性的发展，以便利他们的土地占有，甚至窃取土地革命的果实。[①]

中央局丝毫不留情面，将过去的土地革命路线定性为不正确的路线，这样的批评不可不谓严厉，在初来乍到的中共领导人看来，此前苏区执行的土地政策是所谓"富农路线"，这也成为他们不点名批评毛泽东的重要理由。然而，在1929年共产国际指责中共六大对富农让步后，各苏区基本都执行"地主不分田，富农分坏田"政策，中央苏区也不例外，在这样的原则问题上，当年中共的政治生态下很难会有别的选择。毛泽东之所以遭受批评，关键不在于他对富农的态度，而是源于其对苏区环境下土地革命极有可能触及中农利益的担忧。在查田运动的动员报告中，他明确提到：

联合中农，是土地革命中最中心的策略，中农的向背，关系土地革命的成败。所以要反复向群众说明这个策略，说明侵犯中农利益的绝对不许可的。为了联合中农不侵犯中农利益起见，要提出"富裕中农"来说明它，要着重说明富农与中农交界地方，使富裕中农稳定起来。[②]

毛泽东如此重视中农和富农的界限，煞费苦心地在富农和中农中间提出富裕中农的概念，防止混淆中、富农，应该有他深思熟虑的想法。如前所说，中央苏区土地占有比较分散，阶级分化不甚明显，当中共开展阶级革命时，地主、富农的有限资财往往很难满足

---

① 《中央局关于查田运动的决议（1932年6月2日）》，《中央革命根据地史料选编》（下），第480页。

② 毛泽东：《在八县查田运动大会上的报告》，《论查田运动》，第6页。

普通农民改善生活的愿望，在均平的旗帜下，生活高过平均水平的中农很容易成为平均的对象。数年的土地革命实践证明，当打击地主、富农时，中农是最容易被误伤的对象，而中农作为农村最具实力的一个阶层，对它的错误打击常常牵一发而动全身。

事实上，查田运动推开后，打击中农立即成为现实。查田运动前，经过数年革命的中央苏区对地主、富农的清查是比较彻底的。当时苏区拥有较多土地的地主、富农占总人口数的 7%～8%，查田运动前中央苏区清查出来的地主、富农人口数占到总人口的 7% 左右，① 这一比例和后来得出的全国范围 8% 左右比，尚属正常，考虑到中央苏区地主富农经济不发达，其实这一数字本身或许已不无偏高。在此背景下，中共中央领导人主观认定苏区农村中还存在未发现的大量地主、富农，要求深挖隐藏的地主、富农，各地为完成中央要求不得不尽力寻找靶子，以避免被扣上机会主义、动摇妥协的帽子，这就不可避免地使许多贫中农尤其是中农成为所谓"隐藏的地主、富农分子"。而且查田运动大规模铺开后，相应的阶级划分这样一个十分关键的配套政策却没有跟上。在缺乏具体标准时，普通农民区分成分最直观的感受就是生活水平的高低，这种认识在中共各级干部中间也或多或少存在，因此，农村相对生活较好的中农极易成为打击对象。瑞金踏迳区采取普遍清查的办法，"查得一部分中农恐慌逃跑，躲到山上"。② "有的地方普遍查田，甚至有专门查中农的，说中农中最容易躲藏富农（如会昌的某处），瑞金每个区都发生把中农或富裕中农当富农打的事情……有三个区发生中农上山。"③

---

① 1933 年，会昌全县总人口 206866 人，其中地主、富农人口 13828 人，占总人口近 7%（《会昌查田运动进行情况》，《红色中华》第 106 期，1933 年 8 月 31 日）；胜利县总人口 10 万人左右，地主富农有 1454 家，约合 7000 人左右，也占 7%。参见王观澜《胜利县继续开展查田运动经验》，《斗争》第 61 期，1934 年 5 月 26 日。

② 毛泽东：《查田运动的初步总结》，《斗争》第 24 期，1933 年 8 月 29 日。

③ 《中央关于查田运动的第二次决议》，《中共中央文件选集》第 10 卷，第 337 页。

作为阶级斗争的一个部分，查田运动具有强烈的政治色彩，主观认定以政治正确的姿态强行进入现实，使实际执行者几乎没有讨价还价的余地。在政治正确气氛影响下，很多干部为避免犯错误，主持评定成分时多就高不就低："查田查阶级方式，往往是开大会，提出名单来问群众某人是否地富、某人是否'AB团'，叫群众举手。如果群众不举手，便说群众与反革命或地富妥协，于是群众害怕，只好大家举手。因此群众很怕我们，离开我们。"① 闽西甚至"有因争论阶级而枪毙贫农的事件发生"。② 而贫农为在运动中获取利益，也愿意将生活较好者定高成分，有时，群众的主张甚至会局部主导运动的气氛。

在多种因素共同作用下，各地高定成分现象相当突出，不仅是中农，甚至贫农、工人也被作为打击对象："一人在革命前若干年甚至十几年请过长工的，也把他当作富农"；"把稍为放点债，收点租，而大部分靠出卖劳动力为一家生活来源的工人当地主打"；"建宁的城市、里心、安仁等区，共计中农、贫农被误打成土豪的有五十余家，还有一个工人被打成土豪的"。③ 任职于保卫局的童小鹏回忆，其"家庭出身是贫农，但一九三三年因'左'倾错误政策错打成地主、富农，后虽经纠正，但父兄因流离而死亡"。④ 随意拔高成分的情状，正如于都河丰区委组织部长抱怨的："工作团是私打地主，将来有一碗吃的人都会被打为地主的。"⑤

查田运动开展后的三个月内，中央苏区查出所谓的漏划地主

① 李六如：《谈湘赣苏区土地革命》，《回忆湘赣苏区》，江西人民出版社，1986，第89页。
② 《中共福建省委工作报告大纲（1933年10月26日）》，福建省档案馆、广东省档案馆：《闽粤赣边区革命历史档案汇编》第1辑，档案出版社，1987，第387页。
③ 毛泽东：《查田运动的初步总结》，《斗争》第24期，1933年8月29日；刘少奇：《农业工会十二县查田大会总结》，《斗争》第34期，1933年11月12日；邓式平：《闽赣省查田突击运动的总结》，《红色中华》第181期，1934年4月28日。
④ 童小鹏：《军中日记》，解放军出版社，1986，第219页。
⑤ 项英：《于都检举的情形和经过》，《红色中华》第168期，1934年3月29日。

6988 户、富农 6638 户。其中，瑞金 6～7 月间查出地主 608 户、富农 669 户，收回土地 60591 担。石城共查出地主 94 户、富农 179 户，收回冒充中农、贫农的地主、富农的土地 11200 多亩；查出混进苏维埃政权机关的所谓地主 23 人、富农 31 人、反革命 5 人。① 这些被中共中央领导人作为查田运动的成果，也由此证明查田运动的必要性。但是细细检证这些成果，却未必那么经得起推敲。

根据毛泽东 30 年代初在中央苏区所做多次调查，当时人均拥有 6～10 担谷田仅为够吃的标准，② 实际生活相当于中农的水平。但在查田运动中，人均拥有 9 担田、每年需租进田地耕种的家庭也被定为地主。③ 以 1933 年 7、8、9 三个月中央苏区查出地主 6988 家、富农 6638 家，收回土地 317539 担计，④ 由于实行"地主不分田，富农分坏田"政策，这实际即为新查出地主的全部土地及富农多余土地之和。以两个数字相衡量，考虑到其他因素，这些所谓的地主每家拥有土地 30 余担，人均拥地不足 10 担，仅在温饱线上。同一时期，公略县查出地主 381 家（家庭总人口 1181 人），没收地主土地 5168 担，⑤ 新查出的地主家庭每人平均占地也只有 10 担左右。在这些人中，不乏丧失劳力或因各种原因被迫请人耕种，结果被定为地主者，甚至有红军家属因请人耕种而被定为地主者。福建汀州在查田运动中就有没收"工人、雇农、红军家属

---

① 揭国发、刘化尧：《查田中的斗争》，《石城文史资料》第 4 辑，政协石城文史资料委员会，1991，第 15 页。

② 参见毛泽东《兴国调查》、《木口村调查》等。《木口村调查》所列几位中农均处于这一范围内。（《毛泽东农村调查文集》，第 283～284 页）当时一担田（3～4 担田合一亩）能收谷百斤左右，考虑到家用消耗及留种等因素，800 斤谷为基本的温饱标准。

③ 《中央土地人民委员部 1933 年 7 月 13 日给瑞金黄柏区苏的一封信》，《红色中华》第 95 期，1933 年 7 月 23 日。

④ 毛泽东：《中华苏维埃共和国中央执行委员会与人民委员会对第二次全国苏维埃代表大会的报告》，《中央革命根据地史料选编》（下），第 320 页。

⑤ 《公略查田运动的检阅》，《红色中华》第 125 期，1933 年 11 月 14 日。

财产"① 的情况。有些地区确定成分时，"拿剥削的种数，去分别地主与富农的成份。三种剥削的叫做地主，两种剥削的叫做富农。比如请了长工，收租，又放了债，则不管他家里有几人劳动，总之他就是地主了。"② 湘赣省"有一个贫农，查成分查了人家七代，结果被错划为地主"。③

衡诸常理，以中共强大的组织力，加上武装力量的直接推动和介入，在苏维埃革命展开数年后，苏区仍然会存在相当强大的地主富农势力，多少让人觉得有些不可思议。但对于陆续进入苏区的中共中央领导人而言，这样的判断并不突兀，作为年轻的革命理想主义者，苏区人民的现实状况难以使他们满意。虽然贫苦农民分得了土地，但由于革命、战争、灾害及农村社会客观状况多方面的因素，1930～1932 年，苏区生产出现下降局面，农民贫穷状况未得到根本改变。这显然是相信革命可以立竿见影的理想主义者们难以接受的，因此，认为地主豪绅"窃取土地革命的果实"，就其思考逻辑而言确也顺理成章，而且，解决的办法必然是要加紧对地主、富农的打击，"使得土地革命的利益完全落在雇农贫农中农身上"。④ 值得注意的是，这种判断并不是在查田运动中最后一次出现，抗战胜利后中共重新领导开展土地革命时，在许多地区这样的判断又一次集中显现。查三代、查"封建尾巴"，打击中农，许多现象几乎就是 1930 年代历史的重演，韩丁即认为"可以和三十年代的过火行为相比"，而这又恰恰发生在中共集中批判苏维埃革命时期"左"的错误仅仅数年之后。韩丁以自己在潞城张庄的实际经历生动地描述了这种观念的根源：

---

① 《福建查田的经验与教训》，《红色中华》第 114 期，1933 年 9 月 30 日。
② 毛泽东：《查田运动的初步总结》，《斗争》第 24 期，1933 年 8 月 29 日。
③ 王首道：《回忆湘赣苏区》，《湘赣革命根据地》（下），第 848 页。
④ 《苏区中央局关于查田运动的决议》，《中共中央文件选集》第 9 卷，第 207 页；博古：《为着布尔什维克的春耕而斗争》，《红色中华》第 51 期，1933 年 2 月 10 日。

　　这样的一场运动是以两项假设为前提的。第一、潞城县仍然存在严重的封建剥削；第二、一大部分农民仍然没有翻身。

　　既然绝大多数有钱有势的人家已经丧失了公开的财产和一部分地财，那么第一项假设就难以成立了。然而，乡村里还有数以千计的贫苦农民很缺乏成为独立生产者所必需的生产、生活资料，因此财产没收似乎还不够彻底。实际上，持久难除的贫困成了那两项假设的根据，成了进行一场新斗争的理由。穷人真要翻身吗？就得再多找出一些财产来。①

　　对于事后的观史者而言，注意到查田运动的上述因素，不仅可以发现查田运动本身的复杂性，而且也许可以为认识当年屡屡出现的"左"的错误找到有益的路径。不过当时的中共中央领导人并不可能有这样的反省机会和时间，当问题被抬到阶级对抗的高度时，足以刺激他们绷紧的弦，由于此，查田运动的发起和紧张化几乎是不可避免。即使是熟谙苏区状况并领导过此前土地运动的毛泽东，亲身领导运动之初，虽然以自己对苏区的了解，极力在其中留下余地，但对查田的原则也并没有提出异议。吊诡的是，查田运动是建立在此前革命不彻底的判断基础上，很容易让人联想到是对毛泽东此前主持的土地革命的变相批评，而毛泽东却在名义上担负起领导运动的任务，其中，既有服从组织的因素，也或有判断上的困难，和军事方面的坚持比，显然，涉及这样敏感复杂、一时间难以理清头绪的政治原则问题，毛泽东的态度要谨慎得多。

　　更让我们体会到问题复杂性的还在于，当时中共中央在查田运动中屡屡提到的农村阶级关系尚不分明的说法，其基础虽是出于教条化的理论推导，但在苏区的现实环境中，又不是毫无脉络可寻。在赣南、闽西土地集中程度有限，宗族组织具有强大影响力背景下，公式化的农村阶级分化并不一定是当地农民实际状况

---

　　① 〔美〕韩丁：《翻身》，北京出版社，1980，第146、229 页。

的真实写照，而以这样的观念指导的运动遭遇反激也势所必然。黎川梅源"因系吴氏一姓，血统亲密之故，极能互为维护，毫无幸灾乐祸、趁火打劫心理，复无有广大土地之大地主，以为自相仇杀之导火线"，因此，土地革命展开后，虽然该地也进行土地平分，但具体运作中多有问题。分田时，农民常会用自己的方式阳奉阴违："将能见到者，以插标为记，各分谷田五石，其余陇亩不能见到之者，秘不均分。其已分配者，耕作之后，仍将其所收之谷，按佃户例，送还原主。土匪因此怀疑分配不实，于是一再举行分配，并有所谓查田运动之新花样出现，但举行结果，依旧如故。"① 在赣南、闽西许多地区实际社会状况与此大同小异背景下，这样的现象当非个案。正因如此，在国民党重新占领赣南后，杨永泰注意到：

> 广昌和黎川，都是分过田的。分田的小册子和分田的标帜，统统都有，但是田畦还是维持着原状，并未敢加以破坏。因为人民反对破坏，说是：田畦一经破坏，田里就不能蓄水，没有水就没有办法耕种，共党也无法可施，只好迁就作罢。②

杨的说法从中共自身文件中也可得到证实，中共中央的有关文件谈到相对多的土地拥有者"利用氏族的关系和影响"③ 保存土地的现象；而《红色中华》等舆论机关也披露过诸如石城县苏维埃主席邓海如以地方家族观念庇护同姓同村的地主、富农的事例。④ 这些干部包庇事例的出现，除宗族、地方观念因素外，相当部分地区土地拥有者和其他农民无论在经济、政治还是社会生活上并没有

---

① 《黎川梅源概况》，《汗血月刊》第1卷第4期，1934年4月20日。
② 杨永泰：《革命先革心，变政先变俗》，《新生活周刊》第1卷第15期，1934年8月6日。
③ 《苏区中央局关于查田运动的决议》，《中共中央文件选集》第9册，第207页。
④ 《石城八月份查田总结》，《红色中华》第111期，1933年9月21日。

真正的鸿沟也是一个不容忽视的因素，因此，即使是进入主流阶层的干部，在尚未完全自觉坚持中共阶级分析立场时，其长期耳濡目染的社会现实仍然影响着他们的选择。事实上，在中央苏区的部分地区，土地革命的开展相对顺利，而在另一部分地区，我们可以看到更多的阻力，其中的原因和当地土地状况的差异应不无关系。正是有着上述实例的存在，使中共中央关于查田的判断似乎有了一定的根据，但应该看到，无论是寻求宗族的保护，还是利用权力的遮蔽，地主、富农在革命大潮中寻求生存的方式都已经呈现出明显的弱者特征，保护自己的本能使他们尽一切可能苟延残存，但能够以个体的方式保存下来的仍是少数，更难以对中共革命的成效形成实质性的干扰。查田运动从蛛丝马迹中发现敌人活动的佐证，再把这些细枝末节加以放大，以此为革命的困难寻找到地主、富农破坏的因由，这是符合阶级分析的省事办法，也是多次政治运动的共同逻辑。

其实，查田运动前某些农村土地分配确实存在的问题，和社会生活中无所不在的权力因素也密切相关。江西省委发现，由于在分田中"惯用自上而下的经过红军，经过临时苏维埃政权，限期将田分好的派田方式，因此，不但政府工作人员可以特别分好田多分田，包庇分田，操纵成份的分析等等脱离群众压迫群众的现象在新发展区域发生"。[①] 查田中发现的所谓地主、富农多占现象更多的是和其作为干部及干部家属的身份联系在一起的。

观察查田运动，其阶级革命的性质及背景当然是首要因素，同时，支持苏维埃的财政需要也是运动开展的一个重要诱因。苏区发展早期，中共财政来源多依赖打土豪的收入，随着苏区内部打土豪的结束和苏区外围的相对固定，加上赤白对立影响和国民党方面的封锁，苏区财政供给面临严重困难。而农业收入减产，"农业税短

---

① 《中共江西苏区省委四个月（一月至四月）工作总报告》，《江西革命历史文件汇集（1932 年)》（一），第 149 页。

收很大",① 更加重了财政负担。查田运动虽然主要是一场政治运动，但其表现形式却是经济的，其中确也不难看到经济方面的考虑。运动中特别重视对被定为地主、富农者的财物没收，在 6 月召开的八县区以上苏维埃负责人查田运动大会上，明确要求 7~9 月应没收地主现款、富农捐款 80 万元，并出售 300 万元的经济建设公债。运动开展期间，临时中央政府财政和土地部门鉴于"现在红军需款很多，而各地筹款又不甚得力",② 又要求各地应在运动中加紧对财物的没收、统一管理和上交。更值得注意的是，几乎与查田运动开展同时，苏区中央决定设立没收征发委员会，"专门负责管理地主罚款，富农捐款及归公没收物品等。红军初到城市向商人筹款时，也由没委会负责进行"。③ 没收征发委员会分三个系统组织，分别为地方财政机关系统、红军政治部系统、军区及地方武装系统。委员会在地方省、县、区均设常驻工作人员，乡委员不脱离生产，但至少须有三个人负专责，不能任其他职务。没收征发委员会"到了查田、查阶级运动得到了彻底胜利，该地方已无地主罚款、富农捐款收入"④ 时，可以呈报撤销，可见该委员会实际是配合查田运动设置的专门筹款机关，查田的经济目标于此可见一斑。

查田运动开始后的 7、8、9 三个月，仅博生、乐安、石城、胜利四县，就利用没收财物和强制捐款"筹到了十八万元",⑤ 整个

① 《江西省各县及中心区财长联席会议（1933 年 10 月）》，陈诚档案缩微胶卷 008·661/6421/0240，中国社会科学院近代史研究所藏。

② 《中央财政、土地部为筹款问题给乡主席、贫农团的一封信（1933 年 9 月 19 日）》，陈诚档案缩微胶卷 008·663/8847/023，中国社会科学院近代史研究所藏。

③ 《中央财政人民委员部没收征发委员会组织与工作纲要（1933 年 7 月 10 日）》，《革命根据地经济史料选编》（上），江西人民出版社，1986，第 451 页。

④ 《中央财政人民委员部没收征发委员会组织与工作纲要（1933 年 7 月 10 日）》，《革命根据地经济史料选编》（上），第 451 页。

⑤ 《江西省各县及中心区财长联席会议（1933 年 10 月）》，陈诚档案缩微胶卷 008·661/6421/0240，中国社会科学院近代史研究所藏。

中央苏区共完成 606916 元。① 而 1932 年苏维埃辖下的江西全省农业税收入只有 55 万元，"其中人口最多土地最多的博生县只收到八万三千元，石城全县只收二万七千元，广昌全县只收到一万五千元"，② 几个月的罚款收入几乎等于一年的农业税收入，其在支持苏维埃财政上的短期功效不可小视。福建方面收入虽比不上江西，但成绩也相当不错，福建省委报告："省苏在纠正了非阶级路线的财政政策以后，在短时期内，在查田运动的初步开展中，罚款与筹款已达到十二万余元。"③ 而 1932 年福建的农业税收入是 15 万元。新成立的闽赣省因为处于新区、边区，可打击对象较多，被寄予的筹款希望更大，该省计划在 1933 年 7 月至次年 2 月通过查田向土豪筹款 662000 元，富农捐款 208000 元，④ 虽然由于数额过大，这一计划难以完成，但查田运动现实的筹款需求在此仍体现得非常明显。在战争环境下，这样非常规的筹款方式较之正规的财政制度便捷得多。考虑到当时巨大战争迫近，支撑战争经费难以为继，中共中央寄希望于此有其不得已而为之的可理解之处，但在稳固的苏区范围内，采用这种方式仍不免有饮鸩止渴之嫌。

对于查田运动广泛展开后暴露的问题，中共中央和毛泽东都很快有所意识。1933 年底，毛泽东主持开展纠偏，一定程度上抑制了运动过火的局面。胜利县纠正了 1512 家错划地主、富农，而该县地主、富农总计家数为 2124 家，⑤ 可见错划面之广。但纠偏和当时中共中央总体思路相背离，很快被作为右倾受到批判。毛泽东

① 《中华苏维埃共和国中央执行委员会与人民委员会对第二次全国苏维埃代表大会的报告》，《红色中华》第二次全苏大会特刊第 3 期，1934 年 1 月 26 日。
② 《江西省各县及中心区财长联席会议（1933 年 10 月）》，陈诚档案缩微胶卷 008·661/6421/0240，中国社会科学院近代史研究所藏。
③ 《中共福建省委工作报告大纲（1933 年 10 月 26 日）》，福建省档案馆、广东省档案馆编《闽粤赣边区革命历史档案汇编》第 1 辑，第 385 页。
④ 《闽赣省财政部七、八、九三个月工作和八、九、十、十一、十二、一、二七个月筹款计划》，《闽赣苏区文件资料选编》，第 60~61 页。
⑤ 王观澜：《胜利县继续开展查田运动经验》，《斗争》第 64 期，1934 年 5 月 26 日。

以生产资料占有状况、方式和剥削量区别成分的实事求是主张被讥为"算成分"，而错划成分的不公平现象也被认为"到底是不多的，值不得我们多大的注意"。① 1934 年春，随着反"围剿"军事的日渐紧张，查田运动再次以激烈的形式展开，人民委员会明确指示："在暴动后查田运动前已经决定的地主与富农，不论有任何证据不得翻案。已翻案者作为无效。""必须坚决打击以纠正过去'左'的错误为借口，而停止查田运动的右倾机会主义。"②

显然，在中共中央看来，面对第五次反"围剿"军事不利的局面，农村的阶级关系应该更加紧张，对敌对势力的打击应更加严厉。问题是，经过数年的革命荡涤，苏区内所谓有组织的阶级敌对势力其实已更多存在于他们的想象之中，硬要追索阶级敌人的结果，只能是盲目扩大打击面，使侵害中农和乱划成分变得难以避免，正如张闻天后来所认识的：

> 在查田运动的名义之下，任意没收了地主富农兼商人的店铺与商品，或是把工人当了地主打，但没一个人敢起来纠正，甚至负责的机关也听其自然不去干涉，因为大家怕这种干涉会遭到右倾机会主义头衔与同地主资本家妥协的罪名。③

作为第五次反"围剿"前夕开展的一次社会政治运动，查田运动不失为观察当时中央苏区政治的一个良好切入点，运动的发起方式、组织推进、阶级观点、群众意志、现实功用，都具有明显的苏区政治的烙印，年轻的中共领导群体的思维路向、政治领导方式及其面临的困境，在查田运动中，似乎均可见微知著。

---

① 张闻天：《关于开展查田运动中一个问题的答复》，《红色中华》第 168 期，1934 年 3 月 29 日。
② 《关于继续开展查田运动的问题，人民委员会训令中字第一号》，《红色中华》第 164 期，1934 年 3 月 20 日。
③ 张闻天：《反对小资产阶级的极左主义》，《斗争》第 67 期，1934 年 7 月 10 日。

　　中央苏区是依靠军事力量建立、发展、存在的控制区域，战争的胜败始终是中央苏区兴衰的决定性因素，民众的趋向很难简单和其成败画等号，这中间的影响也无法量化，但一些不利状况的出现，终究有蚁穴溃堤的风险，应该不为任何政治力量所乐见。而就在第五次反"围剿"即将开展的关键时期，中共中央推出查田运动，本意是为反"围剿"扫清障碍、准备资源，结果却自乱阵脚，某种程度上成为寻找和制造敌人的过程，造成苏区群众的普遍恐慌，损害中共与群众间关系。红军离开后到苏区调查的学者们观察到："查田运动开始以后，在国军第五次围剿中，匪区农民逃投国军者日多，匪兵投诚者日众。"① 事实上，中央苏区成规模的群众逃跑现象就是从这一时期开始的。如果说当年的中共中央对运动的恶果毫无了解，未免也太低估了他们的能力，只是有理论和现实脱节的思想基础，加之吸取资源这样的需求的催迫，很多问题的出现就是大概率事件了。

---

① 汪浩：《收复匪区之土地问题》，第 45 页。

六 内外挤迫下的社会政治困境

物质和经济资源是第五次反"围剿"中中共遭遇的最大难题。与此同时，中共向来可资依赖的良好的政治资源也呈逐步削弱之势。在苏区内部，随着压力的加大，政治领导人年轻和缺乏经验的弱点日渐暴露，初期粗放发展阶段可能被隐藏和忽略的问题集中显现，在肃反、扩红、政权建设、群众支持等问题上，都出现不容乐观的态势。前方战事的不利，又像滚雪球一样，不断放大着这一切，而这些反过来又进一步加剧着军事的紧张。恶性循环的结果，使军事和政治的双重困境，降临到承受重重重压的中央苏区头上。

1. 肃反问题

肃反是苏区时期一个沉痛的话题。1930 年代前，中共的成长壮大，与苏俄的影响、帮助息息相关。其中，是非纠缠、恩怨参杂。苏维埃发展过程中倍引争议的肃反运动，直接来源于苏俄的肃反理论及实践，[①] 而且令人印象深刻的是，虽然处于不同的环境和发展阶段，各苏区肃反中出现的问题呈现相当的一致性，而苏区肃

---

① 王首道回忆："当时党中央派去各苏区的领导干部，传达贯彻苏联搁别乌（即保卫局）的肃反经验。"见王首道《回忆湘赣苏区》，《湘赣革命根据地》（下），第 852 页。

反的种种问题又和苏俄方面大同小异。

　　苏区艰难建设过程中，确实存在着各种各样的敌对势力，肃反有其逻辑上的合理性。但由于理论讹误、经验不足，加上战争环境的恶劣，各苏区在肃反过程中都存在过高估计敌对力量、采用逼供信恐怖手段、无视法律和事实等种种严重错误。有的地方甚至出现"宁肯杀错一百，不肯放过一个之谬论"。① 肃反的发展，常常都是向自己阵营的内部延伸，形成内部互相怀疑、自我损耗的局面，赣西南的反"AB"团、闽西的整肃社会民主党都是错误肃反的典型例证。赣西南因错打"AB"团激起红军兵变即"富田事变"；闽西肃社会民主党造成许多地区"党团内已抓了十分之七八"。② 盲目肃反的结果，瑞金全县"只有县委三四人，区委支部小组都没有了"。③ 龙岩拥有七百多人的团组织"完全塌台"。④ 湘鄂赣肃反甚至造成这样的情形："区委向县委报告工作是隔一个山头望，不敢见面，怕杀掉了。隔着山头就喊，我那个地方发展了多少党员，搞了多少军队，最后总讲一声我是一个好人。"⑤ 肃反的错误既包括苏维埃内部的错误整肃，也包括对被认为是对立面的无原则打击，如湘赣省的鄷县"把十六岁以上卅岁以下豪绅家属的壮丁无论男女都杀掉了"，⑥ 这种肉体消灭政策虽在苏俄乃至许多革命运动中屡见不鲜，但和中共的基本方针仍然背道而驰。

　　中共中央领导人陆续进入中央苏区后，客观看，经过早期肃

---

① 《中共江西苏区省委四个月（一月至四月）工作总报告》，《江西革命历史文件汇集（1932 年）》（一），第 174 页。

② 《少共闽粤赣省委一年来的工作总结》，《闽粤赣革命历史文件汇集（1932～1933）》，第 16 页。

③ 《赣东特委步青给中央的报告（1931 年 8 月 8 日）》，《中央苏区第三次反"围剿"》，第 79 页。

④ 《少共闽粤赣省委一年来的工作总结》，《闽粤赣革命历史文件汇集（1932～1933）》，第 14 页。

⑤ 傅秋涛：《关于湘鄂赣边区内战中期后历史情形报告》，《湘鄂赣边区史料》，第 54 页。

⑥ 《中共湘赣苏区省委报告》，《湘赣革命根据地》（上），第 271 页。

反的恐怖后，对肃反中的问题有所认识，并采取了一些纠正措施，红军和苏维埃政权内部大规模的肃反恐怖得到遏制。1931 年 12 月 13 日，中华苏维埃共和国中央执行委员会非常会议发布关于《处理反革命案件和建立司法机关的暂行程序》的第六号训令，规定：

> 一切反革命的案件，都归国家政治保卫局去侦察、逮捕和预审，国家政治保卫局预审之后以原告人资格，向国家司法机关（法院或裁判部）提出公诉，由国家司法机关审讯和判决。
>
> 一切反革命案件审讯（除国家政治保卫局外）和审决（从宣告无罪到宣告死刑）之权，都属于国家司法机关。县一级司法机关，无判决死刑之权……中央区及附近的省司法机关，作死刑判决后，被告人在十四天内得向中央司法机关提出上诉。在审讯方法上，为彻底肃清反革命组织，及正确的判决反革命案件，必须坚决废除肉刑。[①]

训令强调肃反要依靠专职机关和司法程序，把死刑判决权上收，防止基层乱抓乱杀。随后，苏区领导机关对前期肃反中暴露的严重问题陆续作出组织处理，纠正部分明显的错案。1933 年，又专门发出训令，强调："绝对废止肉刑，区一级裁判部不经上级裁判部的特许，绝对不许随便杀人。"[②] 中共中央采取的一系列制止盲目肃反的政策，缓和了富田事变前后中央苏区形成的恐怖肃反局面。

但是，过火的肃反思路形成并非一朝一夕，战争环境下这种思路更有其生长的土壤。特别是第五次反"围剿"开始后，随着战

[①] 《中华苏维埃共和国中央执行委员会训令第六号》，《中央革命根据地史料选编》（下），第 657～658 页。

[②] 司法人民委员部：《对裁判机关工作的指示（1933 年 6 月）》，石叟档案 008·548/3449/0759，中国社会科学院近代史研究所藏。

局向着不利于红军的方向发展，中共中央对肃反的判断再次严峻。在苏区遭受包围的战争形势下，中共中央对苏区内部的政治力量对比仍然缺乏足够信心，而苏维埃运动本身出现的一些问题造成民众的对立情绪更加剧了其形势紧张的判断。以此，中共中央过于悲观地判断苏区内部阶级关系，夸大苏区内部的敌对势力。中共中央领导人公开表示："地主阶级在新区边区，特别在白军与刀团匪骚扰的区域，我们不但要在经济上消灭他们，而且要尽量在肉体上消灭他们。"[①] 这等于肯定了不以事实而单以阶级划分进行肉体消灭的恐怖行动。在此观念指导下，肃反中的问题依然存在并发展，打击面涉及苏区社会的各个阶层。1933 年 6 月苏区展开查田运动后，地主、富农出身人口在中央苏区普遍上升到总人口的 10% 以上，加上被作为打击对象的商人、资本家及其代理人、宗教人士、阶级异己分子、反革命、刀团匪，所谓敌对力量的人员空前增加，形成处处皆敌的局面；同时，中共中央对苏维埃政权内部也缺乏必要的信任，常常把查田运动、扩红运动遇到的问题乃至群众逃跑事件归结为苏维埃内部暗藏的"地主资产阶级的分子和他们的走狗"的破坏，甚至判断："在我们党与苏维埃机关内埋伏着的'坏蛋'不在少数。"[②] 要求在政权内部进行广泛的检举、清查运动。

1934 年初，第五次反"围剿"激战正酣时，中共中央决定展开进一步肃反的检举运动。3 月 21 日，苏维埃中央政府在动员开展检举运动的大会上，推举产生 9 人组成的检举委员会，领导整个中央苏区的检举运动。4 月 8 日，临时中央政府中字第五号《命令》明确规定废止 1931 年底至 1932 年初为纠正肃反错误而制定的将死刑判决权上收、严格司法程序等条例，表明中共中央准备采取严厉的镇压措施。4 月 19 日，《红色中华》发布中央工农检察委员

---

① 张闻天：《闽赣党目前的中心任务》，《斗争》第 71 期，1934 年 9 月 7 日。

② 洛甫：《把革命的警觉性更加提高起来》，《斗争》第 41 期，1934 年 1 月 5 日；《对于我们的阶级敌人，只有仇恨，没有宽恕》，《红色中华》第 193 期，1934 年 5 月 25 日。

会第二号训令，指出目前敌人五次"围剿"的决战已到了最紧张最尖锐的决定最后胜负的阶段，为保证战争的胜利，必须检举"苏维埃机关内的消极怠工的份子，贪污、腐化、浪费的份子，脱离群众离开群众利益和工作上的官僚份子，退却逃跑、动摇不坚定的份子，包庇地主富农与妥协的份子，违反法令与破坏纪律的份子，特别是检举暗藏在苏维埃机关内的阶级异己份子和反革命。"由此，检举运动在中央苏区开展起来。

为推动运动的深入发展，1934 年 5 月 12 日中共中央发出《给各级党部党团和动员机关的信》，提出："敌人进攻更加紧张，反革命活动也更加厉害。""因此，我们必须更加提高阶级警觉性来对付各种各式的、埋伏的或公开的反革命分子。对于各个机关和赤少队，必须继续进行检举，不仅检举其成分，特别要注意从政治上检举。检举机关、裁判部、保卫局的系统，必须活跃起来。但突击队须更负责的领导肃反的工作，不要机械的等待保卫局裁判机关与检举机关。"[1] 同时，中共中央领导人连续发表文章，号召展开严厉肃反，强调：

> 不认识苏维埃法庭是阶级斗争的工具，是压迫敌对阶级的武器，而表现出单纯的法律观，机械的去应用法律。不知道法律是随着革命的需要而发展，有利于革命的就是法律。凡是有利于革命的可以随时变通法律的手续，不应因法律的手续而妨碍革命的利益……许多裁判机关，侧重于法律手续，机械的去应用法律、对镇压反革命的重要工作却放松了，这是裁判机关在工作上的极大缺点，而且是严重错误……清理档案，凡有反革命事实的豪绅地主富农等阶级异己分子，经公审后，立即执行枪决。[2]

---

[1] 《给各级党部党团和动员机关的信》，《中共中央文件选集》第 10 卷，第269 页。

[2] 梁柏台：《裁判机关的主要工作方向——镇压反革命》，《红色中华》第 156 期，1934 年 3 月 1 日。

《红色中华》则发表社论要求："在战区边区，我们对于任何反革命的活动，必须立刻采取最迅速的处置，凡属进行反革命活动的豪绅地主、富农、商人、资本家、老板、流氓，必须立刻捉起。除个别最重要的分子须严究同党外，其余无须详审，无须解县，一概就地枪决。就是他们中间有反革命嫌疑的分子，也应即刻捉走，重的当地枪决，轻的押解后方监禁。"社论以异常严厉的口气强调："一切对于反革命的宽容与放纵，一切'讲究手续'与'法律观念'，一切犹豫不决与迟缓，在目前同阶级敌人决死战的时候，客观上都是反革命的助手与帮凶。"①

检举运动铺开后，中央苏区清洗了一大批干部，万泰"检举出了县苏军事部长、收发员、窑下区苏主席是 AB 团，破获了 AB 团的县团部，并且还检举出了县内务部的科员包庇地主偷公章，少共县委总务科长偷路条并且贪污"。② 运动后期，《斗争》曾发表文章总结运动成果：

> 中央政府各部共洗刷了六十四人，其中有九个贪污的，十五个破坏苏维埃法令和政府威信的，四十个消极怠工自由回家的，江西乐安县一级及善和增田两区乡共洗刷了六十二人，万太县区各机关中洗刷了六十人，胜利县一级二十三人，石城县一级洗刷了二十八人。区一级二十五人、乡一级四人……粤赣于都自进行检举以来，在县一级洗刷了三十八人，在区乡共五十五人，合作社洗刷了三十一人；西江在县一级洗刷了二十人，区乡共六十人；会昌检举才开始，已在县一级洗刷了九人。③

---

① 《对于我们的阶级敌人，只有仇恨，没有宽恕》（社论），《红色中华》第 193 期，1934 年 5 月 22 日。

② 《在加紧整理中的万泰工作》，《红色中华》第 191 期，1934 年 5 月 21 日。

③ 董必武：《把检举运动更广大的开展起来》，《斗争》第 61 期，1934 年 5 月 17 日。

总结中谈到的数据主要还是针对领导干部的，社会上的清洗尚不在其列，即使如此，已可看到其牵涉之大。

检举运动中，扩大化的事例处处可见。1934 年 5 月，西江一县在"下半月短短的半个月中，即捕获了几百名反革命分子，只判处死刑的即有二三百名（城市区在红五月中共杀了三十二名反革命，破获了 AB 团、暗杀团、铲共团、社民党、保安会的组织，共捉了四个暗杀团长，两个 AB 团长，数十名连长、排长、宣传队长等）"。① 西江是由瑞金、于都、会昌划属的小县，人口仅数万人，半月内即出现如此之多形形色色的"反革命"和反革命组织，这本身已极不正常，而这种做法还作为正面典型受到鼓励。瑞金"一个七十岁的贫农，在闲谈中说到白军到了清流归化，却判决了死刑"。② 闽赣省裁判部的钟光来甚至"把裁判部犯人大批的不分轻重的乱杀一顿"，在由樟村退往石城途中，更是"沿途格杀群众"。③ 恐怖的气氛，"使一部分被欺骗群众首先是中农群众登山逃跑，或为地主富农所利用来反对苏维埃政权"，催生出"因为肃反工作的加紧而逃跑到高山上去了的反革命武装"。④ 肃反扩大化的问题，正如张闻天所反省的："一些地方，赤色恐怖变成了乱捉乱杀，'阶级路线'与'群众路线'也不讲了。在一些同志中间正在形成'杀错一两个不要紧'或者'杀得愈多愈好'的理论……对于肃反中的恐怖主义，那更是没有人敢讲话，因为恐怕批评这种倾向时，人家就会把他当作反革命的同道者看待，而性命难保。"⑤

---

① 《西江县——红五月扩红突击中的第二名》，《红色中华》第 199 期，1934 年 6 月 7 日。

② 司法人民委员部：《对裁判机关工作的指示（1933 年 6 月）》，石叟档案 008·548/3449/0759，中国社会科学院近代史研究所藏。

③ 《闽赣省枪毙反革命首领两只》，《红色中华》第 180 期，1934 年 4 月 26 日。

④ 张闻天：《是坚决的镇压反革命还是在反革命前面的狂乱?》，《红色中华》第 208 期，1934 年 6 月 28 日；《西江县——红五月扩红突击中的第二名》，《红色中华》第 199 期，1934 年 6 月 7 日。

⑤ 张闻天：《反对小资产阶级的极左主义》，《斗争》第 67 期，1934 年 7 月 10 日。

现存的一些案例真实反映出当时中共中央在肃反问题上的偏差。1933 年，江西宜黄判决的几个反革命案例分别是，卢章秀："（一）该犯任黄陂区委少队部的时候，五月间，往中央总队部开会，自愿报名加入少共国际师，结果回来向县队部请假回家，将近两个多月，不但不去少共国际师当兵，而且坚决不来工作。（二）不经过介绍，自由行动去保卫局工作。"曾彦贵："该犯于今年三月间到保卫局当看守兵，因看守不注意，走了二个靖卫团，就坐了十余天禁闭。（二）后放他出来，后在保卫局当挑夫，一贯的消极怠工。（三）叫该犯去买米，故意贪污大洋一元。"罗宦泉："（一）该犯联名孟章，坚决担保反动富农（陈国芳妻），代表土豪说没有钱，结果把（陈国芳妻）放出来，随即跑下宜黄城去了。（二）我红军独立营捉获一个反革命，该犯又亲自来担保。"① 从文件看，上述几个案犯都没有确切的反革命罪的证据，列举的问题，不足以构成事实上的犯罪，将其定为反革命犯，反映出法律观念的淡漠。正如于都报告的，在打击反革命时，"捉了一些造谣的，都没有多大事实"。②

由于政治凌驾法律，定罪随意性强，冤假错案发生概率很高。于都的一个案例很具代表意义：新陂中墟乡丁福生"用恐吓的手段，对付红军家属丁昌早要量米给他吃，因没有满足他的敲索，便弄国民党证，到政府妄报丁昌早为国民党员，当时政府也不加以调查和侦察，听信所言的话，便把丁昌早家产没收，弄得丁昌早全家苦不堪言"。也许是丁福生从这种政治陷害中尝到了轻易得手的甜头，随后他"又与丁昌钊因为耕牛的嫌隙，妄报丁昌钊为地主，其实丁昌钊经调查确系中农"。丁福生的行径固然恶劣，但仍属于挟嫌报复的诬告行为，并不一定具有破坏革命的主观企图，但是当丁的诬告行径暴露后，却被定性为：

---

① 《江西省宜黄县裁判部法庭判决书，第 5 号》，石叟档案 008·548/3449/0759，中国社会科学院近代史研究所藏。

② 《中共于都县委七、八、九三个月工作总结》，《江西革命历史文件汇集（1932 年）》（二），第 257 页。

丁福生的这种企图，是动摇红色战士，故意破坏苏维埃联合中农的策略，有意帮助反革命的实际行动，是苏区里面的内奸。此事幸经发觉，经于都县裁判部判处该犯以监禁半年，送交省裁判部审查，认为该犯妄报红军家属为国民党员，是动摇红军军心，妄报中农为地主，是破坏苏维埃对中农的政策，很明显的是反革命作用，应判处死刑，已批复该县遵照批示执行。①

这样的判决，以判断代替事实，处理显然失之草率和严苛。

事实上，由于反革命罪是一个很宽泛的概念，当时许多触及法律者被加以反革命罪论处。于都岭背区的谢锦波、谢正月生等十余人"受查田运动浪潮的冲激，便主谋逃往白区"，他们联系了一批人，其中有人报告了苏维埃政权，结果这些人"行经梓山地方过，就被区府预先埋伏在那里的革命武装，通统捉着，一个也没逃走……在群众的呼声喊杀之下，对谢锦波、谢正月生和豪绅地主富农总共十一名都判处以死刑，并就地执行枪决了。"② 惩处这一案件中的首犯自无问题，但重判理由、范围及就地执行的方式其实都缘于反革命这一定罪，而一旦被视为反革命，在当时的环境下，结局就几乎决定了。张闻天曾明确表示："在某种条件之下，从法律上说来某个反革命分子枪决的法律根据还没有找到，但是在群众的热烈要求枪决的条件之下，我们把他拿来枪决，以满足群众的要求，发动群众的斗争，还是为我们所容许的。"甚至强调："必须经常使用群众的暴力去与反革命作斗争。一切法律观念是极端有害的，甚至是自杀的。"③

---

① 《挟嫌妄报的反坐》，江西省苏维埃政府裁判部《司法汇刊》第 1 期，1933 年 6 月 16 日。
② 《于都岭背区开始进行查田运动中》，《司法汇刊》第 2 期，1933 年 7 月 9 日。
③ 张闻天：《无情地去对付我们的阶级敌人》、《闽赣党目前的中心任务》，《斗争》第 49 期，1934 年 3 月 2 日；第 71 期，1934 年 9 月 7 日。

在加紧肃反的思路指导下，执法机关出于慎重对一些案件进行的调查取证工作被指为"机械的法律观念"，"客观上都是反革命的助手与帮凶"。[①] 公略县裁判部长对案件处理较为慎重，重大案件强调送上级批准和材料充分，即被指责为"浓厚的机械的法律观念"，[②] 作为动摇妥协分子典型受到严厉批评。苏区中央领导人公开表示："不必需要多少法律的知识，只要有坚定的阶级立场，他就可以正确的给犯罪者以应得的处罚。"要求："以后的案件，应随到随审，非有特别事故，自受到案件之日起，不得超过三天，就要解决。"仅仅是有"反革命嫌疑的分子，也应即刻捉起，重的当地枪决，轻的押解后方监禁"。[③] 领导人这样的认识加上中央苏区本就薄弱的法律背景，使法律运用难以健全："有些地方（会昌、石城），审判案件不是在法庭上公开审判，而是在裁判部长的房间里，甚有将处死刑的案件，未经过法庭审判，在房间里写个判决书，送上级去批准执行，群众不知道究竟为什么事情杀人。"[④] 同时，逼供成为审讯的重要方式，虽然苏区有关法令明令"废止杀头破肚及肉刑等刑罚"，但又规定"为取得犯人实供，如敌探等有时得用肉刑讯问"。[⑤] 1933 年初，中共湘鄂赣省委也提出："对审讯犯人固然要纠正'左'倾的单凭刑询的错误，但是认为刑询便是'左'倾亦是另一个极端的右倾错误。"[⑥] 这实际是在为刑讯

---

① 《对于我们的阶级敌人，只有仇恨，没有宽恕》（社论），《红色中华》第 193 期，1934 年 5 月 25 日。

② 《在整理裁判部工作中中央司法部洗刷动摇妥协分子》，《红色中华》第 174 期，1934 年 4 月 12 日。

③ 洛甫：《无情的去对付我们的阶级敌人》，《斗争》第 49 期，1934 年 3 月 2 日；梁柏台：《裁判机关的主要工作方向——镇压反革命》，《红色中华》第 156 期，1934 年 3 月 1 日；张闻天：《对于我们的阶级敌人，只有仇恨，没有宽恕》，《红色中华》第 193 期，1934 年 5 月 25 日。

④ 司法人民委员部：《对裁判机关工作的指示（1933 年 6 月）》，石叟档案 008·548/3449/0759，中国社会科学院近代史研究所藏。

⑤ 《裁判条例》，《福建革命历史文件汇集》甲 14 册，第 83 页。

⑥ 《中共湘鄂赣省委第二次执委会决议案（1933 年 1 月 3 日）》，《湘鄂赣革命根据地文献资料》第 2 辑，第 15 页。

手段开方便之门。

肃反中对打击面的任意扩大，一定程度上影响到中共与民众间原有的信任关系，当时，在苏区一些地区"看到反动标语，似乎并不算一回事"。[1] 边区有些地方国民党组织的民团武装"敢长驱直入的到四边围绕有赤区的区政府捉人、缴枪"，而"群众对此事好象没多大关系一样"。[2] 更严重的是："一部分被欺骗群众首先是中农群众登山逃跑，或为地主富农所利用来反对苏维埃政权。"[3] 对地主肉体消灭的做法甚至到 1949 年中共横扫江南时仍使一些人心有余悸："江西许多地区的地主、富农，因受过去十年内战时期土改的偏向影响，误认为划成地富不但是多要粮，而更重要的是要命的问题。"[4] 其负面影响不可谓不深。

2. 工作作风问题的滋生

中央苏区和全国各苏区一样，是在实际的革命运动中成长壮大的。在这一过程中，如毛泽东本人的工作作风所体现的，注重实际、强调调查研究、不务虚文是其明显的特点。中共中央领导人陆续进入中央苏区后，着力进行正规化建设，在组织建设和干部管理上采取一系列措施，使苏区政治再上一个台阶。不过，作为一个崭新的革命政权，在形成新的政权架构、行政理念和工作作风时，中共仍然面临着相当多的考验。苏区在建立强有力的国家机器的同时，缔造出具有支配权力的强势管理者，而苏区的现实状况又完全符合列宁所说的官僚主义的经济温床："小生产者的分散性和涣散

---

① 张闻天：《于都事件的教训》，《斗争》第 53 期，1934 年 3 月 31 日。

② 童小鹏：《军中日记》，1933 年 8 月 21 日，第 41 页。

③ 张闻天：《是坚决的镇压反革命还是在反革命前面的狂乱?》，《红色中华》第 208 期，1934 年 6 月 28 日。

④ 《江西省人民政府财政厅 6 个月（从初解放到年底）工作综合报告》，程懋玲编《江西财政报告集》，江西人民出版社，1991，第 4 页。

性，他们的贫困、不开化，交通的闭塞，文盲现象的存在，缺乏农工业之间的流转，缺乏两者之间的联系和协作。"[1] 在这样的环境下，正如列宁所说十月革命后一年多时间，"官僚主义就在苏维埃制度内部部分地复活起来"[2] 一样，在苏区它也很难避免地会成为吞噬苏维埃制度活力的怪兽。而中共中央具体指导中，在加强正规化同时对所谓"经验主义"的批评，又给了形式主义、官僚主义更多的养分。潘汉年曾形象描绘苏区基层党支部开会走过场的情形：

> 参加支部会议的方式，多半是学得县委，做一个又长又臭的报告，弄得支部同志都不肯或不敢发意见，一连催几声："同志们！话！话！"假如还没有人说，支部书记或参加的区委，便提高喉咙问一句："大家听懂没有？"下面齐声答应："听懂了！"上面再问："冒马格意见？""冒！"或者再来一问："同意唔同意？"又是齐声响亮的回答"同意！"[3]

在苏维埃胜利发展时期，上述问题还不是那么引人注目。第五次反"围剿"开始后，由于军事不利，苏区社会经济环境恶化，不利的形势加剧了苏区政治中的一些问题，而且使其影响更加放大，最明显的反映就是为支持前方战事而在后方的强迫命令。

1933 年后，为应对国民党军的封锁，应付战争需要，中共中央不得不大规模发行公债，向民众大量借谷，使地方政权面临很大压力。有关研究显示，1934 年中央苏区农民负担平均达到其收入的 15.7%，有的甚至达到 30% 以上，"不能不承认负担是重的"。[4]

---

① 列宁：《论粮食税》，《列宁全集》第 41 卷，人民出版社，1984，第 218 页。
② 列宁：《论粮食税》，《列宁全集》第 41 卷，第 217 页。
③ 潘汉年：《这样的工作作风好不好》，《斗争》第 63 期，1934 年 6 月 9 日。
④ 《中国农民负担史（第 3 卷）中国新民主主义革命时期革命根据地的农民负担（1927~1949）》，中国财经出版社，1990，第 105 页。

沉重的负担使已经饱经战争摧残的苏区民众难以承受。1933 年 8 月苏维埃中央决定发行 300 万元经济建设公债，到 11 月 15 日江西实际收得现款仅 42 万余元，不到江西全省领去的公债数的 20%，其中杨殷、南丰、太雷、长胜、崇仁等县未收到一分钱。① 在苏区行政效率相当高的背景下，这一状况的出现主要是由于民众财力已告空乏。但当时的苏区领导者对此缺乏足够认识，为维持军队和政权的运转，仍不断推出一些过高的指标与要求，并以机会主义、动摇倾向指责没有完成高指标者，使各地为完成指标而强迫命令成风。万泰县冠朝区十个乡，公债销售中"摊派的七个乡"；"会寻安有几个乡扩大红军成为群众的恐怖，听到工作人员下乡，就纷纷上山或躲避不见"。② 当时，这些问题绝非个别，正如苏维埃中央反省的："坐禁闭，罚苦工，差不多是这些工作人员对付群众的唯一办法"。③

　　客观而言，在战争形势下，加强对资源的吸取，有其可理解的不得已之处，但是，忽视民众必要的利益要求，一味要求民众作出牺牲，则不免有竭泽而渔之嫌。而将反对、抵制这种做法的干部或仅仅是提出意见者都视作异己分子加以批判，无异于自毁墙脚。远在莫斯科的王明通过中共赴莫斯科代表了解到苏区实况后，对此提出批评，指出中共中央"党内两条路线斗争"名义下存在的"不可忽视的严重的弱点"：

　　　　A. 对于缺点和错误的过分和夸大的批评，时常将个别的错误和弱点都解释成为路线的错误……决没有领导机关的路线

---

① 《中共江西省委关于全省推销经济建设公债的初步总结》，《江西革命历史文件汇集（1933~1934 年）》，第 305 页。

② 陈寿昌：《万泰工作的转变在哪里?》，潘汉年：《工人师少共国际师的动员总结》，《斗争》第 39 期，1933 年 12 月 19 日；第 24 期，8 月 29 日。

③ 《人民委员会为万太群众逃跑问题给万太县苏主席团的指示信（1934 年 4 月 3 日）》，《红色中华》第 137 期，1934 年 4 月 10 日。

正确，而一切被领导的机关的路线都不正确的道理，此种过分
和夸大的批评，既不合乎实际，结果自不免发生不好的影响，
一方面不能真正推动工作，另一方面使地方党部的工作人员发
生害怕困难，对困难投降的情绪，而且甚至使一部分幼稚的同
志发生跳不出机会主义的泥坑的烦闷心理，以致有的发生对党
和革命抱悲观失望的态度。B. 对于党内斗争的方法有时不策
略，比如在中央苏区反对罗明路线时，有个别同志在文章上，
客观上将各种的错误，都说成罗明路线的错误，甚至于把那种
在政治上和个人关系上与罗明路线都不必要联系在一起的错
误，都解释成罗明路线者。这样在客观上不是使罗明孤立，而
恰恰增加了斗争中可以避免的纠纷和困难。①

　　王明的批评可谓中肯，动辄以"路线错误"责人，是政治正
确逻辑下官僚主义的另类生存，如此盲目上纲的结果只能造成人们
谨小慎微，不敢越雷池一步。李维汉当时曾撰文批评道："某某省
工会和县委的负责同志，误解思想斗争是禁止别的同志对于工作上
实际问题发表不同的意见。干部间在共同一致为要完成中央给予突
击任务的时候，对于实际办法与领导同志有不同意见时，一概拒
绝，甚至批评他们反党。结果许多干部见了某某省工会和县委的负
责同志，不敢说话，只是'唯唯而退'。"② 人们后来回忆，由于怕
犯错误，被打成反革命，"那个时候做工作只能在一定的范围内，
出了范围就不行，怕犯错误。这是在那个时期的现象"。③

　　强迫命令、官僚主义现象的盛行，除苏区政治经济背景及上层
指导的错误外，基层组织软化也起了催化作用。由于大批优秀基层

---

① 王明、康生：《给中共中央政治局的信（1934年4月20日）》。
② 罗迈：《把突击运动期间党内斗争上表现出来的缺点与错误纠正过来》，《斗
　　争》第51期，1934年3月17日。
③ 傅秋涛：《关于湘鄂赣边区内战中期后期历史情形报告》，《湘鄂赣边区史料》，
　　第54页。

干部输送前方及中共组织发展中的"唯成分论"观念，苏区地方干部素质下降严重，1933 年江西县一级 419 名干部中，能读会写的 154 名，只占 37%。[①] 虽然各级政权采取了一些措施，提高基层干部素质，但多数是形式重于内容。支部会议往往开成这样的结果："支部每次开会，是非常机械的，对支部实际问题与群众斗争，很少讨论，只是出席人及支书作一个报告，支部同志没有意见就完了。在讨论中只是由速记来长篇抄写上级决议或由速记作几条符咒式的简单的决议，到会的同志被剥夺发言权似的纷纷'开小组会'、'学时文'，甚至打瞌睡去了，主席一声'通过决议'，会场陡然壮严肃静，一声'同意'，万事皆休，从报告到结论都是出席人或速记的声音。"[②] 在这些因素影响下，各地苏维埃政权组织、精神和活动能力堪忧，石城县反映："县政府的一些干部发生不好的现象，如派去工作开小差回家的，派去扩大红军突击工作，带红军家属老婆到乡苏睡觉……一般干部特别是区一级的干部出发工作，就开小差回家了，在机关里吃饭时就来，吃了饭就回家去，找人来工作找人不到。"[③] 胜利马安石公布乡"支部书记与乡苏主席都是官僚主义的标本，什么工作只说下了条子通知了，自己一点事不理，半步门不出。"[④] 还有一些干部则利用权力"在乡村中作威作福，无所不为"[⑤]。

令人惊讶的是，中央苏区后期基层干部大吃大喝现象已不罕见。江西省苏 1932 年 5 月披露："一个乡政府以前经常可有三四桌人吃饭，区政府可有七八桌人吃饭，每月的客饭一个乡政府可开一

---

① 《党的组织状况》，《中央革命根据地史料选编》（上），第 687 页。

② 《中共湘赣苏区省委报告》，《湘赣革命根据地》（上），第 602 页。

③ 《梁广给全总执行局的报告》，转见刘少奇《反对扩大红军突击运动中的机会主义的动摇》，《斗争》第 41 期，1934 年 1 月 5 日。

④ 《中共江西省委红五月工作总报告（1933 年 6 月 17 日）》，《江西革命历史文件汇集（1933～1934 年）》，第 149 页。

⑤ 《人民委员会为万太群众逃跑问题给万太县苏主席团的指示信》，《红色中华》第 137 期，1934 年 4 月 10 日。

二百元。"① 闽西永定县"有些政府好象变成了一些客栈、饭店，无论什么人都可以在政府食饭"，宁化县"县主席不知常驻工作人员有多少"，"只见人吃饭，不见人工作"。到饭馆公款吃喝也有案可稽，《红色中华》揭露："靠近瑞金县苏的一家菜馆，据说是专供瑞金县苏工作人员食的，有一次购买十六斤甲鱼，还说不够卖"。② 大吃大喝的背后通常都伴随着贪污浪费，江西省苏的报告指出："各级政府浪费的情形实可惊人，一乡每月可用至数百元，一区一用数千，一县甚至用万元以上；贪污腐化更是普遍，各级政府的工作人员随便可以乱用隐报存款、吞没公款，对所没收来的东西（如金器物品等）随便据为己有，实等于分赃形式。"③

一些地方干部特殊化现象也在滋生，即便像优待红属这样严肃的政治活动也有人借机营私："宁化各级苏维埃压迫群众替自己工作人员作过分的劳动，而红军家属反得不到优待。"④ 宁都某区政府"对自愿的当红军的反不替他耕田，并且说谁要你去当红军，而对强迫命令去当红军的才替他耕田"。⑤ 之所以如此，关键在于自愿当红军的不属指标范围。博生县苏工作人员的优红工作严重流于形式：

> 某天到城市流南区流南乡去实行"礼拜六"，大概是九点钟才从县苏起程，到流南乡已经差不多十点钟，找了乡政府和代表带到红军家属的地方已经十点半钟过了，在田野中还没做到两点钟的工夫，县劳动部有一个同志发了"摆子"，如是找着那

① 《江西苏区中共省委工作总结报告（1932年5月）》，《中央革命根据地史料选编》（上），第450页。
② 《开展广泛的反贪污斗争》，《红色中华》第134期，1933年12月11日。
③ 《江西苏区中共省委工作总结报告（1932年5月）》，《中央革命根据地史料选编》（上），第450页。
④ 严仲：《三个月扩大红军的总结与教训》，《中央革命根据地史料选编》（中），第664页。
⑤ 《中共江西苏区省委四个月工作总结报告（1932年5月）》，《江西革命历史文件汇集（1932年）》（一），第138页。

村的乡代表，要他立即找担架将病人抬进城去。那位乡代表的回答是很实际的："你们这样优待红军家属太形式了，没有做到两个钟头的工夫就要找担架，你们不来还免得我们麻烦。"[1]

粗暴的工作作风和形式主义、官僚主义倾向，严重伤害了群众的感情。黎川县樟村"赤卫军连长要群众帮助红军运输，用命令强迫，结果引起了群众的反抗"。[2] 于都"寨下区发生反革命收缴保卫局的枪支，捉区苏主席，苍前区发现反革命的标语，小溪罗江等区反革命分子能够回来，公开宣传要群众把已经买了的公债退还政府，强迫乡苏代表收回公债，反对推销公债"。[3] 时任粤赣军区司令员的何长工回忆，粤赣省的罗田甚至发生红军"打仗时刚过了一座桥，群众把桥给破坏"[4] 的恶性事件。这种情况虽不是普遍现象，但群众正面支持的减弱却是不争的事实，安远、寻乌有干部反映："群众情绪更加消沉，红也不管，白也不管。群众受反动派压迫，一点也不会反抗而离开我们。"[5] 群众支持度的下降，对"只有动员群众才能进行战争，只有依靠群众才能进行战争"[6] 的红军展开反"围剿"作战，应该是不小的隐忧。

3. 群众逃跑

1933 年，中央苏区出现的群众成规模逃跑事件，是苏区发展过程中积累的一系列问题的集中显现。

---

[1] 《在苏维埃系统内开展反官僚主义的群众斗争（1933 年 11 月 20 日）》，中共江西省委：《省委通讯》第 47 期，1933 年 11 月 20 日。

[2] 童小鹏：《军中日记》，1933 年 10 月 20 日，第 51 页。

[3] 盛荣：《于都问题》，《青年实话》第 3 卷第 15 期，1934 年 3 月。

[4] 《何长工回忆录》，解放军出版社，1987，第 318 页。

[5] 《粤赣省委对寻乌安远工作的决定》，转引罗迈《在粤赣省第一次党代表会议的前面》，《斗争》第 34 期，1933 年 11 月 12 日。

[6] 毛泽东：《关心群众生活，注意工作方法》，《毛泽东选集》第 1 卷，第 136 页。

群众逃跑在苏区初创时期也有出现，赣东北苏区初创时，"因经济发生恐慌，常有逃亡"。① 当时或是出于国民党长期负面宣传影响下对中共和红军的不理解、恐惧，或是对国民党军可能的报复行为的担心，或是苏区本身政策的失误，苏区或多或少有过部分群众逃跑。尤其是肃反的错误，曾造成群众短时期的恐慌和逃跑。1932 年湘赣苏区报告，上犹县"营前一区逃跑了三千余群众到白区去"。② 不过总的来看，苏区稳定后，广泛涉及各种成分群众的大规模集中逃跑的事件较为少见。而且，还有群众往回流动的，毛泽东《兴国调查》中提到："因为革命胜利，彭屋洞早先去泰和耕田的农民这时候回来了十二个人，因为泰和那边还没有革命，听到兴国革了命，有田分，都回来。"③

中央苏区群众集中逃跑始于 1933 年下半年，首先从边区的万泰、于都、连城等地开始，并迅速蔓延。这一问题的出现，查田运动是直接导火索。何长工根据其在粤赣工作的经验谈道："在地方工作中，实行了地主不分田，富农分坏田，限制中农发展的错误的土地政策，使部分群众发生动摇，根据地边沿地区出现了一个短时间的部分群众'外逃'的现象。"④ 早在运动大规模展开的初始阶段，一些地区就出现逃跑问题，乐安招携"在几天之内有几百群众随同富农地主跑到白区去"，寻乌、会昌等县在运动中查出的地主、富农纷纷"乘夜逃上山，实行土匪生活"。于都段屋、岭背、城市、寨下面等区"查出的地主土豪富农有三分之二乘着天雨水涨，星夜乘船顺水而逃，浸死颇多"。⑤ 同时受到查田乱划成分影

---

① 《江西政治报告（1929 年 5 月 31 日）》，《中央革命根据地史料选编》（中），第 89 页。
② 《红军三军团政治部关于崇犹两苏区路线和红军情况的报告（1932 年 5 月 15 日）》，《湘赣革命根据地》（上），第 290 页。
③ 《毛泽东农村调查文集》，第 187 页。
④ 《何长工回忆录》，第 313 页。
⑤ 《猛烈的开展查田运动》，中共江西省委《省委通讯》第 20 期，1933 年 7 月 9 日；《豪绅地主的残余在查田运动中发抖》、《胜利于都地主富农企图逃跑》，《红色中华》第 94 期，1933 年 7 月 14 日；第 96 期，1933 年 7 月 26 日。

响，部分查田运动中尚未遭打击的普通民众也开始逃跑，胜利车头、河田、仙霞观等区"少数群众同下赣州城"。赣县长洛、大埠、白露、良口、大田等区"少数群众逃到白区"。① 随着运动进一步展开，触犯中农、贫农的运动扩大化现象加剧，原来的贫农、中农大批被划为地主、富农，弄得人人自危，逃跑面迅速扩大，形成"成群结队整村整乡"② 逃跑的恶劣局面。于都"岭背区特派员乱打土豪，故意将中农当地主打，造成群众恐慌和逃跑"。③ 万泰县窑下区郭埠乡不顾贫农团会议许多人反对，强行将一人划为富农，结果二三天内群众"就走了一大批"，由于该县普遍存在"工作人员乱打土豪，把贫农中农当做地主富农"的问题，群众逃跑十分严重，"塘上区有群众约六千人，逃跑的在二千人以上（一说二千三百人，县委报告是一千八百人），而且大部分是男子。"④ 资溪县由于"发展查田运动"，"十余天来，各区群众向白区逃跑现象日益发展，从一乡一区蔓延到很多区乡，从数十一批增加到几百以至成千人一路出去，从夜晚'偷走'变而为明刀明枪的打出去，杀放哨的，甚至捆了政府主席秘书走。"⑤

查田运动诱发群众逃跑，同时由于受到封锁，资源匮乏，当时的中共中央又缺乏应对危机的能力，高指标和政治威胁相结合，形式主义和强迫命令成风，进一步伤害了群众的感情，加剧群众逃跑

---

① 《胜利县查田运动的教训》，中共江西省委《省委通讯》第 20 期，1933 年 7 月 9 日；《赣县查田运动胜利中的缺点》，《红色中华》第 124 期，1933 年 11 月 11 日。

② 《人民委员会为万太群众逃跑问题给万太县苏主席团的指示信（1934 年 4 月 3 日）》，《红色中华》第 137 期，1934 年 4 月 10 日。此标题中的"万太"应为"万泰"。

③ 张闻天：《于都事件的教训》，《斗争》第 53 期，1934 年 3 月 31 日。

④ 陈寿昌：《万泰工作的转变在哪里？》，《斗争》第 39 期，1933 年 12 月 19 日；《人民委员会为万太群众逃跑问题给万太县苏主席团的指示信（1934 年 4 月 3 日）》，《红色中华》第 137 期，1934 年 4 月 10 日；陈寿昌：《万泰工作的转变在哪里？》，《斗争》第 39 期，1933 年 12 月 19 日。

⑤ 《关于资城事变问题省委对资溪县委的指示信》，石叟档案 008・222/3745/0247。

现象。信康县牛岭区工作人员拿公债"挨屋挨户去摊发,使得群众不满意……少数落后的贫苦工农分子,跟着富农去反水"。[①] 1934 年 1 月至 3 月,于都禾丰区就有 600 余群众逃跑。[②] 寻乌 1933 年初被国民党军短暂进攻,在恢复寻乌时,"全县反水群众有八千三百三十六人(以澄江、寻城为多),阶级异己分子约占百分之三十",当时报告在谈到这一现象时客观承认:

> 大批的工农群众所以被敌人领导反水的原因,虽然是由于反革命的欺骗作用加强,但是过去寻乌群众阶级斗争没有深入,肃反工作不注意,工作方式命令欺骗强迫的结果,便利于敌人的欺骗恐吓,而使大批的工农群众脱离党及苏维埃的领导多是主要原因。[③]

由于战争的持续进行,苏区人力资源短缺问题凸显,巨大的兵员指标和苏区人力资源形成极大反差,为完成高额的扩红指标许多地区不得不采取强迫的办法,万泰县"冠朝区在一个会议上强迫一个反帝同盟主任报名,不报名就罚苦工当伙夫"。[④] 由于此,逃跑成为民众躲避扩红的一种方法。于都"大部分模范赤少队逃跑上山,罗凹区十分之八队员逃跑上山,罗江区有 300 余人逃跑,梓山、新陂、段屋区亦发生大部分逃跑,有的集中一百人或二百人在山上,有的躲在亲朋家中"。该县新陂区密坑乡"精壮男子完全跑光了"。[⑤]

---

① 《显微镜下的官僚主义》,《红色中华》第 131 期,1933 年 12 月 2 日。
② 《禾丰区破获反革命暗杀团》,《红色中华》第 176 期,1934 年 4 月 17 日。
③ 《中共寻乌县委一个半月动员工作总结报告(1933 年 3 月 4 日)》,《江西革命历史文件汇集(1933~1934 年)》,第 32~33 页。
④ 陈寿昌:《万泰工作的转变在哪里?》,苏区中央局:《斗争》第 39 期,1933 年 12 月 19 日。
⑤ 《于都发生大批队员逃跑》,《青年实话》第 111 期,1934 年 9 月 20 日;《于都在坚决执行党的指示中已经开始转变过来》,《红色中华》第 238 期,1934 年 9 月 26 日。

　　扩红运动中发生的种种极端行动造成干群间关系的严重紧张，瑞金白鹭乡"二十余名模范队员举行反动暴动，捆去区委人员三个，杀伤一个"。① 宁化县群众除以逃跑表示消极对抗外，还有公开反抗的行动，以致上级派出的突击队"吓得不敢出乡苏门口"。② 对此，中共中央曾作出检讨，坦承过失："群众逃跑的主要原因是由于我们苏维埃政府领导上的错误。我们许多区乡苏维埃的工作人员，不论在推销公债，扩大红军或收集粮食方面都采取了严重的摊派与强迫命令的办法，任何宣传鼓励、解释说服的工作也没有。"③ 这样的批评当然不是信口开河，竭泽而渔的做法实在也得不偿失，对此无论中共中央还是地方的实际执行者，应该都不会不清楚，只是面对兵员需求的巨大压力，他们实在也是左右为难。

　　不仅仅是普通民众，第五次反"围剿"期间，在工作遇到困难或国民党军进攻时，苏区干部开小差、逃跑现象也相当普遍：宜黄、西江、泉上负责肃反的裁判部长"公开的投降白匪"。甚至有领导群众逃跑反水的："乐安、万太、广昌、代英、门岭、公略都发生过这种现象"。④ 福建为培养地方武装领导干部开办的训练班，学员均经过各地选拔，相对较为可靠，但仍出现大批逃跑，"第一期地方上调去训练的差不多逃走了十分之六"。⑤ 随着第五次反"围剿"失利，苏维埃政权处境不断恶化后，干部反水事例更多。1934 年 1 月，"武平梁山乡主席于正月间叛变，并带去梁山游击队

---

① 《学习瑞金的经验与教训动员整营整连的模范赤少队武装上前线去》，《红色中华》第 230 期，1934 年 9 月 6 日。
② 《宁化落后的原因在哪里?》，《红色中华》第 238 期，1934 年 9 月 26 日。
③ 《人民委员会为万太群众逃跑问题给万太县苏主席团的指示信》，1934 年 4 月 3 日，《红色中华》第 137 期，1934 年 4 月 10 日。
④ 梁柏台：《裁判机关的主要工作方向》，《红色中华》第 156 期，1934 年 3 月 1 日；董必武：《把检举运动更广大的开展起来》，《斗争》第 61 期，1934 年 5 月 26 日。
⑤ 《中共粤赣省委代表团通知第一号》，《闽粤赣革命历史文件汇集（1932～1933）》，第 218 页。

十三名，步枪十三支"。① 3 月，于都禾丰区"二百余群众，在少
共区委组织科长的领导下，带着鸟枪梭镖等武器逃跑"。② 8 月，
"洛口区群众二百余在该区反动的区宣传部长、粮食部长、乡主席
等的欺骗压迫之下向头陂逃亡"。③

生存是民众的第一要务。由于国民党的封锁及前线供应的需
要，后方生活日益紧张，生存受到严重威胁，民众不得不自寻生
路，这也是出现逃跑的原因之一：

> 四十岁以上的男人很多都陆续地跑出苏区，到国民党区投
> 亲靠友。有时搞到一点什么东西，也偷着回来一两次接济家
> 里。因为他在家里实在是难以生活下去。农业上那些地方都是
> 山地，种植业不发达，有的连种子都没有，又缺少食盐，基本
> 的生活都没有办法保证。而我们也没有办法来解决这些问题。
> 这种逃跑现象各县都有，特别是那些偏僻的山区里面，跑起来
> 人不知鬼不觉。④

当时苏区之外也有人观察到："彼方物质缺乏，盖亦足为离散
群众之一原因也。"⑤

1933～1934 年苏区出现的群众集中逃跑现象，和当时中央领
导错误指导有密切关系。查田运动、肃反、发行公债、借谷及扩红
运动中的一系列问题酿成了苏维埃政权与群众间的紧张关系。当时
中共中央领导人缺乏在政权、集体、个人间寻求利益平衡点的意
识，一味强调无条件服从，夸大思想斗争的作用。时在湘赣苏区的
萧克深有体会地谈道，1934 年 7 月，湘赣苏区面临国民党军压迫，

---

① 《警钟——向着军区分区敲》，《红星》第 26 期，1934 年 1 月 28 日。
② 《禾丰区破获反革命暗杀团》，《红色中华》第 176 期，1934 年 4 月 17 日。
③ 《陈伯钧日记（1933～1937）》，第 267～268 页。
④ 《李一氓回忆录》，人民出版社，2001，第 156 页。
⑤ 陈赓雅：《赣皖湘鄂视察记》，第 6 页。

被迫向井冈山地区寻求退路，结果却很不理想：

> 由于"左"倾路线的错误，曾在这里实行过过左的社会政策，如地主不分田，富农分坏田，损害富裕中农利益，对反水群众不注意争取，对知识分子也以其成份作去留使用的标准等等。这样，就增加了我们工作中的困难……我们当时想恢复井冈山，可是我们上去后，连留在山上老百姓大部分都躲起来了。①

就在萧克说到的同一个月，在赤水、大寨脑一带作战的中央苏区红军发现，这里不少群众"加入刀匪，在板桥、在良田用石头打红军杀哨兵，摸哨等……因此战区粮食较为困难，而要由三十里许的驿前及六十里许的小松运来供给"。② 由于上述问题的严重性，以致毛泽东在二苏大报告中特别强调："关于赤白对立问题，群众逃跑问题，食盐封锁问题，被难群众问题等，必须根据阶级的与群众路线，很好的给予解决。必须把造成赤白对立与群众逃跑的原因除掉了去。"③ 鱼水关系变成了猫鼠关系，多年后读至此也不能不让人痛心。

值得特别指出的是，虽然当年年轻的中共领导人在艰困局面下，没有表现出驾驭危局的足够能力，导致社会政治危机丛生，但他们并没有试图掩盖问题，也一直在寻求解决的办法，正由于此，作为后人，我们还能从中共留下的文件中体会到当年危机的严重。这种负责任的坦率态度，值得后人予以尊敬。

4. 扩红与开小差

和群众的逃跑相应，第五次反"围剿"期间，开小差成为困

---

① 萧克：《回忆湘赣红军》，《湘赣革命根据地》（下），第 995～996 页。
② 《十五师大寨脑战斗详报（1934 年 7 月 24 日）》，《中央苏区第五次反"围剿"》（下），第 157 页。
③ 毛泽东：《中华苏维埃共和国中央执行委员会与人民委员会对第二次全国苏维埃代表大会的报告》，《苏维埃中国》，第 302 页。

扰红军的重大问题。这一状况的出现，本身应为苏区一系列问题反映在红军中的结果，其对红军造成的伤害不可谓不大。

战争环境下，虽然红军严明的纪律与组织保证了红军旺盛的战斗力和团结精神，但开小差的现象在各个阶段都不可能完全消灭。初期，随着革命形势的起伏，队伍中开小差的比率起落不定。苏区巩固后，严重的开小差问题则主要由大规模扩大红军引起。早在1930年底，毛泽东在吉水东塘调查时就注意到："本乡先后共去了七十九个人当红军，都是鼓动去的。但最后一批四十六人中，有四五个人哭着不愿去，是勉强去的。"① 扩红已经不能保证完全自愿。而且，"好些新兵到了分派到各师团去施队时，他们才知道是要他们当红军"。② 由于参军本非完全自愿，开小差也就很难避免。1931年底，红三军团第三师发现："特务一连长、师部副官参谋、传令排长是党员，开小差走了。"③ 不过，这一时期，无论是扩红中的强迫还是开小差，都还只是个别现象，尚处可控状态。

随着时间的推移，中央苏区兵员需求越来越大，扩红的困难也在加重，邓颖超写下其参加扩红会议的亲身经历：

> 征求党员自动当红军，首先由参加人（中局及县委）发言解释鼓动，继由出席党员大会红军学校党员发言鼓动与欢迎。第一次鼓动发言后，回答是静默沉闷，继之二次鼓励，依然是静默沉闷，三次四次，经过半小时的鼓动工作，终无一人来报名当红军！最后即提出不当红军的原因的问题来讨论，很久很久，才在百卅余人中，涌出一句"因为没有执行优待红

---

① 毛泽东：《东塘等处调查》，《毛泽东农村调查文集》，第259页。
② 《红军第一方面军前敌委员会江西省行动委员会通告（1930年11月11日）》，《中央苏区第一次反"围剿"》（《江西党史资料》第17辑），中共江西省委党史资料征集委员会、中共江西省委党史研究室编印，1990，第40页。
③ 国平：《转变中三师的党》，《武库》第7期，1931年12月31日。

军十八条"一句回音来。此外就再无他语了。①

大规模扩红虽然有反"围剿"战争客观需要的成分，但当时也有人指出，由于苏区人力有限，合理调配人力十分重要。1933年初，福建省委代理书记罗明曾提出："机械的规定……要扩大多少红军，这是不好的"，强调："地方武装顽强的斗争，对整个发展的配合与对主力红军行动配合的力量，胜过出三百红军送到前方的主力。"② 这应该说是针对苏区实际并集数次反"围剿"战争胜利的经验之谈。

苏区民众具有浓厚的宗族、乡土意识，参加地方武装、在家乡保卫自己，许多人十分积极，但离开家乡参加红军，却被不少人视为畏途。萧克回忆："农民想的是打土豪分田地，即便拿了枪，也只愿意在本地活动，不愿远出，也不大愿当大红军，大概这就是所谓'土共'（敌人报纸轻视地方党员和农军的贬词，我们有时也诙谐地借用）的特点。"③ 萧克的说法在当年的报告中得到证实："一般农民乃至一般党员若叫他在本地当赤色队，打团匪土匪，他为着保护自己还很勇敢，一说到调他当红军，他就不愿意。"非常明显反映这种地方意识的是："他们的逃跑关系红军的出发地，例如红军长汀打仗，永定籍的红军就逃跑。"④ 固然苏维埃政权应该尽力宣传打破地方观念，但一定时期内对现有事实的承认也是制定政策不能不考虑的因素。正如罗明指出的：

---

① 邓颖超：《瑞金城区党员大会经过与教训》，《党的建设》第 4 期，1932 年 9 月 10 日。

② 罗明：《对工作的几点意见》，《中央革命根据地史料选编》（中），第 380～381 页。

③ 萧克：《朱毛红军中的农民军》，《朱毛红军侧记》，中共中央党校出版社，1993，第 45 页。

④ 《刘伯坚关于闽西军校报告（1930 年 11 月）》，《福建革命历史文件汇集》甲 8 册，中央档案馆、福建档案馆编印，1986，第 185 页；陈正、刘伯坚：《关于工作情况的报告（1930 年 11 月 7 日）》，福建省档案馆藏 91/2/404。

在敌人进攻比较紧张当中，应先抓到这个时机来扩大独立师、独立团和其它地方武装，先解决目前紧急的打击敌人进攻的问题，从这样的地方的紧急动员中来提高地方武装和群众的斗争情绪，从中来扩大红军……这是适应群众的斗争的情绪和目前的斗争的需要，不是什么对地方主义的投降。[①]

不片面地追求主力红军的扩大，而是通过多种方式因地制宜地尽可能地增加苏区的地方武装力量，这是当时苏区人力、物力资源十分有限背景下相对有利的选择。当时报道反映：福建宁化"曹坊群众自动要求加入游击队打里田、四堡的反动派；中沙群众要求加入游击队打水西、安远司反动派，巩固中沙政权。而区委的同志不能抓紧群众的要求来解决这个问题，再进行各方面的详细的解释工作，只是很死板的'到模范团去'，所以中沙的动员用欺骗的办法，结果到了宁化城完全开了小差，反而阻碍了扩大红军"。[②]

在看到罗明的地方性视野有其成立基础的同时，还应指出，扩大主力红军终究是红军的必由之路。如果没有主力红军的建设，仅仅愿在家门口作战的武装难逃乌合之众之讥。因此，中共中央对罗明建议的拒绝乃至批判虽失之褊狭，但不能认为罗明的方案就可以使一切迎刃而解。问题的核心不在其他，关键还是巨大的兵员需求和紧缺的人力供给之间的落差，而这又是由战争的严酷性所决定的。1933 年 8 月至 1934 年 7 月中旬，苏区突击扩大红军达到 11.2 万多人。[③] 超常规模的扩大红军，伴随的是普遍的强迫，苏区各地都存在"'开大会选举'、'乡苏下条子'、'以

---

① 罗明：《对工作的几点意见》，《中央革命根据地史料选编》（中），第 379 页。
② 《八月份宁化党扩大红军的转变》，《斗争》第 29 期，1933 年 10 月 7 日。
③ 《一年来扩大红军的统计》，《红星报》第 54 期，1934 年 7 月 22 日。

没收土地恐吓'、'指派'、'拈阄'、'受训练或守犯人'、'前方不好可以请假'、'以电筒干粮袋□子'……等方法来强迫、命令、欺骗、引诱、收买群众去扩大红军"。① 其结果带来了十分严重的开小差问题。1933 年底，仅瑞金一县逃兵就达到 2500 人，经过强制突击并枪决、捕捉部分屡次逃跑者后仍有八九百人。② 据红军总政治部 1933 年 11 月的统计，"一军团补充区域到十一月十五日集中到区的是一六六三人，到补充师的只有七二八人，路上跑了九三五人。这儿还没有计算在乡村报了名根本未集中以及从乡到区逃跑的人数。大概算起来我们只集中了报名人数中的十分之三、四"。③ 新战士到部队后的情况也不乐观："一军团补充师在十二月份二十天内，共逃亡一三八名，占新战士百分之十，洗刷的老弱与阶级异己分子十二名。三军团补充师从八月到十二月份上半月共逃亡八七九名，占新战士百分之十五，洗刷的老弱残废六九七名，阶级异己分子九名，占百分之十二。五军团补充师从九月到十一月份共逃亡七八八名，占新战士百分之廿五。"④

开小差现象出现于从征集兵员到部队服役的各个阶段。一是在报名和集中过程中就有大批开小差的："长汀模范团因为是被欺骗加入工人师，到瑞金集中时只剩三分之一，三分之二开小差走了。"公略动员 2400 多人参军，结果中途开小差的就有千人。"宁化模范团成千人送博生沿途开小差只剩二百余人。"⑤ 1934 年 5～7

① 《中共闽粤赣省委接受中央局扩大红军决议的决议》，《闽粤赣苏区革命历史档案汇编》第 1 辑，第 230 页。

② 《胜利的瑞金突击月》，《斗争》第 43 期，1934 年 1 月 19 日。

③ 王稼蔷：《为扩大红军二万五千人而斗争》，《斗争》第 37 期，1933 年 12 月 5 日。

④ 《严重的问题摆在补充师团的面前》，《红星报》第 21 期，1933 年 12 月 23 日。

⑤ 汉年：《工人师少共国际师的动员总结与今后四个月的动员计划》，《斗争》第 24 期，1933 年 8 月 29 日；《中共公略县委七、八、九三个月工作总报告》，《江西革命历史文件汇集（1932 年）》（二），第 238 页；《中共福建省委工作报告大纲》，《中央革命根据地史料选编》（上），第 505 页。

月，第一补充师逃跑 317 人，第二补充师逃跑 44 人，第三补充师逃跑 265 人。① 二是集中到部队后，仍然有相当多的人开小差。1934 年 9 月，红五军团第十三师因逃亡、生病减员达 1800 余人，几乎占到该部总人数的 1/3。红一军团在 1934 年 7 月根据不完全的材料估计，逃跑的也"达二百余人"。② 三是反复开小差情况严重。福建上杭才溪区的共青团员王佳，"在红军中逃跑了五次，也做了五次的新战士"。瑞金黄安区有一个人先后开小差六次，后又被征召，且被任命为排长，"几乎把一排新战士都断送在他手上"。③ 四是军官和老兵也加入逃跑行列：

> 江西全省动员到前方配合红军作战的赤卫军模范营、模范少队在几天内开小差已达全数的四分之三，剩下的不过四分之一，所逃跑的不仅是队员，尤其是主要的领导干部也同样逃跑，如胜利、博生之送去一团十二个连，而逃跑了十一个团营连长，带去少队拐公家伙食逃跑。永丰的营长政委也逃跑了，兴国的连长跑了几个，特别是那些司务长拐带公家的伙食大批的逃跑。④

正规红军出现开小差同时，地方游击队逃跑现象也相当严重。1932 年下半年江西出现多起地方武装逃跑反水事件："于都整个一排人的叛变当靖匪；宜黄独立团一连政委领导三个士兵叛变投白

---

① 《消灭逃跑现象来纪念"八一"》，《红色中华》第 217 期，1934 年 7 月 21 日。
② 《陈伯钧日记（1933～1937）》，第 136 页；聂云臻：《与逃亡现象斗争的一年》，《红星》第 56 期，1934 年 8 月 1 日。
③ 《足智多谋的智多星》，《青年实话》第 2 卷第 3 号，1933 年 1 月 29 日；汉年：《工人师少共国际师的动员总结与今后四个月的动员计划》，《斗争》第 24 期，1933 年 8 月 29 日。
④ 《江西省苏维埃政府、江西军区总指挥部联合通令——关于模范赤少队开小差问题（1933 年 4 月 16 日）》，《江西革命历史文件汇集（1933～1934 年）》，中央档案馆、江西省档案馆编印，1992，第 107 页。

军；乐安独立团三十一个士兵的反水到勇敢队里去；会昌独立
团……有一连整个在连长政委领导之下，企图投到广东去当土匪；
宁都城市的赤卫军里面大批流氓靖卫团的重要分子，混在里面被反
革命领导暴动，包围县苏，布置罢市，缴东门外少先队的枪。"①
"宜乐黄陂新游击队排长政委于十二月廿一日带所属人枪廿余，借
打土豪为名，降了崇三都敌人，以后接连又是东陂新游击队一百余
人在八都去投降敌人。"② 由于开小差者人数众多，对其开展工作
也相当困难，龙岩、瑞金等地"都有开小差的同志联合起来与政
府对抗"。洛口"地主武装及小差团"甚至合作攻进洛口街市，而
"党政机关人员逃避一空，毫无应付办法"。③

　　开小差问题的日益严重，除各地为完成扩红指标进行强迫命
令，造成民众的抵触情绪外，各种各样的利益冲突也是导致这一
现象的重要原因。从地方来看，相当部分地区对开小差现象没有
予以充分重视，由于人力紧缺，各地常常在工作中把开小差人员
作为有经验的骨干加以重用。江西、福建都有地方政府"替红军
请假、寄路票给红军回家"，甚至"拿排长、队长官衔作引诱"，
逃兵"可以担任当地重要工作"。④ 地方游击队为提高自身的军事
水准也有意留用部队中开小差者，这些人员在"福建三分区游击
队中占十分之七"。⑤ 同时，有些地方政权负责人"自己的老弟、

① 《为加强和巩固地方武装发展游击战争的决议》，《中央革命根据地史料选编》
　（中），第 644 页。
② 《警钟——向着军区分区敲》，《红星》第 26 期，1934 年 1 月 28 日。
③ 邓发：《开展反对开小差的群众运动》，《斗争》第 14 期，1933 年 6 月 5 日；
　《陈伯钧日记（1933～1937）》，第 272～273 页。
④ 《中共闽粤赣省委关于消灭团匪与土匪问题给各级党部的指示信》，《闽粤赣革
　命历史文件汇集（1932～1933）》，第 201 页；《江西省工农兵苏维埃第一次代
　表大会对扩大红军的决议》，《中央革命根据地史料选编》（中），第 607 页；
　《中共闽粤赣省委关于消灭团匪与土匪问题给各级党部的指示信》，《闽粤赣革
　命历史文件汇集（1932～1933）》，第 201 页。
⑤ 《关于游击队工作，总政治部 1934 年 1 月 5 日训令》，《斗争》第 42 期，1934
　年 1 月 20 日。

儿子、侄儿等逃跑躲避而包庇他们，因此其它的队员也都跟着逃跑躲避"。① 更有个别地区干脆把逃兵作为生财之道：宁都湛田区"政府卖路票给红军开小差"。② 正如王稼祥激烈批评的，某些地方干部"没有采取必要的办法对付那些组织逃跑的领导分子，与屡次开小差的'专家'，相反的甚至有少数分子还在地方机关中工作，在军事部工作，在赤卫队当干部……大大的阻碍了红军的扩大与巩固"。③

从红军本身看，随着队伍的迅速扩展，部队训练和政治工作常常滞后，相当程度上影响到部队建设。由于文化基础差，政治训练的作用难以充分发挥，部队政治程度仍然较低：

> 在三师全师党的代表大会中，举行了一次政治测验，受测验的人都是党内活动分子，测验的结果是：有把罗章龙认为现在中国革命重要领袖的，有把苏联和英国当为殖民地的，有把反帝大同盟当为反革命组织的，有主张反对游击战争的，有不知道日本帝国主义侵占东三省的。最惊人的有好几个连政委都把国际联盟当作全世界革命的参谋部。④

同时，部队也存在一些不良现象，包括"不到操不上政治课不识字不做墙报宿娼争风打架上酒馆"，"各部队都有许多嫖娼的，赌钱的，抽鸦片烟的"。⑤ 一些地方游击队质量尤其难以保证。宁化县独立游击支队营"内容腐败，吃大烟、嫖姑娘的很多，纪律

---

① 《瑞金党的道路，是全国苏区党的道路》，《斗争》第73期，1934年9月30日。
② 严仲：《三个月扩大红军的教训》，《中央革命根据地史料选编》（中），第665页。
③ 王稼蔷：《紧急动员——为扩大红军二万五千人而斗争》，《斗争》第37期，1933年12月5日。
④ 《巡视三师的零零碎碎》，《武库》第7期，1931年12月31日。
⑤ 国平：《转变中的三师的党》、《反对腐化》，《武库》第7期，1931年12月31日；第9期，1932年1月21日。

松弛"。① 福建莆田游击队更为荒唐，"因没有钱吃饭，化装反动军队去抢商店，结果给农民缴去枪六枝，被捕队员七人"。② 虽然，总体上看这只是个别现象，但仍反映出一支纪律严明部队的建设需要持之以恒，不可能一蹴而就。

讨论开小差问题，还有一点不能不说到的是红军生活的艰苦。根据地初创时期，红军通过打土豪可以筹集大笔款项，随着打土豪财源的枯竭、根据地经济上的困窘，红军经费日益紧张，供应短缺的问题日益严重："红军是完全没有储粮，单靠杂谷吃饭的士兵，每月只有三元的伙食费。在今天米（每元七升）与食品价高的时候是很苦的，大多数不独衣装成问题，并且半数以上的士兵连草鞋都没有而赤足作战的……士兵愿当赤卫队而不愿当红军。"③ 中共报告中也痛心地承认："士兵生活苦到万分。"④ 在战争背景下，加入红军随时面临着牺牲的危险，又要承受艰苦的训练和生活，不少人望而生畏，闽西报告："一般群众到红军去都为了生活艰苦而不去。"⑤ 当年的档案文件清楚记下了民众的所思所想：

> 过去第四军回到闽西，只永定一县就不少农民自动加入红军，后四军到江西去，经过几个月都请假回籍了，他们在群众中传达红军的生活如何艰难，我们去动员群众加入红军，他们首先就是障碍，无论怎样解释他们都不愿意再当红军，反转说，你们没有当过红军，哪里知道，我自己当过红军此

① 《霍步青给稼蔷同志信（1932 年 11 月 8 日）》，《闽粤赣革命历史文件汇集（1932～1933）》，第 273 页。
② 《中共福州中心市委书记陈之枢给中央的报告（1933 年 6 月 19 日）》，《福建革命历史文件汇集》甲 13 册，第 91 页。
③ 《家、弼、霖自闽粤赣苏区来信（1931 年 3 月 23 日）》，《闽粤赣革命历史文件汇集（1930～1931）》，第 72 页。
④ 《中共湘赣苏区省委报告》，《湘赣革命根据地》（上），第 599 页。
⑤ 《闽西同志口头报告（1930 年 12 月 19 日）》，《福建革命历史文件汇集》甲 16 册，第 110 页。

系知道得清楚……每次征调红军，出于自动加入的，可以说是没有的。①

艰苦的生活，使部分加入红军者难以承受，有逃兵承认："红军每天要走一、二百里路，我们实在拖不得。"② 王稼祥等也意识到："红军生活这样艰苦，与士兵的逃跑自然是有关系的。"③

应该承认，在苏区的现实环境下，相当部分新加入的红军并没有非常清楚的政治观念，老红军李林写于1940年代的一份思想汇报作为原生态的材料，颇值一读：

> 本人出身农民，小时候在（也）受苦。家中无钱读书，十二岁在家耕田，帮人放牛。到十六岁至十八岁，这时候的思想就不想在家受苦，帮人放牛心里都想悲脱（背着）出来当兵，后来我母亲设法我跟我叔叔（继父）做小生意。当时我就不愿意跟我叔叔在一块，因为他经常打骂我，我不愿跟我叔叔做事，经常想出来当兵，面（免）以和我叔叔吵骂。以后红军来到我家，就参加本地游击队有半年。后来被地方反动捣乱了，那游击队分散了。我有（又）找正式部队，来时我母亲不让我出来当兵，以后队伍开在我家过时，我就跟队伍走，我母亲就躺在路边哭。当时看到那样哭，有（又）回去了一次，安慰我母亲不要着（生）气，我到外面不会吃亏，有人会帮助，叫她在家放心。同我母亲说这些话，我母亲都不让我出来，后来我就不管家的事情好坏。这就是我出来的思想情形。

---

① 陈正、刘伯坚：《关于工作情况的报告（1930年11月7日）》，福建省档案馆藏91/2/404。
② 《远关于湘鄂西苏区敌军和我军情况及红军中政治工作缺点给中央的报告》，《湘鄂西苏区革命历史文件汇集（1931~1934）》，第395页。
③ 《家、弼、霖自闽粤赣苏区来信（1931年3月23日）》，《闽粤赣革命历史文件汇集（1930~1931）》，第72页。

……

> 到部队后的思想没有什么表现，后来就加入共产青年团员。加入共产青年团后，人家告诉我说，加入青年团为无产阶级谋利益，到共产主义社会。以后就有人问我，为什么要加入共产青年团？我就照上面跟照（着）说：要为无产阶级谋（利益），打土豪分田地。开始对于这些了解还不清楚。后来在党内受到教育才懂得些。
>
> 一九三四年三月加入青年团，三六年在定边转党……一九三四年在一方面军一军团电台当护员，那时候的思想有吃就算了，其他不管。①

读到这一段文字，一个老红军质朴的形象可以说呼之欲出，其实，这样的思想经历为很多人所拥有。从马克思主义经典作家所描述的无数个成长中的"马铃薯"组成红军这一事实，就可以理解艰苦环境下出现开小差等问题的不可避免性。

另外，从地域因素看，赣南、闽西偏处一隅，历史上经历战乱较少，民众从军热情不像长期经历战争地区那样高。籍贯湖南的邓文仪回忆，他出外当兵时，"大多数亲友都很称赞，并且轮流请饭饯行"，② 这种现象在赣南、闽西很难见到。林彪曾将江西和湖南相比，谈道：湖南你再说不行，湖南人他愿意当兵。我们这个队伍到湖南就扩大了队伍。我们队伍一到江西，没有一个江西老百姓愿意当兵。我们到福建，福建当然有苏区，但是也没有一个人愿意当红军。③

---

① 李林：《历史思想自传》，《建宁党史资料》第3辑，中共建宁县委党史办公室编印，1989，第119～120页。原文因错别字较多，引录时已在括号内做过修订。

② 邓文仪：《冒险犯难记》（上），台北，学生书局，1973，第21页。

③ 陈毅同志"九一三"以后的讲话，1971年10月下旬。林彪此言，当然说的是一个总体感觉，中央苏区也不是完全没有志愿参军者，如吴法宪回忆就提到："我看到有的同乡，只比我先参军几个月，就当了副班长，我看红军当官很容易，我想当官。"见《吴法宪回忆录》（上），香港，北星出版社，2006，第22页。

　　中央苏区发展过程中，尤其是第五次反"围剿"期间出现的红军、游击队出现的开小差现象，是苏区一系列社会政治难局下形成的困境，根源在于战争的残酷和苏区人力资源的缺乏。中共中央指导方针的失误固然加剧了这一现象，但只是导致问题出现的诸多因素之一，不能要求其承担起全部的责任。这一点，在赤白对立现象的形成发展过程中，也是如此。

5. "赤白对立"

　　苏维埃时期，苏区周边地区曾出现严重的"赤白对立"现象。所谓赤白对立，是指苏维埃区域与非苏维埃区域之间的对立，它不是由苏维埃革命加剧的阶级间的对立，而是一种非阶级的由多种因素引发的以地域为中心的冲突，主要发生在苏区边境地区。

　　早在 1928 年 10 月，赣东北就有报告提到："环绕割据区的民众，还不知道我们的好处。土劣已感觉我们与他们不利，设法使民众起来反抗我们了。故环绕割据区域的民众非常反动，每日跟着反动军队，来我地抢东西。凡民众有食器用，只要能搬运者，莫不抢劫一空。"[1] 1929 年 1 月，滕代远向中共湖南省委报告，江西"铜鼓的民众因被平江游击队烧了很多房子……当红军到铜鼓县城时，所有男女老幼各种货物桶，一概搬运走了，不但找不到党的关系，连饭也没得吃"。[2] 这是我们可以看到的较早谈到这一问题的报告。

　　赤白对立的出现，和中共阶级革命的宗旨存在距离，作为苏维埃革命的倡导者，中共以领导全国人民革命为己任，非苏区区域从原则上说，理应是革命的发展对象，当地人民潜藏的革命热情和苏区人民也应是一致的。但是，赤白对立现象却在相当程度上挑战着

---

① 《弋阳、横峰工作报告（1928 年 10 月）》，《江西革命历史文件汇集（1927～1928 年）》年，第 296 页。
② 《滕代远向湖南省委的报告（1929 年 1 月 12 日）》，《湘鄂赣革命根据地文献资料》第 1 辑，第 47 页。

中共这一理念，严重影响着苏维埃区域的发展："各县警卫营或连，特别是赤少队很多都不愿到白区域去，以为白区群众都是些'虎豹豺狼'，不能同它们接近……有许多听到要他去白区工作他就哭起来，甚至哭得饭也不想吃。"与此同时，"白区群众的怕游击队名之为'刀子队'，造成了赤白对立的现象，如铜城铁壁一般"。①

这样一个中共不希望看到的现象，其最初出现，客观看，和中共苏维埃革命初期实行的错误政策不无关系。当时有关文件详细分析了造成赤白对立的原因："因我们的工作不好，特别是盲动主义引起白区群众的反感"；"旧社会遗留下来的地方观念，宗族观念与发生过械斗"；"出于豪绅地主反动派的欺骗造谣，挑拨离间"。②这里，首要的就是盲动主义影响。1928 年前后，中共在盲动政策指导下，普遍执行了烧杀政策，对地主等革命对象进行肉体消灭，打击对象甚至扩展到苏区外的一般群众，中革军委总政治部指出：

> 红白两边，杀过来，杀过去，成了不解的冤仇。这其中，在革命方面犯了许多盲动主义、报复主义的错误，乱抢乱烧乱杀的结果，反造成那边的群众更加坚决的反对革命。有一次工农群众和赤卫队打到龙聚区的吴公山，一烧就烧一千多家房子，这样越发使他们接受豪绅地主的欺骗，反对革命了。③

同时苏维埃革命政策本身也必然严重触及地主等农村有力阶层的利益，作为报复，受到国民党军支持的反苏维埃地方武装回到当

---

① 《中共河西道委给苏区中央局的综合工作报告（1932 年 5 月 17 日）》，《江西革命历史文件汇集（1932 年）》（一），中央档案馆、江西省档案馆编印，1992，第 111 页。

② 《湘赣省军区政治工作会议决议案》，《湘赣革命根据地》（上），第 685～686 页。

③ 中革军委总政治部：《争取三都七保的意义和工作方法》，《中革军委总政治部通讯》第 3 期，1931 年 2 月 26 日。

地后，往往对参加革命的民众进行屠杀。湖南平江自 1928 年初暴动后，"杀戮豪劣和反动份子，计在数千，而同志和革命民众殉难的，亦不下数千人"，许多地区"数十里或百数十里，几无一栋完善的房屋，无一处尽青的山，共计全县被烧的房子，总在十分之四、五"。① 江西上犹在红军退走后，土豪地主组织的民团对民众"不问首犯盲从，一律处以死刑，其中遭冤枉而死者，不知凡几"。② 地主疯狂的屠杀又激起民众的强烈愤恨，以致"报复心理非常浓厚，盲动主义时代精神的复活，群众无论如何要求以烧杀抢劫来答复白色恐怖，其气之高真不可制止"。③ 中共有关文件明确谈道："各苏维埃区域边境严重的红白对立现象，就是这种报复主义造成的结果。"④

对立情绪不断蔓延，相互间的报复行为，常常超越阶级对抗的范畴，变成区域之间的对抗。福建"蛟洋农民烧丘坊房子二百余家，白砂赤卫队烧茶地房子九十余家"。宁德横坑民团与中共开辟的游击区敌对，引起苏区群众愤慨，"见横坑人即杀，横坑人就不敢向游击区域来买东西"。⑤ 同时，这一状况的出现，和中共开展革命时为鼓动民众、克服地方观念，常常组织农民跨村跨乡打土豪有关。跨村跨乡活动在苏维埃区域内虽有可能触发宗族间的冲突，但总体处于可控状态，且村庄间的运动是相互的，负作用不明显；在边区则变成苏区对白区的单向运动，且由于对当地具体情况不了解，打土豪行动往往失控，有些部队打土豪"离开阶级的（标

---

① 《滕代远向湖南省委的报告（1929 年 1 月 12 日）》，《湘鄂赣革命根据地文献资料》第 1 辑，第 43~45 页。
② 《上犹人之赤祸谈》，《共匪祸赣实录》第 2 期，第 58 页。
③ 《赣西南刘作抚同志报告》，《中央革命根据地史料选编》（上），第 225 页。
④ 《中共苏区中央局通告第十号，地方武装的策略组织和工作路线》，石叟档案 008·5524/2612/0559，中国社会科学院近代史研究所藏。
⑤ 《中共闽西第一次代表大会之政治决议案》，《中央革命根据地史料选编》（中），第 117 页；《中共福安中心县委工作报告（1933 年 7 月 10 日）》，《福建革命历史文件汇集》甲 19 册，第 120 页。

准)，以有猪有鸡有谷有鱼为标准的乱打，结果把有猪有鸡有谷的
中农和贫农也打了，破坏与中农的团结和阶级利益"。① 有些"地
方党部及政府不仅不纠正此种错误，而且造成理论说这是赤白区域
对立，他们不了解赤白区对立，是赤白区两个政权的对立，而不是
赤白区两地群众对立，他们把地域的对立，代替了阶级的对立"。②
这种不顾阶级关系的盲目报复和掠夺行为，虽然和革命对象一方的
白色恐怖及压迫有着重要关系，却客观促成了赤白对立。

　　作为一个以群众革命为生存基点的政党，中共对群众利益、群
众情绪始终予以高度重视。赤白对立现象出现伊始，中共各级部门
已有所意识，随着其范围的扩大和危害的增长，更予以高度重视并
力图加以克服。1931 年第二次反"围剿"前后，红一方面军总前
委严厉批评了红四军"在水南烧土豪房子时烧了一条街"③ 的错
误，责令公开作出赔偿。当计划进攻和赤区有强烈对立倾向的七坊
时，更明确要求："到七坊后要开和平会，立和平公约，第一条要
两方不再相打，大家一起打土豪。"④ 中革军委总政治部也指出：

> 　　坚决反对烧杀政策和报复主义。游击队在每次进攻反动统
> 治区域之前，必须对自己部队及参加斗争的群众宣传纪律，绝
> 对禁止侵犯贫苦群众的利益，不准乱烧他们的屋，不准乱杀他
> 们的人，不准乱拿他们一点东西……豪绅地主的谷子衣服猪牛
> 用具，原则上要完全发给当地贫苦群众（号召当地群众去夺
> 取），这是发动群众的斗争的必要策略。游击队和参战的红色
> 群众决不可取得太多。⑤

---

① 《彻底执行明确阶级路线与充分群众工作》，《努力》第 5 期，1933 年 8 月 6 日。
② 《邓中夏同志关于红二六军的报告》，《湘鄂西苏区革命历史文件汇集》第 2 册，
　第 36 页。
③ 《总前委第六次会记录（1931 年 6 月 2 日于建宁）》。
④ 《总委第九次会议记录（1931 年 6 月 22 日于康都）》。
⑤ 《中共苏区中央局通告第十号，地方武装的策略组织和工作路线》，石叟档案
　008·5524/2612/0559，中国社会科学院近代史研究所藏。

中共采取的这些措施在一定时间和程度上收到了成效，但是一直到苏维埃革命终止，赤白对立现象也未得到完全制止，在一些地区、一些时段甚至有愈演愈烈之势。之所以如此，一方面是因为早期赤白对立的后患难以短时期消除，其负面影响会持续存在；另一方面，苏区内外造成赤白对立的新因素不断出现，使赤白对立成为大部分苏区难以克服的硬伤。

一部分地方武装和游击队乱打土豪是赤白对立持续并加深的重要原因。苏区大量的地方武装供应依赖地方，在战争环境下常常难以为继，利用到白区活动机会，筹集粮款，是其解决自身生存问题的一个重要途径，而各级机关对这一做法实际也采取默认态度：各级部门"检查工作时，首先问'多少钱'，不去检查打豪劣地主与民众的情绪如何"。[①] 有的游击队把打土豪收入"抽十分之一作伙食尾子分"。[②] 同时，对于游击队到白区活动，中共中央指出："分发豪绅谷物衣服给群众，是挺进游击队在数小时内取得群众拥护的最有效手段，每到一地，必须在最近期间最大限度进行这一工作。"[③] 这就是说，游击队进入白区后，必须迅速展开打土豪，在对情况不熟悉背景下，由此造成的一些问题具有相当的必然性："地方武装过去行动，大多数都是陷于单纯筹款的泥坑中，许多行动不是为了群众利益而是自己去找经费，一到白区，豪绅地主走了，贫苦工农也乱捉乱打一顿，造成一种白区群众害怕游击队，甚至在豪绅地主欺骗之下来反对苏区，为难游击队，造成一种脱离群众的赤白对立的严重现象。"[④] 后来，毛泽东在回顾这一段历

---

① 《中共福州中心市委符镯关于福州工作情况给中央的报告（1933 年 12 月）》，《福建革命历史文件汇集》甲 13 册，第 196 页。

② 《中共南广县委给苏区中央局的综合报告（1932 年 10 月）》，《江西革命历史文件汇集（1932 年）》（二），第 98 页。

③ 《江西军区政治部关于坚决执行中革军委"游击队怎样动作大纲"中挺进游击队之工作任务》，《江西革命历史文件汇集（1933～1934 年）》，第 364 页。

④ 《中共湘赣苏区省委报告（1933 年 2 月）》，《湘赣革命根据地》（上），第 594页。

史时，曾痛切谈道："土地革命时期打土豪办法，所得不多，名誉又坏。"①

除维持生存的因素外，地方武装和游击队军纪、政治工作薄弱、素质较差也是导致上述问题的重要原因。地方武装发展过程中"总带有或多或少的强迫，甚至完全用强迫命令而编的"，"兼之平时没有教育训练与党的领导薄弱……到白区乱抢东西则是普遍的发现"。"因为没有明确的阶级路线，有许多赤色武装到白区去，不坚决实行三大纪律八项注意，甚至负责人也不切实做到，工农的东西乱拿，群众跑出去了，以为这些是'反革命的东西'，也可以打土豪！"② 以致指导机关明确要求"党要坚决转变乱拿白区许多东西，不问穷人富人都捉来的许多错误，应当把赤卫军、游击队在白区行动的政治教育与军事纪律的建立成为目前主要工作，才能避免赤白对立"。③

随着苏维埃区域的扩大，当其向城镇扩展时，传统的城乡间相互敌视也对赤白对立现象发生影响："城市方面的一般人，对于乡下人有鄙视欺侮的举动，是很普遍的事实，因此发生了城乡恶感。"④"农民上县的时候，则检查异常严厉，有时借故寻衅，将农民捉去罚款，弄得一般农民不敢到城里去购买货物，农民非常怨恨城市。"⑤ 由于此，"在游击战争发展到城市去，农民便摧毁城市以泄恨，少不免影响中小商业停闭"。⑥ 闽西中共地方苏维埃组织农

---

① 《毛泽东年谱（1893～1949）》（下），第 213 页。

② 《中共会昌县委十、十一两月工作报告（1932 年 12 月 3 日）》，《江西革命历史文件汇集（1932 年）》（一），第 367 页；《中国工农红军湘赣省军区总指挥部白区工作大纲（1932 年 6 月）》，《湘赣革命根据地》（上），第 319 页。

③ 《中共鄂豫皖中央分局给陂孝北县委会的指示信》，《鄂豫皖革命根据地》第 1 册，第 397 页。

④ 《闽西斗争意义与教训的讨论》，《福建革命历史文件汇集》甲 4 册，第 27 页。

⑤ 《鄂东巡视员曹大骏的报告（1929 年 8 月 31 日）》，《湘鄂赣革命根据地文献资料》第 1 辑，第 125 页。

⑥ 《苏维埃区域的经济问题》（《红旗》编者按），《中国苏维埃》，三民公司，1930，第 53 页。

民攻城时，"农民更喊着'杀尽城内人'、'烧尽城内屋'的口号。那时农民痛恨城内人的心理是十分一致的。他们都说：打进了城不但要杀尽抢尽烧尽，而且还要将城墙拆去。于是城内豪绅地主便利用这些口号去煽动城内贫民仇视我们。果然，一般贫民受其利用，做侦探、当团丁、做向导，无所不为"。①

应该承认，在所有上述因素中，农民本身是造成赤白对立的基础性原因。中共的苏维埃革命和农民的支持息息相关，为获得农民的支持，一定程度上对农民利益的让步不可或缺。事实上，当中共武装攻打城市或到白区活动时，当地群众通常都是积极的参加者。这一方面反映了农民的革命要求，同时也和其搜罗财物这一利益目标有关。在此背景下，不分阶级、贫富乱拿财物变得难以避免。北上抗日先遣队报告："我们打罗源县时，群众戴了小斗篷，拿了梭镖、扁担，足站了有五里路长。县城一打开就自动地拿东西，阻也阻不住，话也听不懂。"② 福建方面也反映："贫民的房子也去搜，上至银钱宝贵的物件，下至很破很败的衣服，不管是贫民、雇农、中农都把它掠回来。发动群众去参加就是去掠东西。有的群众说'你们得的是钱，我们得的是坏东西'。攻进乡村时豪劣地主逃跑了，存下来小儿老人，也杀得鸡犬无存。"③ 江西万载农民甚至出现"七八间（处）抄抢队的组织"。④

当时，中共领导人对如何在发动群众参加斗争同时又保持严格的纪律颇感困惑，默认群众的抢掠行为势必破坏苏维埃政权的形象，强硬制止又担心引起群众不满。当中共刚刚开始军事斗争，南昌起义军退到汕头时就遇到了这样的问题，当时中共采取了严厉措

---

① 《闽西斗争意义与教训的讨论》，《福建革命历史文件汇集》甲4册，第27页。
② 《红军抗日先遣队北上经过的报告》，《闽浙皖赣边区史料》，中共中央宣传部党史资料室编印，1954，第52页。
③ 《中共福州中心市委符镛关于福州工作情况给中央的报告（1933年12月）》，《福建革命历史文件汇集》甲13册，第196页。
④ 《湖南省委巡视员蒋长卿巡视湘鄂赣边境的报告（1929年12月20日）》，《湘鄂赣革命根据地文献资料》第1辑，第193页。

施加以制止，但不久中共中央就改变了这一做法，并对执行制止方针"逮捕并杀乘机抢劫贫民三人"的责任人"以留党察看一年之处分"。① 然而放任不管造成的混乱其实也是中共一个沉重的政治包袱，因此，当 1927 年底的放任方针某种程度上和"左"倾盲动联系在一起后，中共也在调整自己的政策，1930 年赣西南报告称：

> （农民自卫军）五军攻下分宜后即准其进城，但进城后则全不问贫富先抢劫一空，有时还乱杀乱烧，五军因得了这一经验打下袁州即不许进城，同时还向他讲演并说明不许进城是因为敌人武装还没有完全缴得，恐进城受误伤，并马上没收一部分东西分给他们。但在当晚约一千余人爬进城来抢劫了数十家烧了房屋，军部马上派人来制止无效，继派武装弹压无效，并抢弹压士兵的枪，士兵以正当的防卫向空中开枪示威误打死一农民群众即镇压下去了，但引起了农民的反感。②

当地负责人对这一处理及其后果没有把握，请示中央"以后再逢有这样的事是如何处理"。③ 确实，完全放任会导致秩序失控，但加以约束又会影响到农民积极性，中共在这一问题上颇有点左右为难。1931 年，红一方面军总前委在计划进攻七坊时明确要求"群众赤卫队绝不要去"；④ 苏区中央局也激烈批评："各地破坏城市尤其是在城市中大烧房屋的办法，完全表现流氓路线，农民意识失败主义是非常错误的，以后要极力纠正。"⑤ 但总的来看，中共更多时候是采取教育和引导的方式，不加以过于激烈的控制，由于

---

① 《政治纪律决议案（1927 年 11 月 14 日）》，《中央通信》第 13 期，1927 年 11 月 30 日。
② 《赣西南刘作抚同志报告》，《中央革命根据地史料选编》（上），第 263 页。
③ 《赣西南刘作抚同志报告》，《中央革命根据地史料选编》（上），第 263 页。
④ 《总委第九次会议记录（1931 年 6 月 22 日于康都）》。
⑤ 《中共苏区中央局通告第十号，地方武装的策略组织和工作路线》，石叟档案 008·5524/2612/0559，中国社会科学院近代史研究所藏。

农民本身的利益冲动，抢掠行为仍无法完全制止。福建连江群众到白区去，拿走的东西"从棉被衣服直到饭碗，火钳都要被他们带着回去。而且还说：'我跟你们打土豪，你们是很划算得来的，我们只拿一点东西，但是你们却由我们的帮助罚了很多钱和得了很多武装'"。①

除中共本身原因外，中共的对手方国民党方面及地主也为赤白对立的形成推波助澜。毫无疑问，在动员农民的能力、方法、投入的精力及可利用的资源、手段上，国民党在苏维埃时期远远无法和中共相比。于国民党而言，赤白对立可以有效地限制中共力量向其控制区域的渗透，而其对苏区的影响，由于拿不出像土地革命这样富有号召力的实际措施，本来就困难重重。因此，和中共极力想消除赤白对立不同，赤白对立为国民党统治地区构筑了一道天然的屏障，是他们乐于看到的。同时，维持及造成赤白对立，也符合其封锁苏区、打击中共的战略目标。

国民党方面制造和加剧赤白对立主要依赖的是苏维埃革命的被打击者及中共在开展革命过程中的一些错误。随着苏维埃革命的进行，苏区内外的地主、富农作为革命的打击对象成为国民党政权的坚定拥护者，同时一部分中农及包括贫农在内的其他一些阶层出于对中共的误解也产生恐惧心理，而中共苏维埃革命初期的盲动政策及后来的"左"倾政策都加剧了这一倾向。当国民党方面试图在政治上与中共展开竞争时，这些都成为中共可被突破的软肋。和国民党政权一样，作为革命中的被打击对象，赤白对立也符合着豪绅地主的利益，因此，他们比国民党政权更积极地制造着赤白对立："龙港的豪绅（非赤色区域）利用宗法社会关系，鼓动一些盲目群众，准备向当地同志进攻。"②

---

① 《中共福州中心市委关于巡视连江工作报告（1933年11月10日）》，《福建革命历史文件汇集》甲3册，第148页。

② 《鄂东巡视员曹大骏的报告（1929年8月31日）》，《湘鄂赣革命根据地文献资料》第1辑，第131页。

　　当国民党政权和豪绅地主在赤白对立这一问题上达成一致时，他们最常动用的资源是宗族关系。主要由地主构成的士绅阶层在农村社会具有重要的影响力，由于他们在乡村中拥有的财富、文化、社会资源，通常成为宗族的控制者和代言人。苏维埃革命展开后，为对抗中共革命的影响，国民党政权和地方豪绅充分利用宗族制度并将其与地方观念结合，发挥出相当的作用。福建漳州报告："这里姓杨的农民，我们没有工作，在士绅地主领导之下帮助反军进攻我们，这是给我们火线上一个很大的打击。"① 国民党方面通过宗族和地方观念的号召，在一些宗族和地主豪绅力量较强地区，形成制造赤白对立对抗中共的有力力量。江西兴国、于都、宁都、永丰四县交界的三都七保地区民性"在历史上有名的蛮悍，从来不纳税，不完粮，不怕官兵"，苏区建立后，他们"受土豪劣绅的欺骗，中氏族主义的毒很深。那些豪绅地主团结本姓穷人的口号是'宁可不要八字（命），不可不要一字（姓）'，这种口号在那些地方有很大的影响，因此所有的群众都被豪绅地主抓在手中"。② 对此，何应钦曾报告，该地"民情最为强悍，反赤三年，赤匪受损甚大，视为赣南赤区最大障碍。卒因种种诡谋软化各区，仍不敢用高压手段，而赖村圩、汾坑圩、马鞍石等处至今尚守寨不屈。即被击破之村圩，多数民众仍持怀报复之心，是以我军一到，良民大半归来，热烈欢迎"。③

　　在挑起赤白对立的过程中，农民好利的心理常被国民党所利用。如福建漳州民团"配合各地如潮水般的反动群众……向赤区进攻，抢掠赤区群众的猪、牛、粮食，搬不动的东西放火烧，锅子

---

① 《北冀关于漳州红三团行动的报告（1933 年 8 月 25 日）》，《福建革命历史文件汇集》甲 11 册，第 91 页。
② 中革军委总政治部：《争取三都七保的意义和工作方法》，《中革军委总政治部通讯》第 3 期，1931 年 2 月 26 日。
③ 《何前敌总司令官代电宁于兴永四县交界之三都七保人民反赤情形》，《陆海空军总司令部行营党政委员会会报》第 5～8 期合刊，1931 年 8 月 31 日。

不要的就打破"。① 1933 年第五次"围剿"前夕出任国民党泰和县
长的帅学富回忆，他在组织由苏区逃出的难民到苏区抢劫时公然声
称：

> 你们挑选年富力强壮丁，手持梭标，身背區担，跟在我保
> 卫团后面前进，俟我打进匪区村落后，由你们抢劫，见牛牵
> 牛，见谷挑谷，可是抢来任何物资，不准私藏己有，都由你们
> 委员会，作公正合理的配给每一个难民享受，得来枪支，亦交
> 你们义勇队使用……从此我这个县长，成为打家劫舍的强盗头
> 子了。②

作为一种贯串苏区发展始终的现象，赤白对立的产生、延续，
除了前文已经谈到的诸多现实原因外，更进一步看，它还和苏维埃
革命的起源、动力，中国农村阶级分化的实际状况密切相关，这些
因素和现实的原因交相影响，既成为一些导致赤白对立现象的政策
得以出现的内在原因，又使得一些错误政策的负面影响被加深、放
大，从而进一步加剧着赤白对立的发生、发展。

苏维埃革命是中共在国共合作破裂，自身面临生存危机时的选
择，军事的推动是苏维埃区域形成、发展的主要支配力量，由武力
所造成的苏区与非苏区的分隔，使区域的对立极易成为现实。苏维
埃区域多在交通阻隔的山区，这里的特殊地理和经济状况影响着大
地主的发育，以自耕农为主的农村社会格局，对中共阶级革命的判
断和实践带来困惑，相当程度上成为中共过火政策的重要诱因；而
这些地区特别明显的公田制度，和根深蒂固的宗族制度相结合，为
赤白对立的发生提供了社会条件。农民追求利益的天性，决定了中

---

① 《中共漳州县委书记蔡协民给厦门中心市委的工作报告（1932 年 8 月 16 日）》，
《福建革命历史文件汇集》甲 19 册，第 24 页。
② 帅学富：《五车书室见闻录》，台北，文海出版社，1981，第 152 页。

共发动农民过程中既可以充分运用利益驱动号召农民，同时也可能需要承受这种利益冲动带来的消极影响乃至重大破坏。

赤白对立在诸多因素影响下，成为苏区的一种痼疾，它的存在，事实上成为苏区发展壮大的绊脚石。由于赤白对立，"经济不能流通，不但小商人不能做生意手工业的不能出售，而一般农民日用必需之品（油盐等），也因此而缺乏甚至买不到，因为豪绅地主及大富农都被赶出去了。同时又因抗债的关系，农民无处借贷，粮食也不能出售，所以在赤区农民感觉革命后更痛苦，虽然是没有地主豪绅及高利贷的压迫和剥削了"。[1] 这一描述当然不一定完全准确反映苏区的实况，但确实说出了赤白对立对苏维埃政权巩固、发展的障碍。更重要的，赤白对立严重影响到苏区的对外发展，在赤白边境地区，由于"侵犯了贫苦工农的利益，以及豪绅地主武装的镇压与欺骗，我们部队一到该地，常常上山打埋伏，不同我们见面"。[2] 而游击队所作所为，使"白色区农民欢迎红军不爱游击队，甚至要求打游击队"。[3] 在福建就有"群众要和土匪一起的拿长筒火炮来打我们"，[4] 安远、南丰县的白区边界的群众，"到处都向我们打枪，捉杀我们的红军病兵，及落伍士兵"。[5] 由此在赤白边境地区形成一种"白打赤、赤打白依然部落式的战争"。[6]

在赤白对立影响下，红军前出到边区乃至国民党区域作战，也面临着群众支持的问题。中央苏区第五次反"围剿"初期，红军

[1] 子修：《赣北工作综合报告（1930年7月）》，《江西革命历史文件汇集（1930年）》（一），第264页。

[2] 《中共湘赣省委第二次代表大会工作报告》，《湘赣革命根据地》（上），第644页。

[3] 《鄂豫边革命委员会报告（1930年4月）》，《鄂豫皖革命根据地》第2册，第89页。

[4] 《中共闽粤赣省委关于领导和参加革命战争给各级党部的指示信》，《闽粤赣革命历史文件汇集（1932～1933）》，第187页。

[5] 《为加强和巩固地方武装发展游击战争的决议》，《中央革命根据地史料选编》（中），第645页。

[6] 项英：《闽西的一般政治情形》，《福建革命历史文件汇集》甲8册，第256页。

在赤白边境地区作战时就遇到"军队打仗群众旁观，请不到向导，弄不到担架，脱离群众不发动群众积极性的怪现象"。① 第五次反"围剿"前夕彭德怀率部在闽西作战时深有感触：

> 群众对我们的态度也不热烈，召集群众大会，只有很少的人参加。这使我开始感觉到根据地内的土地政策有问题：地主不分田地，逃到白区流窜；富农分坏田，也有不少外逃；在加紧反对富农的口号下，打击了少数富裕中农，也有外逃者。他们伙同散布各种坏影响，使得边区工作很不好做。赤白对立，经济封锁，越来越严重。②

赤白对立使中共的阶级革命方针常常遭遇到某一地区民众多数的抵制而难以发挥作用，以致有人对白区民众丧失信心："以为白区群众都是反革命的，与白区交通完全断绝，故意的形成赤白对立。"③

苏维埃革命期间，对阶级革命已经熟手的中共，却在赤白对立这样一个非阶级现象中显得有些应付乏策，这显示了历史进程的复杂，也指示着中共革命不仅仅应该正面应对阶级问题，还要客观面对社会现实，注意到另外一些更为复杂的社会政治现象。赤白对立的发生、延续并不简单是一个政策错误问题，而应有着更深刻的社会政治原因，物质资源和政治资源的纠结与选择，是中共在赤白对立问题上举棋难定的关键。还是那句老话，在高歌猛进的革命大纛后面，柴米油盐总是会顽强地显示着它们的存在，革命要从理想和浪漫中向前推进，依然离不开一点一滴的改造之功。

---

① 《彭滕关于我军今后作战的意见（1933 年 10 月 24 日）》，《中央苏区第五次反"围剿"》（上），第 94 页。
② 《彭德怀自述》，第 181 页。
③ 《中国工农红军湘赣省军区总指挥部白区工作大纲（1932 年 6 月）》，《湘赣革命根据地》（上），第 318 页。

七 第五次"围剿"
与反"围剿"的战争

1. 运动与攻坚

（1）黎川失守

第四次反"围剿"胜利后，中央苏区地域进一步扩大。1933年7月21日，苏维埃中央决定划中央苏区为4省40余县，即江西省的瑞金、于都、兴国、永丰、新淦、宜黄、乐安、崇仁、广昌、南丰、石城、万泰、胜利、杨殷、公略、洛口、赤水、龙冈、长胜、太雷、博生，[①] 福建省的长汀、上杭、武平、永定、连城、龙岩、新泉、宁化、清流、汀东、兆征、彭湃、代英，[②] 粤赣省的会昌、寻乌、安远、西江、门岭、信康，[③] 闽赣省的黎川、金溪、资溪、建宁、泰宁、光泽。以赣闽边界为中心，中央苏区由东向西形成分别向南平、漳州、粤北、赣州、吉安、樟树、临川辐射的广大区域。

中央苏区的壮大，尤其是控制区域的北移，使其与中央苏区控

---

① 万泰在今万安、泰和交界处，胜利在今兴国、于都交界处，杨殷在今兴国、赣县交界处，公略在今吉安、吉水交界处，洛口、赤水在今广昌境内，龙冈、长胜、太雷分别在今永丰、瑞金、石城境内，博生为今宁都县。

② 代英、兆征均在今长汀境内，彭湃在今宁化境内，代英在今上杭、永定交界处。

③ 西江、门岭分别在今于都、会昌境内，信康在今信丰、南康交界处。

制区域继续北移，与闽浙赣苏区渐成连接之势。而黎川作为闽赣省委、省政府、省军区所在地，突出于中央苏区东北部，是中央苏区与闽浙赣苏区、赣东南与闽西北连接的主要孔道，具有重要的战略意义。早在 1933 年 3 月第四次反"围剿"时，中共中央就指示："黎川、泰宁、建宁、广昌……这个区域是中央苏区战略的锁钥，是永远不能放弃的，这些城市仍须大大的巩固起来，特别应该注意广昌。"① 1933 年 9 月，当国民党军由赣江自西南向东北基本完成对中央苏区的堡垒封锁后，其试探性进攻首先从这里发起。

当国民党军进攻黎川时，红军的防御兵力异常薄弱。1933 年 6 月，根据时在上海的共产国际军事总顾问弗雷德的意见，红军决定展开分离作战，所谓"两个拳头打人"，红一军团组成中央军，部署在宜黄、乐安沿抚河一带，防守苏区北大门，第三军团及第十九师等部组成东方军，入闽作战，向闽西北方向进攻。在初期的作战计划中，红军指挥部对黎川的防御给予了相当重视，要求："一、五军团依计划在北面地带，积极活动，隐蔽我军企图时应派独立第一团领导永兴桥地带部队前出新丰街南广部队，牵制敌第六师，使该敌于我十九师东出泰将后，不敢侵入黎川。"② 随着福建方面战事的展开，东方军作战并不顺利，红军不断向福建增兵，红五军团十三师及原留置赣东北兵力陆续调往东方军协同作战，黎川一带兵力空虚，成为国民党军发动进攻的一个理想突破口。中革军委指出："蒋介石的主要目的，是由南城向东南突击，以便割断江西的东北部与基本苏区的联系，并完成吉水、永丰、乐安、南丰，以达到邵武地区的坚固阵地的封锁线。"③

① 《中央对目前作战计划与任务的指示》，《中共中央文件选集》第 9 册，第 105 页。

② 《苏区中央局关于执行中央作战计划指示的布置（1933 年 6 月 13 日）》，《中共中央文件选集》第 9 册，第 232～233 页。

③ 《中革军委关于十月中战役问题致师以上首长及司令部的一封信（1933 年 11 月 20 日）》，《中央苏区第五次反"围剿"》（上），第 107 页。

在与红军多次交手后，蒋介石策动新一轮"围剿"时力图从战略上争取主动。他在庐山训练时就谈道：

> 现在土匪的主力是向闽北移动了，我们现在如果也跟到福建去找他来打，这样就是我们跟了土匪走，而陷于被动了！然则要如何才是立于主动呢？比方土匪现在在福建攻延平，攻了半个月还攻不下来，当然他向东不能发展了。如果我们现在有一个部队收复了建宁，或者是到广昌，那么，在福建的土匪，就断绝了后路，失掉根据地，不得不回来找我们打了！①

9月初，他又致电福建方面："围攻延平之匪，必趁北路军未进剿时，先乘隙打破我在闽之主力，然后回师西向，再应付北路军，其计甚狡。但其在闽北延平一带，亦不能徘徊过久，此时只要延平各城能固守半月，一待北路军发动，则匪必西退，回顾老巢。故此时我闽军主力，应先待其向西撤回时而邀击之，不必正面急急进援，免遭暗算。"② 这显然是希望闽方能将红军东方军拖住，以便其在赣东北从容部署。后来国民党将领也认为，第五次"围剿"中，国民党方面战术主要内容就是："主动地选择苏区有战略意义而又便于用兵的地区为一战役阶段。集中强大的兵力，作周到的准备，进行有限目标的攻击；攻占后即利用有利地形构筑碉堡封锁线，对苏区严加戒备阻绝封锁……战略上取攻势，战术上取守势，自由主宰战局，不冒风险。"③ 蒋介石在日记中将这一战术概括为："凡持重部队皆令其作前方之守备。机动者，集中要点，专备出击之用。先

---

① 蒋介石：《主动的精义与方法》，《庐山训练集》，第193～194页。
② 《蒋中正电蒋光鼐蔡廷锴我闽军主力应待其西撤时腰击之不必正面进援（1933年9月7日）》，"蒋中正文物档案"020200019089。
③ 杨伯涛：《蒋军对中央苏区第五次围攻纪要》，《文史资料选辑》第45辑，第185页。

以一部突出，为匪之目标，以求决战。其余则分为二、三部队，在两翼后作沉机观变之备。"① 进攻黎川，和这一作战总思路是吻合的。同时，由于当时闽方内部反蒋活动暗潮汹涌，蒋介石对此已有知悉，进攻与福建相邻的黎川，还不无对此预作准备之意。

9月1日，蒋介石电令熊式辉等："南浔路与九江部队可以尽量减少，并密令周浑元军第六师在内准备九月底占领黎川城为要。"② 中旬，国民党军向黎川集结。19日，蒋介石致电熊式辉等，要求将第八十五师拨归周浑元指挥，"确实占领黎川"。③ 9月24日，国民党军周浑元纵队（下辖第五、六、九十三3师）在距黎川约20公里的硝石完成集结，次日向黎川发动进攻。当时，红军在黎川的力量薄弱。关于黎川留守部队的人数，各方面有不同说法。萧劲光回忆当时"只有一个七十人的教导队和一些地方游击队"。④ 彭德怀回忆："保卫黎川的是一个五六百人的独立团"。⑤ 国民党方面战史记载，国民党军占领黎川后，"分窜黎川境内之匪约两千左右"。⑥ 这三个数字不完全相同，考虑到黎川当时以地方部队为主的实况，大致可判断黎川中共方面部队在千人左右。后来追究肖劲光责任时，提到肖指挥下"有一师兵力足以拒止至少可迟阻敌人于硝资之线"，⑦ 由于曾驻赣东北一带部队除第三军团全部入闽外，第十三、十九、二十师全部及二十一师大部也开往福建，黎川守军薄弱是不争的事实，"一师兵力"的说法显然是夸大之辞。鉴于双方力量悬殊，刚刚由福建前线奉命赶回黎川的闽赣军区政治委员

① 《蒋介石日记》，1933年8月18日。
② 《蒋中正电示熊式辉、贺国光江西省金溪九江南昌等地军事部署（1933年9月19日）》，"蒋中正文物档案"002010200093004。
③ 《蒋中正电熊式辉贺国光第八十五师归周浑元指挥周纵队确实占领黎川（1933年9月19日）》，"蒋中正文物档案"020200019093。
④ 《肖劲光回忆录》，解放军出版社，1987，第133页。
⑤ 《彭德怀自述》，第185页。
⑥ 《赣粤闽湘鄂北路剿匪军第三路军五次进剿战史》（上），第二章，第7页。
⑦ 周恩来：《反对红军中以肖劲光为代表的罗明路线》，《斗争》第38期，1933年12月12日。

萧劲光为避免无谓损失，率领教导队和游击队于 27 日撤离黎川。据萧劲光回忆："从我接受任务回黎川到撤出黎川这八天的时间里，军委没有给我下达坚守黎川的指示，也没有明确的撤离黎川的指示。"① 对战略要地疏于防守，中革军委一开始就犯了难以原谅的错误。

其实，对赣东北的严峻局面，中革军委及红一方面军总司令部的朱德、周恩来事先是有所预料的。早在 9 月 3 日，朱德、周恩来在注意到国民党军有南下企图后，就致电中共中央局，部署让东方军"准备回师"。② 因为十九路军根据蒋介石指示，坚守不出，红军难觅有利战机，继续屯兵福建整体战局将陷不利。12 日，项英致电朱、周，仍强调应"速将顺、将攻下"，同时指示："你们必须注意蒋之行动，如赣敌有配合闽敌之企图，应有准备的以便迅速转移，消灭北线主要敌人。"③ 13 日，周恩来再电博古、项英等，要求东方军结束当前战斗"迅速北上"。④ 中革军委复电虽同意回兵北上，但又判断："蒋贼仍极力构造永、乐方面之封锁线，刻未东移，容我东方军迟于二十日若干时间再行北上……这样的时间和空间的条件，还容我们采用各个击破的手段，先打闽敌，以便将来独立对赣敌作战。"⑤ 中旬末梢，中革军委实际已在做回师准备，要求红一方面军各军团向赣东方向"迅速派出有力的侦察队"，⑥ 准备大部队移动。同时拟调一军团往赣东，集中红军主力"消灭蒋贼东行的五个师"。⑦ 博古在给共产国际电报中也提出："占领顺

① 《肖劲光回忆录》，第 134 页。
② 《周恩来年谱 1898～1949》，第 251 页。
③ 项英：《东方军必须注意蒋之行动（1933 年 9 月 12 日）》，《项英军事文选》，第 165 页。
④ 《周恩来军事活动纪事》（上），中央文献出版社，2000，第 195 页。
⑤ 项英：《各个击破，先打闽敌，尔后对赣作战（1933 年 9 月 14 日）》，《项英军事文选》，第 168 页。
⑥ 项英：《保证机动迅速派出侦察队（1933 年 9 月 18 日）》，《项英军事文选》，第 173 页。
⑦ 项英：《红一军团适时参加抚河以东的会战（1933 年 9 月 22 日）》，《项英军事文选》，第 178 页。

昌和将乐后,我们将向东前进,迎击蒋介石军队。"① 但是,由于中革军委对东方军在福建的战果心有不甘,回师问题迟迟不能决断,而将红一军团东调红军高层也存在不同意见。项英曾致电周恩来,专门解释红一军团东移问题,指出:

> 此时一军团在现地挺进活动,破坏敌封锁线,固然抑留蒋贼主力,但须估量该敌在其开始大举进攻和发现我东方军北上时,可能由其远后方移兵东向。我一军团……秘密速到宜、南的机动地位,东则可以参加主力作战,北则可扼敌增援队之左背,还望加考虑处置。这一问题的本身,就在决定和运用钳制方面的兵力,而非如你所说将又成只手打人的问题。以次要方向积极的作战和伪装,原可以极小兵力争取决战所需短时钳制作用,特别紧要,也是在敌我兵力悬殊情形下抽出优势兵力决战之法。当然,不可说平分兵力于突击与钳制方面,才算是不是只手打人。②

24、25 日,鉴于赣东北形势已十分紧张,周恩来连电项英,要求同意东方军"赶早北上"。③ 25 日,中革军委作出决断:"第一方面军应即结束东方战线,集中泰宁出其西北地带,消灭进逼黎川之赣敌。"④ 从这一决策过程看,中革军委一段时间内对久攻不下的顺昌、将乐弃之不甘,冀望能有所得。其实,此时闽西对中共已成鸡肋,即使拿下顺、将,对全局也无影响,而黎川的重要

① 《秦邦宪给共产国际执行委员会远东局的电报(1933 年 9 月 23 日)》,《共产国际、联共(布)与中国革命档案资料丛书》第 13 册,第 500 页。
② 项英:《对红一军团作战行动的说明(1933 年 9 月 25 日)》,《项英军事文选》,第 181 页。
③ 《恩来关于中央军东移、东方军北上的请示(1933 年 9 月 25 日)》,《中央苏区第五次反"围剿"》(上),第 70 页。
④ 《军委关于消灭进逼黎川之敌的作战部署》,《中共中央文件选集》第 10 册,第 359 页。

性显然要超过上述两地，在已承认北上必要的大前提下，仍然抑留东方军于闽西北地区，丧失了宝贵的先机，犯下当断不断的错误。中革军委稍后自承"我们在原则上正确下了决心而犯了一个重大的错误（在决心本身上有之，而在移动兵力上则更大些），这错误就是没有正确地计上时间"。① 应该说，这一检讨部分道出了实情。

不过，中革军委此时不应有的迟延可能还和1933年年中围绕是否进军福建的争论有关，甚至和中共内部的政治、军事权力格局也不无关系。第四次反"围剿"胜利后，周恩来在中共军事、政治决策圈中的影响进一步增强，他不仅作为出色的政治活动家，同时作为优秀的军事指挥者被人们所认识。但是，周恩来作为所谓"老干部派"并不被中共正在执掌实权的年轻一代领导人所完全接纳。项英被安排为中革军委代主席，相当程度上就是希望借此某种程度上限制周恩来的影响。1933年6月上海方面提出组建东方军计划后，周恩来提出不同意见，而事态的发展又证明其所虑不为无因，这也使作出决策的中共年轻领导人可能不无尴尬，所以，力图在福建方面获得更大战果，证明东方军出击的正确，成为他们的一大心愿。从这个角度看中革军委明显有悖军事常识的决策，就不会显得那么突兀。

黎川易手，对此后战局影响甚大。国民党方面认为："我军占领黎川之后，不惟伪东西两军为之隔断，而赣东北与赣南匪区之联系，亦成支解分离之象……故黎川之克服，实为我军战略上之一大收获，为五次围剿胜利之先声。"② 占领黎川后，国民党军还可趁机把赣东北一线一直未构成的封锁线完成，最终形成江西方面对中央苏区的完全包围。针对黎川失守后战略态势的变化，周恩来9月

---

① 《中革军委关于十月中战役问题致师以上首长及司令部的一封信（1933年11月20日）》，《中央苏区第五次反"围剿"》（上），第109页。

② 《赣粤闽湘鄂北路剿匪军第三路军五次进剿战史》（上），第二章，第1页。

28 日向项英和中央局连发三电，认为黎川之失，"将使赣敌得先筑据点以守"，使国民党军占得先机，在此敌情下，红军"必须以极大机动性处置当前战斗。正面迎敌或强攻黎川都处不利"。① 要求主动出击，力图扳回已经失去的战略先机。

黎川之失，红军虽然出师不利，但远未到攸关大局的程度，在东方军北返，同时中央军也向黎川一带靠近后，国共间真正的交锋才刚刚开始。

（2）洵口、硝石之役

黎川失守后，中革军委决定将东方军从福建撤回，中央军向黎川一线靠拢，准备在此对国民党军实施打击，相机夺回黎川。红一方面军指挥部根据这一计划发出命令："首先消灭进逼黎川之敌，进而会合我抚西力量，全力与敌在抚河会战。"② 计划规定东方军（时辖红三、五、七军团）的基本任务是攻击国民党军左翼薛岳、周浑元两纵队，威胁南城。中央军（红一、九军团）先东移配合东方军作战，然后经康都西移棠荫、里塔等地，完成钳制抚河西岸吴奇伟纵队、粉碎抚河沿岸及抚河西敌军的基本任务。中革军委希望，红军以"消灭硝石、资溪桥、黎川地区敌人"为目的，在运动中"突击敌人之暴露翼侧"，以此打击敌有生力量，"造成对敌人中心根据地的威胁"。③

从当时来看，中共方面总的思路是希望将部队顶到苏区外线作战，尤其要尽力打破国民党军封锁线，在战略上争取主动。这一思路其实和红军第四次反"围剿"作战思路是一脉相承的。朱德在总结第四次反"围剿"胜利原因时曾谈道："此次战略的不

---

① 《周恩来年谱 1898～1949》，第 252 页。
② 《方面军关于歼灭黎川之敌后在抚河会战给各兵团的作战命令（1933 年 9 月 27 日）》。
③ 《对作战部署的补充指示（1933 年 9 月 28 日）》、《战地工委就近指挥突击敌人（1933 年 9 月 29 日）》、《关于东方军等部基本任务和作战动作的决定（1933 年 9 月 30 日）》，《项英军事文选》，第 185、187、192 页。

同点是在择其主力，不待其合击，亦不许其深入苏区，而亦得到伟大胜利。"[1] 面对和第四次反"围剿"有一定相似性的局面，中共继续采用这一战法应属正常。为达成顶出去打的目标，夺取南城与黎川之间的战略要点硝石具有重要意义，既可切断黎川国民党军与南城附近主力军的联系，使黎川成为孤城，从而一鼓而下，又可吸引南城一带国民党军主力出动，达到在此一带集中主力围点打援的目的。因此，中革军委一改黎川失陷之前的拖延态度，连电要求东方军迅速回师，指斥："彭、滕又要围攻邵武，忽视上级命令或将延误军机。战机紧迫，对于命令不容任何迟疑或更改。"[2] 朱德、周恩来10月3日致电项英，明确谈道："目前关键在中央军能以极大机动抓紧当前敌情变化，适时出现，东方军集结最大兵力以最大速度赶在抚西敌援未至硝、黎，工事未固之先，进击硝、黎敌人。"同时，对在硝石作战的风险也有充分估计："估计敌知我军回师，如更知我中央军东移，其罗纵队有以两三师，或改由李九师、八十七师秘密移至南城，准备以硝石许师诱我，以便从南城、新丰、黎川三方面向我出击之极大可能。"[3] 在硝石作战关键是要争取时间，尽可能早地控制硝石，否则就有落入对方包围圈的可能。事实上，朱、周的电报已经侧面提示了硝石作战的隐患，即进入对手后方作战，一方面应有强大的兵力作为后盾，另方面还要随时防止被断后路，而以当时两军兵力对比，红军在这两点上都难有成算。

在中共方面积极备战时，国民党军占领黎川后也四下出击，"清剿"分散活动的红军游击部队，巩固其对黎川的占领。10月3日，国民党军得到报告，洵口方向有中共军队千余人活动，周浑元

---

① 中共中央文献研究室编《朱德年谱（新编本）》（上），中央文献出版社，2006，第331页。该文收入《朱德选集》、《朱德军事文选》，但均不见这一段。

② 项英：《对东方军中央军作战行动的指示（1933年10月2日）》，《项英军事文选》，第197页。

③ 《朱、周关于东方军、中央军作战意图的电报（1933年10月3日）》，《闽赣苏区文件资料选编》，第108页；《朱德、周恩来致项英电（1933年10月3日）》，《中央苏区第五次反"围剿"》（上），第75页。

判断其为红军独立团或游击队，于 4 日下令第六师周嵒部派出三团"前往扑击"。①

当晚，国民党军第六师第十八旅旅长葛钟山率第三十一、三十四两团及第五师第二十七团向洵口方向进发，5 日晨到达洵口后，并未发现红军大队踪影。此后，该部在回黎川还是继续搜索上与指挥部往复协商，一直到 6 日，侦知飞鸢方向有红军部队后，葛钟山决定"乘机袭扑该匪"，② 率部向飞鸢进击。

东方军 9 月底由福建回师，10 月 5 日，奉命向硝石方向前进。6 日，红三军团隐蔽到达黎川东北，突出于国民党军的葛钟山部成为红军向前挺进中的顺势攻击对象。6 日下午，葛旅大部到达飞鸢后，红军主力突然向其发动攻击，将葛部压回洵口，同时资溪桥、湖坊一带红军自北、南两面向洵口出击，形成合围之势。7 日凌晨，东方军下达攻击洵口命令，以第四师、第二十师、第五师对洵口发起进攻。国民党军被困的第二十七、三十一两团在赶来增援的部队接应下，突出包围，随增援部队撤回黎川，第三十四团被围困在洵口村内。据彭德怀回忆：被围国民党军"据守山顶土寨子，坡度很陡，不易爬上去，上面无水，再有一天半天时间，即可消灭"。③ 但红军根据既定计划，主力前出进攻硝石，未全力消灭洵口被围部队，10 日，国民党军援军到达洵口，将第三十四团残余部队接应回黎川。11 月，蒋介石亲自出席仪式，为第三十四团颁授荣誉旗，称誉其在红军包围中，"危困至五日之久，卒能以寡击众，打退土匪，安全回到黎川，使我们全体剿匪军队的精神为之一振！"④ 是役，红军对敌 3 个团形成重击，缴获机枪 29 挺，长短枪 1084 支，

---

① 《国民党军第 6 师周嵒部与红军在江西黎川洵口战斗详报》，《中华民国史档案资料汇编》第 5 辑第 1 编军事（4），第 1 页。
② 《赣粤闽湘鄂北路剿匪军第三路军五次进剿战史》（上），第二章，第 9 页。
③ 《彭德怀自述》，第 185 页。
④ 蒋介石：《完成安内攘外的使命》，《先总统蒋公思想言论总集》第 11 卷，第 600 页。

无线电台1架。东方军伤亡700多人，国民党军阵亡458人、受伤810人、旅长葛钟山以下被俘1100余人，[①] 洵口死尸横陈，数日后仍"臭气大张"。[②] 洵口之役，"算是第五次反'围剿'中一个意外的序战胜利"。[③] 不过，红军在是役中损失大批弹药，按中革军委事后保守的总结："在我们的条件之下，战斗的胜利不是占领地方，而是消灭敌人的有生力量及夺取其器材。在这一次我们无论在哪一方面，也没有得到应有的程度。因此，以我们的损失与胜利来比较，那我们所付的代价是过份大了。"[④]

　　洵口之战的胜利，对红军而言，只不过是接收了一个送上门来的礼物，根据中革军委的命令，东方军北上的目标是"消灭硝石、资溪桥以及黎川附近之敌"。[⑤] 10月7日，在得悉南城国民党军第十四、第九十四师企图增援硝石，硝石敌第二十四师将南援黎川后，决定以钳制部队"立即进攻黎川"，主力则迅速向北挺进，"占据硝石及由北侧击由南城前来之任何敌人纵队"。[⑥] 虽然，这一带国民党军已构筑了野战工事，在兵力上也居优势地位，但中革军委仍然希望以迅速、突然的进攻态势抑制对方的攻击，尽力将战场突进到苏区之外。当然，在此期间，中革军委也强调，各部应遵循下列作战原则："甲、不应攻击任何工事区域，不应向任何停滞的敌人作正面攻击。乙、东方军之行动，应仅限于侧击行进中之敌之纵队。为达此目的，须有大的运动机动、包围与迂回。"[⑦] 同时，朱

---

① 《第36军洵口附近战役伤亡表》，《赣粤闽湘鄂北路剿匪军第三路军五次进剿战史》（上），第二章，第22页。

② 《陈伯钧日记（1933～1937）》，第107页。

③ 《彭德怀自述》，第185页。

④ 《中革军委关于十月中战役问题致师以上首长及司令部的一封信（1933年11月20日）》，《中央苏区第五次反"围剿"》（上），第112页。

⑤ 《东方军要消灭硝石等地敌人（1933年10月2日）》，《项英军事文选》，第196页。

⑥ 《军委对我军作战部署的指示（1933年10月7日）》，《中央苏区第五次反"围剿"》（上），第87页。

⑦ 《关于各兵团作战指导及战术的指示（1933年10月9日）》，《项英军事文选》，第214页。

德、周恩来也向中革军委建议："硝石东南为河所阻，恐亦不易强攻，东方军应以一部继续作有力佯攻，催促敌援主力，集结机动消灭援敌。"① 双方都准备在硝石吸引对方主力打击之。

根据中革军委指示，彭德怀决定先消灭由硝石南援之敌，尔后乘胜收复黎川。10 月 8 日令红二十师向硝石作有力佯攻；以红三、红五军团及红十九师集结于相埠、乌石地区，待机歼灭援敌。但援敌并未出现，蒋介石判断："匪西区主力必藏伏在里塔附近，待我军向黎川增援时，其即伺机拊我侧背之狡计甚明，故此时应先严令黎川与硝石各部竭力固守，而我军主力必先设法击溃匪西区之主力，占领里塔官岭前枫林与百花亭一带，构成封锁碉堡线后，再向东进剿其彭匪主力。"② 所以，国民党军暂时在此按兵不动。

围点打援方案不成，东方军遂就势将进攻重心转向硝石。拿下硝石，可截断黎川与国民党军基本区域的联络，使黎川国民党军陷于孤立。此时，国民党军防御硝石的是第二十四师许克祥部，根据红军当时的判断：该部"与红军周旋，多半迭遭损失，士兵对红军及苏维埃有相当影响，战斗力不强武器不精，非蒋介石主力军。我作战均系东方（军）全部，军力武器均比该敌占绝对优势，而又正当洵口战役胜利之后勇气更加百倍"，③ 对拿下此役相当乐观。但据国民党军将领回忆，硝石国民党守军"自第四次'围攻'以来，陈就始终控置该师于总预备队中，迄末投入战斗，兵员装备比陈诚所部其它部队亦较为完整"，④ 并不像红军方面判断的那样薄弱。从战斗结果看，由于对此时国民党军整体战力提升的状况缺乏了解，红军的估计不无轻敌之嫌。

---

① 《周恩来年谱 1898～1949》，第 253 页。

② 《手谕先击溃匪西区主力占领里塔一带再向东进剿（1933 年 10 月 9 日）》，《陈诚先生书信集·与蒋介石先生往来函电》（上），第 112～113 页。

③ 《五军团第十三师硝石战斗经过详报（1933 年 10 月 9 日至 14 日）》，《中央苏区第五次反"围剿"》（下），第 1 页。

④ 陈振锐：《在陈诚所部参加第五次"围剿"见闻》，《福建文史资料选辑》第 2 辑，政协福建文史资料编辑室编印，1963，第 30 页。

国民党军第二十四师进驻硝石后，立即赶筑碉堡、工事。当红军于10月9日向硝石发起进攻时，该部"依据硝石东北西北一带小高地构筑堡垒一连二十余个死守该地"，计划通过"固守硝石，吸引匪部，再抽调部队应援，聚匪于硝石附近而歼灭之"。[1] 经过数天战斗，战局发展对红军明显不利，面对"工事坚强"[2] 的硝石守军，武器、地形处于劣势的红军攻坚战未能奏效，而国民党军的增援部队却大批开向硝石，"硝石西端沿南城河两岸灯火无数、上下不定，系敌之增援队已到达模样"，[3] 红军主力有被围之虞，如彭德怀所说："当时黎川驻敌三、四个师，南城、南丰各约三个师，硝石在这三点之间，各隔三、四十里，处在敌军堡垒群之中心。我转入敌堡垒群纵深之中，完全失去机动余地。"[4] 在此形势下，中革军委判断黎川之敌有与硝石据点国民党军内外攻击，相互策应切断东方军后路之可能。为避免陷敌包围，保存有生力量，中革军委决定立即结束硝石战斗，令东方军从现地南移。13日晚红军开始陆续退出战场，红五军团于资溪桥掩护部队转移，红十九、二十师转移至金溪地区，于敌后开展游击战争，红三军团继续在黎南地区待机。

硝石一战后，中革军委原先希望在局部地区采取攻势，以期打破国民党军包围圈的思路已难以继续。10月15日，中革军委发出指示，对战略方针作出调整，明确指出：

> 我们处于战略的防御地位，已成为不可争论的事实，所以我们的战术应根据这一事实来决定。我们东北方面主要的作战任务，曾经是现在还是制止蒋介石的大举进攻。惟有消灭他突

① 《五军团第十三师硝石战斗经过详报（1933年10月9日至14日）》，《中央苏区第五次反"围剿"》（下），第1页；《赣粤闽湘鄂北路剿匪军第三路军五次进剿战史》（上），第二章，第25页。

② 《赣粤闽湘鄂北路剿匪军第三路军五次进剿战史》（上），第二章，第27页。

③ 《五军团第十三师硝石战斗经过详报（1933年10月9日至14日）》，《中央苏区第五次反"围剿"》（下），第5页。

④ 《彭德怀自述》，第185页。

击部署中一两个纵队的有生力量，才能达到这一任务。无论取得地方或获得局部的战术胜利，都不能代替这一任务。

为此，他们规定了几项主要的作战原则："尽量保存我们自己的有生力量"；"应该避免进攻要塞堡垒地域，甚至避免正面进攻停止的敌人。我们战术的特质就是要搜求运动中的敌人，特别是他的翼侧施行迂回，或因地形和时间的关系施行包围，以及迅速而猛烈地突击敌人纵队第二、第三梯队的翼侧"；"我们在少数的时机也进行临时的防御，但我们不应采取消极的，而应采取积极的和运动的防御。钳制敌人的兵力不得大于三分之一，而将三分之二或更多的兵力，用来机动突击敌人。突击队不是从配置钳制队的纵深，而是从其翼侧出来突击敌人"。① 这一指示的核心是希望通过运动防御突击敌人一部，通过集中打击敌人有生力量取得战略优势，为此，中革军委要求红军继续在黎川一带寻找战机，利用国民党军新占黎川，各部调动频繁的缝隙觅得在运动中打击对方的机会。与此同时，已经熟知红军战法的国民党军一眼认清了红军意图，判断红军有"故作南北移动，引我注意，吸我调援，以遂其埋伏腰击之企图"，其应付方针一是继续强调"以我为主"，步步为营，二是在黎川与硝石间加紧部署："对东取积极行动，完成黎硝交通，相机吸引伪东方军而扑灭之"。②

10 月 21 日，中革军委鉴于国民党军周浑元纵队进入资溪桥地区，判断其刚刚进入，应有可乘之机，决定再次实行围点打援，命令："方面军以在敌的援队未到前，先以有力兵团向周敌堡垒外与其间隙间的部队实施突然袭击"。③ 22 日，红军以第三、十三、十

① 项英：《关于战术问题的指示（1933 年 10 月 15 日）》，《项英军事文选》，第 221~222 页。
② 赣粤闽湘鄂北路剿匪北路军第三路军作战计划，《赣粤闽湘鄂北路剿匪军第三路军五次进剿战史》（上），第三章，第 12 页；第四章，第 2 页。
③ 《军委对消灭进攻资溪桥敌之部署的指示（1933 年 10 月 21 日）》。

五师向资溪桥发动进攻，同时以红三军团主力集结于洵口、石峡地区，红一军团集中于湖坊地区，战役目标是希望通过攻击牵动对方，"以极大的机动迂回敌之翼侧后方及间隙中积极活动，以迫其与我作野战而全部消灭之"。① 时任第十三师师长陈伯钧日记记载："敌周纵队在资溪桥、薛纵队在潭头市、硝石之线，我军有消灭该敌之目的。"② 但是，国民党军在此线有 10 个师左右兵力，红军虽然集中了三、五军团主力部队及一军团部分部队，人数上仍然不占优势。周浑元纵队在资溪桥筑成坚固防御阵地稳守，驻守潭头市的薛岳纵队主力亦不轻动，"十分谨慎，出击的机会很少，即出击亦是小部队短距乘隙袭击，即集结两三个纵队多半取步步为营稳进办法"。③ 红军连攻 4 天，既不能奈何资溪桥，也没有调动敌人，反而暴露在国民党军堡垒之间，十分被动。

24 日、25 日，彭德怀、滕代远致电中革军委，提出："切忌主力摆在敌垒周围，疲劳兵力，日间暴露，在敌机轰炸，晚上大多数露营消耗兵力特甚"；恳切建议："望以远大眼光过细考虑这些至关重要的问题"。④ 此时，由于赤白对立等问题的影响，红军前出到边区乃至国民党区域作战，面临着群众支持的问题，当时，红军就遇到"军队打仗群众旁观，请不到向导，弄不到担架，脱离群众不发动群众积极性的怪现象"，⑤ 红五军团十三师报告："每团

---

① 《苏元大元地域（资溪桥东北及西北）战斗详报》，《中央苏区第五次反"围剿"》（下），第 7 页。

② 《陈伯钧日记（1933～1937）》，第 109 页。国民党方面根据缴获的红军作战命令也判断，红军作战目的在"先攻击资溪桥，吸引严和市、潭头市之我军前来增援，而予以夹击"。见《赣粤闽湘鄂北路剿匪军第三路军五次进剿战史》（上），第四章，第 3 页。

③ 《彭杨关于我军首先解决信河流域赵部的建议（1933 年 10 月 23 日）》，《中央苏区第五次反"围剿"》（上），第 92 页。

④ 《彭滕关于我军今后作战的意见（1933 年 10 月 24 日）》，《中央苏区第五次反"围剿"》（上），第 93 页；《彭德怀、滕代远致中革军委电（1933 年 10 月 25 日）》。

⑤ 《彭滕关于我军今后作战的意见（1933 年 10 月 24 日）》，《中央苏区第五次反"围剿"》（上），第 94 页。

都有拖枪逃跑的。"① 这都是作出战略决策时不能不认真掂量的重要因素。中革军委对彭、滕强调的这些困难不以为然,认为:

> 敌人占领资溪桥一二天后,我东方军即到达资溪桥的东南,在这个时间内,敌人能构筑不可进攻的堡垒吗?这是不可能的。有支撑点的坚固堡垒要一个星期才能完成,在二三天之内,敌人只能构野战式的简易堡垒,并只有供给有限的部队(至多半师)。这种堡垒不是不可征服的障碍,如果原则上拒绝进攻这种堡垒,那便是拒绝战斗。②

但面对资溪桥连续攻击四日未取得进展、部队损失严重的现实,仍不得不同意退出战线,东方军回师江西后的初步攻击未获成效。红军将领回忆:"从表面上看,我们是在主动进攻,试图在运动战中消灭敌人,实际上由于红军兵力不集中,又是在敌人堡垒密布的白区作战,故我们一开始就处于被动的境地,可说是虎落平川。"③ 陈诚则在写给妻子的家书中报称:"此间前日匪攻资溪桥(南城光泽间),匪伤亡颇巨(约三千)。我军仍照原定计划,先筑碉堡,实行封锁,再设法歼灭之。"④

(3)浒湾、团村之役

硝石之战后,中革军委虽判断红军已经处于战略防御地位,但仍不愿立即退入苏区基本区作战,而是要求继续在苏区外围打击敌人,期望在运动中寻得歼灭国民党军有生力量的机会,规定三、

---

① 《苏元大元地域(资溪桥东北及西北)战斗详报》,《中央苏区第五次反"围剿"》(下),第12页。薛岳报告,此役"投诚兵16名,俘匪九十五名"。见《薛岳电蒋中正陈诚》,"蒋中正文物档案"002090300066397。

② 《中革军委关于十月中战役问题致师以上首长及司令部的一封信(1933年11月20日)》,《中央苏区第五次反"围剿"》(上),第117页。

③ 《莫文骅回忆录》,第229页。

④ 《匪攻资溪桥我军照原定计划先筑碉堡实行封锁再设法歼灭之(1933年10月25日)》,《陈诚先生书信集·家书》(上),第236页。

五、七军团组成的东方军"要由目前期待机会的状态逐渐转入进攻敌人突击队翼侧动作"，一、九军团等组成的中央军"粉碎抚河西岸及抚河西的敌人"。① 几次战斗不果，中革军委不免显得急躁，提出：

> 我们在运动战的条件中，如果在原则上也拒绝了进攻敌人的堡垒及野战阵地，这是我们战术的极大错误。我们应经常争取消灭敌人的有生力量于其移动时，然而，敌人新的战术的逐段跃进的移动，一到达指定地点就立刻构筑阵地，并且从其野战阵地出来进攻，一到退却时则缩入于堡垒里面就防御起来。因此，在敌人移动中消灭他的可能渐渐减少了。今后我们可能只消灭敌人的小部队，而其大部队差不多经常是逃脱了的。进行战役而限于这种战术的胜利是不够的，必须突击敌人的主力，追击他并且彻底消灭他才可了事。②

浒湾之战的展开混合着中革军委的上述目标和判断。

浒湾位于国民党军第三路军指挥部驻地南城以北，北路军指挥部驻地抚州（临川）以东，第八十五师驻地金溪以西，距中央苏区北沿约五六十公里，是国民党军在此构筑的切断中央苏区与闽浙赣苏区联系纵深堡垒线的重要支点："浒湾当公路之要冲，水陆交通均称便利，以故商贾云集，贸易兴盛……金溪较大之地主阶级以及豪绅富户……咸集于是。"③ 从10月下旬起，国民党军第二十六师，第四师、第八十五师陆续进驻抚州、浒湾、金溪地区，其中以

① 《军委决定各部队之部署任务（1933年10月29日）》，《中央苏区第五次反"围剿"》（上），第96页。
② 《关于进攻坚固阵地战斗的指示（1933年11月7日）》，《项英军事文选》，第256页。
③ 贺明缨：《江西省田赋清查处实习报告书》，萧铮主编《民国二十年代中国大陆土地问题资料》第170种，第85083页。

5 个营的兵力驻守浒湾，并加紧构筑防御工事。由于浒湾位于金溪、临川、南城三点之间，三地都有国民党军重兵驻守，在此作战，对红军而言，存有相当风险。红军的战略仍是围点打援，即通过攻击浒湾，吸引正由金溪向浒湾移动的国民党援军，从而将其包围并消灭之。与此同时，蒋介石则希望利用红军主动出击之机，以优势兵力包围之，他判断红军出击的目的"一则向北在击留我主力，注重北区，不使我南下进剿其老巢；一则向南防我南进而牵制之。惟其两主力仍以黎川为中心，使乘机击我不意，恢复黎川，以打破我五次进剿计划"。① 针对此，蒋介石起初有些举棋不定，10 月 29 日，他计划"以黎川为中心，向右转弯，使其急于突围南窜也"，重点放在逼红军退兵上。11 月 1 日，则反复思量："此时应分散其兵力乎？抑包围而歼灭之乎？"② 6 日，他在抚州确定"战略处置"数日后，他在日记中写下处置的具体内容："剿匪先完成大包围与断绝之势"，③ 下决心与红军在此展开大战。蒋要求："我军惟一目的，乃在聚歼匪酋于黎川附近。其次则封锁其南丰与建宁之线，勿使其窜回老巢也。"④

11 月 11 日，战斗开始。12 日夜，金溪国民党援军第四师与红军主力在浒湾东北方向八里许的八角亭展开激战，红军集中了红三、五军团 5 个师兵力将国民党军第四师包围，负责指挥这一战役的彭雪枫颇具信心地认为："几次都打得不痛快，这一次无论如何是十拿九稳的。"⑤ 由于当地四面都有国民党军重兵，红军围歼战必须迅速解决对方，三军团指挥部明确要求各部应于"拂晓前乘月色消灭被围之敌"。⑥ 对红军的攻势，国民党方面报告：红军

---

① 《蒋中正总统档案·事略稿本》第 23 册，台北，"国史馆"，2005，第 364 页。
② 《蒋介石日记》，1933 年 10 月 29 日、11 月 1 日。
③ 《蒋介石日记》，1933 年 11 月 11 日。
④ 《蒋中正总统档案·事略稿本》第 23 册，第 364 页。
⑤ 彭雪枫：《八角亭战斗的教训》，《彭雪枫军事文选》，解放军出版社，1997，第 1 页。
⑥ 《三军团浒湾八角亭战役详报（1933 年 11 月 12 日）》，《中央苏区第五次反"围剿"》（下），第 15 页。

"真晨围攻浒湾，势极凶猛，真夜以三团兵力轮流向我冲锋"。① 但红军在缺乏强有力攻坚武器的情况下，要实施迅速的歼灭战实在勉为其难。国民党军顶住进攻并在飞机掩护下尝试突围时，红军立即显出力不从心，红军战报写道：天明后，"敌机十二架行低空的袭击四处投弹，各方战斗完全沉寂，敌得于其空军掩护下以主力转向大山（仙）岭八角亭袭击，此时各方均受着敌机威胁而失去了战斗准备"。② 粟裕回忆战场情况时谈道："十九师是红七军团的主力，战斗力强，擅长打野战，但没有见到过装甲车……部队一见到两个铁家伙打着机枪冲过来，就手足无措，一个师的阵地硬是被两辆装甲车冲垮。"③ 红军方面的说法可以从国民党方面得到证实，陈诚在家书中告诉妻子："此役得力于飞机甚大。"④ 亲身参加浒湾之役的国民党军将领石觉在回忆中也提到，国民党军飞机到达后，猛炸红军阵地，使其"攻势停顿"。⑤

战斗进行到13日，红军包围圈被撕散，被迫撤出阵地，红十九师"沿着背后的抚河岸边撤了下去，以后才找到了军团部"。⑥ 是役，红军毙伤国民党军520多人，自身伤亡达1100余人。石觉认为红军在这一战斗中表现出的长处主要有："1. 能自主准备战场，布置陷阱，制人而不受制于人。在极优的环境和态势下从事作战。2. 攻击精神旺盛，前仆后继，气势逼人。3. 数线重叠配备，更番轮流连续攻击，突击力和持续力都很强大。4. 守势方面，利用阵前埋伏，出我意料之外。"短处则为："1. 对我军行进路线判

① 《谢彬电蒋中正顾祝同据周仲良等称十一日共军第十九师多部围攻浒湾（1933年11月15日）》，"蒋中正文物档案" 002090300066458。
② 《三军团浒湾八角亭战役详报（1933年11月12日）》，《中央苏区第五次反"围剿"》（下），第16页。
③ 《粟裕战争回忆录》，第103～104页。
④ 《昨匪与我第四师在浒湾激战初四师颇危险后转危为安（1933年11月14日）》，《陈诚先生书信集·家书》（上），第239页。
⑤ 《石觉先生访问记录》，台北中研院近代史研究所，1986，第49页。
⑥ 《粟裕战争回忆录》，第104页。

断错误。2. 人海冲锋的战斗方式，在我狭小而坚强的阵地和炽盛的火力之下，死伤过重。"[1]

浒湾之战时，11 月中旬，红一、九军团奉命在宜黄见贤桥、棠阴地区突破国民党军碉堡封锁北上策应红三、七军团。14 日，红一、九军团强行突破封锁线北上。国民党军 5 个师立即从东、南方向合围红军，"企图截我军于封锁线外"。[2] 红军主力迅速南返，紧急退到云盖山一带。17 日，与国民党军第七纵队 3 个师在云盖山展开激战。由于国民党军抢得有利地形，红军在激战十余小时后撤出战斗，退向神岗、党口地区。19 日凌晨，鉴于国民党军第九师向党口一线挺进，目标较为暴露，朱德、周恩来要求"一军团及十四师应以迅速干脆的手段侧击该敌而消灭之"。林彪、聂荣臻随即根据这一指示下令所部"从敌侧面打击敌人运动的部队而消灭其一部"。[3] 清晨，战斗打响，红军在大雄关一线与国民党军第九师李延年部激烈交锋。红军经过长途作战，师劳兵疲，"落伍者甚多"，"许多连上，还是前一天早晨吃过饭的"，[4] 但仍然发挥出很强的战斗力，国民党军主阵地 967.5 高地守军一度被红军压至最后阵地。在攻坚战中红军也付出重大伤亡，红一、二师师长负伤，二师政委胡阿林牺牲，总计伤亡 600 余人。由于红军始终未能击垮国民党军第九师，而敌第九十师又紧急向第九师靠拢，使"其左侧得到有力依托"，红军已"不宜在此持久战斗及与敌决战"，[5] 19 日黄昏，决定退出战斗继续南撤。对这一战，国民党方面战史认

---

① 《石觉先生访问记录》，第 53 页。

② 《一军团云盖山大雄关沙岗上等地附近战斗经过详报（1933 年 11 月 15 日至 19 日）》，《中央苏区第五次反"围剿"》（下），第 21 页。

③ 《一军团云盖山大雄关沙岗上等地附近战斗经过详报（1933 年 11 月 15 日至 19 日）》，《中央苏区第五次反"围剿"》（下），第 27 页。

④ 《一军团云盖山大雄关沙岗上等地附近战斗经过详报（1933 年 11 月 15 日至 19 日）》，《中央苏区第五次反"围剿"》（下），第 26 页；罗瑞卿：《大雄关的战斗》，《红星》第 19 期，1933 年 12 月 9 日。

⑤ 《一军团云盖山大雄关沙岗上等地附近战斗经过详报（1933 年 11 月 15 日至 19 日）》，《中央苏区第五次反"围剿"》（下），第 28～31 页。

为："我军已占领大雄关左右高地后，匪仍向我攻击，致受重伤，实匪不攻坚战术上之大错误。"同时，红军行动之迅捷和出其不意亦震慑了敌人："是役上峰命令，匪似已窜至五都、东波（陂？）一带，竟至窜回大雄关与我激战，足见匪实为刁狡；嗣后行动，凡匪在二百里以内，应即准备应战，免受其愚，而遭大害。"① 蒋对红军能自其碉堡线进出也十分震怒："窜入碉堡线主匪，仍由见贤桥原路退窜，愧愤之至，将师团长严惩。"②

经过两个月的战斗，红军在国民党军的作战圈子里，始终未能实现调动、歼灭国民党军有生力量的目标，国民党军则加紧构筑碉堡、工事和封锁线，红军战略处境日益不利。关于这一阶段战事，后来的历史多称其为"进攻路线"。所谓进攻，当然是相对防御而言的。这一阶段中革军委对单纯的防御战十分担心，强调："一切持久的防御，都是失败的开始。""我们战术的基本原则，是要求以敏活的机动来实行进攻的战斗。对于占领的支撑点和阵地实行任何的防御，都是不适宜的。只有在极少的时机，如巩固某地点对于我们具有战略的意义时，则我们才留置小的队伍巩固起来，以求达我们的目的。"③ 他们从第四次反"围剿"主动出击造成的机会中得到启发，希望延续第四次反"围剿"时的战绩。但是，由于国民党军部队密集，层层筑碉，且吸取第四次"围剿"中对红军主动出击战法的忽视，行动更加谨慎，这种战法并没有收到效果。而将初期战斗失利归结为不能攻坚，并企图在一定程度上开展攻坚战，更是错估形势，浒湾之战失败给了这种看法以迎头一击。事实上，这时中革军委已经进退两难，缺乏应对良策。

占领大雄关后，国民党军一方面加紧构筑碉堡、工事，另方面

① 《赣粤闽湘鄂北路剿匪军第三路军五次进剿战史》（上），第四章，第20页。
② 《蒋介石日记》，1933年11月18日。
③ 《关于进攻坚固阵地战斗的指示（1933年11月7日）》，《项英军事文选》，第261页。

继续向南压迫。11 月 20 日，福建发生反蒋事变，暂时给了红军喘
息之机。事变爆发后，蒋介石不得不首先处理福建问题，决定以第
二路军向福建出击，江西方面的第三路军则以攻为守，主动向红军
发起攻击，抑留红军于其选择的阵地。11 月 24 日发布的北路军作
战计划规定该路"由黎川向东南德胜关泰宁方向进展，协同第二
路军堵截伪三、七军团，冀歼灭其实力，并竭力掩护第二路军之推
进"。① 12 月 11 日，陈诚令第八纵队"进至团村，相机进占东山，
与匪主力决战"。② 针对国民党军的进攻，红军集中第三、五、七、
九 4 个军团准备阻敌，在团村地区设置埋伏，"预先布置一个师在
敌正面钳制，分多组向敌佯动，引敌注意；另以三个师隐蔽在敌之
第二梯队左侧后"。"准备取短促突击手段，消灭其前进之一部，
迟滞和制止其前进之企图"。③ 12 日上午，当国民党军第九十六师、
第六师两个师部队进至红军伏击圈后，红军开始发动进攻，双方激
烈搏杀，时任红三军团第四师政委的黄克诚回忆：是役，"打得敌
人狼奔犬突，消灭了大量敌人，只剩下一个寨子没有攻下来。敌人
大部分兵力被我军击溃击散"。④ 午后，国民党军退守三都一线，
黎川第十一师也赶来增援。陈诚并策划集中 7 个师部队"全力与
匪决战，务求歼灭该匪于团村附近"，双方"抗战异常激烈"。⑤ 红
军在兵力不占优势，又未能达到消灭敌军一部的不利形势下，13
日下午主动撤出战斗，"避免与敌主力决战"。⑥

团村战斗后，12 月 15 日，国民党军集中 3 个师兵力以"占领

---

① 《赣粤闽湘鄂北路剿匪军第三路军五次进剿战史》（上），第五章，第 5 页。
② 《赣粤闽湘鄂北路剿匪军第三路军五次进剿战史》（上），第五章，第 8 页。
③ 《彭德怀自述》，第 186 页；《陈伯钧日记（1933~1937）》，第 135 页。
④ 黄克诚：《回忆在闽赣苏区的部分战斗》，《黎川文史资料》第 1 辑，政协黎川
　文史资料委员会编印，1989，第 39 页。
⑤ 《赣粤闽湘鄂北路剿匪军第三路军五次进剿战史》（上），第五章，第 12 页；
　《顾祝同电蒋中正近数日诸役报告（1933 年 12 月 18 日）》，"蒋中正文物档案"
　002090300067095。
⑥ 《陈伯钧日记（1933~1937）》，第 136 页。

德胜关求匪决战之目的"① 向德胜关展开进攻。德胜关"当黎川泰宁交通要冲，西南有盐隘草桥隘猴形沙矿各隘口，当江西福建的分界线，其余山岭屏障，林木森严，除此外无路可以通过，但德胜关两侧均系大山毗连，地形狭长，相当减少其防守价值"。② 红军在此有红十五师、三十四师、十三师3个师的防御部队，除十三师外，战斗力都不强，全力防御有些勉为其难。陈诚报告的战斗经过是："今晨微雨大雾，左右两翼自九时起初各以一部分向德胜关南北侧高地攻击。至戌刻我傅黄两师确实占领德胜关。"③ 退出德胜关后，红军被压往泰宁方向。20日，国民党军又占领黄土关。至此，江西方面战事暂告一段落。

德胜关、黄土关相继攻陷后，国民党第三路军一方面构筑碉堡，巩固自身战线，伺机向苏区进一步深入；另一方面关注福建方面镇压十九路军的战事，准备配合其第二路军的进攻。同时，红军内部在作战指挥上发生争论，朱德、周恩来在团村战斗后致电中革军委，指出如一、三军团会合作战，战果必不如此，强调："我突击兵团分割作战，在一般干部乃至战时将新战术运用，尚未了解与熟练条件下，常不能达到高级要求的胜利，且常付出过大代价，此点在目前特别重要。"④ 对中革军委的分兵策略及顶出去打的基本战略含蓄提出批评。16日，针对中革军委24小时内连续四次变更作战命令的做法，周恩来致电博古、项英，强调："相当范围内职权似应给我们，否则亦请给相机处理之电给我们。"⑤ 12月20日，

---

① 《陈诚电蒋中正顾祝同该路部署明日攻占德胜关求匪决战（1933年12月14日）》，"蒋中正文物档案" 002090300067083。

② 《五军团得胜关战斗详报（1933年12月15日至16日）》，《中央苏区第五次反"围剿"》（下），第39页。

③ 《陈诚电蒋中正顾祝同攻占德胜关经过（1933年12月14日）》，"蒋中正文物档案" 002090300067087。

④ 《周恩来年谱1898~1949》，第256页。

⑤ 周恩来：《请在相当范围内给予部署命令之全权》，《周恩来军事文选》第1册，第313页。

中共中央局决定调整红军指挥机构，取消红一方面军总部，并入中革军委机关，中革军委直接指挥中央苏区各军团及独立师、团等。1934 年 1 月起，中革军委代主席项英脱离军事指挥。2 月 3 日，中革军委正式改组，朱德任主席，周恩来、王稼祥任副主席。就红军指挥系统而言，这样的改变应属必要。中革军委作为名义上的最高军事指挥机构，当中共中央有意抬高代主席项英的军事指挥权时，享有相当大的军事指挥权。与此同时，朱德作为一苏大后任命的中革军委主席兼任中国工农红军总司令、红一方面军总司令，周恩来任中国工农红军和红一方面军总政治委员，负有直接指挥作战之责。两个指挥系统难相上下，经常发生龃龉，相互指责不断，项英离开中革军委后，这种局面即被改变。

这一时期，值得强调的是李德在中共中央军事指挥系统中发挥越来越大的作用。李德 1932 年底来华，埃韦特向国际报告他的到来并称"可能稍后我们要把他派到苏区去"。[①] 1933 年 9 月 26 日，作为共产国际驻华军事顾问弗雷德的代表，李德到达瑞金。应该说，共产国际对红军作战指导的态度是谨慎的，共产国际执行委员会只在原则上提供指导，基本不会干预具体的作战方针，强调："我们关于军事问题的建议不是具有约束力的指示，如何决定由中央和革命军事委员会负责，我们只是提出我们的想法供你们决定。"[②] 远东局也表示："你们在当地，应该根据你们的判断行事，并要考虑我们的建议。"[③] 对中共内部关于军事问题的争执及中共和共产国际顾问之间的争执，埃韦特曾经作出报告："中共中央和中央军事小组政治领导之间的分歧，以及就我们所建议的每一项重

---

① 《埃韦特给皮亚特尼茨基的第二号报告（1932 年 12 月初）》，《共产国际、联共（布）与中国革命档案资料丛书》第 13 册，第 264 页。

② 《共产国际执行委员会政治书记处政治委员会给中共中央的电报（1933 年 9 月 29 日）》，《共产国际、联共（布）与中国革命档案资料丛书》第 13 册，第 509 页。

③ 《共产国际执行委员会远东局给中央苏区的电报（1933 年 10 月 30 日）》，《共产国际、联共（布）与中国革命档案资料丛书》第 13 册，第 578 页。

大措施同中央军事小组政治领导发生的持续不断的争论……所有这一切，都妨碍作出一些必要的和迅速的决定。"①

当然，共产国际及其顾问的影响仍然非同一般，尤其是李德到达苏区直接参与指挥，在博古配合下，把共产国际的影响发挥到极限。李德在瑞金初期，共产国际军事顾问弗雷德经常会来电进行战争指导，在李德主导下，中共中央数次以现地为由否决了弗雷德的建议，由此导致1933年底至1934年初李德与弗雷德的冲突。而此时远东局书记埃韦特和弗雷德也在福建事变等问题上激烈争执，以致共产国际执行委员会国际联络部驻上海代表格伯特报告："因为我很了解弗雷德、瓦格纳（指李德——引注）和代表的性格，所以我觉得，和解是不可能的。"② 弗雷德和李德之间矛盾激化，甚至到了"越来越主张批评瓦格纳，进而取消他的代表资格"③ 的地步，但是结果恰恰相反，1934年3~4月间，和李德及埃韦特两面作战的弗雷德离华，李德遂成为共产国际在华的唯一军事顾问。李德和弗雷德的争执可以看到的结果是以李德的胜利而结束，这大大提高了其发言权，加上不懂军事的中共中央领导人博古对他的依赖，使李德逐渐成为中共军事政策的决策者，根据李德本人后来的检讨：

> 实际上我掌握了红军行动的决定权……我对每个涉及红军的问题都提出了建议，并且直到红军进入贵州省之前我的所有建议均被采纳。除此之外，一些建议只由几个同志进行了讨论，主要是博古同志和周恩来同志，因此造成了对集体领导原

---

① 《埃韦特给皮亚特尼茨基的第六号报告（1933年7月28日）》，《共产国际、联共（布）与中国革命档案资料丛书》第13册，第460页。
② 《格伯特给皮亚特尼茨基的信（1933年12月22日）》，《共产国际、联共（布）与中国革命档案资料丛书》第13册，第646页。
③ 《埃韦特给皮亚特尼茨基的信（1934年2月13日）》，《共产国际、联共（布）与中国革命档案资料丛书》第14册，第82页。

则的部分违反。最终我直接干预了指挥部和司令部的工作，我
自己起草了作战文件。[1]

毛泽民在共产国际的报告中直率地指责李德："党和红军的所
有重大事项，只有在取得他的同意之后才能贯彻执行。如果有什么
事情没有取得他的同意或者没有按照他的愿望做了，那么他就会开
始训人，不管谁都训。"[2]

2. 福建事变爆发与国共的应对

（1）福建事变中中共的应对

在中共第五次反"围剿"过程中，1933 年 11 月发生的福建事
变是一个存在重要变数的事件。事变在蒋介石封锁线的东方打开了
一个巨大的缺口，使江西、福建大块地区成为与蒋介石对立的整
体，加上华南广东、广西与蒋介石实际上的离心状态，事变不仅仅
对红军的"围剿"，对蒋介石的整个统治都构成了重大危机。但
是，福建事变骤起旋灭，蒋介石突然遭遇严重危机，又几乎是兵不
血刃轻松获胜。这一结果，和当时复杂的政治、军事背景密切相
关。

对福建事变的应对，中共方面可谓一波三折。1927 年大革命
失败后，斯大林对中国革命形势的基本判断是，随着土地革命的深
入，中国革命进入非资本主义发展道路的苏维埃革命阶段。在这一
阶段中，资产阶级和小资产阶级出于"对日益增长的土地革命的
恐惧"已经脱离革命。根据这一思路，共产国际对中共的指导中
强调要划清革命阵营（工人、农民、城市贫民）与非革命阵营的

---

① 《布劳恩给共产国际执行委员会的书面报告（1939 年 9 月 22 日）》，《共产国
　际、联共（布）与中国革命档案资料丛书》第 15 册，第 344～345 页。
② 《毛泽民给共产国际执行委员会的书面报告（1939 年 8 月 26 日）》，《共产国
　际、联共（布）与中国革命档案资料丛书》第 15 册，第 329 页。

界限。国际远东局代表 1929 年给中共中央的信中告诫："你们不应同自称是我们的朋友或者是苏联的朋友的军阀进行任何交谈……如果他们只是把自己说成是自由的拥护者或者是蒋介石的反对者，或者是改组派的拥护者，那就要同他们这些中国劳苦群众的欺骗者进行无情的斗争。"① 在共产国际看来，不仅仅是汪精卫、冯玉祥这些人应该与之"进行认真的斗争"，孙中山的三民主义也应成为批判的对象："以前我们承认孙逸仙主义的革命意义，这完全是因为民族资产阶级在转入反动阵营之前在革命中所起的作用。现在孙逸仙主义成了整个中国反革命势力的旗帜。"② 正由于此，共产国际明确反对中共关于建立民族民主共和国的口号，强调工农民主专政的苏维埃政权的不可替代性。

在共产国际指导下，中共长期执行了关门方针，阻碍了团结更多更广泛同盟军的尝试。九一八事变后，出于对日本侵华后的日苏关系及法西斯在欧洲日益壮大的国际形势的新判断，共产国际在统一战线问题上的方针逐渐有所变化。1933 年 1 月，中共宣言为反对日本帝国主义侵入华北，愿在立即停止进攻苏区、保证民主权利、武装民众三条件下与全国各军队共同抗日。对此，张闻天稍后曾解释道："这一宣言也是对于所有国民党军阀们说的。在全国的民族危机前面，我们不但要号召工农民众武装起来参加民族革命战争，反对日本与一切帝国主义，而且也号召一切在反动营垒中真正'爱国的'份子同我们在一起为中国民族的生存而战。"③

事实上，虽然共产国际一再强调对国民党内外的各政治、军事势力不能抱有任何幻想，但中共在大革命前后激烈的政治、军事分

---

① 《雷利斯基给中共中央政治局的信》，《共产国际、联共（布）与中国革命档案资料丛书》第 8 册，中央文献出版社，2002，第 178 页。

② 《米夫和库丘莫夫给共产国际执行委员会远东局的信》，《共产国际、联共（布）与中国革命档案资料丛书》第 8 册，第 160 页。

③ 洛甫：《关于苏维埃政府的宣言与反机会主义的斗争》，《斗争》第 36 期，1933年 11 月 26 日。

化组合中形成的与各方间千丝万缕的复杂关系，远非共产国际所能了解，也不是有关原则阐述所能一概抹杀的，共产国际 1929 年对中共联络俞作柏的批评就证明了这一点。① 因此，共产国际态度的微妙变化，给了中共一定范围内扩大其活动目标的空间。1933 年 9 月，当第十九路军蔡廷锴、蒋光鼐在沪与中共中央上海局接触始终不得要领，决然与苏区中央联系时，中共虽对其动机有所怀疑，猜测"此种行动极有可能系求得一时缓和，等待援兵之狡计"，② 但仍对与蒋、蔡接触表现出积极态度。长期在中共掌管组织工作的周恩来指示："蒋、蔡代表陈公培即吴明，此人为共党脱党者，常在各派中奔走倒蒋运动，并供给我们相当消息……可由国平前往西芹与吴明面谈，更可探知更多内容"。③ 23 日，彭德怀、滕代远、袁国平与蒋、蔡代表陈公培谈判，双方在停战、反蒋态度上基本达成一致，并商定进一步展开接触。停止内战。彭德怀回忆，谈判后，"请他们吃了饭，大脸盆猪肉和鸡子，都是打土豪来的。宿了一晚。我给蒋光鼐、蔡廷锴写了信，告以反蒋抗日大计，请他们派代表到瑞金，同我们中央进行谈判。把上述情况电告中央，中央当即回电，说我们对此事还不够重视，招待也不周，我想还是重视的。招待吧，我们就是用脸盆盛菜、盛饭，用脸盆洗脚、洗脸，一直沿袭到抗美援朝回国后，才改变了这种传统做法。"④

---

① 1929 年底，中共中央和共产国际远东局围绕着中国革命的一些问题发生过激烈争论，其中对俞作柏等的态度问题是这场争论的重要论题之一。远东局指责中共中央"对俞作柏有过幻想"，谈道："他同你们耍花招，旨在为了改组派的利益来利用共产党日益增强的影响，并使党或某些党组织听其摆布。我们当即看出政治局有些动摇，甚至发展到李立三曾认真考虑能否接受他入党的地步。当广西特委要求公开同俞作柏结盟时，同志们，这没有任何夸张地、十分明确地反映了政治局一时不清楚怎么办和摇摆。"见《共产国际执行委员会远东局和中共中央政治局第三次联席会议记录》，《共产国际、联共（布）与中国革命档案资料丛书》第 8 册，第 296 页。

② 《苏区中央局致周恩来、朱德、彭德怀、滕代远电（1933 年 9 月 23 日）》。

③ 《可派人与十九路军代表面谈——1933 年 9 月 22 日致项、彭、滕电》，《周恩来军事文选》第 1 卷，第 309 页。

④ 《彭德怀自述》，第 182 页。

25 日，中央局明确指示"在反日反蒋方面：我们不仅应说不妨碍并予以便利，应声明在进扰福建区域时红军准备实力援助十九路军之作战，在反蒋战斗中，亦已与十九路军作军事之合作过"；强调："应将谈判看成重要之政治举动，而非简单之玩把戏。"①

十九路军与中共主动联系，直接目标是解除身边的军事威胁，其实更重要的砝码还是押向苏联。正由于此，他们首先想到的是与共产国际接触。1933 年 6 月，远东局报告："19 路军司令蔡廷锴建议，通过廖夫人与共产国际代表机构进行谈判。"对此，共产国际反应十分谨慎，强调："不应当与第 19 路政府军司令进行任何谈判……您应当从中国同志们那里获得信息。如果他们与什么人进行谈判，那么他们只能以中国共产党的名义进行。"② 显然，出于对日本侵华后国际关系变化的认识，共产国际和苏俄对如何与南京政府及地方实力派打交道有自己的考虑，不想成为被利用的因素。这就是为什么他们几乎同时会在北方阻止冯玉祥同盟军行动的缘由。③ 不过，当十九路军直接与中共接触后，共产国际对此并不反对，鉴于中共面临的巨大威胁，从现实生存和需要考虑，远东局同意中共与福建方面达成协议，9 月 27 日，远东局指示："同 19 路军的谈判应尽快以令人满意的方式结束，特别是在与签订停战协定有关的军事问题上。"④ 10 月 24 日，远东局报告："蔡告知，原则

---

① 《中央局对谈判之指示（1933 年 9 月 25 日）》，《中央苏区第五次反"围剿"》（上），第 132 页。

② 《共产国际执行委员会远东局给皮亚特尼茨基的电报（1933 年 6 月 10 日）》、《共产国际执行委员会政治书记处政治委员会给埃韦特的电报（1933 年 6 月 24 日）》，《共产国际、联共（布）与中国革命档案资料丛书》第 13 册，第 443、445 页。

③ 当 1933 年 8 月冯玉祥要组织同盟军时，共产国际致电远东局强调："考虑到国际形势和冯玉祥想把蒙古人民共和国拖入挑衅行动，以便给日本人提供占领张家口和转向内蒙古的借口……请采取一切措施阻止起义。"见《共产国际执行委员会政治书记处政治委员会给埃韦特的电报（1933 年 8 月 9 日）》，《共产国际、联共（布）与中国革命档案资料丛书》第 13 册，第 473 页。

④ 《共产国际执行委员会远东局给中共中央的电报（1933 年 9 月 27 日）》，《共产国际、联共（布）与中国革命档案资料丛书》第 13 册，第 506 页。

上他同意我们的建议。"① 此中提到的建议即为双方签订停战协定。

10月，十九路军全权代表徐名鸿到瑞金与中共首脑会晤。关于谈判的情况，中共方面代表潘汉年1935年10月在共产国际有一个精彩的报告：

> 10月份他们的代表到来并向我们暗示，他们打算同我们进行认真的谈判时，苏维埃政府责成我作为苏维埃政府的全权代表到汀州同19路军的两位代表谈判。这两位代表表达了同我们进行认真谈判的十分真诚的愿望，甚至表示愿意前往苏维埃中国的首都会见我们中央执委会代表毛泽东同志。但我们中央的某些成员不想让这两位代表进入苏区，因为担心他们是特务。当我给毛泽东同志发去电报后，他不同意这种观点并建议：让他们来。这样，毛泽东同志便把他们请到苏区。
>
> 他们到达后，毛泽东同志为他们举行了正式宴会。宴会上，毛泽东同志发表了讲话，阐明了以前公布的统一战线的基本方针。两位代表听到毛泽东同志的讲话后很受感动，以至不知说什么好。让他们发言时他们说，"我们以为，毛是半土匪半游击队的头领，我们决没有想到，他竟是这样一位睿智的政治家"。②

26日，双方代表签订《反日反蒋的初步协定》，规定：双方立即停止军事行动；双方恢复输出输入之商品贸易；福建方面答应赞同福建境内革命的一切组织之活动；双方在上述条件完成后，应于最短期间，另定反日反蒋的具体作战协定。③ 中共与福建十九路军

---

① 《共产国际执行委员会远东局给皮亚特尼茨基和共产国际执行委员会东方书记处的电报（1933年10月24日）》，《共产国际、联共（布）与中国革命档案资料丛书》第13册，第559页。

② 《潘汉年在共产国际执行委员会书记处非常会议上的发言（1935年10月15日）》，《共产国际、联共（布）与中国革命档案资料丛书》第15册，第48~49页。

③ 《中华苏维埃共和国临时中央政府及工农红军与福建政府及十九路军反日反蒋的初步协定》，《红色中华》第149期，1934年2月14日。

的议和，使中共的战略态势大为改观，不可否认，是中共统一战线政策的重要成果。

随着中共和十九路军关系的迅速缓和，中央苏区东方威胁大大减少，而且开始考虑通过福建方面打破封锁，获得物资援助。10月下旬，共产国际远东局报告，蔡廷锴"将有可能经欧洲然后经福州、延平发出大量的军事技术装备"。① 11月，在闽方反蒋弯弓待发时，南京方面的情报称，中共和闽方达成协议："由闽供给匪军盐卅万元，药品卅万元，兵工器材十万元。"② 这应该不完全是猜测之词。对于中共方面希望经由蔡购买武器的设想，国际方面考虑得更周到一些，他们指示："通过蔡廷锴购买需要的武器装备，我们认为不合适，因为收到定货后形势可能发生变化，他可以把我们的全部定货据为己有。我们建议立即从他那里购买重型火炮、飞机、防毒面具和药品。"③ 此时，蔡廷锴则对获得苏联支持抱有希望，当中共代表潘汉年见到蔡廷锴时，

> 他向我提出的第一个问题是："您看，如果我们在福建成立政府，并向日本帝国主义宣战，苏联会不会承认我们的新政府？"……当然，我不能对他作出什么肯定的回答，但我想，如果我们真的成立强大的政府，那么苏联一定会支持它的。我补充说，我有一些朋友，可以同苏联人士取得联系。④

从这段对话可以看出蔡对苏联的期望之切以及与中共接触的良

① 《共产国际执行委员会远东局给皮亚特尼茨基和共产国际执行委员会东方书记处的电报（1933年10月24日）》，《共产国际、联共（布）与中国革命档案资料丛书》第13册，第559页。
② 《吴醒亚电蒋中正闻李济琛抵闽（1933年11月16日）》，"蒋中正文物档案"002020200018001。
③ 《皮亚特尼茨基给埃韦特的电报（1933年11月2日）》，《共产国际、联共（布）与中国革命档案资料丛书》第13册，第585页。
④ 《潘汉年在共产国际执行委员会书记处非常会议上的发言（1935年10月15日）》，《共产国际、联共（布）与中国革命档案资料丛书》第15册，第50页。

苦用心，而潘的回答也极具外交艺术，更有意思的是，当蔡在潘的提示下谈到其与美国的接触时，潘不仅没有表示反感，而且予以充分的理解，以致蔡高兴地表示："你们有开阔的眼界。"此中体现的中共党人的灵活态度，绝非习称的所谓"左"倾教条可以概括。

1933 年 11 月 20 日，以十九路军武力为基础，李济深、陈铭枢及蒋光鼐、蔡廷锴等领导的福建事变爆发。福建方面召集"中国人民临时代表大会"，成立"中华共和国人民革命政府"，改定国号，公然与南京国民政府全面对抗。虽然此前中共与十九路军早有接触，但对事变不悉底细，因此公开态度十分谨慎，代表中共中央态度的是张闻天发表的文章。文章一方面重申愿意在三条件下与任何人订立"作战的战斗协定"，同时申明共产国际的观点，即"整个国民党，不论是南京或是广东，都是投降帝国主义的。广东国民党政府的空喊'抗日'，不过表明它是另一帝国主义，即英帝国主义的走狗"。文章强调，与靠拢共产党，甚至"抛弃国民党招牌，而采用一些'动人的'新的名称"的国民党军阀签订反日反蒋作战协定，"这是一种妥协，也许是非常短促的妥协，但是我们并不拒绝这种妥协"。张闻天批评了否认这种妥协的"左"倾幼稚病，同时重点批评了主张信守协定的所谓右倾机会主义，强调：我们的任务"是利用一切条约上的可能去开展在他统治区域内的群众斗争，在最广泛的反日反帝反蒋的下层统一战线的基础上，最无情的揭破一切他们的动摇、不彻底与欺骗，来争取群众在我们的领导之下"。[①] 随后，中共中央发布的宣言则以教训的口吻告诫：

> 福建的人民革命政府，如若停止于目前的状态，而不在行动上去证明它真正把言论出版集会信仰示威罢工之自由给与人民，它真正采取了紧急的办法去改善了工农与贫民的生活，它

[①] 洛甫：《关于苏维埃政府的宣言与反机会主义的斗争》，《斗争》第 36 期，1933 年 11 月 26 日。

真正准备集中一切武装力量，并且武装广大工农群众去进行反日反蒋的战争，那它的一切行动，将不过是一切过去反革命的国民党领袖们与政客们企图利用新的方法来欺骗民众的把戏。①

作为十分重视宣传作用的政党，中共中央的公开表态和真实立场其实存有弹性，这一点，从共产国际的指示中就可看出端倪："为了不致因同军阀的妥协而损害我们在群众面前的威信，苏维埃政府应该以红军斗争和改善苏区居民经济状况的需要来全面解释自己参加谈判的做法。"② 因此，与公开表态的尖锐批评不同，中共和共产国际实际对闽态度要复杂得多。陈云在阐述闽变后福建赤色工会任务时谈道："不估计到一部分群众对于人民革命政府的影响，不估计群众今天觉悟的程度，在群众中简单的把反对国民党南京政府蒋介石，与反对人民革命政府并立起来，或者不在发动群众的运动中在群众面前实际证明人民革命政府不是革命的，而只是空叫反对人民革命政府的欺骗，那就非但不能组织真正群众的革命斗争，而且不能争取群众。"他进一步指出：

> 依照福建目前的具体情形，赤色工会与革命的反帝组织，必须向一切黄色工会与反动派别领导之下的反帝的工人的组织，与向他们的群众，提议建立反日反国民党与反动资本进攻的统一战线。这个行动的目的，是为了团聚一切群众的力量与可能联合，虽然是动摇的力量来反对日本帝国主义与国民党南京政府，是为了争取对于这些组织中的群众的领导。③

---

① 《中国共产党中央委员会为福建事变告全国民众》，《红色中华》第 133 期，1933 年 12 月 8 日。
② 《共产国际执行委员会政治书记处政治委员会给埃韦特的电报（1933 年 11 月 23 日）》，《共产国际、联共（布）与中国革命档案资料丛书》第 13 册，第 626 页。
③ 陈云：《福建组织"人民革命政府"与赤色工会在福建的任务》，《苏区工人》第 5 期，1933 年 12 月 25 日。

陈云提到的所谓"反动派别领导之下的反帝的工人的组织"，后人可能会觉得难以索解，但它却是中共在当时理论和现实环境下面对复杂形势的真实反映，字面的批判和实际的争取在这里被奇特地统一起来。1933 年 11 月 23 日，共产国际针对广州方面寻求与苏区接触的电文明确指示："如果广州人意在反对 19 路军，那我们就不该同他们谈判，以期不削弱 19 路军反日反蒋的立场。"此中所表现的对福建方面的支持和信任相当明显。而共产国际代表更直接就双方共同组建军队征询国际方面："是否同意苏维埃政府建议蔡廷锴靠自己的力量组织不叫红军而叫人民革命军的工农武装？我们有人，但没有武器。这些力量应该同红军和福建军队实行合作来对付南京的进攻。"①

中共驻共产国际代表团对当时中共中央决策有着重要影响。1933 年 11 月底、12 月初，代表团两位主要领导王明、康生在共产国际第 13 次全会大会发言中都谈到了福建事变。王明认为："个别的军阀派别，在和红军屡战屡败之后，在兵士群众和一部分下中级军官革命情绪压迫之下，不能不这样提出问题：或者继续和红军战，那么，毫无疑问地他们将要完全塌台；或者把自己枪头掉转过去反对日本及其走狗蒋介石，以便从绝路上另找出路。"② 显然，这一判断注意到了事变的积极意义，并不完全对其采取否定态度。康生则指出：

> 在对红军作战失败后，十九路军的部分指挥员认识到，若继续对红军发动进攻，那势必要招致更大的失败；但倘若不打红军，而打蒋介石和日本帝国主义，给老百姓以起码的民主、

---

① 《共产国际执行委员会政治书记处政治委员会给埃韦特的电报（1933 年 11 月 23 日）》、《埃韦特给皮亚特尼茨基的电报（1933 年 11 月 24 日）》，《共产国际、联共（布）与中国革命档案资料丛书》第 13 册，第 626、628 页。

② 王明：《革命、战争和武装干涉与中国共产党底任务》，《王明言论选辑》，第 332～333 页。

自由，那么，这支军队是能够使中国获得解放的。无论美国及其它帝国主义者是否想利用福建事变以达到它们反对日本的目的，无论福建的将领们是否会始终如一地实现自己的诺言，抗日运动结果，给福建劳动群众和十九路军士兵指出了一条道路，以便实现中华苏维埃政府和红军在1933年1月10日关于抗日武装斗争统一战线的宣言中所提出的要求。①

康生这段讲话对事变的肯定更加正面，而且含蓄否定了有关十九路军是代表美国利益反对日本的说法，明确十九路军的行动有实现中共倡导的抗日武装斗争统一战线和使中国获得解放的可能，这样的表态不可忽视。由于中共代表团在中共中央决策体制中的特殊地位，他们的态度不可能不对中共中央发生影响。

事实上，中共地下党组织在福建的一系列行动也体现着中共对闽变欲迎还拒的真实态度。11月29日，中共厦门中心市委将原定在人民政府召开群众大会上的示威行动改成参加大会并宣传中共方面的主张。② 福州中心市委在未接到中共中央指示信前曾正确判断"此次政变是有利于我们的，认为蒋介石才是我们的最大敌人，是冲破五次'围剿'有利的条件。即决定发动群众参加反蒋大会"。但随后改变了这一看法，采取了与人民政府对立的一些做法，"犯了'左'的关门主义的错误"。③ 12月中旬，在得到有关指示后，福州中心市委调整政策，决定将游击队改为人民抗日军，进一步开展反帝运动。罗明回忆，事变后，"中央局派我和谢小梅前往厦门、福州领导党组织推动地方群众工作。厦门、福州两个中心市委

---

① 《康生在共产国际执委会第13次全会第17次会议上的发言》，《共产国际有关中国革命的文献资料》第2册，中国社会科学出版社，1982，第251页。

② 参见《中共厦门中心市委给中央的报告（1933年12月4日）》，《福建革命历史文件汇集》甲11册，第211～213页。

③ 《中共福州中心市委符镨关于福州工作情况给中央的报告（1933年12月4日）》、《中共福州中心市委关于工作情况给中央的报告（1933年12月16日）》，《福建革命历史文件汇集》甲13册，第177、202页。

召开扩大会议，由我传达中央局指示，并决定开展群众抗日反蒋的民主运动，要求释放政治犯，加强党组织的发展和秘密工作"。①

作为政策转变的标志，中共这时把工作重心转到反蒋和中共自身的发展上，不再以十九路军为对抗对象。十九路军在福建连江开展"计口授田"工作时，正在此准备进行土地革命的中共方面当即表示："如'人民政府'实行分田"，他们"当让'人民政府'去做。"② 同安地方政府召集大会时，为凑集人员求助于中共当地负责人，中共负责人"叫他们到各乡村公开打锣去号召，用汽车去载人，弄点心给农民吃"。③ 福州党组织慰劳队到前线慰劳十九路军，以"号召广大群众参加反帝反国民党的统一战线"。④ 陈子枢甚至为厦门中心市委得知中共和福建人民政府签订协定后"表现出一种空洞的欣喜的情绪"感到担心，忧虑"这样必然会放弃了实际的艰苦的斗争工作，不可避免地由于这种错误的幻想，会有走上机会主义道路的危险"。⑤ 中共在福建和十九路军的微妙关系，外界其实也多有注意："共党宣传，表面上仍属反闽，实际上则共党密赴福建者甚多，对民众组织甚努力。"⑥

由于中共与闽方政治上欲迎还拒而又相互有所企图的合作关系，当十九路军的反蒋军事展开后，中共与闽方的军事合作也呈现复杂的内容。蒋介石向闽方发动进攻之始，中共从自身战略利益出

① 《罗明回忆录》，福建人民出版社，1991，第 162 页。
② 何公敢：《"福建人民政府"和"生产人民党"片段》，《文史资料选辑》第 37 辑，第 96 页。这一回忆可从事变基本失败后福建临时省委致连江县委信中得到侧面证实，信中批评连江县委没有充分进行士兵工作，"而只是与上层的官长来往"。见《中共福建临时省委致连江县委信（1934 年 1 月 30 日）》，《福建革命历史文件汇集》甲 7 册，第 214 页。
③ 《中共厦门中心市委给中央的报告（1933 年 12 月 4 日）》，《福建革命历史文件汇集》甲 11 册，第 214 页。
④ 《中共福州中心市委给中央的工作报告（1934 年 1 月 5 日）》，《福建革命历史文件汇集》甲 13 册，第 210 页。
⑤ 《陈子枢给中央的信（1933 年 12 月 16 日）》，《福建革命历史文件汇集》甲 13 册，第 205 页。
⑥ 《闽方内部意见纷歧》，1933 年 12 月 8 日《申报》。

发，采取了有保留的协助措施。1933 年 11 月 24 日，朱德、周恩来等要求赣东北和闽北中共武装，在国民党军向闽浙赣边境集中时广泛发展游击战争，扰乱其后方，红七军团主力则随时准备截击或尾追敌人。同时，周恩来致电中革军委，探询可否出动红三、五军团侧击国民党军入闽部队。① 中革军委对直接与十九路军配合作战抱有疑虑，强调"不应费去大的损失来与东北敌人新的一路军作战，而让十九路军替我们去打该敌"，但同时也指示红七军团及独立部队应"以游击战争的方式妨害敌人第一路军集中"，在"敌人第一路向闽北前进时阻滞并剥削之"。② 12 月中旬，中革军委要求红五、七军团及独立第六十一团组成的东方军，在建宁、泰宁、邵武、光泽、黎川一带展开游击战争，"侧击向资溪、光泽运动中敌人的中央纵队"，"在资溪务须进行顽强的防御"，"迟滞、钳制向光泽前进的敌人"。③ 12 月中、下旬，朱、周又多次指示"广泛发展游击战争"、侧击敌"进剿部队之后尾"，"积极扩大并发展闽中游击战争，不断截击邵顺间敌人后方联络部队及进行一切破坏工作"。④ 12 月底，项英明确指示红九军团第十九师"转移到将乐的

---

① 《周恩来年谱 1898～1949》，第 254 页；《周恩来致中革军委电（1933 年 11 月 24 日）》，《周恩来军事文选》第 1 卷，第 315～316 页。

② 《军委关于方面军动作的训令（1933 年 11 月 25 日）》，《中央苏区第五次反"围剿"》（上），第 123 页。从国民党军提供材料看，其第五路军入闽时，红军在资溪至光泽一线确有节节抵抗的行动，但面对国民党军 4 个师的强厚兵力，红军的有限兵力事实上难以抵挡。见《国民党北路军顾祝同部与中央苏区红军作战情形报告书》，《中华民国史档案资料汇编》第 5 辑第 1 编军事（4），第 20～21 页。

③ 《军委关于目前作战的决定（1933 年 12 月 13 日）》，《中央苏区第五次反"围剿"》（上），第 126 页；项英：《关于钳制向光泽前进敌人之部署（1933 年 12 月 7 日）》，《项英军事文选》，第 310 页。

④ 《朱德、周恩来致刘畴西、聂洪钧并报项英电（1933 年 12 月 11 日）》，《闽浙皖赣革命根据地》（上），第 672 页；《朱德、周恩来致寻淮洲、乐少华电（1933 年 12 月 28 日）》，《周恩来军事文选》第 1 卷，第 316 页。据当时报载："泰顺边境十九晚侵入匪千余，枪械不齐，经该处保安队中央军痛击激战，将二十一晨十时，至匪击退，现匪在寿宁坑底以北，仍企图进攻浙边。"见《大股赤匪犯泰顺边境被击退》，1933 年 12 月 22 日《申报》。

地域，与十九路军的左翼部队取得直接连络"。① 当时前方国民党军对红军行动的亲身感受是："企图破坏道路阻我前进，无顽强抵抗力。"②

中共的这一系列行动得到共产国际的支持，1934 年 1 月 2 日，共产国际提出："你们的部队应该避开蒋介石的进攻部队，在迅速重新部署后，从北面和南面同时打击进攻 19 路军的蒋介石部队的侧翼和后方，最好是在它们之间发生冲突的时候。"③ 就中共而言，维持十九路军这一反蒋力量的存在，是一种符合其利益的常识判断，罗明回忆，事变后他被派往厦门、福州"传达中央对闽变的指示，即军事上联合，帮助他"。④ 而蒋介石也报告："最近赤匪因得闽方接济，并为牵制策应闽方及实行联成一片起见，突以伪第一军团向我崇仁、宜黄一带进犯，并以伪军第三、五、七各军团，集合全力，分向我黎川、金溪一带进犯，对我冀作中央突破及右翼迂回之企图。"⑤ 国民党浙江省政府则注意到："赣东赤匪乘中央军进迫闽垣之际，迭犯浙赣边境，企图牵制我方兵力，截断我后方联络。"⑥

虽然红军受命骚扰入闽的国民党军，但要以实力代价为十九路军在闽北阻挡国民党军，也为中共中央所不取。在国民党军兵力居绝对优势情况下，红军要独力担起阻止国民党军入闽重任其实并不

---

① 项英：《关于各军团部署及任务的指示（1933 年 12 月 29 日）》，《项英军事文选》，第 341 页。

② 《李默庵电蒋中正顾祝同卫立煌等（1933 年 12 月 17 日）》，"蒋中正文物档案"002090300067096。

③ 《共产国际执行委员会政治书记处政治委员会给中共中央的电报（1934 年 1 月 2 日）》，《共产国际、联共（布）与中国革命档案资料丛书》第 14 册，第 8 页。

④ 《罗明同志的回忆》，《党史参考资料》第 4 期，中共福州市委党史资料办公室编印，1982。

⑤ 《蒋中正电汪兆铭叶楚伧等（1933 年 12 月 15 日）》，"蒋中正文物档案"002090300068053。

⑥ 《浙江省政府呈行政院工作报告（1934 年 1 月）》，《中央革命根据地革命与反革命斗争史料》（下），中国社会科学院近代史研究所藏。

现实，何况，本在闽北的十九路军主力也在后撤。因此，虽然王明在事变后不久曾批评中共中央没有意识到：

> 问题的中心不在于我们红军愿意不愿意接受蒋介石这个打击，而问题的实质是在于：或者红军和十九路军一起来击退蒋介石的力量，或者是蒋介石先打败我们的同盟军——十九路军，然后再集中一切力量来打击我们的红军。①

但这究竟是事后诸葛亮之言。事变当时，中共和十九路军对双方的军事合作都没有充分的准备，对军事形势的发展也难有全盘的计划，在国民党军十几个师压迫下，中共即使勉为其难，效果也难以臆测，何况，国民党方面还观察到："伪一、三、五等军团被我痛剿，迭受匪剧，喘息未定。"② 这虽然不无自夸之嫌，但红军自第五次反"围剿"以来连遭失利、军力受创、亟须休整确也属实。③

更重要的，事变发动后，中共和十九路军间在联合作战问题上，始终没有达成协议。潘汉年回忆："在福州，蔡廷锴向自己的指挥部示意，有苏维埃政府的全权代表在这里，但同时他却不让师长们直接同我交谈。"④ 蔡廷锴既希望借助中共及其背后的苏联力量，又对中共不无防范担心的微妙心理，于此显露无遗。对于福建方面的联共之举，闽方许多中高级将领也缺乏心理准备。十九路军

---

① 王明：《新条件与新策略》，莫斯科1935年印行，第64～65页。
② 《国民党军卫立煌部镇压"闽变"战斗详报》，《中华民国史档案资料汇编》第5辑第1编军事（5），第805页。
③ 朱德在1937年口述的自传中也谈道：当时红军出动兵力过小，"只以一个七军团去打，力量少小，当然没有牵掣得着……我们当那时，却想休息疲乏，就没有进行"。见《朱德自传（1886～1937）》，转见金冲及主编《朱德传》，人民出版社，1993，第317页。
④ 《潘汉年在共产国际执行委员会书记处非常会议上的发言（1935年10月15日）》，《共产国际、联共（布）与中国革命档案资料丛书》第15册，第52页。

与红军曾多次交手，就在事变发动前几个月，红军东路军还在与之作战，官兵中有一定的敌视心理。在事变前蔡廷锴主持的动员会上，许多将领"对同红军和平相处，对反对南京政府之事一无表示"，部分将领则"在政治上不同意即行反蒋，也不同意与红军合作"。[①] 一些团长明确提出："十九路军历来是反共的，为什么要和共产党合作？"[②] 这反映了相当部分中高级干部的看法。曾任福建省政府委员的林知渊评判："他们即使和中共合作成功，也只是貌合神离，只求各保边境，互不侵犯，并没有想到要进一步联合行动，统一作战。"[③] 这一说法颇中肯綮。至于发动事变的陈铭枢则"过于不重实在军事，毫无打仗准备"。[④] 在福建人民政府参与机要的麦朝枢回忆，12月底，中共电告闽方，蒋军两个师东向闽境推进，陈铭枢得知情况后表示："江西境内有红军，当可以把蒋军击退，不必顾虑。"而在麦看来，"十九路军和红军合作的具体条件还没有订定，红军实在没有代我们挡击蒋军的义务，我们为什么不派兵警备呢？"[⑤] 麦朝枢的这一疑问其实相当可以说明问题，当十九路军自身已在选择从闽西北后撤时，和其并无约定的中共确无代十九路军牺牲之理。

虽然中共对全力支持十九路军心存疑虑，但是，完全放任国民党军进攻十九路军也不符合中共利益。中共虽未选择以主力在闽赣边境与国民党军作战，但中革军委却谋划了一个更大更全面的战略构想：将中央苏区红军编为东方军、中央军和西方军，准备分路作战。红五、七军团编为东方军，在福建建宁、泰宁、邵武、光泽一带展开游击战争，钳制东线国民党军，"侧击向资溪、光泽运动中

---

① 蔡廷锴：《回忆十九路军在闽反蒋失败经过》，《文史资料选辑》第59辑，第92～93页。

② 麦朝枢：《福建人民革命政府回忆》，《文史资料选辑》第37辑，第88页。

③ 林知渊：《政坛浮生录——林知渊自述》，《福建文史资料》第22辑，政协福建文史资料委员会编印，1989，第54页。

④ 《冯玉祥日记》第4册，江苏古籍出版社，1992，第269页。

⑤ 麦朝枢：《福建人民革命政府的回忆》，《文史资料选辑》第37辑，第89页。

敌人的中央纵队"；红九军团编为中央军，在东方军左翼活动，防止江西方面国民党军进入苏区纵深；主力部队红一、三军团编为西方军，挺进到永丰地区活动，"从左翼绕至蒋介石军之后方，就是说渡过赣江由西向九江南昌进攻，以协同第十九路军前后夹攻"。[1]在中革军委看来，该计划既避开了以红军主力在闽西北直接与国民党入闽军决战，从而为十九路军火中取栗，成为其掩护部队的结果，在北线"敌人最弱的地位"主动出击，又不无围魏救赵之意，客观上帮助了十九路军；同时还可抓住国民党军东移机会，使中央苏区"打通与基本区域的联系"即湘赣苏区的联系，进一步在北线打开缺口，北出昌、九，全面打乱国民党军部署，争取战略主动，壮大自身。[2] 不失为一石三鸟之计。

为实施这一计划，湘赣的红十七师受命由湘赣苏区北上，出击南浔路，"和中央红军配合十九路军行动"；[3] 湘鄂赣的红十六师也根据中央电令，"向高安、万载附近行动"，[4] 威胁南昌。李德回忆，这一决策是由共产国际执行委员会的军事代表（弗雷德）建议，"朱德、周恩来、博古和我讨论了这个建议，并对此基本上表示同意"。[5] 红十六师和十七师的出动确曾给国民党军造成一定压力，蒋介石致汪精卫电中谈道："赤匪一部最近窜至南浔路附近地区，确是事实。"[6] 蒋更曾致电抚州方面的陈诚，告以："清江万寿宫被匪占领，省防可虑，请抽调第五师或九十六师中之一师星夜集

---

① 《军委关于目前作战的决定（1933 年 12 月 13 日）》，《中央苏区第五次反"围剿"》（上），第 126 页；李光：《中国新军队》，第 219 页。

② 《军委关于转移突击方向和组织三个军及各军动作的指示（1933 年 12 月 20日）》、《军委关于目前作战的决定（1933 年 12 月 13 日）》，《中央苏区第五次反"围剿"》（上），第 129、125～126 页。

③ 萧克：《红十七师北上行动的回顾》，《湘赣革命根据地》（下），第 1042 页。

④ 傅秋涛：《关于湘鄂赣边区内战中期后期历史情形报告》，《湘鄂赣边区史料》，第 57 页。

⑤ 〔德〕奥托·布劳恩：《中国纪事 1932～1939》，第 63 页。

⑥ 《蒋介石致汪精卫等电（1934 年 2 月 25 日）》，《中央革命根据地革命与反革命斗争史料》（下），中国社会科学院近代史研究所藏。

中南昌,用车运输为要。"[1] 红军对国民党方面形成的压力可见一斑。杨永泰直承,当红十六师逼近南昌时,"南昌夙未留存预备部队……泰等在此唱了两夜空城计,仅能用飞机轰炸以威胁之"。[2]国民党"围剿"军西路军总司令何键也谈道:

> 最近江西方面的匪情,不是北路之匪想渡江西窜,就是西路之匪想向东窜,所以西路军现在所负任务,一方面要消灭萧孔各匪,一方面要不许萧匪等东窜,同时又一方面要堵截北路之匪不能渡江西窜,因此每三方面同时发生战事。[3]

应该承认,中共中央这一计划和当时彭德怀建议并在日后得到毛泽东肯定的出江、浙进扰国民党军后方的设想可谓异曲同工。

不过,红军真要在南昌一线与国民党军大规模作战,也难有成算。这一带平原坦荡,堡垒众多,是国民党统治力量较强地区;虽然闽变吸引了国民党军一部分兵力,但其在北线的绝对优势并未改变。红一军团北出不久,即在丁毛山战斗遭到较大伤亡,北进计划难以实施。事实上,由于福建迅速出现不利形势,计划中的将红三军团西移设想并未实施,当蒋介石基本完成其对福建的部署但大规模战斗尚未打响时,红军已作出直接援助十九路军作战的决策。1月2日,中革军委命令红三军团向福建"沙县地域移动"。[4] 滕代远记载:"中央军委当即令红军第七军团由太宁往将乐、顺昌地区以协助十九路军向浙边进展。同时命令已开抵广

---

① 《手谕省防可虑请抽调部队星夜集中南昌(1933年12月27日)》,《陈诚先生书信集·与蒋中正先生往来函电》(上),第121页。

② 《杨永泰致汪精卫等电(1933年12月29日)》,《中央革命根据地革命与反革命斗争史料》(下),中国社会科学院近代史研究所藏。

③ 《总司令在扩大纪念周中报告中央军在闽赣作战剿匪之胜利情况》,《西路军公报》第8期,1934年2月15日。

④ 项英:《关于第三第七第九军团的动作问题(1934年1月2日)》,《项英军事文选》,第345页。

昌地区的红军第一军团、第三军团，星夜取捷径向顺昌开拔。并以红军第九军团位于建宁归化地区，以第五军团在黎川地区支持北面蒋军的进攻。"[1] 但是，由于十九路军防线轻易瓦解，蒋介石又未给其任何喘息之机，红军来不及实现对十九路军的增援。所以中共后来说："我们红军为了配合他们反蒋的战争，曾经在闽北积极行动，从占领沙县直下尤溪，但是这对那些表现丧魂失魄的狐群狗党依然是无用的帮助。"[2] 这固不无推脱责任之意，却也不全为空穴来风。

另外，还应指出的是，1934 年 1 月下旬举行的第二次全国苏维埃代表大会上，毛泽东曾谈道：

> 有一个同志对于福建的所谓人民政府，说他带有多少革命性不是完全的反革命，这种意见也是不对的。我在报告中已经指出："人民革命政府"的出现，是反动统治阶级的一部分，为着挽救自己将死命运而起的一个欺骗民众的新花样，他们感觉苏维埃是他们的死敌，而国民党这块招牌太烂了，所以弄个什么"人民革命政府"，以第三条道路为号召，这样来欺骗民众，没有真正革命意义，现在事实已经证明了。[3]

毛泽东对福建事变的这种评价，征诸前引潘汉年回忆，当然并非如李德所称毛泽东当时坚持"不应该马上直接支持十九路军和'人民革命政府'"，[4] 而是反映着事变后中共中央的态度。福建事变失败后，整个中共领导层一改事变中的谨慎态度而展开谴责、批

---

① 李光：《中国新军队》，第 220 页。

② 《中华苏维埃共和国中央政府为福建事变宣言》，《中央苏区第五次反"围剿"》（上），第 151 页。

③ 毛泽东：《关于中央执行委员会与人民委员会报告的结论》，《苏维埃中国》，第 305 页。

④ 〔德〕奥托·布劳恩：《中国纪事 1932～1939》，第 85 页。

判，在此背景下，毛的表态自也不能出此框架，它倒是提醒我们，正像不能简单用毛泽东事变后的发言等同于事变中毛泽东的态度一样，事变后中共中央对闽方的定性也不完全代表其事变中的真实态度。虽然，中共中央可以被批评缺乏有效措施将事变引向自己有利的方向，但如果看看蒋介石当年的部署，就可能发现，事情远不是那么简单。

（2）南京政府镇压福建事变

福建事变爆发，对中共是机会，对蒋介石，却也未必全出意料。

福建的十九路军是淞沪抗战后进驻福建的。1932年蒋介石重掌南京中央后，作为粤陈（铭枢）势力的十九路军戍守南京势难继续，粤桂方面提出将十九路军调驻福建。对此，蒋介石内心并不情愿，在给何应钦的电报中谈道：

> 近日李黄陈诸兄急欲派十九路赴闽，其势似不可阻止。汪院长亦已赞成，其事必实现。如此恐伯南调赣南部队回粤，又碍中央剿匪计划。故中迟迟未肯下令也。前日罗师长回赣时托其面述此情，并派其往见余幄奇，最好留余部在赣南完成剿匪使命。但其直辖于伯南，如我方往留，则于公于私皆有为难。①

虽然心有戚戚，但蒋介石当时没有其他安置十九路军的办法。十九路军的抗日英名，蒋介石自身刚刚复职的脆弱，使其最终不得不同意十九路军赴闽。

十九路军到闽后，迅速控制福建局势，并与粤方谨慎接触，双方关系若即若离。蒋介石对十九路军以拉拢为主，但也不无搞垮十

---

① 《蒋中正电何应钦近日陈济棠等欲派十九路赴闽听其自决枪械暂勿送去（1932年5月13日）》，"蒋中正文物档案"002010200066033。

九路军，将福建收为己有的心思。1933 年 2 月，陈立夫向蒋介石
报告福建和粤桂形势，透露出南京中央图闽的隐秘动机：

> 蔡对闽省客军极仇视，而于卢兴邦部为尤甚，常欲伺机解
> 决之。闻中央接济卢部机枪五十挺迫击炮八尊之讯为蔡所悉极
> 度不安。2. 刘珍年之调驻浙东与闽北，配之以卢兴邦与刘和
> 鼎诸部在蔡视之为中央对十九路军之包围。3. 中央此次调六
> 十师赴赣剿匪在蔡视之为有分散其兵力。
>
> 西南中心系于陈济棠之一身，陈如效忠中央，则西南风云
> 可以消，盖无广东则西南活动将无经济基础。陈氏乃解决西南
> 问题之锁。①

1933 年 5 月，十九路军的老上司陈铭枢游欧回国，开始积极
筹划反蒋。参与陈铭枢策划的梅龚彬回忆，陈提出上中下三种方
案："第一种方案（上策）是联合粤桂反蒋；如果陈济棠不肯参加
的话，就执行第二种方案（中策），先搞闽桂联合倒陈，再发动反
蒋；如果陈济棠和李宗仁都不肯干，那只有采取第三种方案（下
策），争取与红军合作反蒋。"② 陈铭枢的活动，南京方面迅速得到
讯息，与粤方有千丝万缕联系的汪精卫早在 6 月 15 日就电蒋报告
广州方面的异动，提醒蒋"恐将有军事行动"；17 日，更直接点出
浙江有被犯之虞："浙省空虚，不肖生心，乘虚冒进固愚妄所为，
但天下乱事往往由愚妄之人所造成。不如益兵为备，使之知难而
退，弟固确有所闻故力言之，并非欲轻启兵衅也。"③ 汪精卫在此

---

① 《陈立夫电蒋中正缕陈西南问题（1933 年 2 月 7 日）》，"蒋中正文物档案"
002090300009103。
② 《梅龚彬回忆录》，团结出版社，1994，第 82 页。
③ 《汪兆铭电蒋中正西南分离运动已成熟旬日内必实现其自立政府（1933 年 6 月
15 日）》、《汪兆铭电蒋中正浙江省应益兵为备（1933 年 6 月 17 日）》，"蒋中
正文物档案"002080200097032、002080200097100。

故作玄虚，并未点明具体的犯浙者，但衡诸时、地二势，有可能对浙江构成威胁的，必为福建无疑。

其实，陈铭枢的活动，蒋介石多有掌握。在陈铭枢接触陈济棠、胡汉民未取得进展时，蒋介石在日记中记有："陈铭枢等联合反动，似告失败，则西南渐稳。"[①] 17 日，他致电吴铁城时表示："西南一切酝酿，一切误解，应恳切劝导，设法消弭，必尽其在我。如仍逞私见，害大局，吾人职责所在，固不容瞻顾畏缩也。"[②] 虽然对广州方面和陈的活动有所警戒，但蒋的判断还是偏于乐观，认为其一时难成气候。8 月，吴铁城也致电蒋介石报告："粤闽军事联络恐难实现。"[③]

作为在长期内部混战中摸爬滚打出来的实力派人物，蒋介石当然不会对陈铭枢的活动完全掉以轻心。虽然按照蒋介石惯常的坐观其变处事方式，他未对福建方面和陈铭枢采取积极行动，但并不意味着对此无所作为。准备第五次"围剿"时，蒋在浙赣闽边区部署警备部队 5 个师另 4 个保安团，这样的重兵配置，极具防备闽方的意味。尤其是 1933 年 9 月，蒋介石令国民党军进攻位于闽赣边境的黎川，应为一石二鸟之举，既防范赣南和赣东北红军的联系，对其后来的进兵福建也大有裨益。

1933 年 10 月，陈铭枢活动益繁，陈济棠曾电蒋介石，请其适当安置陈铭枢、李济深，以免引起异动，但未得到蒋的积极回应。[④] 稍后，蒋介石又接到戴笠的报告："陈铭枢前来闽用意在与蒋蔡密商联络桂系倒蒋，以求西南切实联合，反抗中央。"[⑤] 对此，

① 《蒋介石日记》，1933 年 6 月 17 日。
② 《蒋中正总统档案·事略稿本》第 20 册，第 592 页。
③ 《吴铁城电蒋中正顷接港讯现陈铭枢拟扩充十九路粤闽军事联络恐难实现（1933 年 8 月 23 日）》，"蒋中正文物档案"002080200115183。
④ 《陈济棠电蒋中正李济琛陈铭枢恳给以名义（1933 年 10 月 3 日）》，"蒋中正文物档案"002020200018001。
⑤ 《江汉清电蒋中正转报陈铭枢赴闽联络蒋光鼐蔡廷锴意图反抗中央（1933 年 10 月 18 日）》，"蒋中正文物档案"002090300009011。江汉清为戴笠化名。

蒋介石仍然没有明确反应。11月9日、10日，朱培德连电蒋介石，告以福建陈铭枢等"谋不轨"的消息，建议其速劝时在福州的国民政府主席林森"回京坐镇"。[①] 此时，坐以观变的蒋介石方才出手。11日，蒋介石致电林森，望林"即日回京"并代劝陈铭枢"回中央襄助一切"。[②] 12日，蒋介石在日记中自我安慰："陈铭枢入闽作乱，消息渐紧，但无妨耳。"15日，得到福建将有事变的确实消息，蒋当夜"几不成寐"；次日仍"对闽事，思虑入神，不觉疲乏"。[③] 16日，他做最后的努力，拿出惯常的封官许愿招数，致电蒋光鼐："许陈军事总监或参谋总长，内政部长亦可。"[④] 但这样的表态，未免失之太晚。

事变既起，在判断其将局限于福建范围内后，蒋介石迅速确定军事解决闽变的方针。十九路军原辖3个师，1933年6月扩充2师，总共有5个师10个旅，每师4000～4500人，加上直属部队，实际兵力5万人以上。[⑤] 事变之初，戴笠即向蒋介石报告，闽方"新兵多，逃亡众，能作战者不上三万五千人"。[⑥] 据此，蒋介石致电汪精卫表示："总计逆军号称六军十二万人，实际能作战者最多三、四万人。"[⑦] 对于蒋介石而言，这样的实力并不足以构成致命危险。何况十九路军"此次师出无名，其军心必动摇，干部钱多，

① 《朱培德电蒋中正接黄实来电陈铭枢等谋不轨（1933年11月9日）》、《朱培德电蒋中正转报陈铭枢等谋不轨闽将先发》，"蒋中正文物档案" 002020200018002、002090300009012。

② 《蒋中正电林森可否劝陈铭枢回中央襄助一切》，"蒋中正文物档案" 002020200018005。

③ 《蒋介石日记》，1933年11月12、16日。

④ 《蒋中正电嘱蒋光鼐探询陈铭枢任职意愿及其反抗中央之传闻（1933年11月16日）》，"蒋中正文物档案" 002010200097057。

⑤ 参见《闽方逆军新编部队番号及各级逆首姓名调查表》，《中华民国史档案资料汇编》第5辑第1编军事（5），第806～807页。

⑥ 《江汉清电蒋中正十九路军逃兵众多请速发兵戡乱》，"蒋中正文物档案" 002090300009326。

⑦ 《蒋介石致汪精卫等电（1933年12月13日）》，《福建人民政府与共产党合作反蒋史料》，中国社会科学院近代史研究所藏。

必不如前之肯牺牲"。① 1933 年 12 月 5 日,在给驻日公使蒋作宾的电报中,蒋介石乐观判断:"闽变必可速平,饶有把握。"② 而陈诚早在 12 月中旬对事变的趋势也作出了准确预测:

> 闽变当不难解决,报载军事行动多不确。现我军早至建阳,且建瓯尚有刘和鼎所部,闽军决不能北进。以现在情形观之,彼只能守延平附近。将来在延平或有一场恶战,此一战之后胜负即决定。再进一步,即闽省善后问题耳。所可虑者,或因此引起他方之变动,及日帝国主义者之再侵扰,而共匪亦得苟延也。③

1933 年 11 月 24 日,军事委员会南昌行营制定北路军作战计划:"入闽军应以较匪优势之有力部队集中赣东,以主力猛烈压迫匪第三、第七军团,乘机推进闽北,以迅速之行动,向南进展。"④ 12 月初,进一步确定攻闽方针为:"以有力之国军一部编成数个纵队,由赣、浙边区分道入闽,先击破逆军之主力,并将其余逆部,由南北两方夹击,一举歼灭之。"⑤ 具体攻击部署是:以第二路军两师从浙赣边界的上饶、广丰入闽,第四路军两师从浙西入闽,加上总预备队两师于 12 月 15 日前集中闽北浦城,准备分由建瓯、屏南攻击延平、水口;第五路军四个师加上总预备队一师由金溪、资溪入闽,于 12 月 20 日左右集中光泽附近,负责掩护攻击部队侧翼,并由邵武、顺昌抄十九路军之背;第三路军主动向德胜关方向出击,牵

---

① 《电呈预防西南异动及应付闽变之刍见 (1933 年 12 月 24 日)》,《陈诚先生书信集・与蒋中正先生往来函电》(上),第 120 页。
② 《蒋中正总统档案・事略稿本》第 24 册,第 21 页。
③ 《德胜关工事已完成此后匪在赣南与赣东北完全隔绝此举实其致命伤 (1933 年 12 月 19 日)》,《陈诚先生书信集・家书》(上),第 248 页。
④ 《赣粤闽湘鄂北路剿匪军第三路军五次进剿战史》(上),第五章,第 4 页。
⑤ 《中国现代历次重要战役之研究——剿匪战役述评》,台北,"国防部史政编译局"编印,1983,第 127 页。

制中共部队，掩护第五路军入闽并配合其确保攻闽军右侧背安全；海军陆战队准备进攻福州、厦门。这一部署将进攻重点放在闽北方向，欲乘十九路军主力"未集中以前，迅速击破其现驻闽北之部队"，① 而在闽西北由于顾忌到红军的威胁，以保持警戒状态为主。

应对红军威胁是蒋介石平定闽变不能不考虑的一个重要因素，虽然蒋判断"赤匪未必急助伪闽……必在闽北赣乐间地区，以阻止我对闽行动，而以消极助逆"，但在抽调10个师左右兵力入闽时，仍然不敢大意，自我警醒曰："匪主力既在黎光之间，我军动作极应慎重也。"② 国民党军在江西保持了强厚的兵力，留在江西及赣浙边境的第三路军辖7个师的进攻部队及6个师的守备队，加上赣西第一路军部队，兵力仍数倍于红军。对浙江后方地区，也多有部署，事变发动当天，蒋就致电浙江省主席鲁涤平，提醒其"闽乱既起，浙防应从速准备"；后又电示浙省："在龙泉、庆元、泰顺、平阳各县对福建之松溪、政和、寿宁、福鼎之各要隘，从速派员负责，专员修筑闭锁堡并囤积粮秣，以防万一。"③ 由于江浙一带为其基本区域，实力坚强，他甚至十分期望闽方攻浙。11月26日，蒋计划研究"如何使闽逆来攻浙"，晚间有闽方攻浙消息传来时，他更"不禁转忧为乐"。④ 为使自身在宣传上居于主动，蒋电告陈布雷等："自即日起即宣传闽逆进攻浙边庆元、泰顺之消息，逐渐发布使国人注意闽逆开衅之罪恶。惟宣传方法应须有系统与计划，不可使人知为虚构也。"⑤ 深悉内幕的陈诚在家书中说得

---

① 《蒋介石致蒋鼎文电（1933年12月11日）》，《蒋中正总统档案·事略稿本》第24册，第76页。

② 《蒋介石日记》，1933年11月29日、12月12日。

③ 《蒋中正电鲁涤平俞济时闽乱既起浙防应从速准备（1933年11月20日）》、《蒋中正电鲁涤平在龙泉等各县对福建之福县等各要隘筑堡屯粮等蒋介石致俞济时电（1933年11月26日）》，"蒋中正文物档案"002020200018024、002010200098057。

④ 《蒋介石日记》，1933年11月26日。

⑤ 《蒋中正电陈布雷俞济时廿日起发布闽逆开衅消息惟宣传应有系统计划（1933年12月1日）》，"蒋中正文物档案"002010200099076。

很明白:"闽逆军事行动与报纸所载完全不同,现已处被动,我军已过建瓯、邵武,即可知报载所谓犯浙,不过以祸首予闽逆耳。"① 12 月 10 日,蒋介石亲向第五路军入闽先头部队训话,强调:

> 你们第十四军这两师人此次同走一路出发,力量非常雄厚,而这一路兵又是土匪和叛逆所料不到的,敌人一定想不到我们能够有这样一个实力雄厚的部队,由我们所决定的这个路线出去,你们这两师人的目的是要占取此后战争的中心要道,这一点对于剿匪讨逆战争最后的胜利,实有最大的关系。②

随后,为防止由赣东入闽时遭遇红军阻拦,蒋先发制人,要求第三路军"由黎川向东南德胜关泰宁方向进展,协同第二路军堵截伪三、七军团,冀歼灭其实力,并竭力掩护第二路军之推进"。③ 希望通过攻击赣闽边境红军,将其逼向建(宁)、泰(宁)地区,敞开入闽通道,使入闽军进展顺利。根据这一计划,12 月 11 日,黎川一带国民党军奉命沿团村向闽赣边境的德胜关地区进攻,寻找红军主力决战。16 日,国民党军进占德胜关,红军被压往泰宁方向。17 日,蒋介石又指示:"为防匪由泰宁绕道北窜,扰我第五路军后方起见,第五纵队应即占领金坑。"④ 该部随即向东北方向的熊村、黄土关、金坑一线推进,截断建、泰红军往光泽一带的去

---

① 《此次胜利确足以慰劳非但为剿匪之关系实开讨闽逆胜利之基础也(1933 年 12 月 25 日)》,《陈诚先生书信集·家书》(上),第 251 页。

② 蒋介石:《为闽变对讨逆军训话——说明讨逆剿匪致胜的要诀》,《先总统蒋公思想言论总集》第 11 卷,第 625 页。

③ 《赣粤闽湘鄂北路剿匪军第三路军五次进剿战史》(上),第 5 章,第 5 页。闽变期间,国民党军序列调整较大,这里所谓第二军,实际即由金溪—光泽一线入闽的第五军。

④ 《蒋介石 1933 年 12 月 17 日电》,《赣粤闽湘鄂北路剿匪军第三路军五次进剿战史》(上),第 5 章,第 17 页。

路；同时加紧构筑碉堡，打通、巩固至光泽方向联络，此陈诚所谓"决先完成黎川至德胜关，及黎川至金坑、东山至熊村之封锁线"。① 这样，在由金溪、资溪入闽通道东南方向，国民党第三路军构筑了一条环形防御带，确保其入闽通道安全。由于浙赣边界和浙西国民党军入闽部队本身就受红军威胁甚小，因此，当闽赣边境入闽通道基本被打通后，国民党军入闽事实上有了相当的安全保证。对于德胜关的占据，陈诚在家书中更揭示出另一层意义："德胜关工事已完成，此后匪在赣南与赣东北完全隔绝，此举实其致命伤。尤以黎川附近之丰富资源，现被我掌握，对匪之物资补充更感困难，实可致其死命也。"②

随着第三路军的顺利进展及第五路军的入闽，蒋介石对红军威胁的提防逐渐减小，原计划主要用于警戒的自光泽一带的入闽部队除留一部分继续执行警戒任务外，有 3 个师部队投入前线，南京政府军兵力使用更为充裕。25 日，蒋介石抵闽北浦城就近指挥作战，"虽一团一旅之众，亦亲临训话，砥砺士气"；③ 同时确定攻击计划，以延平、古田、水口作为首期主攻对象。

延平、古田、水口互为犄角，是控扼福州重要外围据点，直接关系福州乃至整个闽东南地区安危。十九路军在此却只是布置了新编的谭启秀第五军，分由该军第六师守延平，第五师两个团守古田，另一团及军直属部队守水口。而蒋介石布置的围攻部队是：第四、第三十六、第五十六 3 个师攻延平，第八十七、八十八两师攻古田，第九师及第三、第十师各一部攻水口，仅从编制而言，就均为闽军 3 倍，至于实际兵力和战斗力更远远超出。因为"抽调入闽的兵力，全系蒋介石的嫡系部队，并集中了海空军及炮兵的优势

---

① 《电呈构筑封锁线计划（1933 年 12 月 21 日）》，《陈诚先生书信集·与蒋中正先生往来函电》（上），第 119 页。

② 《德胜关工事已完成此后匪在赣南与赣东北完全隔绝此举实其致命伤（1933 年 12 月 19 日）》，《陈诚先生书信集·家书》（上），第 248 页。

③ 《闽省残局收束中》，《国闻周报》第 11 卷第 6 期，1934 年 12 月 29 日。

力量"，① 而谭启秀部是十九路军原补充旅（1933 年 6 月改为补充师）基础上成立的新军，战斗力和战斗意志都有限，这样的接战态势使闽方一开始就处于十分不利的境地。1934 年 1 月 3 日，蒋介石在日记中写下其攻击计划："微日攻击延平城，八日攻击水口，十日占领闽清。十三日占永泰。十六日占莆田。廿日占泉州、漳州。"

　　1 月 5 日，战事刚一爆发，延平守军就告不支，南京政府军第三十六师、第四师、第五十六师分从城南、城东、城东北展开攻击，守军退路也被切断，被迫于次日缴械，延平易手。7 日，包围水口、古田的南京政府军发起总攻，当天即占领水口。此时，位于三城犄角顶端的古田已成孤城，蒋介石对古田引而不发，欲以古田作为诱饵，围点打援。攻克水口当天，他致电前方："蔡逆决率其主力来援古田，并言十日可达古田附近，逆军出巢来犯，正我军求之不得者，现决对古田城逆暂取包围监视之姿态，不必猛攻。"② 次日，蒋再次强调："古田城逆，只可包围，昼夜佯攻，一面严密监视，不许其逃遁，亦不必留缺口，但不可攻破，务使蔡逆主力仍来增援古田。"③ 9 日，当十九路军一部前出准备北上往援古田守军时，蒋介石更信心满满地指示卫立煌："逆军已倾全力来犯古田水口之线，刻已进至白沙以西地区，望兄迅速准备在白沙洪山桥间地区，选择多数之渡河点，设法渡河，袭击逆军侧背，整个包围而歼灭之。"④ 其

① 宋希濂：《我参加"讨伐"十九路军战役的回忆》，《文史资料选辑》第 37 辑，第 109 页。

② 《国民党陆军第八十八师古田围城之役战斗详报》，《中华民国史档案资料汇编》第 5 辑第 1 编军事（5），第 764 页。张治中在回忆录中一力说明是他冒着违背蒋的命令风险坚决主张缓攻古田以争取守军投降（《张治中回忆录》（上），文史资料出版社，1985，第 92～95 页），证之上述电报，似不可靠。

③ 《国民党陆军第八十八师古田围城之役战斗详报》，《中华民国史档案资料汇编》第 5 辑第 1 编军事（5），第 764 页。

④ 《国民党军卫立煌部镇压"闽变"战斗详报》，《中华民国史档案资料汇编》第 5 辑第 1 编军事（5），第 833 页。

一心期望以古田为诱饵，吸引十九路军主力于古田、水口地区实施歼灭。但是，十九路军并没有足够勇气与蒋在闽北对垒，1 月 12 日，北上往援的沈光汉部与南京政府军第三师稍有接触，虽然政府军根据蒋的指示后撤诱敌，但沈部并未乘势前进，反而见其"不战而退，更致狐疑"，① 当晚即向白沙方向退却。其实，根据蔡廷锴的回忆，1 月 9 日，蔡与陈铭枢、蒋光鼐等放弃福州向闽南撤退，这时的应援行动更多的只是一种姿态。12 日，孤处敌后的古田守军投降。

上述电文、战报体现出的是蒋介石一意诱敌而十九路军不敢应战的过程，此中的蒋介石可谓运筹帷幄、信心满满。然而，如果对照蒋介石日记，却会发现档案、电文中无法反映的另一面，看到作为一个人的蒋介石心态的复杂变幻。战事爆发后，蒋在日记中对福建方面是否将主力出福州，在闽西主动出击一直高度关注。就军事常识言，单纯防御福州几无可能，水口、古田为福州防御必守之地。因此，蒋在全面攻击即将展开时，密切注意："我军攻击水口时，逆部主力由省来袭否？"② 1 月 6 日攻克延平后，他全力注视闽方军事动向，猜测"福州逆军，其或反守为攻乎？"③ 当时，由于担心日方借事变有所动作，蒋对进攻福州没有信心，多次在日记中写道："对倭只有避战，如不得已，则不攻福州，以延平为省会，成立政府"；"对福州叛逆，如果集中负隅，则以封锁之法处之"。④ 如果闽方出福州在闽西决战，对蒋而言，不失为一个一举解决闽省的机会，前文中说到的蒋的诱敌之计盖出于此。但是，十九路军的战斗力毕竟不可小觑，两军正面交锋，成败也未可料。所以，1 月 7 日，当蒋得到事后证明并不确切的消息，报告"蔡逆果率主力来

<hr>

① 《国民党陆军第三师参加镇压"闽变"战斗详报》，《中华民国史档案资料汇编》第 5 辑第 1 编军事（5），第 747 页。
② 《蒋介石日记》，1934 年 1 月 14 日。
③ 《蒋介石日记》，1934 年 1 月 6 日。
④ 《蒋介石日记》，1933 年 12 月 29 日、1934 年 1 月 1 日。

援古田"时,当时的反应却并非"吾计已售"的得意,而是令览史者感慨万端的"喜惧交集"。① 喜的自然是闽方出击,其计可售;惧的则是决战结果,事前难有绝对把握。

古田不守,福州外围防御据点尽失,南京政府军开始向福州推进。与此同时,南京政府海军早在 12 月下旬就先后占领长门、马尾两要塞,时时威胁福州安全。1 月 9 日,海军在厦门市长黄强配合下接收厦门,威胁漳州地区,对十九路军后方形成巨大威胁。在不利形势下,闽方向南京提出三项停战条件:"海军守中立"、"中央军在距福州十英里之线停止"、"福州治安交由海军陆战队接收",②欲以此退让换取蒋介石息兵。对此,汪精卫认为"逆军能如限撤退,如能做到仍为有利",③ 但信心满满的蒋介石根本不为之所动,反而加紧对十九路军的攻击。四面楚歌声中,十九路军撤出福州,向闽南退却。16 日南京政府军进占福州。

在进攻福州外围据点同时,蒋介石已经开始部署从闽西北插向十九路军后方。1 月 4 日,战事尚未打响,他在日记中标列的注意事项就有"进取闽南利害之研究"。④ 7 日,鉴于水口已下,蒋介石考虑:"卫第五纵队挺进闽南计划是否实施,当注意之。"⑤ 次日,电卫立煌令其分兵南下永泰,"但须隐秘中央军兵力队号为要"。⑥ 10日,再电卫立煌,令其渡河南下,行动须守秘密,"不可使逆军发觉我有渡河企图"。⑦ 永泰地处福州西南部,由此前进可扼住十九

---

① 《蒋介石日记》,1934 年 1 月 7 日。
② 《汪兆铭电蒋中正闽逆托日方提出停战三条件(1934 年 1 月 12 日)》,"蒋中正文物档案"002020200018117。
③ 《汪兆铭电蒋中正闽逆托日方提出停战三条件(1934 年 1 月 12 日)》,"蒋中正文物档案"002020200018117。
④ 《蒋介石日记》,1934 年 1 月 4 日。
⑤ 《蒋中正总统档案·事略稿本》第 24 册,第 174 页。
⑥ 《国民党军卫立煌部镇压"闽变"战斗详报》,《中华民国史档案资料汇编》第 5 辑第 1 编军事(5),第 830 页。
⑦ 《蒋中正电卫立煌所部在闽清须极端隐秘(1934 年 1 月 10 日)》,"蒋中正文物档案"002020200018113。

路军退路，蒋的一系列动作旨在于此。因此，蒋介石日记明确记有："逆军如向闽南撤退，则第五路仍照原计划向永春、漳州急进。"① 12 日夜，在确知十九路军将全线后撤时，蒋介石命令"主力明日速向永泰急进。除留一旅守永泰外，其余主力再向仙游沙溪急进，以行截击"。② 如计占领永泰后，蒋介石大感得意，在日记中写道："本日我军已占永泰，此心为之大慰，从此必可如计截击，在莆田海滨歼敌，使之片甲不返也。"③

由于蒋在准备围点打援、诱敌实施歼灭战同时，已有展开追击战的腹案，因此，当十九路军沿着沿海公路南撤时，南京政府军从侧翼对十九路军展开所谓"行动之艰苦与神速，俱达极点"④ 的超越追击，东路军总司令蒋鼎文指挥四路大军以莆田、仙游、安溪、同安、漳州等为目标，直插十九路军后方。蒋介石要求前方将领："我军只要正面稳固，尽可多抽部队，到达惠安以东或以西地区，分组截断公路，节节袭击，横断其退路，总须达成一网打尽之目的，以为我战史创例也。"⑤ 在南京政府军快速推进下，全线溃退的十九路军不断遭到追击部队的堵击，狼狈不堪。17 日，南京政府军第八十三师已进至仙游，次日，第九、第十师到达。南京政府追兵和夺路而逃的十九路军在仙游、涂岭一带激烈交锋，虽然南京政府军未能在此完全堵截十九路军并予以消灭，但十九路军"蒙受巨创，士气沮丧，致入于不堪再战之境地"。⑥ 20 日，莆田被南京政府军占领，十九路军大部纷纷向泉州退却。21 日，南京政府

① 《蒋介石日记》，1934 年 1 月 10 日。
② 《国民党军卫立煌部镇压"闽变"战斗详报》，《中华民国史档案资料汇编》第 5 辑第 1 编军事 （5），第 835 页。
③ 《蒋介石日记》，1934 年 1 月 14 日。
④ 《国民党军卫立煌部镇压"闽变"战斗详报》，《中华民国史档案资料汇编》第 5 辑第 1 编军事 （5），第 862 页。
⑤ 《国民党军卫立煌部镇压"闽变"战斗详报》，《中华民国史档案资料汇编》第 5 辑第 1 编军事 （5），第 846 页。
⑥ 《国民党军卫立煌部镇压"闽变"战斗详报》，《中华民国史档案资料汇编》第 5 辑第 1 编军事 （5），第 863 页。

军第三师由厦门嵩屿登陆，对泉州一带的十九路军形成南北夹击态势。蔡廷锴见大势已去，被迫离开部队，所部随即向蒋介石请降，轰轰烈烈的闽变从大规模交战开始到失败不过半个月时间即告瓦解，确如军事发动前蒋介石所言："闽乱不逾一月，必可敉平。"[1]

迅速镇压福建事变后，蒋介石顺利将福建纳入自己手中，对其"剿共"军事的继续展开，大有裨益。

3. 中央苏区核心区域的争夺

（1）蒋介石与陈诚关于进攻路线的讨论

蒋介石发起第五次"围剿"，初期进攻重点放在江西方面，以广昌、石城、瑞金这一直通苏区中心区的进攻路线作为主攻方向。福建事变后，随着国民党军第二路军大批进入福建及红军主力一部分向福建进军，国民党方面在主攻方向上有过动摇。

1934 年 1 月初，鉴于福建事变后国民党军在福建进展顺利，红军北出永丰地区的行动又不顺利，中革军委改变将红一、三军团组建为西方军的设想，决定加强福建方面兵力，牵制国民党军在福建的军事行动，命令红三军团进兵福建。红三军团入闽后，主动出击，很快于 11 日包围闽西沙县县城。同时，红七军团也从泰宁南下配合行动。红军首先打败了赶来增援的国民党军第四师，取得第二次入闽的初战胜利。25 日，攻占沙县，毙伤敌军 700 余人，俘虏 1300 余人。红军的行动，引起蒋的很大不安，1 月中旬，蒋要求第三路军以主力进军福建建宁，强调："福州不难收复逆军必可在兴化海滨为我全部解决，我北路第三路军主力应即设法迅占建宁或泰宁，并限本月杪达成任务。"[2] 同时以一部留守现地，再将

---

[1] 《蒋介石致汪精卫电（1933 年 12 月 11 日）》，《蒋中正总统档案·事略稿本》第 24 册，第 80 页。

[2] 《蒋中正电顾祝同等福州不难收复逆军必可在兴化海滨为我全部解决（1934 年 1 月 16 日）》，"蒋中正文物档案"002020200018119。

"第三十六军速向西移，以第四军、第三十六军、第九十二师、第九十三师编为一路，向沙溪、龙岗进展"，① 对兴国方向保持警戒并相机发动进攻。由于第三十六军辖第五、第六、第九十六3个精锐师，主力东开，三十六军西移，将使第三路军形成东、中、西三个兵力点，造成严重的分兵局面。对此，陈诚提出意见："第三十六军不必西移"，认为该军"一时难以抽调，俟第三路军主力占领建宁后，该军可推进至康都，协同完成南丰康都建宁封锁线，并相机策应主力，向广昌进展"，坚持以广昌为主要进攻方向。同时，陈不赞成由龙岗一带向兴国进兵，表示部队"只能推进至富田，如向兴国进展，由泰和经沙村为妥"。② 对此，蒋经过慎重考虑后同意了陈的建议，指示顾祝同："预定三十六军及四十六师、十三师将来之进展计划均照所拟办理。"③ 改变了原来的分兵计划。

1月底，鉴于福建境内对十九路军的战事已基本结束，红军虽有攻占沙县的动作，但以入闽部队对付之，应该可保无虞，陈诚致电蒋介石，建议第三路主力部队留在江西境内，巩固黎川东南战线：

> 樟横村为黎川通建宁之咽喉，西城桥为南丰入建宁之孔道，两者均为伪赣闽省苏之中心区域，实匪必争之地……军为巩固后方并节约兵力起见，拟先进占西成桥，构成石沟圩西成桥樟村间之封锁线，将钟贤东坪西坪一带守兵推进接守，届时取建宁或入广昌均较为易。④

---

① 《蒋中正电顾祝同陈诚伪第五军团在沙县附近速率第三路向泰宁兼程前进（1934年1月16日）》，"蒋中正文物档案" 0202000200002，台北"国史馆"藏。

② 《赣粤闽湘鄂北路剿匪军第三路军五次进剿战史》（上），第六章，第2～3页。

③ 《顾祝同1934年1月26日致陈诚转告蒋介石命令电》，《中华民国史档案资料汇编》第5辑第1编军事（4），第26页。

④ 《陈诚电蒋中正顾祝同拟先进占西城桥构成封锁线俾取建宁或入广昌（1934年1月29日）》，"蒋中正文物档案" 002090300069260。

2月1日，陈诚再电蒋介石，提出："樟横村附近粮食被匪搜刮，给养困难万分。待封锁线完成，给养略事补充，即向建宁前进。"① 2日，蒋介石回电仍然坚持令陈诚"设法早占建宁或泰宁"。② 同日，陈诚致电蒋介石，以将在外而君命有所不受的姿态坚决主张："此间决先解决当面之匪，再用交互前进法，向建宁进展"，③ 坚持主力留在黎川东南作战。从战略态势看，由于福建十九路军已被击垮，红军有限兵力不足以影响福建全局，此时离开主攻方向向福建增兵颇有不得要领之感，而黎川作为战略要地，是双方进退的要点，一旦黎川丢失，则其已经获得的先机将一朝尽失。因此，蒋介石坚持进占建宁的主张颇有昧于大局、轻重倒置之嫌，而陈诚的主张显然更具主动意义。所以陈诚强调："此后我如得一地一城，即不再为匪所有，保障民众不为匪用，虽觉迟缓，实万全之策。"④ 面对陈诚的抗命举动，蒋介石不以为忤，权衡再三后，次日复电陈诚，肯定其"所见甚是"，同意"照办"。⑤

但是，蒋介石并不甘于自己的计划被搁置，2月11日，蒋致函陈诚，提出："中前日回赣审察匪情，其目的仍欲先求闽北方面之决战得胜，然后再回攻我赣边之师，故此时我赣边部队，对其建泰方面暂勿进取，以其工事已成且有备也，不易垂手而得。不如先占康都与广昌，使匪不注重我主力之东向，以懈其戒心，俾其主力转移于沙县方面，专力对我第四、第八十师时，然后我进取广昌、康都部队之主力，再向东进占建宁，必易得手……故弟路务于删日以前占领康都与广昌，最好同时占领，待至二十五日以前，再转移至建宁与康都间地区，俾与我闽北部队夹击残匪，至转移兵力时，

① 《陈诚电蒋中正待黎川经樟横村等至西成桥各封锁线完成补充给养后即向建宁前进（1934年2月1日）》，"蒋中正文物档案"002080200146025。
② 《赣粤闽湘鄂北路剿匪军第三路军五次进剿战史》（上），第六章，第17页。
③ 《陈诚电蒋中正（1934年2月2日）》，"蒋中正文物档案"002090300069328。
④ 《陈诚电蒋中正（1934年2月2日）》，"蒋中正文物档案"002090300069328。
⑤ 《赣粤闽湘鄂北路剿匪军第三路军五次进剿战史》（上），第六章，第17页。

广昌最多留驻三团或竟放弃亦可。"① 蒋此函表面同意陈诚部队留在江西作战，但其重心仍放在福建方面，而且限几日内攻占广昌也让人不知所云，和国民党军一直奉行的稳扎稳打方针明显抵触。正因如此，此函实际并未发出，陈诚 2 月 12 日家书中提到："昨蒋先生给我一函，因计划稍有变更，仍取回未送来。惟不知此后进剿计划如何耳？"② 当是指的此函。蒋介石计划改变，应和其过于冒进有关。2 月 12 日，蒋在日记中表示："进剿不能过急"，实际是对陈诚意见的首肯，同时详细写下其"进剿"计划："预定三月十日前第二期作战开始，三月底到达连城、宁化、广昌、龙岗之线；四月底或五月十五日到达汀州、宁都、兴国之线；六月底占领瑞金、于都，肃清残匪。"③ 几乎与蒋写下这段日记同时，陈诚也起草了给蒋介石的报告，详论其"围剿"计划：

> 我军为始终立于主动地位，而达收复一地一城即不再落匪手，保障民众今后永不为匪所用之目的，应本钧座战略取攻势，战术取守势之原则，以罗军长封锁围进，乘机突进之方法，第一步本路军先完成西城桥至石沟圩封锁线后，即进占宁都，构筑由西城桥向西延伸之碉堡线，截断匪南丰与建宁之联络，并策应我东路军收复建泰。待东路军确实占领建泰后，掩护本路军取广昌，同时各部仍赶筑碉堡，俟完成后，以刘和鼎部分守将乐泰宁，以卢兴邦部守沙县，以陈明仁部守延平顺昌一带，以周志群守邵武光泽，以黄子咸守黎川建宁，同时令薛岳部相机进占龙岗，李云杰部出富田。第二步东路军一部出归化，掩护一部主力由永安出，本路军出宁都。第三步东路军一

---

① 《手谕务于十五日前占领康都广昌（1934 年 2 月 11 日）》，《陈诚先生书信集·与蒋中正先生往来函电》（上），第 125 页。
② 《我已拟一计划寄蒋先生如能照此进剿当万无一失也（1934 年 2 月 12 日）》，《陈诚先生书信集·家书》（上），第 270 页。
③ 《蒋介石日记》，1934 年 2 月 12 日。

部取石城,主力出长汀,而本路军相机占领兴国及瑞金。最后
会师,寻匪主力而围歼之。如此筑碉堡交互推进,我碉堡完成
之日,即剿匪成功之时。虽似觉缓慢,实万全之策。①

　　如果单将这一报告和蒋介石同日日记联系看,很容易得出蒋被
陈诚影响改变作战计划的结论,但陈诚在写给妻子的家书中透露,
这一报告当天并未送出,陈在 12 日写道:"我已拟一计划寄蒋先
生作其参考,拟明日请派飞机来勾去。如能照此进剿当万无一失
也。"② 可见,蒋作出决定时,并未读到陈的报告。蒋介石和陈诚
殊途同归,几乎同时作出在江西缓步推进的决定,这在蒋陈二人而
言,应为洞悉大局的明智之举。

　　2 月 15 日,陈诚致电蒋介石,详论今后作战方针:"本路军以
出广昌、宁都,将匪区截成两段为有利,盖我军如能占领广昌、宁
都,既可防匪西窜,并可策应我西区,且可吸引匪之主力,而使我
东路军进占建泰容易也。我军无论出建宁或广昌,第一步均须先将
当面之伪一、五、九军团,及伪三军团之一部,驱逐或击溃之。"③
陈诚的意见,得到了蒋介石的支持,此后,国民党军的主攻方向始
终保持在广昌、石城一线,即所谓"剿匪战略重西轻东,左急右
缓"。④ 福建方面则由东路军"由北向南",⑤ 顺势推进。在国民党
军进攻压力下,2 月中旬,红三军团又奉命返回江西广昌一带,国
民党军再次抢得先机。陈诚在国民党军战略制定上发挥着重要作

---

① 《函呈进剿闽赣赤匪意见(1934 年 2 月 12 日)》,《陈诚先生书信集·与蒋中正
　　先生往来函电》(上),第 126 页。
② 《我已拟一计划寄蒋先生如能照此进剿当万无一失也(1934 年 2 月 12 日)》,
　　《陈诚先生书信集·家书》(上),第 270 页。
③ 《电呈进剿方略并督饬所部达成任务(1934 年 2 月 15 日)》,《陈诚先生书信
　　集·与蒋中正先生往来函电》(上),第 128 页。
④ 《蒋介石日记》,1934 年 3 月 6 日。
⑤ 《蒋中正电卫立煌闽省进剿计划决先由北向南(1934 年 2 月 24 日)》,"蒋中正
　　文物档案"0202000200011。

用，不过，对作战方针的坚持也使陈诚承受了极大的压力，"时陈诚对当前形势及所担负任务，愁虑重重。据他随从副官透露，陈常深夜不眠，在办公室内徘徊，忧心忡忡"。①

在国民党方面计划下一步作战方针时，中共方面也在评估数月来反"围剿"战争的结果。虽然没有实现歼灭国民党军有生力量的目标，但国民党军在苏区外围的徘徊也颇让中共领导人引以为慰。当时《红星》发表的社论写道：红军"在黎川之东北，进行了三个月胜利的战斗，伸展到浒湾附近，击溃敌人的第四师，在硝石、洪门、新丰街一带，发展了广大的游击战争，取得了很多的胜利。在北面战线，我们的大兵团，可以自由的出现于敌人堡垒线的后方，许多独立兵团，在敌人的后方出没与发展"。社论把国民党军加强构筑堡垒的举动归因于红军的主动攻击，强调正是由于红军对国民党军的打击，使之"不得不改变其计划，相隔二里路甚至四百米，就要构筑一堡垒。而且他的堡垒要向着南昌来构筑。这种堡垒政策的结果，又使其攻击精神的减弱"。② 作为公开的舆论宣传，这种说法有其进行正面阐释的可理解一面，但仍显得过于避重就轻，缺乏准确的反思和评估。

关于对第五次反"围剿"进程如何看待的问题，在二苏大上也有反映。朱德在二苏大报告中谈道："在最近，我们的英勇红军，已经把帝国主义国民党的六次'围剿'粉碎了一半，给了敌人严厉的打击，阻止敌人向苏区前进。"③ 毛泽东则针对大会上认为"围剿"已经粉碎和仅在准备粉碎中的两种说法指出：

> 照前一说，是过分估计了自己的胜利，把苏维埃最后粉碎"围剿"的严重任务轻轻取消了，而实际上，蒋介石正在集中

---

① 陈振锐：《在陈诚所部参加第五次"围剿"见闻》，《福建文史资料选辑》第2辑，第31页。

② 《五次战役中我们的胜利》，《红星》第25期，1934年1月21日。

③ 朱德：《向大会致粉碎六次"围剿"的敬礼》，《苏维埃中国》，第240页。

一切力量最后向我们大举进攻，所以这种估计是不正确的，并且是非常危险的。照后一说，是看不到几个月来红军从艰苦战争中已经给了敌人以相当严重的打击，已经取得了第一步胜利，这种胜利，同粉碎五次"围剿"的伟大胜利合起来，就成为我们粉碎六次"围剿"的坚固的基础。对于自己成绩估计不足，同样是很危险的。①

（2）平寮、凤翔峰战斗

1934 年 2 月 20 日，为部署推进第五次"围剿"后期计划，蒋介石在南昌召集顾祝同、陈诚、熊式辉、陈调元及西、南两路将领举行军事会议。21 日，南昌行营重新调整兵力部署，将入闽军队改编为东路军，委任蒋鼎文为东路军总司令，率第二路军与第五路军及预备队共 16 个师又 1 旅 2 团，向中央苏区东面的建宁、泰宁、龙岩、连城等地推进，目标是夺取广昌及中央苏区中心地长汀和瑞金，协同已组成的北、西、南三路军，形成对中央苏区四面合围之势。

此前，1934 年 1 月下旬，国民党军第三路军已经开始向黎川以南发动进攻。初期根据蒋介石的指示，以建宁为攻击方向，于 25 日攻占樟横村。樟村、横村是黎川南 50 里左右的大村，"两处地方极大，约有三、四千户，如不遭匪患，实非常之富"。② 随后，国民党军向由江西进出福建的要隘邱家隘、寨头隘进犯。邱家隘为闽赣交界的分水岭，"两翼系高峰，中为一谷地，道路蜿蜒曲折其间，加之构筑一些工事，更为壮严之天险"；"冬天积雪未溶，山头竹林茂密，真是易守难攻之地"。③ 红五军团两个师部队在此凭

---

① 毛泽东：《关于中央执行委员会与人民委员会报告的结论》，《苏维埃中国》，第 304～305 页。

② 《此次出发占领建宁大概不成问题此或匪对我生日所赠礼物也》，《陈诚先生书信集·与蒋中正先生往来函电》（上），第 259 页。

③ 《陈伯钧日记（1933～1937）》，第 161 页；曹嘉忠：《邱家隘战斗》，《建宁文史资料》第 1 辑，政协建宁文史资料组编印，1982，第 41 页。

借天险，面对对方优势兵力"顽强抵抗"，[1] 国民党军不得不集中七倍于红军的兵力，经过反复十数次冲锋，付出重大伤亡后才将红军迫出战场。随之，又占领寨头隘阵地，并乘势进占无人驻守的平寮。

2月1日，红军向平寮一带国民党军发动反攻，计划"消灭进占坪了附近之敌并相机占领里岭下向樟村攻击，消灭敌之增援部队"。[2] 红一军团第一、第二两师主攻平寮，"来势殊为涌猛"，[3] 五、九两军团在邱家隘、寨头隘一带牵制对方部队。平寮之战，据国民党方面战史记载"战事激烈前所罕见"。其所记战斗经过为："匪惯以小部队牵制各处，主力集结于一地，用密集队形重叠冲锋，如此平寮战役第一二两日，均以小部队牵制我寨头隘阵地，主力集结于平寮前方……其攻击部署，犹是率由旧章，但我工事坚固，士气旺盛，匪亦无所施其技矣。"[4] 经过两天攻击后，红军虽予国民党守军以重创，歼其七十九师四七〇团大部，但国民党军在坚固工事和飞机轰炸配合下，利用占据"坪了至里岭下一带高地"[5] 的有利地形顽强抵抗，红军也遭遇较大伤亡，陈诚家书载："据俘匪供称，匪之第二师生还者不及十分之一"，[6] 此虽或有夸张，但红军损失重大应属事实。因未能达到击垮、歼灭国民党军有生力量的目标，红军被迫于2日午后撤出战斗。

平寮之战后，根据蒋介石的想法，第三路军应继续向福建挺进，但陈诚认为福建战事已基本结束，此后进攻方向应直接指向苏区的中心区域广昌，这一进攻方向很快得到蒋介石的认同。2月

---

① 《赣粤闽湘鄂北路剿匪军第三路军五次进剿战史》（上），第六章，第6页。

② 《坪了附近战斗经过情形报告（1934年2月1日）》，《中央苏区第五次反"围剿"》（下），第53页。

③ 《国民党北路军顾祝同部与中央苏区红军作战情形报告书》，《中华民国史档案资料汇编》第5辑第1编军事（4），第44页。

④ 《赣粤闽湘鄂北路剿匪军第三路军五次进剿战史》（上），第六章，第14～15页。

⑤ 《坪了附近战斗经过情形报告（1934年2月1日）》，《中央苏区第五次反"围剿"》（下），第53页。

⑥ 《匪第一军团攻我樊崧甫师第九军团攻霍揆彰师均被我击溃》，《陈诚先生书信集·与蒋中正先生往来函电》（上），第262页。

初，陈诚下达作战命令，令所部在樟横村一带集结，构筑工事，主力向位于黎川西南地区的西成桥方向推进，揭开第三路军向广昌进攻的序幕。

为破坏国民党军继续南进的意图，红军在西成桥西南、西北方向骚扰国民党军，阻止其修筑碉堡、工事，破坏其占领意图，双方在鸡公山、司令岩等高地展开拉锯战。9 日，国民党军十四师及九十四师占领鸡公山地区，红军退往"康都五通桥"方向。① 10 日，红一军团第一师第一团二营增援鸡公山途中，在三甲嶂顽强抗击国民党军绝对优势兵力的进攻，同时第一师其他部队根据军团指挥部命令"从西而东的向敌之后路打出去"，击溃其数个师的进攻，创造了以弱抗强的范例，被誉为"战斗中最光荣的模范"。② 聂荣臻撰文提出："这应当写在我们的战史上，成为我们第一团三甲嶂上光荣战斗的一页。"③ 但这样的胜利不足以影响大局。

15 日，国民党军第七十九师进至乾昌桥一带，准备在此筑碉。红一军团根据中革军委命令，决定在俯瞰乾昌桥的凤翔峰左、右两翼埋伏红一、二两师部队，红四师在敌侧后"负责钳制 79 师之后续部队及敌之 11 师策应樊师之部队"；同时以二师一个团"兵力固守凤翔峰阵地并吸引敌人主力"，待敌仰攻凤翔峰而抵前沿时，左、右两翼"突击截断敌之归路，以迅速最短的时间歼灭"。④ 凤翔峰地当要冲，为国民党军之所必攻。15 日上午，国民党军第七十九师以两个营部队向凤翔峰展开进攻，当其接近阵地时，红军展开突击，但因相互间协调不够，未能歼灭对手。下午 4 时左右，国民党军增调第六十七、第八师等部向红军发起更加猛烈的攻击，同

---

① 《本师西成桥附近之役战斗详报》，《汗血月刊》第 1 卷第 4 期，1934 年 4 月 20 日。
② 《鸡公山附近战斗经过详报（1934 年 2 月 11 日）》，《中央苏区第五次反"围剿"》（下），第 61～62 页。
③ 聂荣臻：《把第一团顽强抗战的精神继续发扬光大下去》，《红星》第 31 期，1934 年 3 月 4 日。
④ 《一军团凤翔峰战斗详报》，《中央苏区第五次反"围剿"》（下），第 66～67 页。

时出动飞机对红军阵地展开轰炸，而其 6 个团兵力绕向红军后方，"有抄袭我归路模样"。① 红军全盘计划落空，被迫撤出战斗。凤翔峰战斗次日，林彪、聂荣臻曾就战斗情况作出总结：

> 凤翔峰战斗又重复了三甲嶂的血训，敌又是用飞机轰炸及堡垒炮兵火力向我阵地轰击，尤其是敌人的飞机所起的作用太大，使我一举一动甚受妨碍。敌步兵在其空、地火力掩护之下，向我阵地推进，我军以反突击将其击溃后，敌缩回堡垒附近从容整顿。我军因被敌方堡垒所阻，而不能行较长距离的进击，行反突击亦只能做到向敌之侧面搏击及正面冲锋，而无法做到压迫到敌之后面……我们时刻感觉得敌人堡垒外的近距离或到堡垒间隙中去求运动战，结果仍变成堡垒战。以大部队在这种场合想行短促而突然的袭击，结果打响之后仍然不易拉（摆）脱而成了对峙局面。这种战斗办法最好的成绩也只能消灭敌之一部，否则仅仅将敌击溃而不能消灭。但这种战斗，我们他们的伤亡和弹药的消耗都很大。我们在五都在丁毛平寮在三甲嶂和昨日的战斗，性质和结果都差不多，平寮三甲嶂及昨日的战斗，我们伤亡在约一百人以上，因此觉得以后须尽量的避免这样的战斗。在距敌人半天或一天行程处隐蔽，应于敌前进而于敌之运动中或初到时消灭之……我们只要敌离开其（堡垒）八里到十里路以外，我们便能完全集中的消灭敌人。虽敌数倍我军的集团兵力，只要敌后尾离开其后面堡垒在十里以外，我们是有把握消灭他的。②

凤翔峰战役中，还出现一个对红军相当不利的现象，即红军行动不再像先前那样可以充分隐蔽，相反，资料显示，该地"封建

---

① 《一军团凤翔峰战斗详报》，《中央苏区第五次反"围剿"》（下），第 69 页。
② 《凤翔峰战斗经过及经验教训（1934 年 2 月 16 日）》，《中央苏区第五次反"围剿"》（下），第 63～64 页。

关系浓厚,故仍有仇视反对或破坏我们现象与事实。特别是南丰敌派遣其走狗或利用当地流氓密布侦探网,对我军行动消息往往容易漏网"。① 这样的状况,对红军是一个巨大的隐忧。

在江西方面作战取得进展后,国民党军在东路福建也展开进攻战。2月22日,东路军第十纵队汤恩伯部夺回沙县。3月7日,又攻占将乐,进逼泰宁。3月19日、23日,泰宁、归化相继失守,中央苏区闽赣间进出的门户建宁受到严重威胁。中革军委紧急调红一、三军团主力入闽,在大洋嶂、将军殿、梅口、江家店等地与进犯敌军展开激战,大洋嶂一战,成功阻截国民党军第八十九师的进攻,消灭其一个团兵力,尸横遍野,以致"将近半个月的时间,臭气难闻,路上无人往来"。② 时任红三军团政治部主任的袁国平称誉:

> 以两连兵力迎拒十数倍于我的优势故人,激战终日,越战越勇,营长、连长、指导员及代营长连长、代指导员继续伤亡二次,仍无退却动摇,坚忍卓绝的与敌人血战到底。敌旅长亲率大刀会队督战,并不惜以敌兵死尸及垂死重伤敌兵堆成进攻工事,拼死命地向我猛进,但是终被我英勇的五、六连以顽强拒战与神勇的反冲锋打得落花流水的溃败下去。③

红军的英勇奋战延缓了国民党军在福建的进攻步伐。不过,福建本非国民党军主攻方向,这里的战局不足以对全局形成影响。

(3) 广昌外围战斗

西成桥战斗后,国民党第三路军摆出欲由西成桥经康都斜向进

---

① 《一军团凤翔峰战斗详报(1934年2月20日)》,《中央苏区第五次反"围剿"》(下),第66页。
② 梁印浩:《大洋嶂阻击战侧闻》,《泰宁文史资料》第1~3辑合订本,政协泰宁文史资料委员会,1990,第38页。
③ 袁国平:《大洋嶂战斗》,《泰宁文史资料》第1~3辑合订本,第177页。

攻广昌的态势，吸引红军在此防御，主力则逐渐集中到南丰西南地区，准备经白舍南下直插广昌。2 月 25 日，蒋介石令第十八军"主力先向杨林渡白舍罗坊伸展"。① 3 月初，国民党军第三路军在南丰西南地区集中 11 个师部队，在沧浪—杨林渡一线构筑碉堡线，准备以此为基地，向南推进。

国民党军完成在南丰西南地区的集结后，红军逐渐察觉其意图。为阻止其对广昌的进攻，红军集中红一、三、九军团北进，向南丰西南地区出击，"有在白舍、三坑、三溪之线与敌决战之决心"。② 此时国民党军已经完成在此地区的战略展开，6 个师的主攻部队集中在南丰以南方圆 20 公里左右区域内，声气相通，配合便捷。陈诚确定应战计划：

> 伪三军团全部在我五都寨东华山石股山阵地前，伪一军团由早坳向我侧翼迂回。明真日部署：霍李傅三师固守原阵地，夏黄两师集结立壁岭牛形岭茅坪间地区，樊师主力集结磨刀渡附近，伺机以击破之。而令孔师主力星夜向神冈党口前进，威胁匪之侧背。③

3 月 11 日，红军向国民党军发起全线攻击，占领五都寨、东华山阵地，并继续向北攻击。主力则由西南方向插向国民党军右后方，准备侧击其阵地右翼，断敌后方。但是，国民党军在此厚集兵力，红军初期进攻虽有得手，总体形势并不乐观。国民党军在红军全线攻击下，一方面顽强固守，另方面积极准备利用兵力集中优

---

① 《蒋中正电顾祝同等第十八军占领荷田冈后主力先向杨林渡白舍罗坊伸展（1934 年 2 月 25 日）》，"蒋中正文物档案" 0202000200013。
② 《陈伯钧日记（1933～1937）》，第 184 页。
③ 《陈诚电蒋中正顾祝同（1934 年 3 月 10 日）》，"蒋中正文物档案" 002090300071188。电文中提到的霍、李、傅、夏、黄、樊、孔分别为霍揆彰、李树森、傅仲芳、夏楚中、黄维、樊崧甫、孔令恂。

势，全线发动反扑，蒋介石致电前方提醒"伪一军团踪迹不明，希注意详侦，防其暗算"同时，指示各部主动出击，"相机猛击其侧背……设法歼灭之"。① 陈诚也亲赴前线督战，通电全军，"亟望各级官兵，自勉勉人，贾我余勇，不顾一切，急起直追"，② 激励士气，向红军发动反攻。

3月13日，红军向杨梅寨国民党军后方部队第九十八师发起进攻。黄昏，国民党军各部全线反击，"一时战事骤转激烈，各阵地炮火之猛为剿匪以来所未有"。③ 红军由于部队深入，处在国民党军环形阵线之中，在国民党军并不多见的反击下，准备不足，虽努力奋战，仍遭失利。彭德怀鉴于战场形势不利，建议中革军委"应有舍心"，④ 主动撤出战斗。22时，第一军团第一师接到命令："东华山五都寨均到敌，我军决转移地区，一师担任最后掩护，候彭杨部队（第四师）及我军完全通过后，再节节掩护到宝石朱坊附近宿营。"⑤ 红一师奉命掩护部队撤退，到次日晨5时，红军主力大部撤出战场。此役，红军歼灭对手1200多人，自身损失达1700多人。⑥ 国民党方面战史后来总结此役时说：

　　匪军常集中其大部，对我一点，施行猛烈攻击，以求其突

---

① 《蒋介石文午行战电（1934年3月12日）》，《赣粤闽湘鄂北路剿匪军第三路军五次进剿战史》（上），第七章，第10页。

② 陈诚：《勘勉前线将士》，《赣粤闽湘鄂北路剿匪军第三路军五次进剿战史》（上），第七章，第14页。

③ 《国民党北路军顾祝同部与中央苏区红军作战情形报告书》，《中华民国史档案资料汇编》第5辑第1编军事（4），第46页。

④ 《彭德怀关于作战等问题给军委的信（1934年4月1日）》，《中央苏区第五次反"围剿"》（上），第154页。

⑤ 《五都寨附近战斗详报（1934年3月10日至14日）》，《中央苏区第五次反"围剿"》（下），第80页。

⑥ 参见《杨尚昆回忆录》，中央文献出版社，2001，第89页。国民党方面对这次战役伤亡情况的描述是："匪伤亡约在七、八千以上，阵前死尸约有三千余具……我方亦伤亡近千。"见《南昌行营第二厅致汪精卫等电》，《中央革命根据地革命与反革命斗争史料》（下），中国社会科学院近代史研究所藏。

破或包围之成功，此种时机，匪军弱点，即在处处不能对我主攻，故处处均感虚薄。此次匪以伪一三军团主力，猛攻我杨梅寨夏师阵地时，我全线不顾一切，果敢出击，致使匪虚弱部分，均被我击破，其主攻部分，亦被我截断，全线遂不能不总崩溃。①

陈诚此次战斗中采用的反击和跃进战术给林彪留下了深刻印象，他当时数次说起，国民党军"前进的距离和速度，是随着群众条件，随着对我主力行踪的了解，随着他本身兵力的大小，随着当时红军打击他轻重的程度，以及地形情形等条件而变动的……陈路军向广昌前进时，他虽然发现红军在其附近，然因他已集结了充分的优势的兵力，同时在地形上也容许他大兵力的使用，所以他依然前进。"② 彭德怀则具体谈道：

> 是役敌是纵深的，紧靠着南丰数年来所构成的坚固堡垒，这种情形无条件的突击是徒然剥削了自己的力量，得不到任何代价。东华山、五都寨的教训不是不了解企图纵深的突击，而是把敌人看得太呆笨。我觉得东华山、五都寨取得后而不能乘胜完成和展开其胜利，主力不应再留恋，这种留恋在任何方面会达到无谓的牺牲。③

此战成功，蒋介石大为开怀，开出赏单，参战各师每团发赏金1000元。④ 同时，他也提醒陈诚："推测匪情，其在枫林、三溪现

---

① 《赣粤闽湘鄂北路剿匪军第三路军五次进剿战史》（上），第七章，第24页。
② 林彪：《短促突击论》，《革命与战争》第6期，1934年7月。
③ 《彭德怀关于作战等问题给军委的信（1934年4月1日）》，《中央苏区第五次反"围剿"》（上），第154页。
④ 《蒋中正电熊式辉贺贺国光参加南丰战役各师准每团给赏洋一千元（1934年3月15日）》，"蒋中正文物档案"02020002000025。

在抵抗一线为其之生命线，亦为我军进入赣南匪区胜利之第一步，故匪必在现地死守顽抗也。我中路军主力不必求急进，只要固守现地，作成持久之局，以求薛、汤两路之发展，则匪经此战必崩溃更速，不必心急也。"①

红军后撤后，国民党军乘胜继续进击，逐渐进入苏区基本区域，逼近广昌。早在1933年底，红军指挥部就指示在广昌地区构筑防御工事。因此，之前"从未发现红军占领整然一线的防御阵地，构筑工事，采取有形的防御战斗"的国民党军将领，此时"沿白舍东西之线，突然发现红军构筑有整然的防御阵地，重要山头筑有两层射击设备的坚固碉堡"。不过，红军在这一带仍没有采取死守方针："当面守备的红军不是主力部队，是新近扩军所编成的队伍；装备很差，携带的多是破旧步枪，堪用的不多，而且弹药极少；战士素质不佳，老弱参半"。② 国民党军没有经过大的战斗，很快于3月15日占领白舍，随后向甘坊地区展开进攻。16日，双方在甘坊地区战斗稍烈，国民党军得到"空军轰炸"③ 支持，付出一定代价后于17日控制甘坊。至此，国民党军打开了通往广昌的大门。

1934年4月1日，蒋介石在南昌召开军事会议，推出北、东两路军行动计划，决定北路军第三路军陈诚部4月进取广昌，5月推进宁都；第六路军薛岳部4月底进占龙岗，5月底攻取古龙岗；其余各部在陈、薛部后跟进。东路军第十纵队汤恩伯部和第八纵队周浑元部5月进取闽北建宁、宁化得手后推进石城；第四纵队李延年部和第九纵队刘和鼎部进取闽西连城、永安，续进长汀。该计划以广昌、建宁作为攻取重点。

① 《枫林三溪一线为我军进入赣南之第一步并示作战要领（1934年3月13日）》，《陈诚先生书信集·与蒋中正先生往来函电》（上），第131页。
② 杨伯涛：《蒋军对中央苏区第五次围攻纪要》，《文史资料选辑》第45辑，第190、191页。
③ 《国民党北路军顾祝同部与中央苏区红军作战情形报告书》，《中华民国史档案资料汇编》第5辑第1编军事（4），第48页。

根据全盘作战计划的要求，1934 年 4 月初，国民党军第三路军开始向广昌推进。该路军制定的进攻计划是："沿盱河两岸，逐步筑碉，向甘竹、广昌进展，完成南广公路，并诱匪主力决战而歼灭之。如情况许可，则一举进占广昌"[①] 具体部署是：右翼之第九十六师、四十三师、九十七师向红三军团第四师扼守的甘坊石下寨、池埠阵地进攻；左翼第六十七师附山炮一连，向扼守瑶陂的红五军团第十三师进攻；第九十四师附山炮一连，攻击扼守白舍附近的红九军团。其攻击重点放在盱河西岸。循着运动战的思路，红军在广昌外围没有采取节节防御的作战方针。根据第五次反"围剿"以来的基本用兵思路，红军主力部队一、三军团开至广昌附近后，被置于机动位置，前线防御主要由新编成的红九军团及地方独立部队担任，广昌外围第一道防御线甘竹以北地区只布置了象征性的防御。[②] 4 月初战役开始，国民党军进展顺利，几乎没有经历大的战斗，很快占领甘竹以北地区。即使如此，国民党军也并不急于伸展，而是按部就班步步推进。10 日，国民党军首先进占罗坊。13日，双方在甘竹外围展开争夺战，国民党军占领罗家堡、李家堡等地，随后控制甘竹。参加战斗的红一军团二师四团团长耿飚回忆："当时我们在甘竹'守备'。敌人前进半里多一点，便开始修乌龟壳。"红军在与其对阵中，"敌人有碉堡依托，火力又猛，我们的掩护部队由于弹药匮乏，根本无法对射。等我们冲锋部队冲到双方中间地带时，敌人的大炮便实施集火射击。由于敌人实现早已设计好战斗层次，炮火很准。我们一次又一次地被炮火压回来，除了增加一批又一批伤亡之外，一无所获"。[③]

---

① 《赣粤闽湘鄂北路剿匪军第三路军五次进剿战史》（上），第八章，第 3 页。"盱河"即"盱江"。

② 对一、三军团的使用，早在第五次反"围剿"的初始阶段，当时的中革军委代主席项英就指示了一个基本原则："一、三军团……要隐蔽控制，以便突击。"（项英：《对敌情的分析和作战意见》，《项英军事文选》，第 176 页）此后，一直到广昌战役，一、三军团战略上始终处于机动状态。

③ 《耿飚回忆录》（上），第 148 页。

　　面对国民党军的进攻，在广昌应否防御问题上，红军高层看法基本一致。李德回忆："党的领导人把这个本来不很重要的县城，视为必须保住的战略要地，因为他卡住了通向苏区心脏地带的道路。此外他们认为，将广昌不战而弃，政治上无法承担责任。"① 这一说法可从周恩来当时发表的文章中得到证实："每个同志都要认识，敌人这次占领广昌的企图，与以前四次战役更有着不同意义的形势。敌人在持久战略与堡垒主义的战术下，进占广昌是其战略上重要的步骤，是深入中区，实行总进攻的主要关键。我们要为保卫广昌而战！战斗胜利了，将造成敌人更大的困难与惨败的条件，将造成我们彻底粉碎五次'围剿'的更有力的基础。"② 随着苏区的巩固和发展，中共在战略抉择上受政治、经济背景制约，选择空间反而受到影响。初期反"围剿"作战中，红军规模相对较小，资源供给也较多倚赖打土豪的收入，大规模后退和前进的运动作战游刃有余。而随着红军的扩大，苏区周围土豪被打尽，对资源吸取的正规化（如税收制度的建立），红军再要流动作战已不像初期那样较少顾忌。湘鄂赣就反映："如果红军在有时候未打的（得）胜仗，说红军是吃饭的，所有慰劳品，都不送去了……前次敌人进攻万载，红军没有与之抵抗，就说红军是吃饭的，更是说把红军吃，很（肯）把狗吃。"③ 共产国际远东局也提到如果实行诱敌深入，"当地老百姓就会对我们失望，我们就会丧失补充红军队伍的可靠来源"。④ 这样的群众反应事实上代表了红军在新形势下所应承担的义务，这是中共制定全盘战略时不得不考虑的一个因素。

---

① 〔德〕奥托·布劳恩：《中国纪事 1932~1939》，第 92 页。
② 周恩来：《工农红军和全苏区群众一致动员起来，为保卫广昌而战!!!》，《红星》第 33 期，1934 年 4 月 22 日。
③ 《××同志关于湘鄂赣青年团工作给中央的报告（1932 年 9 月 3 日）》，《湘鄂赣革命根据地文献资料》第 2 辑，第 441 页。
④ 《共产国际执行委员会远东局给共产国际执行委员会政治书记处政治委员会的电报（1933 年 4 月 3 日）》，《共产国际、联共（布）与中国革命档案资料丛书》第 13 册，第 374 页。

与此同时，红军内部也不无压力，国民党方面收集的有关资料谈道：

> 现匪军之所谓战斗员，苏区农民，几占十分之七八，彼等皆被伪政府所欺骗利诱，即每人或分有田地，或惑于所谓"红军眷属优待条例"，故在匪军中较为坚决可靠，唯其眷属及所分得之田地，均在苏区，若为国军所占，则向之借以维系彼等者，自失效用。我军占领广昌后，该县籍之匪兵，日久势将渐渐离异逃逸，影响匪军本身之战斗力，故有不得不死守广昌之苦衷。①

另外，国民党方面还注意到，红军"时时提出夺取中心城市之口号，但是日久终未见诸事实。加以受我军物质封锁，生活一天比一天困苦，自五次围剿后，每次战役，均打败仗，伤亡残废者，触目皆是，因以人人自危，个个灰心。即所谓坚决分子之党员团亦常提出疑难质问，并有逃逸事情发生。上级指挥员，每感难于应付"。②

为展开广昌保卫战，苏区中央决定调集红军主力9个师，尽力抵挡国民党军的进犯。在前方成立野战司令部，朱德为司令员，博古为政治委员，直接指挥前方战事。根据中革军委当时的解释，其主要作战方针是："1. 集中红军主力打击和消灭敌之主要进攻。2. 以必要的兵力尽力钳制其它方面。3. 派遣得力的地方独立部队，挺出敌人近的与远的后方，发展游击战争，创造新苏区，以钳制和调动敌。"③ 可以看出，中共当时虽然迫不得已在广昌实行防御，但还是希望不要把战争打成消极防御。中共中央局机关刊物《斗

---

① 《赣粤闽湘鄂北路剿匪军第三路军五次进剿战史》（上），第八章，第57页。
② 《国军五次围剿赣匪崩溃近况》，《军政旬刊》第19、20期合刊，1934年4月30日。
③ 《朱德周恩来王稼祥致闽浙赣电（1934年4月2日）》，《闽浙皖赣革命根据地》（上），第702页。

争》发表社论强调："在敌人的堡垒政策面前，发展游击战争，可
以使敌人力量很大的分散与削弱，使主力红军的战斗得到更便利的
条件。""建筑支撑点，制造和使用地雷、弩箭等防御武器来打击
敌人（这方面赣东北有很好的模范）。但必须反对把中心力量完全
放在这个工作的防御路线，并反对乱筑防御工事。"① 张闻天也指
出："分兵把口，与堡垒主义，是紧密联系着的，这是单纯防御的
机会主义倾向的又一种具体表现。这种倾向，实际上不但不能保卫
苏区，而且正便利于敌人的各个击破。在这里，我们应该清楚指
出，积极的发展游击战争，把我们的基本游击队深入到敌人远后方
与侧翼去活动，是我们保卫苏区的最好办法。"② 只是，在总体战
略属于被动防御的背景下，局部的小范围的运动战，面对国民党军
优势兵力的稳步推进，效果实属有限。

其实，在具体的战争指导中，运动战思路也难以真正得到贯
彻。根据对国民党军主攻方向的判断，14 日，林彪、聂荣臻向朱
德提出建议："我军主力目前宜隐蔽于千善、石嘴以南诸地，而以
一部伪装主力在现地诱敌，主力准备突击经河西前进之敌，和准备
突击向大田市、溪口前进之敌。如周（浑元）纵队联合向南采取
跃进时，我们更便于突击他。"③ 16 日，林、聂再次提出："即令
在敌人采取编成两个纵队同时架河而上的行动，我一三军团亦不应
分开。"这一建议实际是主张将主力收缩，待国民党军充分展开
后，再待机出击歼敌。所以他们强调："如三军团在现地不动，不
仅不便于对付敌人自由河西前进的情况，对令地方队，对敌经河东
活动南进时亦成了在正面和距敌的短距离内阻敌。"④ 而彭德怀、

---

① 《五次战役的第二步的决战关头和我们的任务》，《斗争》第 58 期，1934 年 5
月 5 日。
② 张闻天：《我们无论如何要胜利》，《红色中华》第 183 期，1934 年 5 月 17 日。
③ 林彪、聂荣臻：《关于我对敌罗、樊、周纵队的部署建议（1934 年 4 月 14 日）》。
④ 《林聂对陈敌将向广昌前进的估计及突击该敌的部署报告（1934 年 4 月 16
日）》，《中央苏区第五次反"围剿"》（上），第 158 页。

杨尚昆则判断国民党军将由盱江东岸南进，主张："我主力应在芙蓉墟、大罗山地带与敌决战，以充实的一营固守延福庵，扼守制敌两个纵队不易联系……以第六师自延福庵至大罗山钳制樊纵队，以四师三师一军团十三师为突击兵团在芙蓉墟、里峰地域决战。"①这种运用主力在芙蓉墟、大罗山山地地带与敌决战的设想，和中革军委一段时间来实行的防御思路具有相当的一致性。但是，虽然山地作战有利于防御一方尤其像红军这样火力较差的防御者，但这一战地事实也在国民党军预料之中，难以达到出奇制胜的效果。所以，林、聂等的设想可能包含着更多的制人而不制于人的争取主动思路。不过，彭德怀和中革军委也许可以辩解，根据五次"围剿"以来国民党军的一贯方针，他们"取逐步构成野战工事节节推进以求得火力掩护的可能极多……未完成前两翼暴露南进广昌的可能减少"。② 在此情况下，林、聂的设想固然不错，但不能排除落空的可能，而放弃在大罗山山地地带作战，广昌也将陷入无险可守的境地。所以，大罗山的阻击战仍然成为当时背景下的逻辑选择。

4月19日，国民党军在判断红军主力集中于盱江东岸地区后，转调部分兵力用于东岸，开始向该地区的延福嶂、大罗山一带红军主力发动进攻。上午10时半国民党军第六师开始猛攻大罗山，"未刻占领大罗山五二五七高地"。③ 由于一军团未按预定时间赶到战场，红军对延福嶂、大罗山一带阵地并未取固守态势，据周恩来报告："三军团主力七时半到马鞍寨、磜上，他们未依军委突击攻大罗山之敌，而拟待敌攻天井围、墓坑时再突击。"④ 而据三军团的命令："我军以于邓家庄、石源、浮竹、大罗山地带突击该敌于

① 《彭杨关于在芙蓉墟、大罗山地带与敌决战的部署报告（1934年4月16日）》，《中央苏区第五次反"围剿"》（上），第157页。

② 《彭杨关于在芙蓉墟、大罗山地带与敌决战的部署报告（1934年4月16日）》，《中央苏区第五次反"围剿"》（上），第157页。

③ 《樊崧甫电蒋中正等（1934年4月19日）》，"蒋中正文物档案"002090300072421。

④ 《周关于敌占大罗山等地后我军突击敌部署给朱、博、李电（1934年4月19日）》，《中央苏区第五次反"围剿"》（上），第161～162页。

我防御地带之前而歼灭之为目的。"① 为此，红军集中 6 个师兵力分左、中、右三队向大罗山一线进发，左路为第十三、第六师，中路为第四、第五师，右路为第一、第二师，准备取三路包围之势，突击并消灭深入红军防线的敌人。

国民党军占领大罗山后，曾一度继续向纵深追击，第十八旅旅长向该师师长报告："当面之匪击溃后，向大罗山东南溃窜，我已派队追击中。"但是，第六师师长周嵒在下午 3 时半下达的命令中根据国民党军第五次"围剿"以来一贯的稳扎稳打方针强调，该部应"迅即构筑守备公事限本夜完成"。同时，该部第三十六团九连攻至红军重兵集结的天井围附近时，请求炮兵予以火力支持，周嵒当即指示："一、天井围过于突出，该团第九连应在炮火掩护下，即行撤回。二、大罗山至平山间工事，须迅速构筑。"② 国民党军的如上处理，使其能避免深入红军阵营。

当晚，红军主力完成集结，19 时左右，向大罗山一线国民党军第六师、第七十九师发动猛烈反攻，准备歼灭突进之敌。国民党军凭险顽抗，据守大罗山的第六师十八旅三十六团团长李芳在率部向红军反击时被炮火炸死，由该团第三营营长接替指挥。是役，红军志在必得，集中了几乎所有能打硬仗的部队，反攻"炮火极为猛烈，双方死伤亦极奇重……战斗时间竟达十五小时之久，可谓作战以来仅有之剧烈斗争"。③ 战至 20 日凌晨 3 时许，红军虽然集中了最精锐的主力部队，仍未实现歼灭敌军的目的，被迫撤出战斗。

大罗山反攻失利后，红军退至饶家堡一带，准备利用深山密林继续对来犯敌军实施打击，力争歼灭其突出部队，命令"三军团

---

① 《三军团歼敌命令（1934 年 4 月 19 日）》，《中央苏区第五次反"围剿"》（上），第 160 页。

② 《赣粤闽湘鄂北路剿匪军第三路军五次进剿战史》（上），第八章，第 23 页。

③ 《国民党北路军顾祝同部与中央苏区红军作战情形报告书》，《中华民国史档案资料汇编》第 5 辑第 1 编军事（4），第 80 页。

由墓坑及其以南山地和天井围向樊敌主力及肖师行猛攻干脆的突击"，"准备集结主力，下最大决心与敌六、七个师作较大的决战"。① 20 日下午，红军向深入饶家堡地区的七十九师二三五旅部队发动突击，"三面围攻，其势汹汹，大有'请君入瓮'之概"。② 同时，红军一部绕向二三五旅后方，准备截断其后路，但在前排遭遇国民党军七十九师主力，无功而返。在无法截断敌后路的情况下，红军加紧对突进部队二三五旅的打击，"这天晚上，阴雨绵绵，不便射击，红军与敌人进行白刃格斗，战斗异常激烈"；③ "饶家堡西北高地及大坪咀山阵地，失而复得者，凡五六次"。④ 中革军委对这场战役高度重视，与前方电文往来不绝，朱德不断就前方状况发出电报，并强调："这不是命令而是给你们下决心的建议。"⑤ 21 日凌晨 4 时，他还乐观指示："饶家堡战斗得手后，应集中一、三军团炮兵与迫击炮作有组织之炮击。"⑥ 但是，形势发展并不以人们意志为转移，由于红军久攻不下，到 21 日拂晓，对方援军第九十七师源源到来，红军无法实现歼灭敌军的目标，被迫退出战斗。随后，国民党军又进占云际寨、香炉峰、高洲瑕一线。红军主力退往广昌地区，盱江东岸战事告一段落。红军在大罗山、饶家堡的两次战斗，是前方指挥员在当时总体以被动防御为主的总战略下，尽力发挥红军运动战特长的两次尝试，但由于红军久战疲劳，国民党军兵力又过于厚集，红军歼灭敌人的目标难以实现。另据国民党方面战史载：

---

① 《军委关于阻敌向甘竹、长生桥前进的作战指示（1934 年 4 月 20 日）》，《中央苏区第五次反"围剿"》（上），第 163 页；《陈伯钧日记（1933～1937）》，第 207 页。

② 《赣粤闽湘鄂北路剿匪军第三路军五次进剿战史》（上），第八章，第 28 页。

③ 《王平回忆录》，解放军出版社，1992，第 55 页。

④ 《赣粤闽湘鄂北路剿匪军第三路军五次进剿战史》（上），第八章，第 29 页。

⑤ 《朱对我军攻击饶家堡敌之建议（1934 年 4 月 21 日）》，《中央苏区第五次反"围剿"》（上），第 166 页。

⑥ 《朱关于集中炮兵、迫击炮和一、三军团行动的指示（1934 年 4 月 21 日）》，《中央苏区第五次反"围剿"》（上），第 166 页。

伪参谋长林义光供:"……匪在日间,畏我飞机之轰炸,枪火之猛烈,为避免损害计,采取夜战。其攻击部署,以少数兵力,用于正面佯攻,以重兵力用于两翼,如冲锋两次不成,即行撤退,并在日间,预行选定进攻路线地区及目标,但匪兵缺乏训练,且多新兵,常畏缩不前。"①

红军战记则报告,在此前不久的东华山战役中,"七团有些新战士不会打手榴弹,敌人冲来时,把手榴弹交给班长打"。② 来不及得到必要训练的新战士的大量增加对红军战斗力有着重大影响,这也是战役难以获胜的不可忽视的原因。大罗山、饶家堡两战役,尤其是大罗山战役,红军出动了几乎所有主力部队,面对国民党军不完整的两个师,仍然不能取得充分的战果,这和第五次反"围剿"以来,国共双方战斗力的消长无法分开,它预示着红军此后的战斗将更加艰难。

相对于盱江东岸,盱江西岸红军力量更为薄弱,仅有两个师番号实际不到一个师的部队,部队作战能力也相对较差。国民党军在此出动了第十一师和第九十八师两师部队,攻势发动后,很快占领长生桥、伞盖尖、火神岩等地。广昌已处于国民党军直接威胁之下。

(4)广昌保卫战

外围战事连遭失利后,4月21日,林彪、聂荣臻以"万万火急"致电朱德、周恩来,提出:"如突击当前之敌无把握且广昌××(原文如此——引者注),三军团本晚须即由沙子岭以南渡河,与敌决战于广昌附近",③ 主张放弃在外围继续抵抗,直接在广昌城

① 《赣粤闽湘鄂北路剿匪军第三路军五次进剿战史》(上),第八章,第59页。
② 刘鹤孔:《东华山战斗》,《火线上的一年(1933~1934.8)》,红军总政治部红星社编印,1934,第93页。
③ 《林聂关于与敌决战于广昌附近的建议(1934年4月21日)》,《中央苏区第五次反"围剿"》(上),第167页。

附近与敌决战。同日，中共中央负责人博古、中革军委主席朱德、代总政治部主任顾作霖发布命令，号召继续展开广昌保卫战，要求红军"应毫不动摇的在敌人炮火与空中轰炸之下支持着，以便用有纪律之火力射击及勇猛的反突击，消灭敌人的有生力量"。① 同时，面对前线不利形势，中共中央指出，由于国民党军战略的变更，"使我们红军消灭敌人的战斗，须在一些新的条件下来进行"，强调：

> 动员群众武装起来，参加革命战争，发展广大的游击战争，是战地党和苏维埃的第一等重要的任务。
>
> 要以更多的地方部队，发展广大的游击战争，在敌人左右前后，在敌人的封锁线外，在敌人的堡垒间隔之中，在敌人的远近后方，到处去寻找敌人作战，冲破封锁，钳制敌人，分散敌人，疲惫敌人，隔断敌人，瓦解敌人，这样来配合和掩护我主力红军，得以运用自如，实施突击，而最终的消灭敌人。②

虽然中共中央要求开展广泛的游击战争来改变当前的被动局面，但远水难解近渴，游击战事实上已难以担起改变战场形势的重任。相反随着广昌外围防线被步步压缩，红军活动空间愈来愈小，广昌战役已越来越向阵地遭遇战方向发展。22日，周恩来致电朱德、博古、李德，提出三项建议："1. 最紧急时须调二十三师主力加强广昌守备。2. 一、三军团要能在一起突击敌。3. ……拟令董朱二十四日西移二十五日可参加广昌战斗。"③ 这实际是要求把红

---

① 《中央、军委、总政保卫广昌之政治命令（1934 年 4 月 21 日）》，《中央苏区第五次反"围剿"》（上），第 167 页。

② 《中共中央委员会、中央人民委员会给战地党和苏维埃的指示信（1934 年 4 月 24 日）》，《斗争》第 58 期，1934 年 5 月 5 日。

③ 《周为保持广昌战斗胜利的建议（1934 年 4 月 22 日）》，《中央苏区第五次反"围剿"》（上），第 169 页。

军最精锐的一、三、五（董、朱部）军团全部投入保卫战，反映出中共高层对广昌防御的极端重视。同日，博、朱、李复电周恩来，未采纳将红五军团西调的建议，而仍指望通过以红一军团在盱江西岸诱敌，再由"三九军团包括十三师在内突击该敌"。[①] 不过，随着国民党军迅速向广昌逼近，这一计划也迅成泡影。26 日，中革军委下令组成 3 个作战集团：东方集团，由红九军团及红十三师组成，红九军团军团长罗炳辉、政委蔡树藩负责指挥，任务是在盱江东岸钳制敌人；西方集团，由红一、三军团及红二十二师组成，由朱德直接指挥，任务是在盱江西岸广昌以西及西北地域消灭进犯之敌；守卫广昌部队，由红十四师等部组成，任务是坚守广昌工事。这一部署意味着中革军委已不顾双方实力对比，准备在广昌城外围进行大规模的兵团作战。不过，这时中革军委对战役前途其实已不乐观，《火线》发表社论强调："保卫广昌战斗虽是五次战役中的一个重要战斗，但不能认为是五次战役唯一的决定最后胜负的一个战斗。五次战役决定最后胜负的战斗，主要的在于我们能否消灭敌人的有生力量。假如我们能消灭敌人的有生力量，我们不仅能恢复某些被敌人一时侵占的苏区，而且可以扩大更广大的新的苏区。"[②] 显然已在军中为最后放弃广昌做舆论准备。

4 月 27 日，国民党军经过短暂休整、准备并构筑碉堡、封锁线后，出动 6 个师兵力分左、右两路沿盱江两岸开始向广昌发动进攻，"河西三个纵队并进，河东一个纵队前进"。[③] 广昌附近山地较少，多绵延起伏的丘陵，地势相对平坦，"虽田畴相望，小溪横流，然实以适合大军团运动天然地带"。[④] 虽然红军事先做了一定

① 《博朱李关于广昌战斗部署情况致周电（1934 年 4 月 22 日）》，《中央苏区第五次反"围剿"》（上），第 170 页。
② 《论保卫赤色广昌》，《火线》第 130 期，1934 年 4 月 25 日。
③ 《博朱关于广昌战况及决令二十八晨放弃广昌致电周（1934 年 4 月 29 日）》，《中央苏区第五次反"围剿"》（下），第 82 页。
④ 《陆军第十四师广昌长阴之役战斗详报》，《汗血月刊》第 1 卷第 5 期，1934 年 7 月 20 日。

准备，在广昌外围构筑工事，期望进行顽强防御，[1] 但红军工事在国民党军重武器攻击下，往往无法发挥作用，对国民党军的突击由于对方兵力厚集也难有效果。国民党军战史记载："是日匪以一部守平面岭卖竹坪大仙山坚固匪碉，以伪三军团全部，及伪九军团一部，由卖竹坪附近，向我第十四第六十七两师正面猛烈反攻……午后，伪三军团犯我十四师正面，伪二师犯我六十七师左翼，战斗更为激烈。"[2] 经过一整天激战，红军虽表现英勇，向国民党军"迭次冲犯"，并"以密集部队往复冲锋，毫不混乱"，[3] 予国民党军以重大杀伤，但自己也付出相当惨重的代价，对等的消耗，兵力上处于绝对劣势的红军显然难以承受。当晚，在广昌前线直接指挥作战的博古、朱德、李德联名致电留守瑞金的周恩来，提出："广昌西北之战未能获得胜利，现只有直接在广昌支点地区作战之可能，但这不是有利的，提议放弃广昌而将我们的力量暂时撤至广昌之南。战斗经过另报，请立即以万万火急复。"[4] 周恩来随即复电，表示在红军主力受到较大损失而在广昌直接作战又无把握的情况下，"原则上同意放弃广昌，但仍须以一部扼守广昌，迟敌诱敌，抽一军团秘密东移，突击汤（恩伯）敌"，并强调"最后决心由你们下"。[5] 在

---

[1] 时任红十四师师长、广昌警备司令的张宗逊回忆："红十四师用了五个月时间，在广昌城及其以北到甘竹一线，共构筑了坚固的大小支撑点和碉堡十多个，在广昌城周围修了七个支撑点……每个支撑点驻守的兵力不等，有的为一个营，有的一个连，有的一个排。红十四师以四个营的兵力守支撑点，以五个营的兵力作为反冲锋部队。"（《张宗逊回忆录》，解放军出版社，1990，第120页）作为守备部队，红十四师在防御工事上做的这些工作不能说是偏于死守的，而其兵力使用也基本符合当时中革军委贯彻的"短促突击"战术原则，只是相对比一般部队要更重守御一些。

[2] 《赣粤闽湘鄂北路剿匪军第三路军五次进剿战史》（上），第八章，第42页。

[3] 《陈诚罗卓英电蒋中正顾祝同等（1934年4月27日）》，"蒋中正文物档案"002090300073052；《陆军第十四师广昌长阴之役战斗详报》，《汗血月刊》第1卷第5期，1934年7月20日。

[4] 金冲及主编《朱德传》，第322页。

[5] 金冲及主编《周恩来传1898～1949》，人民出版社、中央文献出版社，1989，第274页。

周恩来复电未予反对后，28 日，朱德下达放弃广昌的命令。当天上午，盱江东岸国民党军第六十七师、七十九师进占广昌，红军全线后撤。红一军团东移珠市坪、尖峰地区，九军团后撤至扬家坪、新安地区，三军团南撤头陂等地，十三师在北华山、马坊寨、里丰一线留守原阵地抗敌一天，掩护主力撤退。广昌保卫战进行了 18天，国民党军伤亡 2600 多人，红军伤亡 5000 余人，占参战总兵力的 1/5，其中红三军团伤亡 2700 余人，达到军团总人数的近 1/4。①红九军团的第十四师因伤亡过大，已难成建制，余部被并入其他部队。

广昌战役，红军打破不固守坚城的惯例，展开大部队参加的保卫战，被认为是苏区中央执行的被动防御军事政策的体现。彭德怀在回忆录中提到，他对李德实施的拼消耗战术当时就提出尖锐批评，彭还强调，广昌保卫战中，国民党军"每次六、七架飞机轮番轰炸。从上午八、九时开始至下午四时许，所谓永久工事被轰平了。激战一天，我军突击几次均未成功，伤亡近千人"。② 也许就是针对彭德怀当时的指责，博古、朱德在放弃广昌后给周恩来的报告中，特地强调在国民党军步兵向广昌攻击之先，"并未有炮兵与空中轰炸"，同时其对 27 日当天战役的发展状况描述是：

> 敌先攻我翼侧，即占我左翼第一线阵地……因地形系狭山，我全部力量正面不过十里，故四个师突击师以充分够用。敌主要纵队立即密集队形在西岸谷地前进，我们决今让他近一些，而以三军团突击敌人之后部队，一九突击敌人之先部队，而实际上三军团过早进入战斗，且系突击敌之先头部队，因此敌停止前进构筑工事与准备反突击，而我一军团则不能全部展

① 国民党方面当时报告："是役匪方前后伤亡在四千以上，获枪二千余枝。"见《南昌行营第二厅致汪精卫等电（1934 年 4 月 29 日）》，《中央革命根据地革命与反革命斗争史料》（下），中国社会科学院近代史研究所藏。

② 《彭德怀自述》，第 190 页。

> 开一师之利用，只能转移至右翼四、五师之间，且只在战斗最后
> 阶段才进入战斗，形成敌我对峙，未获结果，决定脱离战斗。①

博古、朱德的这一报告，颇值玩味，它道出了争论另一方的看法，而这在以往通常是被忽略的。当然，这并不意味着该报告陈述的都是事实。首先，报告所说国民党军进攻之前并未使用炮兵与空中轰炸，就事实本身言，应为可信。国共双方战史都提到，27 日的广昌战斗在拂晓前就开始进行，战斗开始后，双方战线很快形成犬牙交错状态，空军轰炸事实上难以措手。包括彭德怀在内许多回忆录中提到的空中轰炸，应是将第五次反"围剿"中的一般状况作了误植。值得一提的是，自 4 月 10 日广昌外围战斗开始到 28 日广昌失陷，正是南方春雨连绵季节，19 天内，阴雨天就占了 15 天。② 以当时的技术能力，这样的天气飞机实际难以发挥作用，所以无论就整个广昌战役还是当天的广昌战斗言，国民党军的空中优势由于气候制约并未得到充分发挥。另外，当时技术条件下，炮兵作用发挥尚较有限，李德观察到："敌人少有系统的预先进行空军轰炸及炮兵的火力准备。其进攻一开始，就出动步兵（步兵的火器及其突击队），炮兵及迫击炮的射击，主要的是为着直接援助步兵；而飞机则不断的进行战场上的观察，以妨碍我们在战场上的机动，飞机轰炸也和炮兵一样主要的是为着直接援助其步兵。"③ 这一观察从国民党军第六路军所编战史中侧面得到证实："各师所有之迫击炮，多属旧式，瞄准机构不甚健全。对广大目标之射击，勉可使用，若以之摧毁碉堡，则耗弹多而命中公算少。"④ 不过，博、

---

① 《博朱关于广昌战况及决令二十八晨放弃广昌致电周（1934 年 4 月 29 日）》，《中央苏区第五次反"围剿"》（下），第 82～83 页。
② 参见《陈伯钧日记（1933～1937）》，第 202～214 页。上述统计还不包括 27 日当天傍晚的大雨。
③ 华夫：《再论战术原则》，《革命与战争》第 4 期，1934 年 5 月 18 日。
④ 《剿匪纪实·赣南围剿》，第六路军总指挥部，1937，第 9 页。

朱的报告当然不仅仅止于陈述上述事实，其潜台词应为通过对国民党军火力的压低，为广昌战斗的决策辩解。应该指出，虽然在 27日进攻之前，国民党军没有采用炮火和空中集中轰炸，但其火力优势在战斗中仍然体现得至为明显，国民党军战史多次提到，其在激烈的攻防战中获胜的主要原因为"火力旺盛"，红军进攻"被我炮兵火力压倒，始未得逞"。① 试图以国民党军没有大规模使用炮火和空军来掩盖双方火力上的巨大差距，不会有充足的说服力。

其次，博、朱报告将战斗失败相当程度上归咎于三军团的过早突击，这很可能也就是当日彭德怀和李德发生激烈冲突的直接诱因。但是，在宽十里的战场上以 4 个师兵力欲对国民党军 5 个师实行突击，在红军已经屡遭损失，本身师建制就难以和国民党军相比，火力又远逊对手的情况下，这一决策本身就不现实。何况，战场形势瞬息万变，由于国民党军进展甚快，红军的反应往往是被动的，兵力又捉襟见肘，将战斗失败归因于前线指挥，而不检讨自身在战争指导上的失误，确实有失公见。

广昌战斗中的这种战场上的拼消耗战法是中共中央对敌我力量对比还缺乏深切了解的一种反映，广昌战役后，红军转而采取依托坚固工事，实行固守的战法，虽然这种战法在当时和日后均遭到批评，但起码可以比在广昌坚持更长时间。

在国民党军第三路军进攻广昌同时，为配合进攻广昌，4 月中下旬，位于藤田、沙溪一带的国民党军第六路军向龙岗一线展开进攻，以"与正向广昌进展之第三路军齐头并进"，② 牵制红军主力集中。21 日、22 日，其先头部队第九十师、第九十二师与红军在韶源、上固交火，红军在此方向兵力薄弱，尽力阻击后即撤出战场。薛岳报告，国民党军在此遭遇了红军的地雷："地雷系用烟罐

---

① 《赣粤闽湘鄂北路剿匪军第三路军五次进剿战史》（上），第八章，第 42 ～44 页。
② 《剿匪纪实·赣南围剿》，第 17 页。

竹筒内实炸，故其爆炸力甚微。"① 显然，由于技术的原因，红军此时的地雷尚未发挥出太大威力。30 日，国民党军第九十九师向龙岗进兵，红二十三师及独立第一、二团 4000 余人与对手激战竟日，5 月 1 日下午，龙岗北端红军碉堡在与国民党军"肉搏十余次"② 后终告失陷，龙岗随之为国民党军占领。陈毅当时曾谈到这一战斗："龙岗之支点，在构筑上不十分坚固，被敌人包围一天一夜，两翼的突击部队侧击又未得手，而其上级首长尚令该支点内守备队死守，请示上级，致失时机，而使守备队受到损失。""在突击队失效，估计敌兵力强大不能固守，即应机断的给敌人以短促的突击，随即撤退，最好先保持退路不陷于敌人包围中。"③

4 月中旬，南路国民党军陈济棠部在蒋介石一再催促下，向苏区南部粤赣省发动进攻。3 月中旬，粤军第一军第一师占安远，第二师占信丰，第二军第四师进驻南康、赣州。随后，又以第三军李扬敬部为主编成第二纵队，辖 4 个部队，主攻南线。其作战计划为："纵队先进攻筠门岭，俟巩固占领后，候机向会昌城进攻。以主力从寻乌、吉潭经澄江、盘古隘，向筠门岭正面攻击；另以一部从武平的岩前经武平所向筠门岭东南侧攻击，并掩护纵队主力右翼安全。"④ 当时，红军在粤赣只有二十二师一个师的主力部队，在汶口、盘古隘、筠门岭设置三道防线。4 月初，南路军由安远、寻乌和平远、武平两个方向推进筠门岭、会昌。陈济棠部发动进攻后，红军寡不敌众，汶口、盘古隘相继失守，退守筠门岭。筠门岭距粤赣省府所在地会昌仅 55 公里，位于赣粤闽三省交界处，是江西通往广东、福建的交通要塞。21 日拂晓，陈部集中重兵猛攻筠

---

① 《薛岳电蒋中正梁师推进至上固构筑近碉楼在上固南方路上发现匪之地雷又韩师搜剿队在含下路上亦发现匪之地雷等（1934 年 4 月 22 日）》，"蒋中正文物档案" 002090300072360。

② 《剿匪纪实·赣南围剿》，第 19 页。

③ 陈毅：《几个支点守备队的教训》，《革命与战争》第 4 期，1934 年 5 月 18 日。

④ 曾其清：《陈济棠进攻筠门岭红军的经过》，《文史资料选辑》第 45 辑，第 153 页。

门岭，战至当日午后，红军被迫放弃筠门岭，退守门岭县站塘地区。由于陈济棠并不真心想对苏区形成威胁，攻占筠门岭后即电蒋报捷，① 算是对蒋介石和舆论有所交代，随即与红军联络，止步不前，南路战事仍保持相对稳定。

4月下旬，东路国民党军第八、第十纵队对建宁发动进攻。红军以第五军团为主力，红一、七、九军团参加战斗，在建宁外围将军店、驻马寨等主要阵地节节抵抗，其中，红一军团是在广昌失利后，马不停蹄赶往建宁前线。5月7日，国民党军第八纵队向将军店发起进攻，同时其第三、第十纵队等部准备从侧后向建宁挺进。9日，红军未能阻挡住敌军的攻势，放弃将军店，退守离建宁城十多里的驻马寨一线。12日，国民党军向驻马寨发动进攻，红军且战且退，虽然予国民党军以重大杀伤，但无法阻挡其前进步伐。16日，红军退出驻马寨，午后，国民党军第八十八师占领建宁。到5月中旬，国民党军已控制西起龙岗，中经广昌，东至建宁、泰宁、归化一线的广大地区，苏区区域被大大压缩。

4. 红军战略转移的准备

（1）中共中央计议突围

反"围剿"的不利形势，提示在苏区内打破"围剿"的可能性日趋渺茫，虽然博古1934年5月为《红色中华》撰写的社论中仍然宣称："我们要保卫土地、自由、苏维埃，直至最后一个人，最后一滴血，最后一口气！"② 但这更多只是政治宣传。政治离不开宣传，但宣传并不就是政治。就在博古发出上述豪言壮语同时，中共中央内部关于突围问题的讨论已提上日程。1934年2月，共

① 《陈济棠电蒋中正顾祝同等（1934年4月22日）》，"蒋中正文物档案"002090300074460。
② 博古：《我的位置在那边，在前线上，站在战线的最前面！》，《秦邦宪（博古）文集》，第257页。

产国际驻华代表埃韦特报告："江西和福建的形势很困难，我们近期的前景不妙。不带多余的悲观主义应该承认，包围圈越来越小，敌人兵力在接近向我地区突破的一些地方。"① 面对此一局面，共产国际和中共中央都在苦寻出路。李德回忆，1934 年 3 月，他曾提出以主力在中央苏区的"西南部或东南部突围"② 的设想。5 月，中共中央书记处在瑞金召开会议，提出在敌人逼近中央苏区腹地、内线作战不利的情况下，将主力撤离中央苏区。埃韦特在给共产国际转呈中共中央报告时说明了中共中央关于下一步行动的两个建议："留在中央苏区，转入游击战，将其作为我们斗争的最重要方法。""否则我们只有保卫中央苏区到最后，同时准备将我们的主力撤到另一个战场。"埃韦特个人虽明显倾向撤离中央苏区，但他同时强调："只有在实行保卫的各种可能性都用尽之后并且在保存着我们大部分有生力量的情况下才应使用。"③

中共中央的撤离计划和共产国际一贯思路其实是契合的。早在 1931 年初，共产国际就指示："必须进行顽强的斗争，把赣南基本的最主要的根据地保持在我们手里。但考虑到军队的主要核心力量在敌人压迫下有暂时被迫撤退的可能性，我们认为，现在就采取措施在湘西南和黔桂交界地区筹建辅助区是适宜的。同时务必更加重视在鄂湘川交界地区建立第二个主要根据地。"④ 1933 年 3 月，共

① 《埃韦特给皮亚特尼茨基的信（1934 年 2 月 13 日）》，《共产国际、联共（布）与中国革命档案资料丛书》第 14 册，第 81 页。

② 〔德〕奥托·布劳恩：《中国纪事 1932～1939》，第 112 页。李德 1939 年对这一问题的记述是："自 1934 年夏提出以后的行动问题时，革命军事委员会在我的影响下立即提出两个方针：一个是竭尽全力保卫苏区；另一个是疏散。"见《布劳恩给共产国际执行委员会的书面报告（1939 年 9 月 22 日）》，《共产国际、联共（布）与中国革命档案资料丛书》第 15 册，第 348 页。

③ 《埃韦特给皮亚特尼茨基的报告（1934 年 6 月 2 日）》，《共产国际、联共（布）与中国革命档案资料丛书》第 14 册，第 128、129 页。

④ 《共产国际执行委员会政治书记处政治委员会给共产国际执行委员会远东局和中共中央的电报稿（1931 年 1 月 11 日）》，《共产国际、联共（布）与中国革命档案资料丛书》第 10 册，第 23 页。

产国际又提出:"在保卫苏区时,对于中央苏区来说特别重要的是保持红军的能动性,不要以巨大损失的代价把红军束缚在领土上。应该事先制定好可以退却的路线,做好准备,在人烟罕至的地方建立有粮食保证的基地,红军可以在那里隐蔽和等待更好的时机。"同时强调:"要建立和具备几个新的根据地,使政府军难于同我们对抗。我们积极评价第 4 军主力向四川转移。我们认为,在四川、陕南,以及尽可能在新疆方向开辟苏维埃根据地具有很大意义。"①在中央苏区面临大规模进攻时,共产国际强调建立新根据地及对红四方面军转移的肯定,意味深长,以致埃韦特对此一度颇有疑虑,为消除其可能带来的负面影响,特电中央苏区解释共产国际的指示:"在我们看来,该电报是出于这样的考虑:万一敌人取得重大的胜利,我们必须保存和加强我军力量。而我方取得胜利时,我们应消灭敌人,必须时刻保持高度谨慎,使我军主力不受威胁。"②虽然埃韦特试图淡化共产国际对转移的肯定,但其潜台词不可能不对中共中央未来的行动规划形成影响。正由于有此思想基础,当军事不利后,考虑转移就顺理成章。

得到中共中央有关报告后,1934 年 6 月 16 日,共产国际复电指出:

> 动员新的补充人员的过程证明,中央苏区的资源还没有枯竭。红军作战部队的抵抗能力、后方的情绪等,还没有引起人们的担心。如果说主力部队可能需要暂时撤离中央苏区,为其做准备是适宜的,那么这样做也只是为了撤出有生力量,使之免遭打击……目的首先是要保存有生力量和为其发展创造新的

---

① 《共产国际执行委员会政治书记处给中共中央的电报(1933 年 3 月 19~22 日)》,《共产国际、联共(布)与中国革命档案资料丛书》第 13 册,第 353、354 页。
② 《埃韦特给共产国际执行委员会的报告(1933 年 4 月 8 日)》,《共产国际、联共(布)与中国革命档案资料丛书》第 13 册,第 393 页。

条件，以便在有利的时机对日本和其它帝国主义军队和国民党军队展开广泛的进攻。①

复电基本同意了中共进行战略转移的计划。次日，共产国际再电中共中央，明确谈道："我们建议发动福建战役，将其作为预防和吸引敌人，进而便于保存苏区或从那里撤离（如果不可避免这样做的话）。"②

中央红军突围已成必然，各方对此了然于胸，1934 年 6 月初，共产国际远东局委员赖安认为："如果中国其他地区的军政形势以及国际因素不会导致发生'出人预料的'重大冲突，以后几个月在阶级力量对比和政治重新组合方面也不会导致发生重要变化的话，那么在最近的将来，可能是秋天，中央苏区红军的主要力量将不得不放弃江西、寻找出路和在湘川方向寻找发展苏维埃运动的新的地区。"赖安在信中还透露了埃韦特等人的想法："在目前的情况下，预先决定了中央红军主力'迟早'将不得不放弃中央苏区。换句话说，这些同志，特别是从去年 12 月起，一方面阐发了关于本阶段在中央苏区不可避免地要发生决战的失败主义'理论'。而另一方面与此相联系，仍在考虑红军能否坚持到春季或夏季，而现在是到秋季的问题。"③ 可见，撤离中央苏区的想法早在福建事变前后已成共产国际代表的议题。

红军即将展开的突围行动，其方向几乎不言自明。北面是国民政府核心区，向北无异于自寻绝路。东面濒临大海，也无出路，南

---

① 《共产国际执行委员会政治书记处政治委员会给埃韦特和中共中央的电报（1934 年 6 月 16 日）》，《共产国际、联共（布）与中国革命档案资料丛书》第 14 册，第 144～145 页。

② 《共产国际执行委员会政治书记处政治委员会给中共中央的电报（1934 年 6 月 17 日）》，《共产国际、联共（布）与中国革命档案资料丛书》第 14 册，第 146 页。

③ 《赖安给哈迪的信》，《共产国际、联共（布）与中国革命档案资料丛书》第 14 册，第 132、134 页。

面陈济棠虽不愿与红军作战，但保境欲望强烈，向南难免陷入粤方和宁方夹击之中，以此看来，向西几乎是唯一出路。1934 年 6 月 2 日，埃韦特向共产国际报告中共突围计划时已经对行动方向有了明确交代："虽然敌人从 4 军团 1932 年的远征时起学会了许多东西，虽然他们有比 1932 年更加强大的、我们必须克服的防线（赣江、赣湘边界和湖南湘江一线），虽然敌人在采取行动之初会拥有比 1932 年多得多的军队来组织追击，但对于我们的进一步推进来说反正都一样，恐怕我们也没有别的选择。"① 赣江、赣湘边界和湖南湘江一线，这是明显的西进四川路线，而这和共产国际前一年指出的西进川陕路线完全一致。8 月，回到莫斯科的埃韦特向共产国际汇报湖南省的情况时也侧面提到中央红军的行动方向："最近一个时期，特别是在中央苏区，为了与这个省建立联系和在那里组建党组织作出了很大努力。作出这种努力是出于打通湖南的迫切需要，并考虑到保住江西已不可能了。"②

与中共中央决定向西突围几乎同时，国民党方面也预想到中共的可能动向。5 月中旬，蒋介石指示："赣南残匪，将必西窜，�县、桂东、汝城、仁化、始兴一线碉堡及工事，务请组织西南两路参谋团着手设计，一面准备部队，一面先征集就地民工构筑碉堡为第一线；其次郴州、宜章、乐昌、曲江乃至英德为第二线；先待第一线工作完成，再修第二线，总期于此两个月内，第一线碉堡设法赶成，以为一劳永逸之计"。③ 6 月中旬，陈诚还判断："第三国际绝不轻许匪军一旦放弃数年来经营成功，自命已成为伪中央苏区根据地之赣巢，而另谋新匪区之盘据。"7 月初，他已基本改变看法，

---

① 《埃韦特给皮亚特尼茨基的报告（1934 年 6 月 2 日）》，《共产国际、联共（布）与中国革命档案资料丛书》第 14 册，第 129 页。

② 《共产国际执行委员会政治书记处政治委员会会议第 395 号记录（1934 年 8 月 15 日）》，《共产国际、联共（布）与中国革命档案资料丛书》第 14 册，第 188 页。

③ 《蒋中正电陈济棠等赣南残共西窜组织西南两路参谋团着手设计构筑（1934 年 5 月 18 日）》，"蒋中正文物档案"02020002000036。

认为："月来我军分路推进，外线合围，愈趋有效；惟匪绝不让我长驱，坐以待亡，其最后策略，似必集中全力，或凭险邀击，或乘虚冲逃。"① 双方均已考虑下一步的战略计划。

（2）头陂、白水之役

广昌战役失败后，中革军委的战争指导发生重大变化。第五次反"围剿"前期，中革军委曾明确表示："我们战术的基本原则，是要求以敏活的机动来实行进攻的战斗。对于占领的支撑点和阵地实行任何的防御，都是不适宜的。"② 广昌战役后，中革军委虽然继续坚持"短促突击"的运动防御，但此时"短促突击"已越来越变成短距离的战术对抗，战术的机动性大大削减。相应地，中革军委更加重视堡垒的修筑，欲以堡垒对堡垒，与国民党军展开寸土必争的保卫战，阵地防御成为红军基本的战斗方式。之所以如此，当然首先与中共已把大规模的战略转移列入议程，尽力抵御国民党军对苏区的深入，为战略转移赢得准备时间成为其重要考虑之一；其次，此前的屡屡失利使之对继续坚持运动防御的可能性发生怀疑也不能不说是重要原因。国民党方面观察："赣匪自广昌建宁连城头陂白水相继失陷迭遭惨败后，变更策略，采用堡垒战术，企图节节顽抗，阻我前进。"③ 他们的判断是：

> 土匪向来主张游击战，运动战，但自我军碉堡封锁政策成功以来，亦渐趋重工事，尤其在广昌战役以后，更为重视。盖我军碉堡步步进逼，彼于运动战无机可觅，于是不得不改变方

---

① 《电呈依据匪情拟进剿方略乞钧裁（1934 年 6 月 14 日）》、《电呈针对匪军策略贡陈进剿意见（1934 年 7 月 1 日）》，《陈诚先生书信集·与蒋中正先生往来函电》（上），第 136～137 页。

② 项英、王稼祥、彭德怀：《关于进攻坚固阵地战斗的指示（1933 年 11 月 7 日）》，《项英军事文选》，第 261 页。

③ 《陈诚罗卓英电蒋中正顾祝同赣匪自广昌建宁连城头陂白水相继失陷后采用堡垒战术企图节节顽抗阻我前进及伪第三十五军团在驿前以北地带利用复杂地形构筑线状阵地设置地雷等（1934－08－30）》，"蒋中正文物档案"002090300095074。

针，遍筑强固工事，与我作阵地战，阻我前进。[①]

撤离广昌后，红军退守头陂、白水一带，构筑工事，准备抗击国民党军的进一步进攻。国民党军在攻击取得阶段性成果基础上，也不得不停步消化，构筑碉堡和封锁线，准备下一步的进攻。同时，重新调整部署：以北路军第八纵队6个师由泰和向兴国方向推进；第六路军第七纵队4个师由龙岗向古龙岗方向推进；第三路军第五纵队4个师首先进占头陂等地，尔后集中第三、第五纵队和东路军第十纵队共9个师，向宁都、白水、驿前、小松市、石城方向推进；东路军第二路军6个师由朋口、连城向汀州方向推进；南路军3个师由筠门岭向会昌、宁都方向推进；另以3个师集结于南丰、广昌地区为总预备队。此时，红军控制区域不断缩小，到1934年6月只剩下瑞金、于都、兴国、赣县、会昌、石城、宁化、长汀等中心区域的寥寥数县。为抵御国民党军的攻击，中革军委决定"六路分兵全线抵御"。7月23日，中革军委通报了国民党军六路进攻的情况和红军六路防御的部署：红三军团六师和红二十一师在兴国西北的沙村地区，抵抗敌周浑元部进攻；红二十三师和江西军区地方部队在兴国东北的古龙岗地区，抵抗敌薛岳部进攻；红五军团十三师在广昌南部的头陂地区，抵抗敌罗卓英部进攻；红三军团四、五师和五军团三十四师、十五师在石城北部的贯桥、驿前地区，抵抗敌樊崧甫、汤恩伯部进攻；红一、九军团和红二十四师在闽西的连城、朋口地区，抵抗敌李延年部进攻，红二十二师在会昌筠门岭以北地区，抵抗敌陈济棠部进击。

7月1日，国民党军第三路军完成在广昌的集结，准备继续向南深入，兵锋直指石城。3日，国民党军进占头陂。红军在头陂东部天府山地区集结，一方面瞰制头陂方向国民党军，使其不敢贸然

---

① 《第三路军在贯桥附近攻击匪强固阵地之所见》，陈诚文物档案 702 - 00038 - 001，台北"国史馆"藏。

深入；另方面牵制通向石城的另一重要通道白水方向国民党军。

国民党军为打通进攻石城的通道，决定两路会进，第五纵队由头陂向东，攻下天府山，再和由广昌向南的第十纵队会攻白水。9日，国民党军第十四师向天府山发动进攻，占据天府山，随后，红军集中主力展开反攻。当日夜，双方展开激战，"短兵相接，往复肉搏，凡数十次，双方在黑暗中混战，达五六小时"。① 半夜时分，红军已占领除最高点外的大部分阵地，国民党军第十四师被压缩到山顶最后一线，面临着被歼灭的命运。10日凌晨，闻讯增援的国民党军第十一师赶到战场。国民党军在援军支援下发起反攻，红军功亏一篑，未能达到歼灭敌人的目标，于黎明前退出战斗。此役，红军给对方以较大打击，国民党军伤亡达400余人。

为配合天府山地区第五纵队的进攻，国民党军第十纵队也于9日开始向赤水地区进犯。10日，在空中力量掩护下，攻占赤水，至此，国民党军已经打开通向石城的第一道门户。红军主力退往中司、驿前一带，前锋则位于白水西南的大寨脑一线，在此构筑工事，准备抗击国民党军的进一步进攻。

7月中旬，国民党军第十纵队开始向大寨脑地区进兵。红三军团在此以堡垒战术与国民党军周旋，虽然延缓了国民党军的进攻步伐，但由于国民党军的炮火优势，损失颇大，红军堡垒作用有限："一切条件支点全不坚固，受不起一个迫击炮弹，打不出枪，手榴弹投不出去，没有副防御，不能抑制敌于我手榴弹火力下"。② 22日，国民党军付出近300人伤亡的代价，攻占大寨脑、鸭子岭，兵锋直指贯桥、驿前一带红军主力。

这一时期，国民党军虽然凭借绝对优势的兵力、装备，攻击屡获成功，但继续进兵其实也承受着很大压力。随着其向苏区内部的

---

① 《赣粤闽湘鄂北路剿匪军第三路军五次进剿战史》（上），第十章，第7页。
② 《彭杨关于三军团向半桥良田集中问题及行进中与战斗情况的报告（1934年7月23日）》，《中央苏区第五次反"围剿"》（下），第86页。

不断深入，后勤给养成为亟待解决的问题。同时，因为连续作战，水土不服，传染病对其形成很大杀伤，国民党军将领回忆：

> 广昌、石城之间，匪我相持缠斗，达三个月之久，大军云集于狭窄地区，时值酷暑，部队皆无蚊帐，又以蔬菜稀少，饮水不洁，及在阵地露宿等因素，致痢疾及疟疾患者极多，死于道旁者累累。师野战医院病患达千余，人满为患；我团两千余人，只有七人未患疟疾，我亦染患此病。疾病对于战力消耗，数倍于作战受伤，军队健康之维护，实为一极其重要之事。①

该回忆道出了国民党军的实况，让我们看到中共方面处于困境时，国民党方面其实也并不轻松。稍后，陈诚在给妻子的家书中写道："此次至各处视察，情状极惨，沿途死病士兵夫无人处理者，不知其数。自广昌至石城，每日死亡计二百以上，各师患病者占三分之二，行营及总司令部无人过问，而各部又无法处理。"② 战局进行到此时，双方都各有苦衷，国民党军也有骑虎难下之势。蒋介石可资依赖的主要是人多势众、实力雄厚，抗击打能力相对较强。然而，当时蒋介石又不能不顾虑地处赣南红军之后虎视眈眈的粤桂势力，如果与红军作战消耗太大，必将影响其应对粤桂挑战的能力。所以蒋介石此时表面看气势汹汹，内心则谨慎有加，苦心焦虑谋划的，是代价最小的结局。

（3）红七军团北上与红六军团西征

广昌战役后，战场上不利的形势使红军的战略转移更加迫在眉睫。6月下旬，中共中央政治局召开会议，落实共产国际的有关指示，决定派出红六军团、红七军团分别往西、往北。③ 北上和西进

---

① 《石觉先生访问记录》，第71页。

② 《至各处视察沿途死病士兵夫不知其数各部军风纪亦不甚好（1934年10月13日）》，《陈诚先生书信集·家书》（上），第283页。

③ 参见金冲及主编《毛泽东传》（上），中央文献出版社，1996，第327页。

计划在共产国际同意中央苏区突围的电文中有明确交代："（1）为防备不得不离开，要规定加强在赣江西岸的基地，同这些地区建立固定的作战联系，成立运粮队和为红军建立粮食储备等；（2）现在就用自己的一部分部队经福建向东北方向发起战役，以期最后这些部队成为将来闽浙皖赣边区苏区的骨干力量。"①

根据共产国际的指示，中革军委决定抽调主力红军一部，组建抗日先遣队北上。6月下旬，红七军团军团部和所属第十九师受命从福建连城回到瑞金，待命北上。7月初，中革军委命令红七军团改编为北上抗日先遣队，北上深入到闽、浙、皖、赣地区"发展游击战争，创造游击区域"，并力争"建立新的苏维埃的根据地"，以牵制国民党"围剿"中央苏区力量，促其"调回一部到其后方去"。②红七军团由寻淮洲任军团长、乐少华任政治委员、粟裕任参谋长、刘英任政治部主任，突击补充了2000多名新战士，全军团共计6000余人。

7月6日晚，红七军团从瑞金出发，经福建长汀、连城、永安，于下旬进入闽中。随后进到尤溪地区。29日，攻占闽江南岸的尤溪口。此时，中革军委突然改变原定计划，命令红七军团东进，占领水口，威胁并相机袭取福州，企图调动和吸引更多的国民党军回援。遵照中革军委的命令，红七军团主力改向水口、福州方向前进，一部兵力继续北上。8月1日，攻占福州近郊水口，威胁福州。同时正式向部队宣布，红七军团对外以"中国工农红军北上抗日先遣队"的名义活动。2日，红七军团从水口绕道大湖向福州进发，7日进抵福州西北郊，当晚对福州发起试探攻击。对此，国民党军预有准备，第八十七师主力回防福州，第四十九

---

① 《共产国际执行委员会政治书记处政治委员会给埃韦特和中共中央的电报（1934年6月16日）》，《共产国际、联共（布）与中国革命档案资料丛书》第14册，第143页。

② 《中央政治书记处、中央政府人民委员会、中革军委会关于派七军团以抗日先遣队名义向闽浙挺进的作战训令》，《中共中央文件选集》第10册，第332页。

师也经上海驰援，红军缺乏攻坚装备，兵力有限，被迫撤出战斗。
红军进迫福州，中革军委意在围魏救赵，以此缓解闽西一带国民
党军对苏区的压力，对此，蒋介石一度因难以摸清红军的意图：
"闽北匪情是否另辟匪区，抑仅系牵制东路而窜扰耶"，而为之
"心颇不安"。① 不过，红军北上兵力毕竟有限，国民党方面很快
看清了这一点："东路军总部探知其诡谋，密调劲旅，兼程进剿，
闽西国军仍向石城长汀一带迈进，并未因之移动"；而先遣队的
实力却因之"完全暴露"："赤匪的诡计和实情，已经给我方看破
了，所以我方对前方剿赤的军队，不调一兵一卒，以致松懈前方
清剿的工作，只由他方面调来有余的兵力，已经可制这些残赤的
死命了。"②

攻打福州失败后，红七军团向闽东地区转移，8月下旬，进入
浙西南地区。9月初，转进至闽北苏区休整、补充。9月4日，中
革军委来电，对原定行动计划作出补充：要求："继续彻底的破坏
进攻我红十军及闽北苏区敌人的后方"；"在闽浙赣皖边境创造广
泛的游击运动及苏区根据地"，③ 在执行上述两项中心任务时，首
先在浙西一带活动，破坏交通和铁路线，支援中央苏区的反"围
剿"战争。9月7日，中革军委又电批评："在近几天来，七军团
是在同闽北部队作盲目的儿戏，以致使较弱而孤立的敌人进到渔梁
地域。七军团未完成自己的战斗任务。"④ 从当时实际情况看，中
革军委出动红七军团北上，旨在使其于浙西一带牵制国民党军，尤

---

① 《蒋介石日记》，1934年8月2、3日。
② 《福州严重之一夜，匪分两路进袭谋占省垣》，1934年8月15日福建《民报》；
　陈肇英：《剿灭残赤的必胜观》，《党务周报》第1卷第17期，1934年8月2
　日。
③ 《朱德、周恩来、王稼祥关于七军团作战计划补充指示致寻淮洲、乐少华并曾
　洪易电（1934年9月4日）》，中共福建省委党史研究室等编《中国工农红军
　北上抗日先遣队》，中共党史出版社，1990，第85页。
④ 《朱德关于七军团行动问题致寻淮洲、乐少华电（1934年9月7日）》，《中国
　工农红军北上抗日先遣队》，第89页。

其红军战略转移进入最后准备阶段时，这一要求更加迫切。但是，红七军团深入国民党军占领区域后，所遇困难确实相当严重，保证部队的生存成为执行任务的必要前提。

面对不利局面，红七军团仍然尽力完成中革军委赋予的任务。根据中革军委指示，9月9日，红七军团转到浙西一带活动，18日抵遂安白马，接中革军委电令："主力应即向遂安前进，以袭击的方法占领该城而确实保持之于我军手中。"① 中革军委还要求，攻占遂安后，"于安徽边境淳安、寿昌、衢县、开化的范围内发展游击战争和苏维埃运动"，并在"浙皖边境，约在徽州、建德、兰溪、江山、屯溪地域建立新的苏维埃根据地"。② 根据这一命令，先遣队派出侦察分队，至遂安附近了解敌情，准备袭取遂安。但国民党军在此严阵以待，国民党方面报纸报道："省方开往部队昨已安全到达遂安县城，防地并已布置就绪，龙游、寿昌、淳安、衢县均已派定相当部队向遂安西南北三方面严密防堵，东西则有陈调元派队开入遂境，负责进剿，包围之势已成"③，红军军事上处不利态势。另外，从政治上看，浙西一带群众基础薄弱，"常、遂交通一带之群众很差，几次逃跑一空，连向导均无人找到……因此，在我们的行动上均难以秘密"。④ 七军团指挥员报告：

> 根据我们最近十天在浙西行动艰苦的经验，由于浙西电话、交通事业的发达，我们的行动敌人很快就知道，飞机每天

---

① 《朱德关于七军团袭占遂安县城问题致寻淮洲、乐少华电（1934年9月18日）》，《中国工农红军北上抗日先遣队》，第102页。

② 《朱德关于七军团在浙西的政治工作和作战任务致寻淮洲、乐少华并刘畴西、聂洪钧电（1934年9月18日）》，《中国工农红军北上抗日先遣队》，第103页。

③ 《窜遂残匪被包围国省军今日总攻，三日内即可将股匪全部消灭》，1934年9月21日《东南日报》。

④ 《曾洪易关于七军团对打击敌左右纵队之意见致朱德电（1934年9月19日）》，《中国工农红军北上抗日先遣队》，第107页。

都能跟追随，敌人队伍运动与转移均极迅速。并党与群众工作基础完全没有，伤病员安置极度困难。我们最近在浙皖边境，寄存群众家中一批伤员，据闽浙赣谍息全被敌搜出，影响士兵战斗情绪、战斗力极大。①

　　9月下旬，军团领导决定放弃在浙西建立根据地的计划，迅速摆脱敌人，改向皖赣边前进。10月初，到达皖赣苏区休整，此时，"部队已不足两千人"。②

　　由于国民党军加紧向皖赣苏区进攻，10月21日，中革军委电令红七军团"逐步转回闽浙赣苏区"。③ 遵照中革军委命令，红七军团在浮梁、德兴间通过两道封锁线，进入闽浙赣苏区，并于11月初与红十军会合。11月4日，中革军委决定红七军团与红十军合编为红军第十军团，下辖两个师，红七军团改编为第十九师，红十军改编为第二十师。由于红七军团出发后就出现领导层的种种问题，曾洪易消极避战，寻淮洲与乐少华则"不断的闹私人意见"，领导层其他成员间也矛盾重重，"不是你争我吵，便是你走我溜，甚至闹成打架"，④ 因此，军团领导层根据中共中央意见进行调整，刘畴西任军团长兼第二十师师长，乐少华任军团政治委员兼第二十师政治委员，寻淮洲任第十九师师长；并决定：闽浙赣省苏维埃主席方志敏兼任闽浙赣军区司令员，曾洪易任中共闽浙赣省委书记兼军区政治委员，粟裕任军区参谋长。

　　11月18日，中共中央决定成立以方志敏为主席的军政委员

---

① 《曾、寻、乐关于七军团与皖赣、皖南地方武装配合，创造浙皖新苏区致党中央、中革军委的请示电（1934年9月30日）》，《中国工农红军北上抗日先遣队》，第120页。

② 《红军抗日先遣队北上经过的报告》，《闽浙皖赣边区史料》，第61页。

③ 《朱德关于七军团取石门后转回闽浙赣苏区致寻淮洲、乐少华电（1934年10月21日）》，《中国工农红军北上抗日先遣队》，第135页。

④ 刘英：《北上抗日与坚持浙闽边三年斗争的回忆》，《闽浙皖赣边区史料》，第75、85页。

会，指示其向皖南挺进，"创造皖浙边苏区"。[①] 此后，红十军团在中央苏区主力红军转移进行长征的情况下，勉力支撑，往返于闽南与皖浙赣之间，作战十余次，减员达 1/3 以上，坚持奋斗至次年 1月，"由于军政首长决心的不够"，[②] "没有下断然决心"[③] 冲破国民党军的封锁线，在婺源怀玉山陷入重围，主力分割成数段。1月下旬，大部溃散或牺牲。方志敏、刘畴西被俘就义，只有 800 余人突围到闽浙赣边继续坚持游击战争。

红七军团北上，如朱德所指出的："是准备退却，派先遣队去做个引子，不是要北上，而是要南下"，[④] 是为配合主力红军即将进行的战略转移服务的。在派出北上先遣队稍后，中共中央和中革军委又决定湘赣苏区的红六军团进行西征，作为中央红军转移和西征的先遣队。两路部队，"一路是探路，一路是调敌"，[⑤] 意图明确。

第五次反"围剿"开始后，湘赣苏区和湘鄂赣苏区的红六军团遭到国民党军围攻。虽然红军在梅花山、沙市等战斗中给进犯之敌以严重打击，但仍然难以抵挡国民党军的步步进逼和蚕食，根据地日渐缩小。1934 年 6 月底、7 月初，东华山、松山战斗失利后，湘赣苏区中心区域被占领，红六军团被分割、压缩在遂川、万安、泰和三县交界方圆仅数十里的狭小区域内，处境艰难。7 月 23 日，中共中央书记处和中革军委命令，鉴于"敌人正在加紧对于湘赣苏区的封锁与包围"，"六军团继续留在现地区，将有被敌人层层

① 《中央军区关于十军团行动任务及军政委员会组成的决定致方、曾、刘、乐、寻、聂电（1934 年 11 月 18 日）》，《中国工农红军北上抗日先遣队》，第 145页。

② 刘英：《北上抗日与坚持浙闽边三年斗争的回忆》，《闽浙皖赣边区史料》，第 83 页。

③ 方志敏：《我从事革命斗争的略述》，《方志敏文集》，江西人民出版社，1999，第 92 页。

④ 《粟裕战争回忆录》，第 134 页。

⑤ 《周恩来在中共中央政治局会议上的发言提纲（1943 年 11 月 15 日）》。

封锁和紧缩包围之危险,而且粮食及物质的供给将成为尖锐的困难,红军及苏区之扩大受着很大的限制",要求红六军团离开湘赣边,转移到湖南中部开展游击战争并创立新的苏区。命令强调:"六军团以自己在湘中的积极的行动,消灭敌人的单个部队,最大的发展当地的游击战争与土地革命。直至创立新的苏区,给湘敌以致命的威胁,迫使他不得不进行作战上及战略上的重新部署。"① 中共中央下令红六军团转移,除保存湘赣苏区现有力量的考虑外,更希望红六军团西进后,通过与湘鄂赣苏区红二军团建立可靠联系,在湖南中部开辟根据地,形成江西、四川两苏区联结的前提,这样将极大地便利主力红军的西征。

8月7日,任弼时等率领红六军团主力由江西遂川突围西征。据任弼时等报告,当时红六军团第十七、十八师共有6800余人,长、短枪及机枪3200余支。② 根据中革军委指示,红六军团出发后,11日到达湖南桂东,次日正式宣布军政委员会和红六军团成立。军政委员会为西征最高领导机关,任弼时任主席,萧克、王震、李达、张子意分任军团军团长、政治委员、参谋长、政治部主任。军团辖红十七、十八两个师。

9月初,红六军团进入湘西南地区。中革军委指示其"协同二军团于湘西及湘西北地域发展苏维埃及游击运动,并于凤凰、松桃、干城、永绥地域建立巩固的根据地,其后方则背靠贵州,以吸引更多湘敌于湘西北方面"。③ 随后,该军团在城步一带活动。由于国民党军集中湘、桂、黔三地兵力施以压迫难以立足,被迫向贵州国民党军相对较弱地区进发,到达黔中瓮安一带。10月4日,

---

① 《党中央书记处、中革军委关于红六军团向湖南中部转移给六军团及湘赣军区的训令》,《中共中央文件选集》第10册,第355~356页。
② 《任弼时、王稼祥致中革军委关于红六军团状况的报告(1934年7月31日)》,《湘赣革命根据地史料选编》(下),江西人民出版社,1984,第729页。
③ 《中革军委致电六军团关于今后活动地区及其任务的指示(1934年9月8日)》,《湘鄂川黔革命根据地历史文献汇集》,湖南省档案馆,1984,第142页。

中革军委命令红六军团向北至黔北印江与红二军团会合。北进途中，7日在石阡遭遇国民党军堵截，损失惨重，此后一直处于国民党军的围追堵截中，部队不断减员，"子弹极缺乏"。[①] 此时，红三军领导人贺龙、关向应等得知红六军团准备北上会合，率红三军主力南下接应。24日，红六军团主力突破国民党军封锁线，在印江与红三军会师。随后，红三军奉命恢复红二军团番号，贺龙任军团长，任弼时任政治委员，辖两个师；红六军团由萧克任军团长，王震任政治委员，暂时编为3个团。两军成立以任弼时、贺龙、关向应为首的红二、六军团总指挥部。

（4）高虎脑、驿前之役

1934年8月，国民党军经过短暂休整后，开始执行其进军石城计划。国民党军第三路军确定的推进总方针是："以进占石城与东路军会取长汀之目的，拟即由白水附近向石城逐次筑碉前进，并准备随时与匪主力决战，以达成任务。推进计划分为三期，第一期进占驿前，第二期进占小松市，第三期进占石城。"[②] 8月5日，国民党军开始向贯桥一带红军阵地发动攻击。为阻止国民党军的快速进展，红三军团奉命撤至贯桥地区依托高虎脑有利地形，阻击南进石城之敌。红五军团于广昌、宁都之间布防，阻截西进宁都之敌。具体部署是：红三军团第五师为正面，在鹅形、蛤蟆寨、高虎脑设防；第四师为第五师的右翼，在画眉山、东家边、老寨、宝峰山、腊烛形设防；红五军团第三十四师为第五师的左翼，在船形、高脚岭、香炉寨设防。红军在高虎脑、万年亭到驿前20余里区域内构筑了以5个支撑点为骨干的立体防御工事，工事"外壕深广，各堡垒前均有三铁鹿砦，鹿砦之外，遍置竹钉，竹钉之外，埋设地雷"，[③] 防御相当严密。其中，高虎脑位于驿前北面，背靠两座大

① 《何键报告书》，《湘赣革命根据地》（下），第1293页。
② 《赣粤闽湘鄂北路剿匪军第三路军五次进剿战史》（上），第十章，第17页。
③ 《赣粤闽湘鄂北路剿匪军第三路军五次进剿战史》（上），第十章，第29页。

山，地势险峻复杂，紧紧卡住绕镇而过的广（昌）石（城）公路，是红军纵深防御体系的重点。红军在阵地前沿大筑工事：

> 挖了三道一米多深的堑壕。从山上砍来竹子，削成二、三寸的竹钉，用火锅炒一下后钉在木板上，放在堑壕前面，上面加以伪装，还挖了许多陷阱，设置了路障，并在阵地前沿埋设了地雷群。为防敌炮火和飞机轰炸，我们锯倒粗大的松树，作为工事的顶盖，再铺上二、三尺厚的泥土封顶，将各个防御工事构筑得像碉堡一样坚固。各工事之间还修挖了出击的通道。①

防御准备相当充分。

6日，当国民党军第八十九师对高虎脑展开全面进攻时，红军利用有利地形和坚固工事对其实施沉重打击："我炮兵及机枪的短距离射击，手榴弹与地雷的爆烈在距离我约百米远的反斜面上，给敌以群集的牺牲。"② 国民党军"团长以下伤亡甚重，且时近黄昏陆空不易协同"，红军"控置后方之部队得以从容活动"。③ 次日，国民党军在火炮支援下，首先向鹅形发动强攻，红军"守备支点被炮火毁坏，机枪子弹用尽"，④ 被迫退出鹅形。接着国民党军又于下午以猛烈炮火掩护，不惜代价猛攻高虎脑，在付出重大牺牲后终于攻占高虎脑主阵地，红军退向驿前，国民党军进占贯桥。高虎脑战斗，倾泻在红军阵地上的各种炮弹和炸弹达2000多发，手榴

---

① 温宗学：《回忆高虎脑阻击战》，《石城文史资料》第3辑，政协石城文史资料委员会，1990，第40页。

② 《三军团半桥附近战斗详报（1934年8月5日至7日）》，《中央苏区第五次反"围剿"》（下），第97页。

③ 《国民党东路军第十纵队汤恩伯部与中央苏区红军在赣南一带战斗详报》，《中华民国史档案资料汇编》第5辑第1编军事（4），第348页。

④ 《三军团半桥附近战斗详报（1934年8月5日至7日）》，《中央苏区第五次反"围剿"》（下），第100页。

弹达 5000 余枚。红军通过顽强抗击，使国民党军攻占不足 3000 米水平距离的山地，却付出了伤亡 3000 人的惨重代价，[①] 精锐部队第八十九师丧失了战斗力，不得不退出战斗。不过，此役红军伤亡达 1373 人，另有 40 人失踪。其中第五师"原来两千多人的大队伍，只剩下不到一千人，有的连队只剩二十多人"，[②] 红五师政委陈阿金及众多指挥员牺牲。以当时国共双方兵力对比，红军仍然难以承受这样的消耗。

经过这次战役，国民党军对红军的防御能力有了新的认识，顾祝同向蒋介石报告，由于红军防御方式的变更，使"飞机侦炸及炮兵射击均不易生效力"。[③] 陈诚判断："此次贯桥之役，匪构成数线强固阵地，并以比较精锐之向称突击部队顽强固守，似有因运动战（无）机可寻，转而采取阵地战之势。"为此他调整部署，一面完成碉堡修筑，"再行进展，并研究对于攻击匪强固阵地之对策，以利作战"；一面紧急向南京方面提出："山迫炮效力极小，昨日飞机轰炸命中非常精确亦不能予以破坏。"[④] 要求增调新型山炮，加强火力，对付红军更加顽强的碉堡战术。

面对国民党军的厉兵秣马，红军也在调整兵力，修筑堡垒，彭德怀等前线指挥员致电朱德强调，面对国民党军即将发动的进攻，"我皆不应与之决战，以四、五两师三十四师防御动作，依靠支点高度消灭其有生力量，并以短促的反突击消灭敌人部分"。[⑤] 次日，

① 国民党方面战史的统计数字是，整个贯桥高虎脑之役，伤亡 1500 人，其中军官 100 余人，阵亡团长 1 人、营长 3 人。

② 谢振华：《第五次反"围剿"中的高虎脑战斗断忆》，《军史资料》1985 年第 7 期。

③ 《顾祝同电蒋中正此次贯桥之役我军伤亡奇重此次匪军方略变更因此我军飞机侦炸及炮兵射击均不易生效力（1934 年 8 月 10 日）》，"蒋中正文物档案"002090300087290。

④ 《陈诚 1934 年 8 月 8 日致顾祝同电》，《中华民国史档案资料汇编》第 5 辑第 1 编军事（4），第 104 页；《陈诚罗卓英电蒋中正等据报共军大岭格一带碉堡异常坚固请抽调卜福斯山炮俾供施行平射（1934 年）》，"蒋中正文物档案"002090300083086。

⑤ 《彭杨关于不与敌罗汤樊纵队决战之部署报告（1934 年 8 月 9 日）》，《中央苏区第五次反"围剿"》（上），第 203 页。

中革军委复电指示:"三、五军团抗击陈路军的任务仍以防御及部分的反突击来阻击及削弱敌人,但不必进入决战以节约我军兵力。"[1] 8月13日,经过数天整顿,国民党军开始向驿前发动攻击。14日,两军在万年亭一带展开血战,"始则手榴弹互相投掷,密如骤雨,继则白刃搏斗,往反冲突,血肉横飞,极其惨烈"。[2] 国民党军第八十八师一部突入红军阵内后,被红军切断予以全歼,余部在飞机掩护下退回原阵地。此后,"因两次攻坚伤亡过大",[3] 国民党军不得不暂时停止进攻,直到其炮兵第一旅一营炮兵携带新式山炮到达前线,空军主力也向南集结,完成攻击部署后,才开始新一轮进攻。

8月28日,国民党军汤恩伯、罗卓英、樊崧甫三部,由罗卓英统一指挥,分左中右三路开始新一轮攻击。凌晨4时,国民党军集中三个炮兵营、飞机数十架,首先对红军阵地展开猛烈轰击,压制红军突击部队,同时"敌步兵预先利用暗夜接近出击地,此时乘机、炮轰炸及烟雾弥漫之际,猝然奇袭我阵地"。[4] "这一来,我们的短促突击就根本用不上了",[5] "绵亘廿余里之匪阵地带,一弹指顷,已深深埋葬于烟幕之下"。[6] 在国民党军优势火力的强大攻击下,红军修筑的防御工事效果大打折扣,受对方"步炮空火力摧损,死伤极大",保护山守军更"因被炮弹爆烟遮蔽视界机关枪突然发生故障",致使敌军侵入阵地后守军都未有反应。同时,由于"忽视了敌人十五天的严重准备,所以在敌人开始突击时便暴

---

① 《三军团驿前及其以北战斗详报(1934年8月10日至30日)》,《中央苏区第五次反"围剿"》(下),第110页。

② 《赣粤闽湘鄂北路剿匪军第三路军五次进剿战史》(上),第十章,第35页。

③ 《三军团驿前及其以北战斗详报(1934年8月10日至30日)》,《中央苏区第五次反"围剿"》(下),第117页。

④ 《陈伯钧日记(1933～1937)》,第285页。

⑤ 萧华:《第五次反"围剿"战斗中的大寨脑、驿前战斗》,《回忆中央苏区》,第476页。

⑥ 《赣粤闽湘鄂北路剿匪军第三路军五次进剿战史》(上),第十章,第39页。

露了我们精神松懈的极大弱点"。① 许多部队在国民党军突然发起攻击时，正在熟睡、出操或在阵地下面休息，第十三师三十九团阵地内"无人守备，只有一个哨"，一遇进攻，措手不及，阵地纷纷失守。29 日，国民党军已逼近驿前，凌晨 3 时许，中革军委致电彭德怀、杨尚昆，指示："关于驿前之最后扼守或放弃由彭杨作战况决定，但如撤退必须有计划有掩护的进行。"② 30 日，红军撤离驿前，退向小松市方向。是役，红军损失重大，伤亡两千余人。

高虎脑、驿前之役，国共双方消耗均大，国民党军由于处于仰攻状态，伤亡更重。三军团指挥员彭德怀和杨尚昆在总结高虎脑战斗的经验时谈道："假如我们在几百里距离的赤色版图上，一开始就使敌人遭受这样的抵抗，而给敌人消耗量当是不可计算的，要记着广昌战斗我们有生力量的消耗是数倍于敌的。"③ 他们的总结也在国民党方面将领那里得到印证，汤恩伯当时在电文中汇报："匪占各高地之工事极度强固，飞机炸弹及炮弹多未破坏，工事前面埋有地雷，俟国军接近拉线即爆发。匪兵守工事者甚少，皆在周侧隐伏，如国军接近工事则从两侧包围反攻。"④ 时任国民党军第四师团长的石觉后来谈到此役时说："我军总共耗时七十二天，只进展廿九公里，表面上我们成功，事实上敌人利用这段时间向西南方面突围逃逸。这在历史上留下一个大疑问，何种作法为对，实难断定。"⑤

---

① 《国民党北路军顾祝同部与中央苏区红军作战情形报告书》，《中华民国史档案资料汇编》第 5 辑第 1 编军事（4），第 126 页；《三军团驿前及其以北战斗详报（1934 年 8 月 10 日至 30 日）》，《中央苏区第五次反"围剿"》（下），第 121、129 页。

② 《三军团驿前及其以北战斗详报（1934 年 8 月 10 日至 30 日）》，《中央苏区第五次反"围剿"》（下），第 120、126 页。

③ 《三军团半桥附近战斗详报（1934 年 8 月 5 日至 7 日）》，《中央苏区第五次反"围剿"》（下），第 103 页。

④ 《汤恩伯电蒋中正》，"蒋中正文物档案"002090300081286。

⑤ 《石觉先生访问记录》，第 68 页。

在进攻驿前同时，龙岗方向的国民党军第六路军也向古龙岗展开进攻。8月，蒋介石就该线"进剿"计划下达手令，令其9月份"到达石城、古龙岗与兴国"。[①] 8月上旬，国民党军第三纵队向石城进攻；第六纵队向兴国古龙岗进攻，第八纵队则向兴国的老营盘迅速推进。第八纵队出动后，先后占领沙村、杨公山等地，红六师在沙村阻击，从7月26日到8月25日，不到一个月时间里第八纵队伤亡、失踪1720人。[②] 9月1日，国民党军控制由泰和往兴国的必经要冲老营盘。9月4日，第八纵队向新田、蓝田圩一线发动进攻。红五、红一军团先后到达该地区展开顽强防御，努力迟滞国民党军的迅速南下，保住红军往西的出口。经过半个多月的激战，红军虽有效控制了国民党军的南进步伐，但损失较大，不得不步步后撤，9月22日，第八纵队进据新田、蓝田圩一线，30日，进占距兴国县城仅30公里的高兴圩，直逼兴国城。

进攻古龙岗的国民党军第六纵队于9月11日开始发起攻击，12日双方在雄岭下"激战终日"，[③] 打成相持。21日，中革军委决定将在雄岭下防御的红二十一、二十三两师编为红八军团。22日，国民党军出动4个师部队向红八军团大举进攻，23日，基本控制雄岭下地区。红八军团先退兴国南坑，再退天子嵊一线。

江西红军连遭失利时，9月初，红一、红九军团与红二十四师在福建温坊取得局部战斗的胜利，给苏区军民稍许安慰。温坊位于长汀东南部，8月下旬，国民党军李延年纵队进占朋口一带后，计划经温坊推进长汀。中革军委对国民党军这一动向高度注意，决定在此方向集中兵力对敌实施打击。8月26日，朱德签发《我军目前的作战任务及行动部署》，命令集结在宁化曹坊的红一军团以打击李纵队为目标，即速赶至长汀童坊、河田地区，与红

---

① 《蒋中正总统档案·事略稿本》第27册，第380页。

② 《曹德卿、徐策报告（1934年8月27日）》。

③ 1934年9月14日《江西民国日报》。

九军团和红二十四师会合,待命出击。31 日,朱德再次命令红一、红九军团与红二十四师主力集结"温坊中屋村间进行突击李纵队的任务"。① 9 月 1 日,国民党军第三师第八旅大意轻敌,离开朋口单兵向其西十余里的温坊突进,准备在此构筑碉堡。该部到达温坊后,对近在眼前的红军主力仍没有感觉,报告:"当面之匪,系伪廿四师,并无其它匪情。"② 国民党军这一违背常规的举动,连红军将领也感困惑,红九军团报告:

> 当时我们对敌情判断确有怀疑之处,认为一军团情报不确,因为敌人从来没有用两团兵力而远离其堡垒前进,李敌纵然胆大也不敢以两团军力挺出其封锁线十余里之温坊。纵或有之,仅系游击性质,绝不敢在该地构筑工事,今既构筑阵地,必有较大的兵力在后尾跟进或已隐蔽集结于温坊附近,必系我军的侦察不确,一时为其所欺骗。③

这既说明国民党军在温坊行动的轻率,也显示屡遭失利后,红军将领自信心已大受影响。

确认国民党军实为单兵突进后,红军决定抓住机会,以一部迂回到敌军背后,截断其后路,红一军团、红九军团与红二十四师分路出击,将进驻温坊的国民党军紧紧包围。战斗至次日凌晨 2 时许,国民党军阵地被全线突破,两个团遭歼,第三师第八旅旅长许永相仅以身免,部队"逃脱的仅约百余"。④ 该

---

① 《朱关于一、九军团突击李纵队行动部署的指示(1934 年 8 月 31 日)》,《中央苏区第五次反"围剿"》(上),第 203 页。

② 《国民党军第 3 师李玉堂部与中央苏区红军在闽西赣南一带战斗详报》,《中华民国史档案资料汇编》第 5 辑第 1 编军事(4),第 381 页。

③ 《九军团温坊附近两次战斗详报》,《中央苏区第五次反"围剿"》(下),第 138 页。

④ 《二十四师温坊两次战斗详报》,《中央苏区第五次反"围剿"》(下),第 134 页。

师事后总结，战斗失败的主要原因是："各级官长轻敌之心太盛，阵地不能慎密布置，工事不能迅速完成，以致猝遇匪袭，噬脐莫及。"①

在各部均取得进展时，福建却传败讯，令早已对福建方面进展缓慢的蒋介石深为恼火，他特电蒋鼎文令其牢记稳扎稳打战术，声称背离这一战术"虽胜必罚"。② 同时派顾祝同到龙岩，在给蒋鼎文的电报中说是协助，而给顾的电文中则称可令蒋"向前指挥"③ 或调赣，实际是以顾代蒋，贬蒋鼎文为前敌总指挥。随后，蒋介石以"欺上陷下，又复临阵脱逃"④ 之罪将第八旅旅长许永相枪决，第三师师长李玉堂由中将降为上校。一家欢乐一家愁，在蒋介石大感痛心时，林彪、聂荣臻对此战结果自是颇为欣慰："苦战一年，此役颇可补充。"⑤

9月3日，国民党军根据东路军总指挥蒋鼎文的部署，再次出动第三、第九师3个团进攻温坊，显然，蒋鼎文对红军在温坊地区的兵力没有足够的估计，在两个团遭消灭后，仅仅增加一个团兵力，犯了逐次增兵的兵家大忌。对此，红军指挥部有充分估计，9月3日凌晨，朱德命令"我一、九军团及二十四师主力在有利条件下应在温坊阵地前给敌以短促突击以消灭其先头部队"。⑥ 3日上午，国民党军先头部队第九师第五十团进至温坊东北，红一军团截其归路后，实施包围并予以全歼，同时，第三师后续部队也遭到红

①《国民党军第3师李玉堂部与中央苏区红军在闽西赣南一带战斗详报》，《中华民国史档案资料汇编》第5辑第1编军事（4），第384页。

②《蒋中正电蒋鼎文东路向河田长汀前进须稳重师长等不照剿共战术虽胜必罚（1934年9月4日）》，"蒋中正文物档案"02020002000052。

③《蒋中正电顾祝同东路失利往龙岩指挥可使蒋鼎文向前负责或调其来赣（1934年9月9日）》，"蒋中正文物档案"02020002000055。

④《蒋中正电蒋鼎文第八旅长许永相应就地枪决（1934年9月20日）》，"蒋中正文物档案"002010200119019。

⑤《温坊战斗之战果与一军团守备布置的报告》，《中央苏区第五次反"围剿"》（下），第137页。

⑥《朱德致林彪、聂荣臻急电（1934年9月3日）》。

军的痛击。两次战斗，红军将领回忆共歼敌 2000 余人，俘虏 2400
余人，仅红二师四团就俘虏 1600 人。[①] 国民党方面的数据是：自
身伤 811 人，阵亡 395 人。[②] 红军伤亡仅 900 余人，其中一军团伤
亡 600 余人。[③]

温坊战斗的局部胜利不足以扭转战局。由于江西战事紧急，红一
军团在战斗胜利后奉命开往江西，仅红九军团与红二十四师继续留守
松毛岭、白衣洋岭一线。9 月 27 日，国民党军第九、第三十六师开始
向松毛岭、白衣洋岭发动进攻，29 日，红军阵地全线失守。随后，红
军根据转移命令，主力逐渐向江西集中，福建方面战事大体结束。

5. 红军实施转移

（1）红军长征前的准备

国民党军 8 月底攻占驿前后，照例修建碉堡、构筑公路，并将
碉堡线逐渐向小松市红军阵地伸展，其前锋部队则试探性地对红军
阵地展开攻击，蚕食红军防线。在屡遭失败，国民党军前锋步步向
红军中心区进逼时，红军实施战略转移已势在必行。

为集中策划、调度即将到来的战略大转移，1934 年夏，中共中
央书记处会议决定由博古、李德、周恩来组成"三人团"，负责筹划
红军战略转移的有关事宜，一系列有关战略转移的计划、行动陆续
展开。遵义会议决议提到，中革军委在"八九十三个月战略计划"
中，已经"提出了这一问题，而且开始了退出苏区的直接准备"。[④]

---

① 《耿飚回忆录》（上），第 155 页。
② 《蒋鼎文电蒋中正（1934 年 9 月 16 日）》，"蒋中正文物档案" 002090300081193。
③ 《林聂关于温坊附近战斗情况及四日我在中屋村等地的部署情况报告》，《中央
苏区第五次反"围剿"》（下），第 148 页。
④ 《中央关于反对敌人五次"围剿"的总结的决议》，《中共中央文件选集》第 10
册，第 466 页。决议同时批评中革军委在"五六七三个月战略计划"中没有提
出这一问题，这种批评显得牵强，因为"五六七三个月战略计划"制定根据李
德的回忆在 4 月，此时转移计划还未确定，中革军委不可能未卜先知。

最初预定的突围时间是 10 月底 11 月初,因为"根据我们获得的情报,蒋介石企图在这期间集中力量发动新的进攻,突围的日期选择在这时,必然会使敌人扑个空";"从华南地区的地理气候上来考虑,这也是行军和作战的最有利的时间"。① 中共叛将杨岳彬在给国民党方面的呈文中透露了中共的这一意图:"今年四五月,赤党伪中央,已从匪军中,调出湘南籍之干部多名,潜回湘南各县,布置交通路线,并闻有从湘赣边匪区,抽调一部匪军,编为湘南游击队,窜扰湘南之说。"②

根据向西转移的方针,从 1934 年 7、8 月份开始,红军已开始部署重要物资、资材的西运事宜。7 月下旬,红十五师奉命开往福建方面,"到福建搬运胜利品",③ 所谓胜利品,实际就是准备搬运的重要资材。7、8 月份,红一军团主力开赴闽西掩护红九军团安全转运资材到赣南。8 月中旬,朱德电令一、九军团,要求其在闽西苏区"确实掩护资材"④ 西运。同时,中共中央还秘密派出国家政治保卫局保卫大队到于都、登贤等红军预定集结地域,侦察路线。中革军委则由副总参谋长张云逸率领一个分队,潜往赣粤湘边界,侦察敌情和道路交通。

9 月 8 日,中革军委电示第三军团指挥员彭德怀、杨尚昆,要求其在 9 月底前"阻止敌人于石城以北","在执行这一任务时应最高度的节用有生兵力及物质资材。在战斗的间隙中除三分之一的值班部队外,主力应集结补充、整理训练,并加强部队的政治团结"。同时强调在石城地区的防御战应进行"运动防御","不要准备石城的防御战斗,而应准备全部的撤退"。⑤ 14 日,周恩来向林

① 〔德〕奥托·布劳恩:《中国纪事 1932~1939》,第 112 页。
② 《匪情实录》,赣粤闽湘鄂"剿匪"军东路总司令部《东路月刊》第 3、4 期合刊。
③ 《彭绍辉日记》,1934 年 7 月 24 日,第 19 页。
④ 《朱关于掩护资材西运的行动部署给一、九军团的指示(1934 年 8 月 12 日)》,《中央苏区第五次反"围剿"》(上),第 204 页。
⑤ 《朱关于三军团应阻石城以北敌人以保卫瑞金部署的指示(1934 年 9 月 8 日)》,《中央苏区第五次反"围剿"》(上),第 216~217 页。

彪、聂荣臻等传达了中共中央和中革军委关于红军准备战略转移的决定。24日，中革军委再电彭、杨，重申："为避免过多的损失及确实突击，第一地区阵地，应作为掩护地带，而第二地区阵地应作为主要抵抗地带。"① 显然，中共中央此时已将保存有生力量随时准备撤退作为主要考虑。中革军委发出命令，要求各军团在10月1日前组织好后方机关，加强运输队的建设，把敌人占领县区的军事部立刻改为县区游击队司令部和政治部，县区军事部长为游击队司令员、队长，县区委书记兼游击队政治委员；并规定"如在边区和中心区域有被敌人侵犯之可能时，则将军事部作上述改组"，为红军主力突围后苏区继续坚持作出组织上的初步安排。

与此同时，为减轻红军突围西进的阻力，中共中央决定与"围剿"中央苏区的国民党南路军总司令、广东地方实力派陈济棠接触，展开停火谈判。陈济棠出于自身生存需要的考虑，把红军在江西的存在作为其与南京中央间的一道屏障，因此，对"剿共"军事阳奉阴违，和中共间一直有信使往还。早在1933年11月，共产国际代表就报告："在中央苏区，广州政府代表已开始进行停战谈判。"② 此后，谈判断续进行。当红军开始准备撤离时，谈判进一步加紧。潘汉年回忆："当我们的红军向中国西部推进时，广州的军阀们认为，如果蒋介石能消灭红军，那就会给他们造成很大的威胁。在他们看来，红军至今是南京军队和广州军队之间的屏障。我们曾派代表去进行谈判。第一次我们未能达成什么协议。第二次我们终究争取到广州同意进行谈判。"③ 1934年"八一"节前，双方通过谈判达成停战协议，并设立联络电台。9月，朱德致信陈济

---

① 《中革军委致彭德怀、杨尚昆电（1934年9月24日）》。
② 《埃韦特给皮亚特尼茨基的报告（1933年11月22日）》，《共产国际、联共（布）与中国革命档案资料丛书》第13册，第625页。
③ 《潘汉年在共产国际执行委员会书记处非常会议上的发言（1935年10月15日）》，《共产国际、联共（布）与中国革命档案资料丛书》第15册，第54页。

棠，声明"红军粉碎五期进攻之决战，已决于 10 月间行之"，表示愿就停止双方作战、恢复贸易、政治开放、军事反蒋、代购军火等问题与粤军举行秘密谈判。① 14 日，博古向共产国际报告了双方的接触。共产国际对与粤方接触高度重视，指示中共在谈判中主要应提出代购军火和取消封锁、恢复贸易，不应附加其他过高条件，以免"丧失利用广州人和南京人之间矛盾的机会"。②

中共中央的这一表态迅速得到粤方回应，10 月 6 日，中共中央、中革军委派潘健行（潘汉年）、何长工为代表，同陈济棠的代表杨幼敏、黄质文等在寻乌进行会谈。双方经过数日反复协商，达成了就地停战、互通情报、解除封锁、互相通商和必要时可互相借道等 5 项协议。其中借道一条，言明红军有行动时事先将经过要点告诉陈济棠，陈部即后撤 20 公里让红军通过，红军保证不进入广东腹地。中共和粤方成立的这一协议，为红军的顺利突围转移准备了极为有利的条件。张闻天在《红色中华》发表的文章明确指出："近来国民党内部的某些军阀，愿意同我们在反蒋方面进行某些条件的妥协，我们显然是不会拒绝利用这种机会的。"③ 长征开始后，中革军委给红军各军团指挥官发出指示，告之："现我方正与广东谈判，让出我军西进道路，敌方已有某种允诺。故当粤军自愿的撤退时，我军应勿追击及俘其官兵；但这仅限于当其自愿撤退时，并绝不能因此而消弱警觉性及经常的战斗准备。"④ 事实上，长征初期，红军之所以能顺利实现转移，和粤方放开道路直接相关，蒋介

---

① 朱德：《关于抗日反蒋问题给陈济棠的信》，《朱德选集》，人民出版社，1983，第 18 页。

② 《秦邦宪给共产国际执行委员会的电报（1934 年 9 月 14 日）》、《共产国际执行委员会政治书记处政治委员会给中共中央的电报（1934 年 9 月 23 日）》，《共产国际、联共（布）与中国革命档案资料丛书》第 14 册，第 236、253 页。

③ 张闻天：《一切为了保卫苏维埃》，《红色中华》第 239 期，1934 年 9 月 29 日。

④ 《军委关于我方正与广东谈判让出西进道路，如粤军自愿撤退我军应勿追击的指示（1934 年 10 月 26 日）》，《红军长征档案史料选编》，学习出版社，1996，第 18 页。

石曾在日记中指称"粤陈纵匪祸国，何以见后世与天下"。①

突围方针确定后，8、9月间，中共中央在宣传、组织上做了一系列的准备工作。8月18日，中央红军机关刊物《红星》发表周恩来撰写的社论，提出："我们更要在远殖的行动中增加我们的兵力，采取更积极的行动，求得在运动战中消灭更多的白军，我们要坚决挺进到敌人的后方去，利用敌人的空虚，大大的开展游击运动……创造新的苏区，创造新的红军，更多的吸引敌人的部队调回后方，求得整个的战略部署的变动。我们要反对对敌人后方的恐慌观念……要在抗日先遣队胜利的开展之形势下，时刻准备着全部出动去与日本帝国主义作战！"② 这隐约透露出红军战略转移的信息。负责组织工作的李维汉回忆："1934年7、8月间，博古把我找去，指着地图对我说：现在中央红军要转移了，到湘西洪江建立新的根据地。你到江西省委、粤赣省委去传达这个精神，让省委作好转移的准备，提出带走和留下的干部名单，报中央组织局……根据博古的嘱咐，我分别到江西省委、粤赣省委去传达。"③ 刘建华回忆，1934年8月底9月初，"按照中央局的部署，党省委和团省委派我带了两个人，到茶梓和乱石做党、团二线工作。所谓二线工作，即一线是公开的，随时准备跟随部队行动；二线是秘密的，准备在中央红军转移后，留在当地坚持斗争"。④ 9月4日，中革军委发出号令，要求："发展更多的苏区于敌人背后，瓦解敌军，改变敌人的战略部署，把中央苏区革命先进的光荣事业扩大到全中国去，发展民族革命战争，开始与帝国主义直接作战，这是我们彻底粉碎敌人五次'围剿'的基本方针。"⑤

---

① 《蒋介石日记》，1934年10月30日。
② 周恩来：《新的形势与新的胜利》，《红星》第60期，1934年8月20日。
③ 李维汉：《回忆长征》（上），中共党史资料出版社，1986，第343页。
④ 刘建华：《风雷激荡二十年》，中央文献出版社，1999，第66～67页。
⑤ 《中革军委为扩大红军的紧急动员的号令》，《红色中华》第228期，1934年9月4日。

9月19日,中华苏维埃共和国人民执行委员会主席张闻天发出指示信,决定调整苏维埃机构,取消国民经济部、财政部、粮食部,成立财政经济委员会,"保卫局与裁判部可合并为肃反委员会",并规定"在战争特别紧张的区域甚至苏维埃所有的各部都可以取消,而由个别同志直接负责去解决当前特别重要的战争问题";"所有苏维埃机关中各种无用文件都应销毁","机关工作人员中的家属,应该另行安顿",下级机关在"同上级领导机关脱离交通关系时,依然能够去进行工作"。这实际是在布置苏区失陷后的工作。29日,张闻天又发表《一切为了保卫苏维埃》一文,指出:"为了保卫苏区,粉碎五次'围剿',我们在苏区内部求得同敌人的主力决战,然而为了同样的目的,我们分出我们主力的一部分深入敌人的远后方,在那里发动广大的群众斗争,开展游击战争,解除敌人的武装,创造新的红军主力与新的苏区……我们有时在敌人优势兵力的压迫之下,不能不暂时的放弃某些苏区与城市,缩短战线,集中力量,求得战术上的优势,以争取决战的胜利。"① 文章发表于《红色中华》,是中央红军准备实行战略转移的第一个公开信号。

在中共中央积极准备撤离时,9月17日,博古致电共产国际,提出:"中央和革命军事委员会根据我们的总计划决定从10月初集中主要力量在江西的西南部对广东的力量实施进攻战役。最终目的是向湖南南部和湘桂两省的边境地区撤退。全部准备工作将于10月1日前完成,我们的力量将在这之前转移并部署在计划实施战役的地方。"② 9月30日,共产国际致电中共中央,表示:"考虑到这样一个情况,即今后只在江西进行防御战是不可能取得对南京军队的决定性胜利的,我们同意你们将主力调往湖南的计划。"③

---

① 张闻天:《一切为了保卫苏维埃》,《红色中华》第239期,1934年9月29日。
② 《秦邦宪给共产国际执行委员会的电报(1934年9月17日)》,《共产国际、联共(布)与中国革命档案资料丛书》第14册,第251页。
③ 《共产国际执行委员会政治书记处政治委员会给中共中央的电报(1934年9月30日)》,《共产国际、联共(布)与中国革命档案资料丛书》第14册,第256页。

这意味着中共的转移计划已得到共产国际的完全同意。10月8日，中共中央向新成立的苏区中央分局发出训令，提出在国民党军不断深入苏区的形势下，如果红军主力继续在缩小的苏区内部作战，"因为地域上的狭窄，使红军行动与供给补充上感觉困难，而损失我们最宝贵的有生力量，并且这也不是保卫苏区的有效的方法。因此，正确的反对敌人的战斗与彻底粉碎敌人五次'围剿'，必须使红军主力突破敌人的封锁，深入敌人的后面去进攻敌人。这种战斗的方式似乎是退却的，但是却正相反，这才是进攻敌人，克服敌人堡垒主义，以取得胜利的重要方式。因为这样的行动，将在离开堡垒的地区中得到许多消灭敌人的战斗机会，解除敌人的武装壮大红军，在广大的新的区域中，散布苏维埃影响，创立新的苏区"。①

在中央红军加紧突围准备之时，国民党"围剿"军主力尚在休整。此时，国民党军久攻之下，师劳兵疲，且因长宿野外，患病者甚多；另外，蒋介石本人对战局估计十分乐观，9月6日，蒋在日记中预定计划："一、进剿至石城宁都与长汀之线，当可告一段落，以后即用少数部队迫近，与飞机轰炸当可了事。二、用政治方法招降收编，无妨乎。"② 正是在这种情绪影响下，国民党军在9月底才开始新一轮进攻，9月26日其第三、第十、第五纵队共6个师向石城攻击，第八纵队向兴国攻击，第七纵队向古龙岗攻击，第四纵队向长汀攻击，南路军向会昌进攻，并拟于10月14日总攻瑞金、宁都。

9月25日，国民党军主攻部队第三路军下达攻击命令，以小松市为主攻方向。26日，国民党军6个师全线展开攻击，先后攻占中华台、陈古岭、分水坳等高地，30日占领小松市。第十纵队指挥官汤恩伯亲至第一线观察，发现石城城北石榴花、鹅项坳一带工事密布，是红军主力集中地区。10月3日，国民党军第八十八

---

① 《中国共产党中央委员会给中央分局的训令》，《红军长征档案史料选编》，第3～4页。

② 《蒋介石日记》，1934年9月6日。

师在专门调集的飞机、大炮掩护下，向石榴花、鹅项坳高地猛烈攻击。两高地是石城最后屏障，红军在此进行了顽强固守，但难以抵挡对方的猛烈炮火，被迫撤出战斗。7日，国民党军第十一师进占石城。红军顽强奋战，在石城阻挡了国民党军的进攻步伐，为准备战略转移争取了时间，自己也付出很大伤亡，战役结束后，"红三军团老的连长完全死伤"。① 肖华回忆："这一仗打得很壮烈，损失也很大。连续战斗的伤亡，原一万多人的'少共国际师'到这时只剩下五千来人了。"②

与石城激战同时，向古龙岗进攻的国民党军第六路军遭到红军顽强阻击，前进一度受阻；后由于红军主力部队的撤出，行动加速，先后占领天子嶂、风车坳等高地，10月10日完成对古龙岗的占领。兴国方面，红一军团和红五军团在庙背以北和高兴圩西南地区顽强抗击周浑元纵队的进攻。战至9月30日，庙背、高兴圩等地先后失守，红一、五军团被迫"向兴国退去"，③ 撤至新圩、文陂地区，继续抗击国民党军对兴国的攻击。

在前方进行阻击战时，红军转移已箭在弦上，主力部队纷纷撤往后方集中，只有地方部队继续留在前方阻击敌人。9月21日，中革军委决定将红二十一、红二十三师合编为第八军团，周昆任军团长，红八军团司令部由第二十一师司令部代理。此外，9月15日还成立了教导师，张经武任师长，何长工任政治委员。10月2日，博古亲至红三军团，召集团以上干部会，彭绍辉日记记载，彭德怀在会上指出："我军在北线迟滞敌人，争取时间的任务已完成。我军要向敌人反攻，主力须转移。"④ 这已经非常明确地传达出红军即将进行战略转移的信息，一些回忆录所说红军许多中、高

---

① 陈云：《遵义政治局扩大会议传达提纲》，《遵义会议文献》，第39页。
② 肖华：《中国青年的灿烂花朵——回忆"少共国际师"》，《忆少先队和少共国际师》，江西人民出版社，1979，第6～7页。
③ 《顾祝同电蒋中正（1934年9月30日）》，"蒋中正文物档案"002090300081101。
④ 《彭绍辉日记》，1934年10月2日，第36页。

级指挥员一直到长征开始仍不知将要进行战略转移的说法是站不住脚的。7 日，中共中央和中革军委命令红二十四师和地方武装接替中央红军主力的防御任务，主力集中瑞金、于都地区，准备执行新的任务。9 日，红军总政治部发布《关于准备长途行军与战斗的政治指令》，要求"加强部队的政治军事训练，发扬部队的攻击精神，准备突破敌人的封锁线，进行长途行军与战斗"。①

应该说，长征出发前，中共中央为长征进行的物质、舆论、组织等各方面的准备是较为充分的。在武器弹药、粮款筹集、兵员发展上都做了大量的工作。有关长征初期的回忆文章写道："我们的帽子、衣服、布草鞋、绑带、皮带，从头到脚，都是崭新的新东西。"② 耿飚回忆，出发前，"种种迹象表明，红军要有大的行动。师部不断通知我们去领棉衣，领银元，领弹药，住院的轻伤员都提前归队，而重伤员和病号，则被安排到群众家里。地图也换了新的，我一看，不是往常的作战区域，这说明，部队要向新的地域开进"。③ 李一氓回忆，他长征前几天赶回瑞金时，"看到别人都有了充分的物质准备，因为他们早已得到一路出发的正式通知"，"有些人有新的胶底帆布鞋，有些人不知在什么地方搞来的很不坏的雨衣，有的人还有很好的水壶，很好的饭盒，很新的油纸雨伞，五节的大电筒"。④ 可见，长征前夕对于要进行战略转移这一点，已经传布到相当范围。就此而言，人们没有理由忽视陈云当时的说法："此次红军抛弃数年经营之闽赣区域而走入四川，显系有计划之行动。当去年退出江西以前，以我之目光观之，则红军已进行了充分准备。"⑤ 1939 年，当李德在共产国际遭到批评并接受了大部分指责时，仍

① 《总政治部关于准备长途行军与战斗的政治指令》，《红军长征档案史料选编》，第 9～11 页。
② 艾平：《第六个夜晚》，《中国工农红军第一方面军长征记》，人民出版社，1958，第 61 页。
③ 《耿飚回忆录》（上），第 169 页。
④ 《李一氓回忆录》，第 161 页。
⑤ 廉臣（陈云）：《随军西行见闻录》，《中国工农红军第一方面军长征记》，第 5 页。

然特别就长征问题作出辩解,强调:"在技术方面,我认为,远征的准备工作是好的,突破四道防线的计划也一样,比较容易的克服这些防线就证明了这一点。"①

一些论者及回忆录提到红军开始长征时,没有对进军方向及进军计划作出交代,对这些质疑,董必武当年的回答应有借鉴意义:

> 主力转移自然是由西向北前进,这是毫无疑问的。至于转移到什么地方,经过什么路线,走多少时候等问题,系军事上的秘密,不应猜测,而且有些问题要临时才能决定。如行军走哪条路,什么时候到达什么地方,有时定下了,还没有照着做,或做了一部分,忽因情况变了又有更改,这是在行军中经常遇到的,只要大的方向知道了,其余的也就可以不问。②

对于一场军事行动而言,必要的保密应该属于常识,将近一个月的准备动员事实上也是当时可能有的时间极限。

为便于随军行动,中共中央、中央政府、中革军委机关和直属部队编为两个纵队。第一野战纵队由红军总部和干部团组成,叶剑英任纵队司令员兼政治委员,下辖4个梯队,博古、李德、周恩来、朱德等随该纵队行动。第二野战纵队由中共中央机关、苏维埃中央政府机关、后勤部队、卫生部门、总工会、青年团等组成,罗迈(李维汉)任司令员兼政治委员,毛泽东、张闻天、王稼祥等随该纵队行动。10月8日,中革军委公布各军团组成情况:一军团17280人,三军团15205人,五军团10868人,八军团9022人,九军团10238人,第一野战纵队4893人,第二野战纵队9853人,共7.7万余人。同时,计划给红一、三、五、八、九5

---

① 《布劳恩给共产国际执行委员会的书面报告(1939年9月22日)》,《共产国际、联共(布)与中国革命档案资料丛书》第15册,第349页。
② 董必武:《长征纪事》,《董必武选集》,人民出版社,1985,第16页。

个军团补充 9700 人。13 日，中革军委下令将补充团人员拨付给各野战军团，[①] 包括中央两纵队在内的野战军人数达到 8.6 万余人。

中央红军主力转移前，中共中央决定由项英、瞿秋白、陈毅、陈潭秋、贺昌等组成中共苏区中央分局、中央军区和中华苏维埃共和国中央政府办事处，项英为中央分局书记、中央军区司令员兼政治委员，陈毅为办事处主任，统一领导中央苏区和闽浙赣苏区的红军和地方武装。

10 月 10 日晚，中央红军开始实行战略转移。中共中央、中革军委率领第一、第二野战纵队，分别由瑞金县的田心、梅境地区出发，向集结地域开进。16 日，中央红军各部队在于都河以北地区集结完毕。中央红军的战略大转移由此开始。关于这一次战略大转移，李德有一个说法是："蒋介石的第四和第五次'围剿'的经验说明，在三十年代中期新的国际环境和民族状况中，比较小的和互相隔绝的苏区是不能长期坚持下去的。"[②]

（2）红军转移中蒋介石的对策

随着红军的转移，中共历史上的一个时代实际即宣告结束。作为尾声，值得一提的是红军开始战略转移前后蒋介石的态度，事实上，这和整个中央苏区的发展进程仍然有逻辑上的一致性。

红军转移开始之初，进展十分迅速。湘江战役前的两个月多一点时间内，红军从赣南西部转移到广西境内，行军 3500 里，且几乎没有遭遇大的战斗。以红一军团为例，10 月第一个月日行军里程基本在 60～90 里之间，共行军 11 天，计 860 里，平均每日 78.2里。11 月行军 24 天，计 1530 里，平均每日 63.75 里。[③] 考虑到转

---

① 《朱德关于各补充团正式拨给各兵团管辖并负责训练的指令（1934 年 10 月 13日）》，《红军长征·文献》，解放军出版社，1995，第 66 页。

② 〔德〕奥托·布劳恩：《中国纪事 1932～1939》，第 113 页。

③ 《红军第一军团长征中经过的地点及里程一览表》，《中国工农红军第一方面军长征记》，第 423～425 页。遵义会议后的 1935 年 2 月红军由于需要摆脱国民党军追兵，28 天内有 26 天在行军，计 1620 里，平均每日 62.3 里，3 月行军 24 天，计 1535 里，平均 64 里。可以看出，这时的行军速度和 1934 年 11 月相仿，慢于 1934 年 10 月。

移人员多达 10 余万人，进行的又是超远距离连续行军，此种速度应称快捷。共产国际对此的评论是："运动的目的——使自己的部队与四川红军兵团部队会合——几乎在没有来自敌人方面任何干扰的情况下，完全实现了。"① 在 1935 年初，这一判断应该说稍显乐观，但其对红军转移初期状况的描述并不夸张。无独有偶，当时供职于国民党中央党部的王子壮也在日记中写道："赤匪主力并未消灭，以不堪中央军之压迫相率西去，经赣州、大余等地而趋湘南，盖欲入川以会合徐向前之股匪也。复以何键为追剿总司令，然以何之兵不善战，恐难收阻止之效，据报告已骎骎西进。"② "骎骎西进"，的确是红军初期快速转移的最好注脚。

不过，应该特别强调的是，红军初期转移的顺利，并不能如李德在前述答辩中用来反证中共中央准备的成功，虽然中共中央的准备工作不像曾被指责的那样仓促、零乱，尚属中规中矩，但也并无出奇之举。要实现初期堪称快捷的转移速度，远非红军单方面所可决定，当红军实际处于被动撤退这样一种境地，向着一个没有群众基础的地域挺进时，更能够在实质上决定红军命运的，还是其对手方的动向。红军和粤方的谈判成功，使其在长征之初事实上为中共开放了西进道路自是重要原因，同时，蒋介石的态度其实也十分复杂。李宗仁就曾谈道："就战略的原则来说，中央自应四方筑碉，重重围困，庶几使共军逃窜无路，整个就地消灭……但此次中央的战略部署却将缺口开向西南，压迫共军西窜。"③ 这样的说法虽属一家之言，但并非无稽之谈，事实上，正如毛泽东在论述红色政权为什么能够存在时强调的政治割据因素一样，长征初期的进程和国内政治力量间之诡谲互动有着无法忽视的关系。

---

① 《共产国际执行委员会东方书记处关于中国军事形势的通报材料（1935 年 2 月 11 日）》，《共产国际、联共（布）与中国革命档案资料丛书》第 14 册，第 373 页。

② 《王子壮日记》第 2 册，第 165 页。

③ 《李宗仁回忆录》（下），广西政协文史资料委员会编印，1981，第 625～626 页。

对于蒋介石在"围剿"最后阶段的作战可能的态度，共产国际代表曾有精当的预测："蒋介石需要这样来同红军作战，使他在消灭红军之后不是太被削弱地出现在福建和广东的边界上。如果做不到这一点，那么同红军作战就不能达到他在军事上和政治上得到加强的目的。"在共产国际代表看来，蒋的碉堡战术既是其对付红军运动战的手段，还包含着他观测形势发展的战略考虑："蒋介石比德国人更了解江西和在它之后的省份（福建、广东、湖南），因此他知道，突破不会给他带来太多的东西。他认为，根据各种预测，突破可以取得成功，但为此他要付出昂贵的代价。此外，红军最终是会被打散的，那时斗争就永不会结束。因此蒋介石想把红军置于包围圈内，看他们在碉堡包围情况下怎么办。"①

第五次"围剿"最后阶段，南京方面握有充分的主动权，正因此，素喜在内斗中纵横捭阖的蒋介石，对"围剿"结局没有放弃开放各种可能性。抗战前夕，蒋与中共谈判期间，曾在日记中写道："政治胜利至七八分为止，必须让敌人一条出路，此围攻必缺之道乎。"② 这段话，相当程度上传达出蒋进行政争的内在理路和处事方式，对观察蒋的种种作为不无参考意义，其对苏区封锁及进攻的部署，隐约可以窥测到他的如上复杂思虑。"围剿"期间，其在东南北三面展开对红军的围困，西面赣州方向力量始终空虚，没有布置有力部队，这固与赣州一带临近广东、湖南，牵涉到政治地理的复杂形态相关，但蒋的无所作为仍让人印象深刻。随着"围剿"的深入，西线赣州方向地位日形重要，1934 年 8 月，国民党"围剿"军西路军总司令何键明确谈道，在合围完成状况下，红军一定会寻找出路，"如窜粤窜浙，均为事实上所不可能，一定只有下述两条路，一为窜闽，一为从粤湘接壤的地方窜入湖南，再图窜

---

① 《施特恩关于中国军事政治形势的报告（1933 年 11 月 8 日）》，《共产国际、联共（布）与中国革命档案资料丛书》第 13 册，第 600、602 页。
② 《蒋介石日记》，1937 年 6 月 3 日。

别的地方"。[1] 9 月底，何键更进一步向蒋报告，据其得到的情报，中共准备西进与湘黔部队合股，并建议"抽调三师驻扎赣州，原驻部队及南路军集合赣州、信丰、安远间，以防匪窜越赣水"。[2] 10 月初，白崇禧也提醒蒋加强西路兵力，"宜驻良口、赣州、南康"，[3] 以防止中共主力西进。但是，何、白这些急如星火的建议在蒋这里并未得到认真回应，除象征性要求加强构筑碉堡工事外，缺乏有效的实际动作。以致红军开始西进时，赣州一带防御相当空虚，"南康县周百里无国军"，而赣州商会则向蒋介石报告："沿江两岸数百里均无兵驻"，形成"西路军之部署难以防堵"[4] 之局。

不仅是何键等，早在 1934 年 6 月，陈诚曾针对红军可能的突围提出建议："我军部署应仍以有力一部深入匪巢，诱导其它各路前进，以达合围之目的。另以一部准备匪如西窜随时均可截击。故拟（一）以我三、五两路军主力之罗（卓英）、樊（崧甫）、汤（恩伯）三纵队，会取石城，威胁瑞金，匪必东援伪都，而忽视西面。此时即令周（浑元）纵队乘机袭取兴国，诱导南路军北取雩都。（二）第六路军就现地停止集结主力，策应各方，待机前进。（三）兴国附近地势险恶，道路崎岖，匪化最深，仅以现有之周纵

---

① 《何总司令在扩大纪念周中报告最近剿匪情况与修建飞机场的必要》，《西路军公报》第 14 期，1934 年 8 月 15 日。

② 《贺国光电蒋中正转何键据上海伪中央会议决议放弃闽南老巢绕窜湘桂边境盘据川滇为其大本营现判断赣匪企图西窜其与川黔之匪合股现建议抽调三师驻扎赣州而将原驻部队及南路军集合于赣州信丰安远间期防匪窜越赣水等语（1934年 9 月 29 日）》，"蒋中正文物档案"002090300086050。

③ 《白崇禧电蒋中正何键据廖磊报称王家烈遭共匪击退沿乌江退往思南且贺龙意图与萧克合股现拟各路于赣南闽西会剿其中西路军宜驻良口赣州南康而南路军驻守笋门岭安远信丰之线等以阻匪西窜（1934 年 10 月 5 日）》，"蒋中正文物档案"002090300096129。

④ 《南康县商会等电蒋中正熊式辉南康县百里无国军请即派军驰镇（1934 年 10月 26 日）》、《赣县党部暨商会电蒋中正股匪西窜驻集集剿城内与沿江两岸空虚请速令罗师兼程前进并盼示覆（1934 年 10 月 25 日）》、《黄克鼎电蒋中正现已完成崙市经大龙大舸大坳背之碉堡又赣匪西窜西路军之部署难以防堵请派兵控制遂上以备截击而以罗霖师等部队向桂汝增移（1934 年 10 月 28 日）》，"蒋中正文物档案"002090300082173、002090300082174、002090300084042。

队兵力进取兴国似嫌单薄，故拟请增调九十九师归周指挥，以厚实力。"① 单从战场形势看，陈的建议切中要害，应属高明。对此，蒋介石的反应同样出人意料，他不仅没有按陈诚所说在西线增加兵力，反而在红军行将开始转移时指示："欲促进战局之从早结束，则东路应增加兵力，如能将第四与八十九两师由汤（恩伯）带领东移，则东路即可单独向长汀、瑞金进展，一面北路军占领宁都与薛（岳）路会合后，即可由宁都与东路军由长汀会占瑞金，可免石城与长汀线之兵力与时间也。"② 难明蒋介石机心的陈诚回电表达出自己的疑惑："为求歼匪于赣南计，我军重点应偏于西翼地区，使东路军不必急进，免迫匪西窜，如为减少部队调动之疲劳及免费时间计，汤纵队似可不必东调。"③ 陈诚的质疑，恰恰反证出蒋介石西兵东调的用心，即将红军往西线逼迫，其战略目的极有可能指向的是逼走而不是围歼红军。晏道刚回忆，在得知红军离开赣南的消息时，蒋介石曾表白："不问共军是南下或西行、北进，只要他们离开江西，就除去我心腹之患"；"红军不论走那一条路，久困之师经不起长途消耗，只要我们迫堵及时，将士用命，政治配合得好，消灭共军的时机已到，大家要好好策划"。④

"围剿"最后阶段蒋的真实态度，前引9月6日蒋日记表明其此时尚少对红军穷追猛打的腹案，倒是有一厢情愿的招安设想。蒋日记还显示，此时他对粤方和中共的接触已有掌握，10月17日，日记"注意"栏第一条就是："粤陈联匪已成乎，应制止之。"⑤ 从语气上看，

---

① 《电呈依据匪情拟进剿方略乞钧裁（1934年6月14日）》，《陈诚先生书信集·与蒋中正先生往来函电》（上），第136～137页。

② 《蒋中正电陈诚战局欲早结束东路应增加兵力（1934年10月9日）》，"蒋中正文物档案"02020002000064。

③ 《陈诚电蒋中正江西赤匪欲牵制我主力以西窜及我东南西北各路部队进剿部署情形（1934年10月15日）》，"蒋中正文物档案"002090300090032。

④ 晏道刚：《蒋介石追堵长征红军的部署及其失败》，《红军长征在贵州·史料选辑》，《贵州社会科学》编辑部、贵州省博物馆编印，1983，第347页。

⑤ 《蒋介石日记》，1934年10月17日。

他对粤、共接触应早有了解,情报掌握尚称迅捷。不过,蒋所谓制止并无下文,倒是此前几天,10 月 14 日,他还在催促粤方向北开动,要求其"进取于都,以为我封锁线前进部队之据点"。如果粤方果真向北开动,充当堵截红军西进的主力,蒋自然乐于见到,但衡诸宁、粤、共三方微妙关系,粤方出动概率几乎为零,而蒋也不会天真到对此真的寄予期待,所以对于粤方提出的索取津贴要求,他一改往常的慷慨态度,以"待其确实占领于都后照办",将皮球踢了回去。①

蒋介石的所谓"放水"② 举动,当年窥破奥妙者或已有人在。11 月底,在政坛翻滚有年的何其巩上书蒋介石,提出:"赣匪之可虑,不在其窜逃,而在其守险负隅,旷日持久……赣匪倘能在赣川以东,合围而聚歼之,固为上策,否则有计划的网开一面,迫其出窜,然后在追剿中予以节节之击灭,似亦不失为上策中之中策也。"这或许是何揣测蒋介石心态的一种进言。何并针对西南三省谈道:"川滇黔三省,拥有七千万以上之人口,形险而地腴,煤盐油矿以及各种金属皆不缺乏,足为国防之最后支撑点。宜乘徐匪猖獗之时,或在赣匪西窜之时,力加经营。即钧座不能亲往,亦宜派遣忠义大员,统率重兵入川。"对何的上述看法,蒋批曰:"卓见甚是,当存参考。"③ 以此为基础,1934 年底除旧迎新之际,蒋瞻前顾后,在日记中将"追剿"红军、抗日准备与控制西南三者巧妙结合:"若为对倭计,以剿匪为掩护抗日之原则言之,避免内战,使倭无隙可乘,并可得众同情,乃仍以亲剿川、黔残匪以为经

---

① 《蒋中正总统档案·事略稿本》第 28 册,台北,"国史馆",2007,第 275 页。与此相对照,蒋在军情紧急时,擅打银弹攻势,不等部队开拔就发放开拔费并不鲜见。参见金以林《从反叛到瓦解——石友三 1931 年反蒋失败的个案考察》,《近代中国》第 156 期,2004 年 3 月。

② 蒋纬国晚年在口述自传中谈及这段历史时称:"从整体看,当时与其说是没有包围成功而被中共突围,不如说是我们放水。"见刘凤翰整理《蒋纬国口述自传》,中国大百科全书出版社,2008,第 6 页。

③ 《何其巩呈蒋中正抗日救国根本大计在于安定北方巩固中部经营西南之意见(1934 年 11 月 25 日)》,"蒋中正文物档案"002080200194043。

营西南根据地之张本，亦未始非策也。当再熟筹之！"① 这段话，和前述种种结合看，的确意味深长。

从国民党方面作战计划看，在红军积极准备撤离的关键阶段，其最高指挥机关并没有实施围歼的严密计划。1934 年 9 月 29 日，时任南昌行营参谋长的贺国光向蒋报告："综合各方情报判断，赣匪似有西窜企图，如能在沿赣江至信丰、安远之第一线及宁冈、桂东、汝城、仁北、曲江之第二线以东地区歼灭之固善，倘被窜逸，则以在沿湘江桂江之第三线封锁较为确实。李白何迭次来电同此主张。诚以此线利用河流天然形势南北连贯不易绕越防守极易。除湘江段已颁发西路补助金赶筑外，广西段据李白来电亦在进行中。"② 可见国民党军一开始就将围堵红军重点放在了湘江一线。③ 更有意思的是，在红军主力已离开赣南但尚未远飏时，蒋甚至告诉部下："匪主力未窜过汝城桂东以西之前，我三路不必急取瑞金，而可先取雩都也。"④ 蒋此举显然不能单从军事角度加以解释，其中含有很深的用心：既与其当时策动前方将领以"剿共"尚未完成呼吁推迟召开国民党五全大会相关，也不无担心占领瑞金刺激红军回返而暂时控兵不进的意图。

看到这些，我们不能不钦佩第五次反"围剿"开始之初共产国际驻华军事总顾问弗雷德对蒋动向的分析："要么他应该率领强大的部队由福建和赣江上游（向赣州方向）推进，出现在红军和

① 《蒋介石日记》，1934 年 12 月 29 日。

② 《贺国光电蒋中正据各方情报判断江西共军似有西窜企图请准拨款修筑湘赣桂边区碉堡封锁线并派马吉第或聂洸前前往督察工程并与桂方接洽（1934 年 9 月 29 日）》，"蒋中正文物档案" 002090300083152。

③ 1934 年 10 月 31 日，当中央红军还在湘赣边境时，蒋介石给前方陈济棠、何键、顾祝同的电令中就要求将其"聚歼于湘江以东地区"，也可作为正文的佐证。参见《蒋中正电各高级将领赣南共军已由赣州大庾间逃窜嘱各将士截追（1934 年 10 月 31 日）》，"蒋中正文物档案" 002020200029001。

④ 《蒋中正电熊式辉贺国光共匪主力未过汝城桂东以西前因东路军可由长汀相机进取瑞金故三路不必急进而可先取雩都（1934 年 11 月 3 日）》，"蒋中正文物档案" 002090300096148。

闽赣两省军队之间，要么指望红军向赣西和湖南突破，停止在原地没有希望的斗争。这也会把他拖到湖南，他会在那里面临准备新战役的任务。"[1] 有理由相信，蒋当时选择了后者。正由于此，10月中旬，当红军正紧锣密鼓地进行着长征的最后准备时，蒋介石却从江西前线撒手西去，开始其被当时报章称为"万里长征"[2] 的一个多月西北、华北之行。在蒋看来，红军的西去，也许就像围棋里对手逃大龙一样，只要自身立于主动，大可顺水推舟、就势而为，所谓"赣匪一旦窜遁，则无论跟踪追剿之师，因地留成之师，回防中部北部之师，控制西南一带之师，皆能左右逢源，不虞粘滞，从此大局可期永安"。[3] 而此时蒋的西北、华北之行，当然不会和对日问题没有关系，也不会不落入背靠西北、正和日本相互提防的苏俄眼中。考虑到当时蒋介石正和苏俄寻求更紧密关系，西北之行传达的意思，对中苏、中日乃至国共关系，都透着历史深处一言难尽的微妙。

1927年后的苏维埃运动，中共凭借其真诚的信仰、严密的组织、强大的动员、坚固的武力，最大限度地发挥出共产革命的威力。有了中共本身的实力，加上风云际会的国内外政治态势，革命的烈火才会以其可能有的最猛烈态势熊熊燃烧。在此过程中，中共革命不断挑战着能与不能的边际，创造着属于自己的辉煌。

不过，革命的张力不可能无限制地伸展，夺取政权是革命的既定目标，但当年这样的目标事实上还难以企及。因此，当国民党军对苏区集中全力展开进攻时，无论是鄂豫皖、湘鄂西、湘鄂赣、闽浙赣，最终都无可挽回地走向了失败。当年国共之间的对垒，并不

---

① 《施特恩关于中国军事政治形势的报告（1933年11月8日）》，《共产国际、联共（布）与中国革命档案资料丛书》第13册，第600~601页。

② 《蒋委员长出巡纪要》（下），《军政旬刊》第39期，1934年11月10日，第118页。

③ 《何其巩呈蒋中正抗日救国根本大计在于安定北方巩固中部经营西南之意见（1934年11月25日）》，"蒋中正文物档案" 002080200194043。

完全在同一个数量级内进行，中共的发展，更多的是利用国民党统治的内部冲突，当这种冲突趋于平稳、南京政府力量不断上升时，中共受到的压力将空前增大。在一个丛林法则的世界中，无论是历史还是现实，实力终究是进退成败的关键。第五次"围剿"和反"围剿"的发端、进行乃至最终结局，如果放到这一大背景下衡量，将可以有一个更为持平的理解。

中国革命是一个持续推进的过程，在这期间，每一代革命者都付出了牺牲，也有他们的困难和局限。无论是个体还是群体，革命者们在创造历史的同时，不可避免地受着时势的制约：国内的、国外的、社会的、政治的、经济的。中央苏区后期，诸多的不利因素共同挤迫着中国革命，这些当年为了生存和理想揭竿而起、意气风发中还略带青涩的革命者们，终究敌不过占据着天时地利又正处盛年的南京政权，革命，将在撤离中央苏区的路途上，重新出发。

结语　革命的张力

　　循着中共在中央苏区成长、壮大以及遭遇挫折的复杂轨迹一路走来，重构当年这段精彩场景的任务就过程而言已经走到了终点。然而，历史的回廊是如此曲折，个人的认知又是如此有限，因此，过程的完成远远不意味着认知的终结。当我们一路追问，试图去点亮、触碰历史的那些暗角时，常常会不无遗憾地发现，可以照亮的部分是如此有限，而且，就在这照亮的部分中，还有着难以透析的重重光晕。

　　革命，这个曾经震撼了 20 世纪中国的"幽灵"，不容分说地攫住了 20 世纪上半叶众多中国知识者的心灵，革命是 20 世纪前半期中国历史的主题。从辛亥革命、国民革命到共产革命，一代一代的知识青年感召于国族沦亡危机的呼吁，在屈辱、绝望和不满中奋起，走上革命救国之路。猎猎飘扬的革命大纛展现的是未来、理想和希望，即便其后有暴力、有背叛、有沉滓泛起、有无谓牺牲，仍然掩盖不了革命的光芒，继续革命是革命者期望的克服一切问题的良方。

　　革命的面貌是如此正义，以致在 20 世纪的中国，抢夺革命的旗帜成为多种政治势力着力的焦点。最典型的是国民党通过国民革命取得政权，并在中共的共产革命中被视为反革命后，却仍然打着革命的旗帜，以革命党自居。尽管和同时期以苏维埃革命的名义，正在进行社会政治经济关系全面变革的中共相比，完成政权转换使命的国民党事实上已经不再具有现实的革命目标，而且面临着由革命党向执政党转型的实际需要，但革命仍然是其不愿放弃的有号召力的理念。

当革命成为进步和正义的化身时，确实，可以看到许多革命被制造的实例，中国革命也不例外，苏维埃革命时期中共武装对农村的介入就具有一定的空降革命色彩。不过，如果没有 20 世纪世界革命的大背景，没有席卷全球的民族意识的苏醒，没有中国知识者空前强烈的求变求新愿望，没有技术进步导致的世界政治、经济、观念一体化的趋势，这样的巨大的政治运动可以腾空而起是无法想象的。革命在革命者的手中被创造，革命者的创造历史地生成于当时的现实环境，而革命运动的巨大能量又在不断造就着推展革命的土壤。

对中国革命这样一个如此剧烈地改变、主宰中国命运的政治运动，简单地评判其应该或不应该其实并无实质意义，尤其是在中共领导的共产革命取得政权并对中国社会政治进行了摧枯拉朽式的改造后，更是如此。

革命改变着世界政治版图，改变着国家、社会、家庭、个体，革命尤其是共产革命的张力使这种改变具有为其他政治运动所远远不及的能量，这是革命曾经受到朝圣般欢呼的根由。不过，无论是历史具体情境下的革命事件，还是整体范围内的革命运动，终究还是要受到历史和现实环境的制约。革命是一定情境中人们改变自己命运的利器，但不是包治百病的仙丹，在人类文明进程中，革命甚至也非常态。革命常常以打破现存规则为代价，而规则又是人类社会构成、存续和进步的一个不可或缺的基石，其间所显示的冲突，时时提醒人们在革命令人炫目的张力后面，应有也必有自己的限界。

革命在其所以在，存其所当存。作为人类应慎于使用的天赋权力，革命存在于历史，也存在于当下，存在于革命者的心中，也存在于解读者的脑际。

附 第五次反"围剿"作战经过
要图·广昌战役

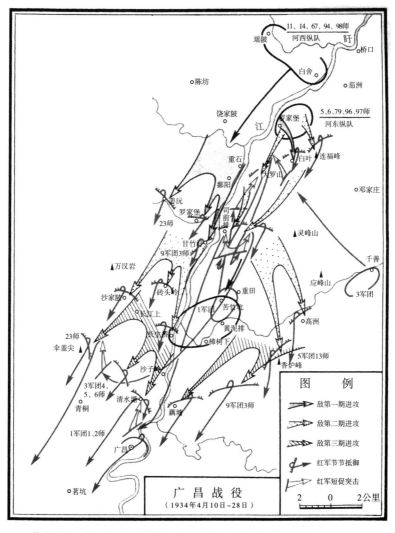

图例
- 敌第一期进攻
- 敌第二期进攻
- 敌第三期进攻
- 红军节节抵御
- 红军短促突击

广昌战役
（1934年4月10日~28日）

资料来源：《中国工农红军第一方面军史》，解放军出版社，1993。

后　记

　　2002年，一个很偶然的机会，我对中国苏维埃运动的历史产生了兴趣，并在此之后不无后见之明地发现，因为出生在江西赣州的关系，使我对这段历史的研究多了些不可选择的天然条件。自幼的耳濡目染，可以让我更近、更直观、更便捷地体会到革命的原初形态，童年时代农村生活的记忆，中学时候学校后山红军挖掘的蜿蜒的坑道，大学期间读到的关于赣南农村社会状况的国外研究论文，似乎都一起复活，指引着我去追寻当年那场曾在故乡激起山乡巨变的熊熊烈火。

　　2003年，申请关于第五次"围剿"和反"围剿"的研究课题获准，到2005年基本写出初稿。此后，就是没完没了地补充和修改过程。没有办法知道存了多少稿，只知道从开始写作到现在，日常处理文字的电脑已经换到了第四台。

　　从2002年到现在，正好是十年。接下来，好像就该说"十年磨一剑"了。不过，不想也不能这么说。因为这十年，当然不仅仅是为这本书而存在，甚至还有几年，连学术也被悄悄地放到了一边。生活就像历史一样，总是充满着困惑和选择，只是这些，仅对于个体的自我有意义罢了。

　　感谢那些始终予我以鼓励和帮助的人们，没有他们，这本书不知道能在什么时候完成，甚至我的研究也不知道还会不会继续下去。对于一个常常是处于被动状态的消极者而言，有时候，一句简单的肯定、轻声的慰藉，也许都会有令人难以忘怀的效果。

对于这些无私的帮助，我从不知道何以为报。更主动地投入生活，更潜心地研究学术，更友善地面对他人，或许就是他们期望得到的回应吧。

感谢父母的养育、妻子的支持、儿子的进步。感谢阅读在给了我一副眼镜的同时，还给了一双我自己的眼睛。

2011 年初春

图书在版编目（CIP）数据

张力与限界：中央苏区的革命：1933～1934/黄道炫著.
—北京：社会科学文献出版社，2011.11（2024.6 重印）
（近世中国）
ISBN 978 - 7 - 5097 - 2744 - 7

Ⅰ.①张… Ⅱ.①黄… Ⅲ.①中央苏区 - 研究 - 1933～
1934 Ⅳ.①K269.4

中国版本图书馆 CIP 数据核字（2011）第 198477 号

· 近世中国 ·

张力与限界：中央苏区的革命（1933~1934）

著　　者 / 黄道炫

出 版 人 / 冀祥德
项目统筹 / 徐思彦
责任编辑 / 梁艳玲
责任印制 / 王京美

出　　版 / 社会科学文献出版社 · 历史学分社（010）59367256
　　　　　　地址：北京市北三环中路甲 29 号院华龙大厦　邮编：100029
　　　　　　网址：www. ssap. com. cn
发　　行 / 社会科学文献出版社（010）59367028
印　　装 / 三河市尚艺印装有限公司

规　　格 / 开本：787mm × 1092mm　1/16
　　　　　　印 张：30.5　字 数：425 千字
版　　次 / 2011 年 11 月第 1 版　2024 年 6 月第 17 次印刷
书　　号 / ISBN 978 - 7 - 5097 - 2744 - 7
定　　价 / 79.00 元

读者服务电话：4008918866